A vida está
a sua espera

A vida está a sua espera

Romance do espírito
SCHELLIDA

Psicografia de
ELIANA MACHADO COELHO

LÚMEN
EDITORIAL

A vida está a sua espera
pelo espírito Schellida
psicografia de Eliana Machado Coelho
Copyright © 2016-2022 by
Lúmen Editorial Ltda.

5ª edição – Janeiro de 2022

Coordenação editorial: *Ronaldo A. Sperdutti*
Preparação de originais: *Eliana Machado Coelho*
Revisão: *Profª Valquíria Rofrano*
Correção digitalizada da revisão: *Eliana Machado Coelho*
Projeto gráfico: *Ricardo Brito | Estúdio Design do Livro*
Arte da capa: *Daniel Rampazzo / Casa de Ideias*
Imagem da capa: *Shutterstock*
Impressão e acabamento: *AR Fernandez Gráfica*

**Dados Internacionais de Catalogação na Publicação
(CIP) (Câmara Brasileira do Livro, SP, Brasil)**

Schellida (Espírito).
 A vida está a sua espera / pelo espírito Schellida ; psicografia de Eliana Machado Coelho. – São Paulo : Lúmen Editorial, 2016.

 ISBN 978-85-7813-172-2

 1. Espiritismo 2. Psicografia 3. Romance espírita I. Coelho, Eliana Machado. II. Título.

16-04089   CDD-133.93

Índice para catálogo sistemático:
1. Romances espíritas psicografados : Espiritismo   133.93

Av. Porto Ferreira, 1031 - Parque Iracema
CEP 15809-020 - Catanduva-SP
17 3531.4444
www.lumeneditorial.com.br | atendimento@lumeneditorial.com.br
www.boanova.net | boanova@boanova.net

**Proibida a reprodução total ou parcial desta
obra sem prévia autorização da editora**

Impresso no Brasil – *Printed in Brazil*
5-1-22-2.000-26.480

mensagem

Seja Feliz

Levante-se!
Olhe para o céu e agradeça o dia
para logo cedo chegar a sua alegria.
Sorria!
Mesmo sem vontade, sorria!
Tente!... Não custará nada. Tente!
O sorriso enobrece a alma
e acalenta a mente.
Seja gentil sempre!
Para que não se arrependa...
seja gentil.
A gentileza é a grandeza mais poderosa que já se viu.
Ela atua na dor e traz o amor
para sempre haver felicidade,
naquele que recebe a sua generosidade.
Só é feliz quando se doa amabilidade.
Felicidade não é o sentimento que impera nas criaturas perfeitas,
é o dom de entender, perdoar e amar.

Schellida ❧ Eliana Machado Coelho

É a sabedoria de agradecer com amor, sorrir sem vontade e ser gentil com prazer.
Tente!... Não vai custar nada. Tente!
Seja amável e benevolente.
A vida devolve o que lhe oferecemos.

PELO ESPÍRITO ERICK BERNSTEIN
MENSAGEM PSICOGRAFADA POR ELIANA MACHADO COELHO.

Outono de 2016.

Índice

CAPÍTULO 1. *No passado..., 9*

CAPÍTULO 2. *O que você faz por você? , 30*

CAPÍTULO 3. *Conflitos em família , 49*

CAPÍTULO 4. *Causa primária de todas as coisas, 66*

CAPÍTULO 5. *O importante é ser feliz, mas com responsabilidade, 88*

CAPÍTULO 6. *Recados de Deus, 114*

CAPÍTULO 7. *O tão sonhado casamento , 134*

CAPÍTULO 8. *Atitude dos nobres, 153*

CAPÍTULO 9. *Assistencialismo não oferece evolução, 168*

CAPÍTULO 10. *Aprenda a escolher, 186*

CAPÍTULO 11. *O nascimento de Lara, 196*

Schellida ❧ Eliana Machado Coelho

CAPÍTULO 12. *Planos de mudança, 211*

CAPÍTULO 13. *Um novo lar, 230*

CAPÍTULO 14. *Inês, aliada de amor, 247*

CAPÍTULO 15. *Renovações, 267*

CAPÍTULO 16. *Dias de harmonia, 289*

CAPÍTULO 17. *Confissões de amor, 306*

CAPÍTULO 18. *Marcas e recordações, 326*

CAPÍTULO 19. *Visita às irmãs, 354*

CAPÍTULO 20. *A carta, 372*

CAPÍTULO 21. *Agradecimento é a melhor prece , 390*

CAPÍTULO 22. *Fuga e desespero , 408*

CAPÍTULO 23. *No silêncio de uma prece , 427*

capítulo 1
No passado...

Sempre que sabemos de algum diagnóstico difícil, acontecimento problemático em que a vida sofre aquela reviravolta, ficamos chocados, inicialmente, e procurando a razão daquele sofrimento ou acreditando que não o merecemos.

Chegamos a questionar Deus o motivo de algumas ocorrências e nos perguntamos: por quê?

Quantos porquês existem sem uma resposta satisfatória para que entendamos as razões da vida e de tudo o que acontece nela.

Perguntamos até mesmo por que, com tanta gente ruim no mundo, essa tragédia aconteceu comigo, na minha família ou com alguém que amo ou quero muito bem?

Era uma pessoa tão boa... Era só uma criança... Por quê?...

Nossa existência é eterna e composta de vários momentos, eventos e acontecimentos que resultam o que somos hoje. Isso mostra que podemos ir além do que somos hoje, porque a vida está à nossa espera.

As reencarnações existem para aprendermos e recriarmos resultados de harmonia e paz. Compreendermos que a única coisa que podemos e devemos controlar somos nós mesmos, nossos impulsos corriqueiros que nos envolvem em pequenas tragédias diárias, débitos adquiridos sem pretensões e que, sem dúvida, um dia, teremos de saldar, porque existe um Deus bom e justo que nos permite aprender, mesmo que seja necessário, repetirmos e repetirmos as lições.

Quando, então, soubermos de um diagnóstico difícil, de um acidente, um acontecimento problemático em que a vida mudou drasticamente, não perguntemos por que, mas para quê?

Com a nova pergunta, não vamos deter nossa atenção e energia no sofrimento, porém, buscar as razões daquilo ter acontecido para sermos melhores do que já somos.

Tudo o que acontece e nos leva ao sofrimento é para despertar, em nós, a força interior, o bom ânimo, o amor próprio, o amor ao próximo. É para olhar a vida de uma forma diferente. Ser benevolente no momento certo. Dizer não, quando necessário. Aprender que, nem sempre, ser feliz significa aproveitar a vida com irresponsabilidade. E, acima de tudo, compreender, de uma vez por todas, que nenhum sofrimento é eterno. Deus socorre a todos e, com fé, bom ânimo e empenho da nossa parte, Ele socorrerá a nós também.

E são nas várias experiências reencarnatórias que o Pai da Vida nos oferece incontáveis oportunidades de crescimento e harmonização.

Nunca teremos paz, se o que causamos ao nosso semelhante não for corrigido. E, sem paz, ninguém evolui.

Como nos ensinou o Mestre Jesus: "Portanto, se trouxeres a tua oferta e aí te lembrares de que teu irmão tem alguma coisa contra ti, deixe ali, diante do altar a tua oferta e vai reconciliar-te primeiro com o teu irmão, e depois vem apresentar a tua oferta. Concilia-te depressa com o teu adversário enquanto estás no caminho com ele..."[1]

~

E foi em diversas experiências reencarnatórias que Bianca e Glória buscaram harmonia e paz.

Foram rivais, disputando o mesmo homem. Foram inimigas cruéis em que se mataram. Mãe e filha para verem nascer o amor necessário a uma vida mais harmoniosa. Pessoas que se toleraram. Irmãs inseparáveis, parentes próximas, entre outras ligações permitidas e úteis nas encarnações terrenas.

Criaram amigos e inimigos, mas, como aos olhos de Deus, somos todos irmãos, precisamos dissolver o ódio e a mágoa antes de ingressarmos nas vidas excelsas e nos irmanarmos com todos, exatamente todos, filhos do Criador.

Em uma dessas encarnações, Glória e Bianca foram primas. Seus pais eram ricos fazendeiros no período do Brasil Império. Vaidosas e cheias de mimos, não se importavam com a razão da vida.

Em diversas situações, Glória nunca se incomodou com o tratamento oferecido aos negros, escravos nas propriedades de seu pai, Nélson, um homem severo e cruel que impunha medo e aterrorizava a todos.

Logicamente, a jovem moça não poderia fazer muita coisa ou quase nada pelos pobres escravos. Certamente seu pai não lhe daria atenção e/ou até a puniria.

Mas os sentimentos da moça eram indiferentes ao que via.

Quando a dor do outro não toca o nosso coração, há sérios problemas conosco. Se não buscarmos mudar, vamos aperfeiçoar o mal que há em nós.

---

1. Nota da Autora Espiritual — Evangelho de Jesus, Mateus — Cap. 5 v.v. 23, 24 e 25.

Se Glória não fazia o mal, o bem nunca praticou.

Ainda bem jovem, casou-se com Mathias. Embora uma união arranjada pelos pais, vivia bem com seu marido com quem teve duas lindas filhas: Isabel e Cristina.

Devido aos negócios do esposo, logo no início do casamento, saíram da zona rural e foram morar na cidade, contando com todo o tipo de conforto e serviçais, escravos que lhes foram presentes de casamento.

O tempo não trouxe sabedoria à Glória nem a Mathias, apesar de serem católicos fervorosos.

Não refletiam sobre os ensinamentos do Cristo em amar ao próximo.

Conforme o dogma da igreja, ela acreditava que os negros e índios não tivessem alma.

Com isso, deixava crescer seu preconceito e adquiria certo comportamento desrespeitoso e ofensivo.

Não admitia que os criados utilizassem os mesmos pratos e talheres. Não era questão de higiene e sim de ignorância. Quando pratos ou talheres eram usados por algum negro, eles deveriam ser jogados no lixo. O criado era maltratado e tirado dos serviços internos, muitas vezes, devolvidos aos trabalhos nas lavouras de seu pai.

Glória não permitia também que sentassem em suas cadeiras ou poltronas. Nem queria ser tocada por pessoas dessa etnia. Isso seria um absurdo. Comportamento muito comum na época.

Mathias, por sua vez, era um homem austero e conservador. Quase nunca se manifestava. Aceitava e apoiava o comportamento da esposa, sem interferir ou opinar.

O tempo foi passando e, à medida que isso acontecia, o comportamento doentio e equivocado de Glória se acentuava.

Como explicar as questões do coração ou as causas de alguns acontecimentos?

Nada é por acaso.

A vida está a sua espera

No decorrer de tudo isso, em 28 de setembro de 1871, a Lei do Ventre Livre, decretada e sancionada pela Princesa Isabel, princesa imperial regente em nome de Sua Majestade o Imperador D. Pedro II, fez saber a todos os súditos do Império, em seu Art. 1º que "Os filhos de mulher escrava que nasceram no Império desde a data desta Lei, serão considerados de condição livre". O primeiro passo, tímido e pouco respeitado, no Brasil, em direção à abolição da escravidão em um país com cerca de mais de um milhão e meio de escravos, na época.

Vinte anos após essa lei, houve um romance escondido entre Salvino, um rapaz negro, nascido liberto pela Lei do Ventre Livre, e a jovem Isabel, filha mais velha de Glória e Mathias.

O resultado dos encontros às escondidas e envolvimentos mais intensos foi uma gravidez não planejada.

A moça ficou em desespero e sem saber o que fazer.

Procurando Salvino o quanto antes, contou-lhe sobre seu estado. Conhecia a gravidade do que estava acontecendo em uma época de tantos preconceitos.

Entre o susto e o medo, Salvino lhe fez a promessa de que daria um jeito. Só precisaria de um tempo.

A jovem acreditou e disse que o esperaria. Havia, realmente, a crença de que o namorado fosse voltar.

Dias e noites angustiosos. Isabel imaginava como sair de sua casa, com as malas na mão, para não mais voltar e viver um grande amor ao lado de seu querido.

Mas Salvino não apareceu.

Após algumas semanas, a jovem passou a odiá-lo com todas as suas forças. Acreditou que sua mãe estava certa em repudiar os negros. Isabel sentiu raiva e nojo de si mesma por ter confiado em um negro.

Sem saber como agir, após algum tempo, precisou contar para sua mãe.

Quando soube que o pai da criança tratava-se de um negro, Glória ficou inconformada.

Ela e Mathias rejeitaram a filha e a colocaram para fora de casa.

Desamparada, Isabel foi à procura de parentes que a recolheram em um celeiro até o nascimento de um menino que nenhum nome recebeu.

Assim que se recuperou do parto, Isabel pegou o filho, envolveu-o em panos que mais pareciam trapos e o abandonou na porta de uma igreja.

Desventurada, aceitou trabalhos, praticamente escravos, em propriedades rurais. Odiava os negros com os quais precisava se misturar e, ainda jovem, morreu vítima de doenças pulmonares pela saúde fragilizada.

Glória e Mathias nunca mais souberam nada da filha desde que expulsaram de casa.

O medo do casal voltou-se para Cristina, a filha mais nova. Ela poderia ficar falada e desclassificar a família por causa da "irmã perdida". Por essa razão, os pais a confinaram em um convento, fazendo-a virar freira.

Desgostoso, o pai voltou sua atenção ao trabalho que, algumas vezes, exigiam viagens para buscar mercadorias a fim de suprir suas lojas.

A mãe, por sua vez, viveu dias amargos pelos acontecimentos. Apontada, pelo marido, como culpada pelo que ocorreu com a filha, enclausurou-se no quarto da luxuosa residência, deixando de se alimentar como deveria. A melancolia corroía sua alma dia e noite.

Tudo piorou quando o marido, retornando de uma viagem, trouxe para dentro de casa um menino recém-nascido, ao qual deu o nome de Guilherme. Apresentou-o como seu filho, fruto de um romance com Vanice, e forçou a esposa a assumir Guilherme como sendo filho do casal, diante da sociedade.

A vida está a sua espera

Aproveitariam do período que a esposa ficou confinada para dizer que foi pelo repouso necessário devido à gravidez complicada.

Vanice, por sua vez, ficou revoltada. Era uma mulher que não se valorizava, sujeitando-se a aventuras passageiras com homens casados. Desejava que Mathias, de alguma forma, colocasse um fim no casamento com Glória. Sonhava que a esposa do amante morreria e ela seria colocada em seu lugar.

Era óbvio que ele não faria qualquer coisa contra sua legítima mulher e, mesmo na ausência de Glória pela morte, não assumiria Vanice por sua falta de classe e princípios.

O que interessou para Mathias foi ter um filho, herdeiro de seus bens.

Ele providenciou para que Vanice fosse levada para muito longe com consideráveis valores a fim dar início a uma nova vida.

Forçada pelo marido e temerosa de que não fosse colocada fora de casa, assim como Isabel, pois Mathias chegou a agredi-la e ameaçá-la, Glória, depressiva, aceitou Guilherme como filho perante a sociedade, mas nunca em seu coração.

Na ausência do esposo, fazia o menininho passar privações de fome e frio. Deixava-o no quarto chorando por muito tempo até, cansado, adormecer. Somente à noite, permitia que alguma Ama de Leite o amamentasse no peito e suas vestes molhadas fossem trocadas para o marido não perceber.

Glória pensou em matar a criança inúmeras vezes. Desejava envenená-la. Algumas vezes foi inibida; outras, não teve coragem.

Os acontecimentos, as problemáticas e as reviravoltas da vida ocorridas, naquela época, necessitariam ser corrigidas e harmonizadas.

O casal precisaria conquistar e amar as filhas que afastaram de si. Glória necessitava expiar os preconceitos, aceitar Guilherme e dispensar todo o carinho e bom trato que negou. Mathias ainda deveria entender que traição é dor.

Na espiritualidade, de imediato nem todos conseguem entender o que precisam fazer para alcançar elevação. Embora reconheçam seus erros.

Após aquela reencarnação, Mathias e Glória renasceram em lugar de pobreza extrema. Longe um do outro, mas vítimas na mesma tragédia de deslizamento de terras. Perderam famílias e os barracos onde moravam. Viveram nas ruas sem ninguém. Passaram todas as espécies de privações. Vítimas de preconceitos por causa da cor da pele e da total ausência de beleza, não encontraram quem os ajudasse. Lamentavam não terem família, não serem aceitos. Viraram pedintes e morreram, em estado lastimoso, no final da adolescência, com problemas pulmonares como o que a filha, abandonada no passado, experimentou.

Tiveram méritos por nunca se envolverem em crimes nem em negociações ilícitas ou prostituição, o que lhes foi oferecido como provas que superaram.

Desencarnados, tiveram condição de saber e entender a razão de passarem por tudo aquilo. Com uma visão melhor e mais flexível, Glória surpreendeu-se e se decepcionou com os próprios atos, quando conseguiu recordar a encarnação em que abandonou as filhas e foi tão preconceituosa.

O amor e a aceitação poupam-nos de sofrimentos. Ela se esforçou imensamente em aprendizado para, em uma próxima encarnação, harmonizar o que desarmonizou.

~

Com Bianca a vida pregou outra trama.

Doce e mimada, também filha de um rico fazendeiro, sentia piedade e compaixão pela dor dos escravos, mesmo em tenra idade.

Muitas vezes, Bianca subtraía alimentos e medicações para, escondido, oferecer aos negros.

Não podia interferir, além disso. Se descoberta, seria castigada pelo pai.

Sempre se escondia do Capitão do Mato, homem que não tinha qualquer prestígio na sociedade da época.

O Capitão do Mato morava na fazenda de seu pai. Era odiado pelos negros, uma vez que já havia sido um deles. Agora, alforriado, perseguia e caçava os que fugiam. Ali, também auxiliava o capataz a administrar a fazenda, a castigar com terríveis torturas os fugitivos e os que não trabalhavam direito. Homem que vivia o mal, sempre suspeitava da movimentação de Bianca, mas nunca a surpreendeu com alimentos ou qualquer outro tipo de ajuda.

Ainda menina, quando na infância brincava com a prima Glória ou conversavam no início da adolescência, Bianca chamava a atenção para a insensibilidade da outra, mas ela não se importava.

Assim que Glória se casou e foi morar na cidade, elas se distanciaram. Mal tinham notícias uma da outra.

Nessa época, o pai de Bianca a prometeu em casamento para Thiago, único filho de seu melhor amigo, dono de uma fazenda vizinha.

Isso não agradou à filha de apenas quinze anos de idade.

Até então, ela nunca tinha visto o rapaz, dez anos mais velho.

Bianca chorou, reclamou e protestou muito. Porém estava feito. Seu pai não voltaria atrás. Tinha dado sua palavra.

Não havia nada que ninguém pudesse fazer. Nem sua mãe Marlene, pois temia o marido e não tinha coragem de enfrentá-lo e se impor.

O casamento aconteceu e foi dada uma grande festa que durou alguns dias na fazenda.

Bianca precisou submeter-se ao marido Thiago, visto uma única vez, poucos dias antes do casamento.

Para ela, a noite de núpcias foi o dia mais horrível de sua vida. Era ingênua. Não tinha conhecimento sobre as intimidades de uma vida conjugal. Ser tocada e se relacionar com um homem que mal conhecia foi submeter-se a pior das dores e humilhações.

Thiago, por tudo o que aprendeu com o pai e o avô, era um homem insensível aos seus sentimentos, ao seu choro e sensibilidade.

Com o tempo, Bianca perdia a doçura, a graça de menina e o brilho jovial que possuía.

Até sua vontade de ajudar, quem quer que fosse, acabou e seu coração ficou congelado.

A vida sexual no casamento passou a ser vista como obrigação de esposa. Odiava submeter-se aos envolvimentos de Thiago que desejava, ardentemente, um filho, um varão, um herdeiro.

Moravam com os pais do rapaz e ela era tratada muito mal, quase como uma criada.

Os filhos tão desejados não vieram e a sogra a culpava por isso, quando na verdade, a esterilidade era por parte de Thiago.

Cora, a mãe do rapaz, submetia-a as piores humilhações com palavras e agressões. Até o sogro a esbofeteou por ter dado um único palpite que não lhe agradou.

Amargurada, não tinha com quem conversar. Nem mesmo a prima Glória ou sua mãe poderia visitar sem a supervisão da sogra.

Cora obrigava a nora a tomar, forçosamente, todos os tipos de remédios, xaropes e até poções recomendadas para engravidar, mas nada adiantava.

Como se não bastasse, Cora era muito cruel com Lara, sua cunhada, irmã mais nova de seu marido e que tinha a idade de seu filho Thiago.

Lara nasceu deficiente e com várias deformidades. Limitada nos movimentos, não andava nem falava. Só emitia grunhidos. Vivia com o corpo repleto de feridas por ficar muito tempo deitada na mesma posição. O que atraía insetos diversos.

Era uma alma imensamente endividada. Trazia seus incontáveis perseguidores espirituais, desde sua última encarnação, na Idade

A vida está a sua espera

Média, época na qual imperava a Inquisição. Naquela encarnação, como bispo da Igreja Católica, condenava os acusados de heresia e/ou bruxaria a terríveis torturas.

A dor, como instrumento de punição religiosa, era algo que satisfazia suas perversidades mais terríveis.

Rodas de alongamento, berço de Judas, variação do burro espanhol com serra, mesa de evisceração eram suas predileções como meios de torturas e morte aos condenados.

Lara, como bispo naquela época, satisfazia-se com os longos gritos e a dolorosa morte lenta de suas vítimas. Acreditava, piamente, que aquelas severas punições as pudessem salvar.

Na espiritualidade, sofreu horrores de seus algozes, torturadores tão tiranos quanto foi.

Permaneceu séculos em sofrimento extremo. Por interseção de espíritos elevados, solicitado por aquela que foi sua mãe, foi-lhe permitido reencarne na debilidade mental e física para, nesse tipo de prisão corpórea, protegê-la de ataques espirituais, minimizando o envolvimento de seus perseguidores.

Aquela era somente uma das encarnações naquela condição difícil. Na verdade, a primeira. O que pode variar conforme a evolução dela como espírito humano no momento em que, na espiritualidade, compreender e se empenhar.

Precisamos encarar determinados sofrimentos como grandes desafios para irmos em frente e perseverarmos no bem. Nossas atitudes, boas e justas, farão de nós vencedores.

Como se não bastassem as limitações, dificuldades e sofrimento de Lara, Cora a torturava com maus-tratos tímidos e covardes. Sufocando-a com as seguidas colheradas de comida que lhe empurrava na boca, com os goles de água que lhe impunha enquanto entornava o copo, não a deixando respirar. As bofetadas que desferia quando o alimento voltava, as roupas molhadas que não trocava e muitas outras coisas.

Assim que o pai de Thiago morreu, sua tia Lara ficou sob a responsabilidade dele e da esposa Bianca, uma vez que Cora começou a ficar muito doente e não conseguia cuidar mais da cunhada.

Bianca era mais benevolente. Não era agressiva, porém não dispensava carinho.

Quatorze anos após a Lei do Ventre Livre, o Brasil proclamou sua segunda lei abolicionista, a Lei do Sexagenário. Isso foi em 28 de setembro de 1885, declarando livres os escravos com idade acima de sessenta anos. Pouco válida. Raramente um escravo chegava a essa idade e os que conseguiam não tinham mais força para os trabalhos e pouco valiam.

Em seguida, em 13 de maio de 1888, aconteceu a Abolição da Escravatura. Nenhum negro poderia mais ser escravizado.

Com a libertação dos escravos, as inúmeras dificuldades vividas no Brasil e a chegada dos imigrantes, que deveriam trabalhar nas lavouras de café sendo remunerados, muitos fazendeiros se viram em situações difíceis. O pai de Bianca foi um deles e não conseguia lidar com a transição. Inconformado e enlouquecido, via-se afundado em dívidas que não conseguia pagar e não tinha tantos empregados como precisava para suas terras.

Acometido de um infarto, deixou todos os seus bens para o genro e sua filha.

Thiago juntou as fazendas. Passou a viver na Casa Grande onde o sogro morava.

Benevolente, ele negociou com os ex-escravos. Deu-lhes terras, boas condições para morar, combinou partilhar lucros e garantiu excelente produtividade e pagamento das dívidas.

Vivia tão empenhado com o trabalho que esquecia a família.

Com os anos, Bianca teve de cuidar da gigantesca Casa Grande, da tia Lara, da sogra que ficou acamada e de sua mãe, vítima de um A.V.E — Acidente Vascular Encefálico — também conhecido como A.V.C — Acidente Vascular Cerebral — ou derrame cerebral.

A vida está a sua espera

O desgosto tomava conta de Bianca que, sem filhos e sem objetivos úteis, deveria viver para cuidar das enfermas e dar ordens para alguns empregados.

Colocando todas as doentes no mesmo quarto, abandonava-as a maior parte do tempo, não conferindo as tarefas que as empregadas desempenhavam.

A ausência de higiene atraía insetos e outras doenças. Até ratos apareciam no quarto. Aninhavam-se nos colchões e entre roupas.

Sabendo não haver supervisão, as empregadas pouco faziam. Trocavam as camas e as fraldas uma vez por dia.

Cora, mãe de Thiago, embora não pudesse se expressar, compreendia e se revoltava contra o filho que quase nunca a visitava. Gostaria que ele obrigasse sua esposa a cuidar melhor dela. Em pensamento, imaginava as piores punições e castigos para Bianca, tal qual oferecia, quando com boa saúde, aos seus escravos.

Marlene também se revoltava contra a filha ingrata. Desejava ser bem cuidada.

Lara, por sua vez, embora parecesse que nada compreendia, tinha a alma endurecida e registrava seu sofrimento exigindo punição e vingança.

Em meio a tudo isso, aconteceu de César e Josué, dois primos de Thiago que moravam na cidade grande, irem visitá-los e passar algum tempo na fazenda.

Os rapazes eram instruídos e gananciosos. Começaram a envolvê-lo com ideias de fazer daquele lugar uma região mais produtiva, com novas ferramentas para a lavoura e incríveis contatos para a venda do que era produzido.

Thiago ficou animado e considerou a proposta.

Em pouco tempo iniciaram os novos projetos.

Josué ia e voltava a todo o momento da cidade grande a fim de comprar o que precisavam e fazer negociações. Nunca se esquecia de Bianca e lhe trazia mimos, presenteando, às escondidas, a mulher de seu primo.

César também se interessava pela jovem esposa de Thiago. Sempre que podia, procurava Bianca para conversar e dar-lhe atenção.

Carente, a jovem senhora deixava-se envolver pelas conversas brandas e generosas dos primos de seu marido e se sentia feliz. Inclinava-se mais por Josué que sabia como conquistá-la quando lhe trazia fitas, lenços, cortes de tecido e outros presentes.

Bianca encantou-se por ele. Arrumava-se e penteava-se pensando em Josué. Queria ser admirada e era isso o que acontecia.

Nas tardes quentes, em que aguardava o princípio da noite e seu marido chegar do trabalho, Bianca balançava-se na cadeira da varanda e era Josué quem lhe fazia companhia. Ela desejava que Thiago fosse daquele jeito, mas não era essa a realidade. Josué a fazia sonhar contando sobre as maravilhas das capitais e cidades grandes. Ela nem mesmo tinha ideia do que era um automóvel, veículo que ele conheceu em uma viagem à Europa, coisa que não podia imaginar.

Na ausência do irmão, César era quem lhe fazia companhia. Ficar sem Josué era triste, mas César também lhe agradava.

Confiou a eles sobre seu desagrado àquela vida entediante e o quanto não suportava cuidar de três enfermas.

Um dia César perguntou:

— Qual das enfermas lhe dá mais trabalho?

— Lara, sem dúvida.

— Vou te dar uma coisa para que dê a ela.

— Uma coisa? — Bianca estranhou e ficou na expectativa.

— Tenho comigo algo que vai ajudá-la. É um elixir. — Vendo-a desconfiada, revelou: — Na verdade, esse remédio cura ou... — sorriu enigmático.

— Como assim? — quis saber mais, embora tivesse entendido.

A vida está a sua espera

— Vejo que a pobre Lara, a pior das doentes, não terá qualquer chance de recuperação. Será uma bênção fazê-la encontrar a casa de Deus o quanto antes.

— Não é pecado? — Bianca indagou.

— Pecado é deixá-la apodrecer naquela cama como está. Além de isso acabar com você, com sua beleza e saúde. Se fosse minha esposa, jamais a deixaria levar esta vida e morar neste fim de mundo. Eu a encheria de joias e roupas finas. Viveria na cidade grande. Viajaria pelo mundo.

César persuadiu Bianca a colocar certa dose do tal elixir na alimentação de Lara e ela assim o fez desejosa para se ver livre do transtorno de cuidar da enferma.

Ninguém desconfiou que a tia de Thiago houvesse morrido por envenenamento. Afinal, nem esperavam que uma pessoa com tantas dificuldades e limitações pudesse viver tantos anos.

A jovem senhora ficou assustada e temerosa depois do ocorrido. Sabia que havia feito algo muito errado.

Aflita, enclausurou-se no quarto por algum tempo. Só saiu de lá quando sua mãe também faleceu, semanas depois.

Ficou desconfiada de César, mas não tinha certeza.

Dois meses depois, Cora também morreu.

Bianca entrou em desespero. Não podia dividir com ninguém as suas suspeitas. Estava envolvida na morte de Lara e isso era um grande peso para sua consciência.

A partir de então, fugia das conversas com os primos de seu marido.

Acercava-se sempre de Thiago quando precisava estar junto a todos.

Algumas vezes, tentou falar com o esposo sobre César e Josué não serem pessoas confiáveis. Suspeitava da lealdade de ambos. Achava-os interesseiros demais e talvez não fossem tão honestos quanto Thiago pensava.

Mas o marido não acreditava e a maltratava quando insistia nesse assunto.

— Não pode colocar nossas terras nas mãos de seus primos, senhor meu marido. Vamos perder tudo! Eles estão fazendo negociações e recebendo o dinheiro em seu lugar!

— Cale a boca!!! Mulher não entende de nada!!! — vociferava Thiago.

— São terras de meu pai! Só as têm por minha causa!

— Se você valesse alguma coisa... — ria e a humilhava. — Mas nem me dar um filho foi capaz!

— Senhor meu marido, não se engane! Seus primos não lhe são leais!

— Cale-se mulher!!! — e a esbofeteava.

Na ausência de Thiago, Josué fazia de tudo para se aproximar de Bianca que agora também o temia.

A mulher do primo conservava uma beleza incomum. Corpo acinturado que meneava lindamente vestidos longos e bem produzidos. Cabelos pretos e brilhosos, presos com coque bem fofo que a deixava elegante. Estava sempre limpa e com suave perfume de lavanda. Dentes alvos. Pele lisa no rosto que, algumas vezes, era maquiado com pó de arroz e carmim.

Bianca não parecia ter trinta e cinco anos. Idade que, para a maioria das mulheres de sua época, seria considerada velha.

Sabendo que Thiago passaria o dia inteiro longe e em companhia de César, Josué aproveitou-se e invadiu o quarto do casal bem cedo.

Procurou assediar Bianca que se assustou e o rejeitou. Lutaram, mas a fragilidade da jovem senhora a fez perder a luta e Josué forçou-a à relação íntima.

Em choque, ficou paralisada com o ocorrido, passando o dia estendida em sua cama.

A vida está a sua espera

Traumatizada, só deu conta do ocorrido quando ouviu o marido chegando.

Ficou desesperada. Lembrou-se de que Josué a ameaçou. Caso contasse o que havia acontecido, ele diria a Thiago que ela foi a culpada pela morte de Lara, Marlene e Cora. Embora ele soubesse que foi César quem lhe arrumou o veneno e que ela só havia matado Lara.

Arrasada, não sabia o que fazer.

Acreditava ter parte da culpa pelo ocorrido daquele dia. Afinal, havia se insinuado para Josué algumas vezes. Arrumava-se e se embelezava pensando nele. Oferecia olhares e sorrisos discretos para provocá-lo. Mas isso tudo não lhe dava o direito àquela violência. Ela não esperava que chegasse a tanto.

Não poderia contar nada ao marido.

Oprimida, sem ter com quem desabafar o fato, Bianca se calou.

Sofreu em silêncio profundamente.

O marido a percebeu calada e até procurou saber o que era, mas a esposa não falou. Só chorava.

Algum tempo depois, acreditou que pudesse estar grávida ou muito doente.

Conversando sigilosamente com uma senhora, ex-escrava e muito experiente, agora uma de suas empregadas, contou-lhe o ocorrido e chorou muito.

A mulher, médium, consultou seus guias espirituais, apalpou-lhe o ventre e revelou:

— Sinhá tá de barriga. Sinhá num tá duente não. É barriga de criança.

Bianca passou mal. Não desejava o filho.

— Num posso fazê nada, Sinhá. É pecado.

— Não posso contar para o senhor meu marido! Não vou conseguir olhar para essa criança e lembrar tudo o que aconteceu! — chorava em desespero.

— Ou Sinhá fica quieta e faz seu Sinhô crê que é bênção e que o fio é dele... Ou Sinhá conta tudo, mas pode esperá disgracera.

Melancólica, recolheu-se aos seus aposentos. Mal comia e bebia. Sua aparência denunciava seu sofrimento.

O marido inquietou-se com seu comportamento. Queria chamar um médico, mas a esposa se desesperava quando ele tocava nesse assunto.

— Sou seu marido!!! Exijo satisfações!!! O que aconteceu para reagir dessa maneira?!! — berrava ao perceber ou desconfiar que havia algo muito errado naquele comportamento.

Num arroubo de choro, Bianca não suportou e contou tudo o que havia acontecido. Desfechando ao revelar que estava grávida devido à violência de seu primo.

Thiago ficou enfurecido. Não iria admitir que sua honra fosse manchada e queria lavá-la a sangue.

Josué contou o ocorrido ao irmão e ambos fugiram rapidamente da fazenda.

Armado com garrucha, Thiago saiu à procura dos primos para matá-los. Mesmo com a ajuda do Capitão do Mato, agora velho, mas ainda com muita agilidade, junto com outros empregados, não localizaram César e Josué.

Enlouquecido, Thiago retornou para a Casa Grande e espancou a esposa.

Bianca viveu dias e noites sob os maus-tratos do marido que expressava sua raiva de forma violenta, quebrando tudo o que havia na casa e batendo na mulher. Ela o odiava por isso. Desejava que ele morresse sofrendo o que a fazia sofrer.

Após tantas agressões, Bianca perdeu o filho que esperava.

Thiago parecia cada dia mais insano. Ao não ser pago pela produção da fazenda, descobriu que os primos haviam recebido tudo por ele. Foi, então, que se encontrou repleto de dívidas, a começar com aqueles que trabalhavam naquelas terras.

A vida está a sua espera

O pobre homem não aguentou a pressão.

Thiago dirigiu-se para o quarto. Quando Bianca o viu com uma garrucha na mão, tentou impedi-lo. O marido a empurrou e se suicidou com um tiro na cabeça.

Bianca sentiu-se derrotada em meio a tanta tragédia. Desejou sua morte, mas quando viu sua vontade realizada, desesperou-se. Sentiu-se culpada. Desesperada, não se conformou.

Abandonou-se e não cuidou nem mesmo de si.

Deixou que os empregados e ex-escravos tomassem tudo como quisessem.

Foi então que sua prima Glória, sabendo de todo o ocorrido, pediu ao marido Mathias permissão para acolher Bianca em sua casa. Ele consentiu. Acreditou que seria melhor sua esposa ter companhia.

Bianca, mesmo sob os cuidados da prima, desequilibrou-se e se tornou insana. Desistiu de lutar pela vida. Só comia e bebia porque Glória a forçava.

A preocupação com a prima fez Glória ter ocupação e desistir de atentar contra a vida de Guilherme.

Cora e Marlene, desencarnadas, não se conformavam com o abandono de seus filhos. Exigiam ser cuidadas e reivindicavam esse direito.

Lara, mesmo debilitada, na espiritualidade, voltava a sofrer torturas conscienciais de seus algozes, suas antigas vítimas. Culpava Bianca e César por seu desencarne, apesar de toda a culpa, pelo sofrimento por que passava, ser de seus atos cruéis no passado.

Em espírito, Thiago vivenciou um desespero assombroso pelo ato do suicídio. Revivia o momento angustioso de sua prática. Sofria com o desespero de outros como ele que eram capazes de sentir as mesmas dores e angústias. Ele também se punia por sua insensibilidade para com Bianca e todos os maus-tratos que lhe ofereceu.

27

O que o levou ao suicídio foi a falta de fé e de coragem para enfrentar o que precisava e querer escapar da vergonha, das dificuldades da existência. Deus sempre ajuda os que sofrem, mas não os que carecem de coragem. Gigantes ou pequenos, os problemas e as dificuldades da vida são por provas ou expiações. Sempre haverá mais grandeza e dignidade em lutar contra as adversidades, pois os que suportam as dificuldades serão recompensados. As consequências para os suicidas não são iguais para todos. Alguns expiam a falta imediatamente, outros não. "Pagamos em prestações os débitos adquiridos em atacado". Os efeitos do suicídio não são idênticos. Cada caso é um caso.[2]

Com o desencarne, como Bianca era um espírito sem qualquer conhecimento e incapaz de compreender tudo o que acontecia, demorou para entender a Lei de Causa e Efeito, Ação e Reação.

Após um tempo, Bianca teve breve reencarnação em condições difíceis para vivenciar. Marlene, como sua mãe, abandonou-a ao saber de suas deficiências neurológicas e distúrbios digestivos.

Thiago também experimentou breve reencarne muito debilitado. Mas esse curto período não foi o suficiente para ele valorizar a vida e desimpregnar seu corpo espiritual de todos os danos que provocou. Somos responsáveis por tudo, exatamente tudo, o que fazemos ao nosso corpo, empréstimo de Deus para nossa evolução. Cora, como sua mãe, também o abandonou.

Ele e Bianca ficaram juntos no mesmo orfanato.

Ambos precisavam resgatar o respeito deles próprios, o amor incondicional ao próximo, a força de vontade, a disposição, o bom ânimo e outras coisas mais. Suportarem os desafios que a vida propõe por provas ou expiações com resignação. Cuidarem com amor e abnegação de todos que Deus lhes colocar no caminho e harmonizarem-se,

---

2. N.A.E. — Mais explicações sobre suicídio, após o desencarne, poderão ser encontradas em *O Livro dos Espíritos*, questões 943 a 957.

com fé e coragem, resistirem as dificuldades da vida, mostrando-se capazes e determinados.

Nem sempre conseguimos, em uma única existência, reparar todos os erros cometidos.

Eles reencontrariam a maioria dos que estiveram juntos naquela reencarnação tão problemática e outros que, nem sempre, acharam-se ligados a eles.

Tudo é acréscimo, crescimento e evolução quando agimos bem com todos que encontramos pelo caminho.

Por essa razão, o Pai da Vida nos oferece quantas oportunidades forem necessárias para que nos reconciliemos com nossos irmãos.

Não há felicidade sem paz. Não há paz sem harmonia. Não há harmonia sem reconciliação. Não há reconciliação sem evolução.

Por isso: "reconcilia-te com teu irmão enquanto estiver no caminho com ele..."

Então, como será que essas pessoas poderão harmonizar-se e reconciliarem-se depois de tudo o que praticaram contra si e contra os outros?

A vida está a sua espera.

Vamos descobrir.

capítulo 2

O que você faz por você?

Um lençol de neve estendia-se entre Bianca e a visão de um chalé que se encontrava em difícil acesso. Embora não muito longe, a fofura do piso dificultava a caminhada.

Ela olhou para o céu a sua volta e percebeu que não iria demorar a anoitecer.

A moça assoprou as mãos violáceas e gélidas com a esperança de aquecê-las um pouco e prosseguiu firme, encarando o desafio à frente.

Forçava-se andar com dificuldade, sentindo cada passo afundar até quase a metade da bota de cano longo.

Não se via ninguém naquele ambiente hostil com algumas árvores que pareciam sem vida, ou pinheiros congelados de onde pendiam filetes de gelo adiamantados.

Nessa altura, vencidos morros e aclives, o caminho tornou-se melhor.

Olhando para o chalé que nunca chegava, viu espiralar fumaça de uma das chaminés, indicando haver alguém lá.

A vida está a sua espera

Somente o som de um gavião, tinindo ao longe, ousava quebrar o silêncio vez ou outra.

Alguns flocos de neve começaram a cair e Bianca obrigou-se a andar mais rápido ainda.

O tempo fechava. O frio aumentava prometendo mais neve a qualquer momento.

Por mais que se esforçasse, não conseguia ser mais ágil com os percalços do caminho.

Sentia os pés e as mãos adormecidos pelo rigor da invernia.

Figurava-se nela um rosto pálido e preocupado, trazendo a expressão de um coração envolto em ansiedade e medo, esperança e amor.

Puxou o capuz para que encobrisse o gorro escuro, enquanto os cabelos longos ondulavam-se pelas laterais da cabeça e iam esbranquiçando com alguns flocos de neve.

O casaco escuro de lã, todo abotoado, encobria as botas, descendo abaixo dos joelhos. Apesar disso, ainda sentia frio.

Não sabia onde havia perdido o par de luvas, por isso enrolou as mãos nas pontas do cachecol bem comprido que dava voltas ao pescoço e colocou-as no bolso do casaco, depois de cobrir a boca com uma das voltas da vestimenta.

Chegando próximo a uma porteira, ficou feliz ao vê-la aberta. Se assim não estivesse, teria dificuldade para empurrá-la, pois estava atolada na neve que dificultava qualquer movimento de vaivém.

Bianca esgueirou-se pelo vão e percebeu quando a movimentação balançou os fios de arame da cerca e alguns pingentes de gelo caíram, enquanto outros, mais firmes, permaneceram balançando nos fios.

Alcançou uma trilha mais firme para se pisar. Era o que havia sobrado da estradinha que dava até o chalé.

Escurecia rapidamente e pôde ver, através das janelas embaçadas, a luz bruxulear que alguém acabava de acender.

Ouviu o latido de um cão vindo de dentro da casa. Talvez a tivesse percebido aproximar.

Passou por outro portão ligado a uma cerca mais fechada que rodeava a casa de madeira feita de toras grossas escurecidas e de rejuntes brancos. Algumas paredes eram de pedras grandes e arredondadas, que cresciam acima do telhado, onde surgiam as exuberantes chaminés.

Aproximando-se, sentiu-se exausta e se apoiou na enorme pilha de lenha que havia ao lado dos degraus antes da varanda.

Ao subi-los, escutava seus passos a cada pisada no chão de madeira.

Na varanda, olhou outro amontoado de lenha picada. Observou uma cadeira de balanço frente a um banco largo e comprido, vitrificado pelo gelo que forrava o assento.

Neste instante, ouviu um ranger e viu o facho de luz raiando pelo vão da porta que abriu.

Alertou-se com a luz banhando seus olhos, e despertou com a voz:

— Bianca! Hora de levantar! — dizia sua mãe, abrindo a janela que clareou o rosto da filha.

"Droga..." — reclamou a moça em pensamento ao se virar e ver que horas eram. — "São 8h ainda!"

— Levanta logo pra não perder o dia! — tornou a mulher.

— Como vou perder o dia, mãe?!... Hoje é domingo. Tirei plantão ontem, caramba! — resmungou bem insatisfeita e com a voz rouca.

Marlene não se importou e saiu do quarto.

A filha remexeu-se.

Deitada de costas e com joelhos flexionados, fixou olhar perdido no teto, lembrando-se do sonho que sempre se repetia.

Cada impressão, cada detalhe era tão vivo em sua memória como se tivesse ocorrido de verdade.

Respirou fundo, remexeu-se, esfregou o rosto e se sentou.

A vida está a sua espera

Olhando para a cama da irmã, viu-a arrumada.

Suspirou fundo mais uma vez e se forçou a levantar.

Não demorou muito e Bianca estava sentada à mesa da cozinha fazendo o desjejum.

Clara, sua irmã mais velha, passou por detrás de sua cadeira e deu bom dia que foi respondido com um murmúrio. Pegou uma caneca e sentou-se à mesa frente a Bianca. Puxou a garrafa térmica, serviu-se de café e perguntou:

— E aí? Tudo bem?

— Tudo.

— Como é o novo hospital? — Clara quis saber.

Ambas eram enfermeiras e Bianca havia mudado de emprego recentemente.

— É bom. Tem uma estrutura muito boa — respondeu de cabeça baixa, olhando para a caneca que segurava com ambas as mãos.

— Por que está tão desanimada?

— Não é isso. Não fui feita pra trabalhar de dia. Quando isso acontece, à noite, quando deito, não consigo dormir e vou pegar no sono quando está clareando. Aí, de manhã, é isso. Fico devagar.

— Mas é só agora, no começo. Depois você muda.

— Sim. É. Quando a outra enfermeira voltar de férias, eu vou para o turno da noite. Não vejo a hora.

— Ah! Lá no hospital — referiu-se onde trabalhava — está um saco. Aquele povo não tem o que fazer. Vive de fofoca. Conversinha daqui!... Conversinha dali!...

— Já te falei, Clara. É só não se envolver nem ligar.

— Não dá para não ligar, né?! Não tenho sangue de barata! Outro dia, a Luana ficou falando do meu cabelo. Disse que era corte de pobre. Falou que no casamento da Lenita — referiu-se à outra irmã, a do meio, casada há pouco tempo — eu tive que obrigar o Jorge a ser padrinho junto comigo ou não teria quem fosse. Ela falou que meu vestido foi alugado, que me arrumei em casa e por isso a maquiagem

33

ficou horrorosa. Não ficou horrorosa! Muito menos me arrumei em casa! E ninguém, ninguém sabia que o vestido era alugado. Era o primeiro aluguel! Ela nem poderia perceber! Fofoqueira! — reclamou Clara que falava de um jeito irritado e bem rápido. — Além disso, a Luana fica falando coisas desde que eu e o Olavo terminamos. Era para o Olavo ser padrinho junto comigo. Mas não teria cabimento depois de tudo. Por isso eu chamei o Jorge na última hora. Não foi por falta de opção.

Na primeira pausa, Bianca considerou:

— Não liga pra isso, Clara. Deixe os outros falarem. Quanto mais você se importa, mais dá razão para que haja conversinha. Pense bem.

— O Olavo também... — tornou Clara sem dar atenção ao que a irmã falava. — Deixa ele! Cachorro! Sem vergonha! Nem olha na minha cara!

— Gostaria que ele olhasse e fosse conversar com você? — a irmã perguntou.

— Não!

— Então porque está reclamando? Namoros terminam. Vocês não tinham um compromisso tão... — não completou.

— Você só fala assim porque está noiva e de aliança no dedo, Bianca! Eu e o Olavo íamos ficar noivos! Já estávamos pensando nisso! Queria ver se o César chegasse pra você e terminasse tudo, se ia ficar feliz.

— É diferente, Clara. Eu e o César namoramos há mais de dois anos. Estamos noivos e comprando as coisas. Temos planos. O pai dele não vai mais renovar o contrato da casa que tem alugada para darmos uma reformada e...

— Tá bom! Tá bom! Fica aí se gabando, Bianca! Fica! — Abruptamente arrastou a cadeira ao se levantar, provocando grande barulho. Colocou a caneca na cuba da pia e saiu da cozinha resmungando.

A vida está a sua espera

Bianca fez uma expressão contrariada ao envergar a boca para baixo.

Levantou-se. Colocou sua caneca na pia e foi para o quarto.

Após arrumar a cama e se trocar, escutou o telefone tocando insistentemente. Foi até a sala e atendeu:

— Alô?

— Oiiiii!!!! — era Glória, sua melhor amiga. Havia reconhecido a voz de Bianca. — Te acordei?!

— Não. Não acordou.

— Que peninha! Mas você está com voz de quem acordou agora.

— Devo estar. Mas... Por que tanta animação?

— Vamos ao clube hoje?! Está um dia lindo! Lindíssimo!!! — convidou vivamente empolgada.

— Ah... Não sei — a amiga titubeou. — Já são 10 horas.

— E daí? Vamos, vai! O meu irmão dá uma carona até lá. Pegamos um pouco de sol na piscina, depois tomamos um lanche... Vai ficar em casa fazendo o quê?

— O César vai vir aqui mais tarde — referiu-se ao noivo.

— Só mais tarde? Ah... Deixa de ser boba. Façamos assim: mais tarde ele passa lá no clube para nos pegar.

— Mas se eu for para a piscina meu cabelo vai ficar horrível! — reclamou.

— Não pior do que o meu! — gargalhou gostoso. — É só não entrar na água, ou melhor, pode entrar e não molhar o cabelo. Vai! Vamos!

— Tá bom... Você ganhou — riu. — Vou me arrumar.

— Passo aí daqui a pouquinho. Beijo!

— Beijo! — mas a outra nem escutou. Já havia desligado.

Sem demora, Bianca pegou o que precisava e ficou pronta.

Ao chegar à cozinha, viu sua mãe de costas mexendo em algo na pia. Então avisou:

— Vou ao clube com a Glória.

35

Marlene se virou. Tinha em uma das mãos uma lata de cerveja e, na outra, metade de um limão que espremia sobre a bebida.

Ao observar a cena, a filha pensou:

"Começou cedo, hein!" — mas não se manifestou.

— Justo hoje que comprei uma carne pra assar na churras-queira? — indagou Marlene, mas não esperou resposta. — Tá que não é grande coisa. Seria só pra nós. A Lenita vai pra casa da sogra. Então sou só eu, você e a Clara. Vou fazer um arrozinho, uns bifes na grelha e uma salada. Seria bom aproveitar que o seu primo e a mulher não estão aí hoje. Ela é muito folgada.

A casa onde moravam era dos pais de Marlene e Sueli, sua irmã.

Marlene, devido às dificuldades, precisou morar na pequena edícula de quarto, cozinha e banheiro, com as três filhas ainda pequenas.

Com o tempo, vendo as netas maiores, os avós decidiram trocar de casa. Eles foram para a edícula e a filha com as netas passaram para a casa da frente, um pouco maior.

Com a morte do casal, já bem idoso, Marlene e as filhas não tinham condições de ainda saírem dali para que vendessem a casa e fizessem a partilha da herança. Aconteceu que o filho de Sueli e sua mulher grávida não tinham onde morar nem como pagar aluguel. Uma vez que namoravam, não planejaram a gravidez repentina e tiveram de assumir uma vida a dois. Por essa razão, Sueli combinou com a irmã que não venderiam a casa, mas queria que seu filho e a mulher morassem lá nos fundos. Afinal, a edícula estava vazia. E assim foi feito. Havia, então, pouco tempo que residiam ali.

— Aaah, mã... Não estou a fim de churrasco hoje. Estou muito chata. Prefiro ir ao clube. Já liguei para o César e ele vai me pegar lá mais tarde.

— Então vai! Vai logo! — exclamou de forma agressiva. Muito insatisfeita, virou-se de costas para a filha.

"Droga!" — pensou Bianca antes de dizer: — Tchau, mã.

A vida está a sua espera

Marlene não respondeu.

Havia algum tempo que Bianca percebeu sua mãe bebendo com frequência e em quantidade acima do normal. Ficava embriagada. Falava alto. Era agressiva com as palavras e não se importava com os demais. Notou-a também mais desorganizada. Sem tantos cuidados com a casa e consigo mesma.

Quando tentou conversar, a mãe respondeu rudemente, justificando-se com os problemas que enfrentava.

Bianca sentia-se desanimada e não insistiu com a conversa.

～

Não demorou muito e as amigas estavam sentadas em espreguiçadeiras na área das piscinas do clube que frequentavam.

Glória, usando óculos escuros e bonito chapéu, inclinou a aba para olhar o céu e observar as nuvens.

— Tem muita nuvem, né? Vai chover — murmurou Bianca.

— Vai nada! São passageiras — respondeu a amiga sempre otimista. Virando-se para a outra, perguntou: — Como está o serviço novo?

— A mesma coisa de sempre — falou sem ânimo. — A estrutura hospitalar é bem melhor. Ainda não conheço muita gente. É aquele período chato em que se vive pisando ovos e se vigiando muito. Estou no lugar de uma enfermeira que está de férias. Assim que ela voltar, passo para o turno da noite.

— Você sempre gostou de trabalhar à noite, não é?

— Sempre. É mais calmo. Gosto mais.

— O César deve sentir sua falta.

— Até que não. A gente mal se via. Quando ele saía às 19h, eu entrava. Mesmo quando trabalhávamos no mesmo turno, eu ficava no 6º andar. — Breve instante e lembrou: — Ia me esquecendo... Ontem

37

Schellida · Eliana Machado Coelho

fui levar uns documentos ao Departamento de Recursos Humanos e ouvi dizer que vão precisar de nutricionista lá.

— Sério?! — alegrou-se. — Já estou indo lá! Tomara que não sejam preconceituosos, né?

— Não. Não creio que sejam.

— Você viu negros trabalhando nesse hospital? — Glória foi direta.

— Vi. Vi sim. A encarregada da equipe de enfermagem é negra. Tem enfermeiras negras também. Nossa... — falou em tom de lamento. — Não acredito que ainda exista gente preconceituosa.

— Eu não ligo para as pessoas preconceituosas. Sou bem diferente de alguns da minha família. Você sabe. Não dou atenção porque confio no meu taco! — sorriu lindamente. Levantou os óculos e deu uma piscadinha para a amiga. Depois ajeitou-se e se acomodou melhor na espreguiçadeira.

Aos trinta anos, Glória era muito bonita. Negra, pele lisa e aveludada, tinha um sorriso alvo e lindamente chamativo. Alta e magra, o corpo bem torneado a custa de muitos exercícios e corrida, que adorava. Cuidava de sua aparência e gostava de si. Tinha uma voz firme e dicção perfeita. Bom senso e equilíbrio emocional invejável. Olhos sensuais puxadinhos de cílios longos e bem curvadinhos. Cabelos muito bem tratados, longos, com cachos miúdos e brilhosos. Personalidade forte e segura de si. Formou-se nutricionista. A primeira de sua família a ter um diploma universitário à custa de empenho e dedicação. Comunicativa, fazia amizade com facilidade.

Ambas trabalharam no mesmo hospital. Por não aceitar irregularidades em sua atuação e reclamar do que constatava estar errado, havia sido demitida recentemente junto com a amiga e um grupo de funcionários.

— Vou lá levar um currículo. Será que posso dizer que te conheço? — Glória quis saber.

A vida está a sua espera

— Creio que sim. Geralmente não gostam de parentes para trabalharem juntos. Amigos não têm problema. Amanhã dou uma especulada. Pergunto para alguém como quem não quer nada. Depois te digo.

— Mas vê se não demora muito. Preciso arrumar algo logo. Não me aguento sem trabalhar — disse. A colega não argumentou. Então perguntou: — Estou achando você muito desanimada, Bianca. Pensei que fosse por ter sido demitida naquela leva, mas, mesmo agora que está trabalhando, estou te achando muito pra baixo. Está tudo bem?

Após longos minutos, respondeu:

— Está. Está tudo bem. Não sei o que eu tenho. Ando meio... Sei lá. — Remexeu-se. Alinhou os cabelos com as mãos fazendo um rabo e os torceu. Virou-se e nada mais disse.

— Você anda muito quieta. Não acha que seria bom conversar?

— Falar de coisas que não consigo resolver? Para quê?

— Desabafar! Isso ajuda.

— Acho que não estou tão satisfeita em ter de casar e ir morar nos fundos da casa da sogra.

— Já falou com o César?

— Já sim. Mas sempre vem com aquela conversa de que não temos condições de comprar nenhum imóvel e pagar aluguel também não vai ser fácil. Ele tem razão. Às vezes, até acho que poderíamos esperar um pouco mais, porém...

— Porém?... — quis saber Glória.

— Lá em casa está um saco! Principalmente depois que a Lenita se casou e meu primo foi morar lá nos fundos porque a mulher está grávida. A Clara parece que está com a maior dor de cotovelo e ficou insuportável.

— Por quê?

— Nas vésperas do casamento da Lenita, o Olavo terminou o namoro com a Clara e, desde então, ela parece meio neurótica. Talvez, por ser a mais velha de nós três, não esteja se conformando. Vive praguejando o ex-namorado, sentindo-se perseguida por fofocas no serviço. Até deu pra beber pra mais.

— Quantos anos a Clara tem? — interessou-se Glória.

— Trinta e dois. A Lenita tem trinta e eu vinte e nove.

— Hoje em dia, as pessoas que se planejam na vida não estão casando tão cedo. Já passamos do tempo em que, obrigatoriamente, é a mais velha quem tem de se casar primeiro. Aliás, não somos obrigadas a nos casarmos! — ressaltou. — Vamos lembrar isso! Qual é o problema de não se casar?

— Medo de ficar só? Talvez seja isso — disse Bianca com simplicidade.

— Pelo que eu observo por aí, tem muito casamento em que o marido ou a mulher está mais só do que antes de se casar. Casamento não é sinônimo de felicidade. Ter um parceiro ou parceira não garante ausência de solidão.

— Eu entendo. Mas não adianta falar sobre isso com a Clara. Até porque, ela fala muito. Nunca ouve. Ela se acha sempre com razão em tudo. Como se não bastasse, vive de intrigas e conversinhas.

— Isso só atrai o que não serve, o que não presta.

— A Clara é tão diferente de mim. Aliás, minhas duas irmãs são muito diferentes de mim. Às vezes, sinto como se eu não pertencesse àquela família — riu.

— Suas irmãs são diferentes de você em tudo mesmo. Até na aparência.

— Minhas irmãs puxaram ao meu pai.

— Acho que a Clara tem ciúme ou inveja de você, mas não é pelo fato de estar noiva. Você é muito mais bonita! — Glória considerou.

— Oh!... Por favor!

— É sim! Linda, eu diria! — exclamou a amiga.

— Com esses cabelos que tem alergia de tempo úmido e não podem ver água?! Por favor!

A vida está a sua espera

— Ah! Deixa disso! Nada que um bom trato, escova e prancha não resolvam. Disso eu entendo — gargalhou.

— Isso cansa e dá muito trabalho. Gostaria que fosse diferente.

— Queridinha, para de reclamar, viu? Tem muita gente no hospital e em tratamento que adoraria ter seus cabelos.

Bianca olhou e ofereceu um sorriso.

Agradável e bonito, seu rosto arredondado e nariz fino, levemente arrebitado, eram graciosos. Algumas sardas davam-lhe um toque charmoso. Combinavam com seus olhos esverdeados, que pareciam mudar de cor conforme a claridade. Cabelos compridos, abaixo dos ombros que, com um pouco de cuidado, ficavam bem bonitos. A cor castanha, bem clara, dos fios combinava com seus olhos.

Sempre educada e gentil, possuía uma personalidade amável. Era alguém fácil de se gostar.

— Mas não completou o que ia dizer — lembrou Glória com sua voz forte e bonita. — Estávamos no porém... — ressaltou. — Você falou que não te agradava morar nos fundos da casa da sogra. Falou que sua casa estava um saco... E em pensar um pouco... Porém...

— Ah, sim — riu. — Tinha me esquecido. Lá em casa não está fácil. O clima está ruim. A Clara, como te disse, está neurótica pelo namoro terminado. Não para de falar nisso. Minha mãe... Também é outra que não para de reclamar.

— Diminuiu a bebida?

— Que nada! Não temos dinheiro para algumas coisas, mas cerveja, vinho e outras bebidas não faltam. — Ofereceu uma pausa e contou: — Quando ela está cozinhando, o copo de caipirinha está sempre ao lado. Assim que acaba de fazer as coisas, mal almoça e cai no sofá de tanto beber. Lógico que, antes, tem de reclamar, reclamar e reclamar! Acorda com dor de cabeça, com o fígado atacado e o baço detonado e por aí vai... Às vezes, enche tanto a cara que passa mal, vomita antes de chegar ao banheiro...

— Nossa, Bia!... — falou em tom preocupado. — Tá assim, é?

— Tá. É bem por aí. Como se não bastasse, com meu primo morando lá, as coisas ficaram piores. A mulher dele é folgada. Não ajuda a pagar as contas de água e luz. Não varre o quintal e ainda fica de provocação. Sabe como é?

— Escuta aqui, Bianca! Você não está querendo se casar para fugir de tudo isso, está?

— Não — respondeu sem convicção. — Se, na minha casa, tudo fosse mais tranquilo, poderia adiar um pouco mais o casamento. Ao menos teria mais ânimo para fazer isso. Planejar melhor. Ver a possibilidade de comprar um apartamento ou... Sei lá...

— Vocês já têm alguma data agendada para o casamento?

— Não exatamente. O pai do César está esperando vencer o contrato de aluguel do inquilino dos fundos da casa dele. Depois que esse inquilino sair, vamos dar uma geral no que for preciso, pintar tudo. Sei lá... Daí marcaremos a data.

— Procure melhorar esse ânimo.

— Tem dia que tenho vontade de sumir. Ir para bem longe.

— Quem não tem essa vontade? — Glória riu gostoso e se levantou, convidando: — Vamos pra água um pouco? Está muito calor.

A amiga concordou e foram para a piscina.

Glória mergulhou e não se importou com nada. Porém Bianca desceu, com cautela, pela escadinha e, com água pouco acima da cintura, tomava cuidado para não molhar os cabelos. Vagarosamente, com a mão, pegava um pouco de água e jogava no peito e nos ombros. Até que um garoto, bem atrevido e que a observou, correu e pulou encolhido perto de Bianca, molhando-a inteira.

— Idiota!!! — ela gritou.

Glória, a certa distância, riu e voltou a nado para próximo da amiga e aconselhou:

— Mergulha de uma vez! Aproveite o momento e relaxa!

— Moleque imbecil! — e mergulhou.

A vida está a sua espera

As amigas nadaram e brincaram um pouco até que decidiram sair da água e voltar para seus lugares na espreguiçadeira.

Quando ia subindo a escadinha para sair da piscina, Bianca reconheceu alguém que trabalhava com ela.

Virando-se para a amiga, colocou a mão frente a boca e contou:

— Aquele cara ali — fez um movimento com os olhos para indicar a direção — é um médico lá do hospital. É o doutor Thiago.

— Huuuummmm.... Bonitão — cochichou Glória após olhar.

— Sério. Bravo. Quase não fala com ninguém. Acho que é bem metido. Não gosto dele — sussurrou Bianca.

— O que ele te fez? — quis saber a amiga.

— Nada. Só não gosto dele — sorriu.

— Não podemos julgar as pessoas. Não sabemos qual a bagagem que carregam.

Bianca olhou-o por algum tempo e teve a impressão de que ele fez o mesmo. Estavam a certa distância, o suficiente para não favorecer qualquer cumprimento. Em seguida, ela não deu mais importância e reclamou:

— Droga! Daqui a pouco, quando secar, meu cabelo vai ficar igual à cauda de um tamanduá bandeira! Tenho de prendê-lo o quanto antes.

A amiga achou graça, mas observou outra coisa e murmurou:

— Ele está olhando pra você.

— Feio! — murmurou rindo.

— Ah, nao! Feio ele não é não! — Glória gargalhou.

Bianca procurou prender os cabelos após torcê-los levemente para que escorresse o excesso de água. Depois colocou um chapéu. Tentando não olhar diretamente, aproveitou-se da aba e procurou ver Thiago que, vez e outra, buscava olhar em sua direção também.

Algum tempo depois, as amigas estavam na lanchonete bem movimentada.

Ao se levantar da mesa para pegar seu lanche servido no balcão, Bianca não olhou e esbarrou no médico sem querer. Não o tinha visto até dizer:

— Desculpa — e olhou para ele.

— Tudo bem — respondeu sério, seguindo seu caminho sem dar muita atenção.

Ela ainda o olhou por um instante e continuou com o que ia fazer.

O rapaz se sentou em outra mesa após cumprimentar alguns colegas.

Ao retornar para junto de Glória, Bianca disse:

— Tem outro ali na mesa que também trabalha lá. Nem sei o nome dele. Nossa! Como eu nunca tinha visto esses caras aqui? — Um momento e comentou: — Você viu? Esbarrei no sujeito sem querer e ele nem me cumprimentou ou mostrou que me reconheceu. Sujeito grosso! — e olhou novamente para a mesa onde Thiago estava.

Glória riu. Bebericou o suco de laranja e depois disse:

— Ele parece trazer um peso enorme no semblante.

— Que nada. Vai ver se acha bonitão e bom demais para se misturar.

Glória olhou para trás e observou que todos, ali sentados à mesa, riam e brincavam, somente o médico em questão não esboçava um sorriso.

— Vai ver ele está igual a você.

— Como assim? — Bianca quis saber.

— Vai ver não é um bom dia para ele. Teve um sonho ruim ou não dormiu direito — sorriu de modo enigmático.

— Falando em sonho... Novamente tive aquele sonho. É muito estranho. É muito vivo! Estou no mesmo lugar andando na neve no meio de uma floresta e vejo um chalé... — contou de novo para a amiga

A vida está a sua espera

que já conhecia o fato. — Mas sempre acordo sem saber o final, ou melhor, sou acordada. Quando não é o despertador, é minha mãe.

— Sonhos que se repetem, geralmente, querem dizer alguma coisa, pois não são comuns. Eu acho. Você já foi para algum lugar com neve?

— Já. Não. Quer dizer... Ano passado eu e o César fizemos aquele cruzeiro para a Europa. Aquele que pagamos por um ano! — ressaltou. — Era meu sonho. Pegamos neve em Paris, Itália e Inglaterra, mas nada que se pareça com o que vejo no sonho. Fizemos turnês por cidades, não fomos ao campo. No meu sonho, o lugar é... Parece uma floresta, sítio ou fazenda. Tem cerca com arame e porteira. O lugar é bem isolado. A neve é limpinha e fofa. Diferente da cidade. O engraçado é que eu sinto frio. Acordo com frio. É muito real.

— É estranho. Nunca experimentei nada assim.

— Acordo angustiada também. Sinto uma coisa estranha... Uma apreensão. Medo.

— Vai ver que é por isso que está tão quieta e sem ânimo — considerou Glória.

— Talvez. Acho ruim não poder mudar nada em minha vida. Tudo e todos a minha volta me cansam — falou sem perceber.

— Eu nunca te fiz essa pergunta. Então... Vamos lá! Você quis ser enfermeira por quê?

Bianca sorriu e vagou o olhar antes de responder:

— Eu... — riu. Não esperava. — Bem... foi algo que escolhi porque achei que iria me adaptar. Minha tia Sueli era enfermeira e eu a admirava muito. Ela se casou e deixou de trabalhar para cuidar dos filhos. Não tive outra referência de trabalho. Somente na prática descobri o que era.

— Você gosta do que faz? — tornou Glória.

— Gosto — respondeu sem titubear. — Tem momentos difíceis, lógico. Mas, de um modo geral, gosto sim.

45

— Momentos difíceis no trabalho, todos temos. O importante é gostar do que se faz.

— Eu gostaria de trabalhar em um hospital maior, que pagasse mais. Afinal de contas é uma profissão que exige muito: atenção, dedicação, preocupação e até fisicamente nos compromete. Por que me pergunta isso? — questionou Bianca.

— Para saber o que não gosta e o que pode mudar.

— Na verdade, Glória, estou cheia do que vejo em casa. Minha mãe, minhas irmãs, meu primo... — calou-se.

Após longo silêncio, Glória disse:

— Sabe, amiga, às vezes, não podemos nos livrar das pessoas, ou melhor, não temos como nos livrar das pessoas a nossa volta, mas sim introduzir algo novo em nossa vida. Isso muda tudo.

— Algo novo como o quê?

— Cuidar de você é um bom começo. Cuidar da vida física como exercícios, caminhadas, corridas, trilhas, natação, musculação, Yoga... Algo nesse nível para cuidar do físico. Cuidar da alimentação, do lado emocional, espiritual... Voltar-se mais para si mesma. — Inesperadamente, perguntou: — O que você faz por você?

— Eu trabalho. Cuido das minhas coisas.

— E?...

— Sou noiva. Estamos comprando o que precisamos como geladeira, fogão e outras coisinhas... Isso toma muito o meu tempo.

— Só me falou de coisas materiais. Estou querendo que me diga o que faz em seu benefício físico, mental, espiritual e emocional. Você frequenta academia? Corre? Faz natação? Faz escultura, pintura... Tem uma religião, filosofia para cuidar do seu lado espiritual?...

— Ah, Glória! Pare com isso. Não tenho tempo.

— Quando não temos tempo de cuidarmos de nós a doença pode aparecer para que o façamos. Somos um todo. Quando nós nos dedicamos, intensamente, só para o trabalho, para o lado material, sem darmos atenção para o nosso lado espiritual, acabamos nos

A vida está a sua espera

atraindo para algo difícil, como desafios no emprego ou o próprio desemprego para lembrarmos de rezar e pedir bênçãos. É o nosso inconsciente que nos faz cometer equívocos no trabalho ou atrair alguém ou alguma situação para sermos demitidos. Nosso inconsciente é a consciência da nossa alma. Ele sabe do que precisamos e nos chama para o equilíbrio. Quando nos dedicamos, demasiadamente, a um assunto único, como o trabalho ou o lado material, podemos ser acometidos de uma doença para lembrarmos de cuidar do nosso físico e de nós como espírito. Toda doença começa no espírito, antes de se manifestar no corpo de carne.

Bianca fitou-a séria e pensativa. Talvez fosse perguntar alguma coisa, mas não teve tempo.

A sombra de alguém se aproximando chamou-lhes a atenção.

— Oi! Você por aqui? — indagou a voz forte e alegre de um homem. Quando as moças olharam, ele se apresentou: — Mathias! Trabalho com você lá no hospital. Só nos vimos às pressas. Nem sempre dá para se apresentar.

Elas se levantaram e retribuíram ao aperto de mão:

— Olá doutor Mathias, sou a enfermeira Bianca.

— Prazer! Sou Glória, amiga da Bianca — cumprimentou educada na sua vez.

Ao lado de Mathias, Thiago cumprimentou tão somente:

— Olá.

— Olá doutor Thiago — disse Bianca apresentando: — Esta é minha amiga.

Eles também se cumprimentaram.

Extrovertido e mais falante, Mathias comentou:

— Nós ficamos olhando vocês de longe desde lá nas piscinas. Fiquei em dúvida se era você ou não... — referiu-se à Bianca. — O Thiago disse que sim. Ele te reconheceu. Nós íamos até onde estavam, mas logo saíram de lá... Quando a vimos aqui, íamos chamá-las

47

para que se juntassem a nós, mas chegaram outros amigos à mesa e... Sabe como é...

— Entendo — disse Bianca timidamente, sem saber direito o que falar.

— É bom saber que frequentam aqui — tornou Mathias.

— É um clube muito bom. Gosto daqui — comentou Glória.

— Sim. Verdade — tornou Mathias.

Thiago permaneceu calado.

— Quem sabe, outro dia, possamos nos encontrar aqui para conversarmos um pouco — disse Mathias. — Infelizmente, agora precisamos ir.

— Foi um prazer, doutor — disse Bianca, estendendo-lhe a mão.

— O prazer foi meu — retribuiu ao aperto de mão que também se estendeu à Glória.

Thiago, muito sério, na sua vez, só disse após rápido cumprimento:

— Até a próxima.

Após vê-los se afastarem, Glória comentou:

— Simpático esse doutor Mathias, não é?

— Antipático esse doutor Thiago, não é? — Bianca a arremedou e riu no final.

— Não sei por que, mas fiquei com dó dele. Há um peso enorme naqueles lindos olhos azuis... — suspirou fundo.

— Ah, Glória! Faça-me um favor! Dó de médico!

— É um ser humano com desafios e problemas, muitas vezes, maiores do que os nossos. Sempre repleto de responsabilidades. Nunca podem falhar, pois estão lidando com vidas. Já pensou nisso?

Bianca não respondeu. Olhou-os pelas costas e ficou pensativa.

capítulo 3

Conflitos em família

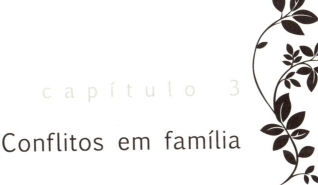

Era começo de noite quando Bianca chegou a sua casa acompanhada do noivo.

Logo que entraram, perceberam a televisão ligada sozinha na sala e movimentação no quarto de sua mãe.

Ela foi ver o que era, enquanto César acomodou-se no sofá, pegou o controle remoto e começou a passar pelos canais.

Quando chegou ao quarto de sua mãe, ouviu Clara reclamar:

— Puxa vida, hein! Passa o dia inteiro fora e só aparece agora?!

— O que houve, mãe? — Bianca perguntou direto para ela, sem dar importância ao que a irmã falava.

— Passei mal... Minha cabeça...

— Também, né, mãe!... Eu saí daqui, não eram 10 horas da manhã, e a senhora já estava bebendo.

— Lá vem você, Bianca... — murmurou a mulher falando ao gemer. — Se não puder me ajudar...

— Ajudar em quê?! — retrucou zangada. Voltando-se para a irmã, perguntou: — O que você deu para ela?

— Remédio para o fígado, estômago e dor de cabeça. Ela passou mal, vomitou... E você nem pra estar em casa e dar uma força, né? — Clara reclamou.

— A mãe bebe e a culpa é minha?! Ora! Tenha dó!

Nesse instante, na espiritualidade, espíritos inferiores afeiçoados à bebida e a conflitos familiares faziam verdadeira algazarra para que uma briga começasse. E foi o que aconteceu.

Alguns, vitimados e entorpecidos, tal qual a enferma que havia se embriagado, pediam que tivessem compaixão de seu estado, ao mesmo tempo em que, captando suas energias, vibrações e pensamentos, Marlene, a mãe das moças, pedia às filhas que parassem com a discussão.

Outros espíritos, porém, tomavam partido entre as jovens como se formassem torcidas distintas e fervorosas. Bem junto a elas, esses irmãos inferiores diziam coisas, frases e palavrões que ambas repetiam, principalmente, Clara.

Os minutos, longos e tenebrosos, que se passaram foram suficientes para irritá-las e desgastá-las, física e espiritualmente.

Bianca, enervada, foi para a sala onde César aconselhou:

— Para com isso, vai! Dá um tempo!

— Como dar um tempo?! Toda vez é isso! Eu não posso nada! Não posso sair, não posso passear! Sempre ficam exigindo minha presença como se eu fossa culpada pelo que elas fazem ou deixam de fazer. Querem minha ajuda, mas nunca colaboram comigo. Garanto que a Clara lavou toda a roupa dela, mas as minhas, com certeza, estão lá no balde pra lavar.

— Não lavei sua roupa mesmo! — respondeu a irmã.

— É! Mas quando as suas roupas estão lá eu lavo, né?! E se não lavo, você reclama! Faz daqui um inferno! — Bianca gritou para que

A vida está a sua espera

a outra escutasse. — Você é muito folgada, Clara! Garanto que a louça do almoço está na pia também!

— É lógico que está! Fiquei cuidando da mãe a tarde toda! Não foi você que estava aqui pra limpar o vômito dela!!!

Não havia trégua entre os espíritos nem entre as irmãs. Até que Clara empurrou Bianca e César entrou no meio de ambas para apartar a briga.

— Ei! Ei! Ei! Calma, tá! Parem com isso!

— Droga de casa! Que inferno! — protestou Bianca, que foi para outro cômodo.

Clara ainda ficou provocando com o que falava, embora tivesse ido para o quarto da mãe.

Na cozinha, a sós com a noiva, o rapaz aconselhou:

— Dá um tempo. Não precisava fazer tudo aquilo.

— Você viu o que aconteceu? Sempre é assim. Ela vive provocando.

Nesse momento de trégua, Brício, mentor de Bianca, envolveu-a e disse:

— Só existem brigas e discussões fervorosas quando existem dois a fim de que isso ocorra.

Bianca respondeu como se tivesse ouvido a entidade falar:

— Não tenho sangue de barata! Não dá para ficar vendo a Clara dizer essas coisas!

— Quando somos capazes de entender a pequenez humana, entender que o outro ainda não é evoluído, nós nos calamos diante de seus desatinos e descontroles — tornou o mentor instruindo-a.

Embora recebesse a inspiração, não se concentrava em dar atenção à ideia que lhe surgia.

— Vamos embora, vai! — convidou César. — Vamos lá pra minha casa.

— De jeito nenhum. Tenho roupa para lavar e ainda preciso dar um jeito nesse cabelo para amanhã.

51

— Se tinha coisa pra fazer, deveria ter voltado mais cedo do clube.

— Ai, César! Nem vem, tá! — disse indo para a lavanderia do quintal e levando a bolsa com as roupas molhadas que havia trazido do clube.

Bianca ligou a máquina de lavar e separou as peças que lavaria a mão. Não demorou e começou a fazer o que precisava sem se importar com o noivo.

Algum tempo e seu primo Gildo Júnior, que todos chamavam de Júnior, e sua mulher Carmem chegaram.

Passaram pelo corredor, na porta dos fundos da casa da frente e pela lavanderia, que ficava no canto, antes de chegarem à casa dos fundos onde moravam.

Ao ver Bianca empenhada no tanque, Carmem alertou usando um tom irritante na voz:

— Cuidado com as minhas roupas aí, hein! Semana passada alguém manchou uma blusa minha e até agora não pagou! Vocês vivem usando alvejante nessas suas roupas de hospital e mancham toda a roupa da gente!

— Olha aqui, Carmem! Toma cuidado, você! Se sua roupa está suja, guarde aí na sua casa até a hora em que for lavar. Quando, só então, deve vir aqui e lavar o tanque antes de colocá-las de molho. Além do que, você sempre larga roupa jogada aqui e esses baldes são nossos! Lembrando também que essa máquina de lavar é nossa e não sua. Mês passado, não sei quem foi, quebrou a máquina porque colocou muita roupa e foi muito peso. Nós pagamos o conserto e ninguém ajudou! Então, fica na sua, tá! — respondeu Bianca em tom firme. — Outra coisa: vocês dois não ajudam a pagar a conta de água nem a de luz já há dois meses!

— Oh... qual é prima? Não vamos discutir, né? A Carmem está grávida e as coisas estão difíceis pra nós — argumentou em um tom malandro.

A vida está a sua espera

— As coisas estão difíceis para todo o mundo, Júnior! Se ela está grávida, não é problema meu. Existe anticoncepcional e camisinha para prevenir gravidez indesejada. E são dados de graça nos Postos de Saúde!

— Escuta aqui! Quem disse que a minha gravidez foi indesejada?! — tornou Carmem, provocando.

— Se não foi indesejada, foi mal planejada! Então, minha filha, arque com as responsabilidades do que cabe a vocês dois! Eu e minha família não temos obrigação nenhuma de ajudar dois folgados como vocês. Primeiro, arrumam filho, depois se juntam e ficam procurando lugar pra morar, dependendo de família. Depois pensam em arrumar emprego e depender do governo e da família para tudo! Sempre acham que os outros têm de ajudar!

— Sua família também mora aqui de favor! Pensa que não sei! — retrucou Carmem.

— Moramos na casa que foi do meu avô! É herança da minha mãe e não sua! Você e seu bastardo não têm direito nenhum aqui. Quando meu avô morreu, nós começamos a pagar aluguel para a tia Sueli e só paramos porque vocês despencaram aqui!

— Olha, amor, ela chamou nosso bebê de bastardo. Você viu só? — reclamou Carmem.

— Não esquenta. Entra. Entra — Chamou Júnior não querendo alongar a discussão.

— O que é bastardo, amor? — perguntou baixinho ao passar por ele.

Após vê-los longe, Bianca resmungou:

— Saco! Droga! Inferno de vida!

— O que foi? O que está acontecendo? — César perguntou e foi até ela.

— Nada! São esses dois vagabundos aí!

— Você anda muito nervosa, Bianca! Pega leve! — repreendeu-a.

53

— Que jeito devo pegar leve?! Me fala?! — irritou-se com o noivo. Mas César não respondeu.

Nesse momento, ela começou a estender suas roupas sob a pequena cobertura que havia e deixou uma calça comprida branca cair em cima da pequena churrasqueira metálica que estava suja e com os restos de carvão usados no churrasco por sua mãe.

Bianca falou alguns palavrões que só fizeram espíritos inferiores rirem de sua situação. Precisou lavar a roupa novamente.

~

Ao terminar, voltou para dentro de casa. Foi ver como sua mãe estava e fez um chá para ela.

Como se nada tivesse acontecido, ao ver Bianca na cozinha, Clara propôs com simplicidade:

— Que tal encomendar uma pizza? Pago um terço!

— Pode ser — a irmã concordou. Afinal, César estava lá e precisaria servir algo.

Já era bem tarde quando o noivo foi embora e, só então, Bianca tomou banho, arrumou os cabelos como queria e foi deitar.

~

Algumas semanas se passaram...

Glória conseguiu a vaga de nutricionista que desejava, no mesmo hospital onde a amiga trabalhava.

Ela estava visitando os pacientes, procurando conhecer o hábito alimentar de cada um para introduzir uma dieta apropriada ao motivo da internação e, se possível, ao gosto do paciente.

Cada quarto da enfermaria daquele hospital era preparado para até quatro pacientes, embora tivesse três, ali, naquele momento.

A vida está a sua espera

— Então a senhora não gostou do almoço porque estava sem sal, dona Margarida? — perguntou a nutricionista com alegria no tom de voz.

— Não. Não gostei. Tudo estava sem sal. Tudo, tudo! — reclamou a mulher. — Aquela rodela de cor opaca... nem sei o que era aquilo, parecia isopor molhado.

Glória deu uma risada gostosa e respondeu ao mesmo tempo em que fazia anotações em uma prancheta.

— Aquilo era berinjela, dona Margarida. Estava sem casca, por isso a senhora não reconheceu.

— Estava horrível, menina! Nenhum sal! — tornou inconformada.

— Sabe o que é, meu amor, você está em total jejum de sal. Não posso colocar nenhum salzinho. Mas vamos fazer o seguinte: vou pedir que coloquem mais tempero. Salsinha bem picadinha, orégano... cebolinha verde bem miudinha... O que acha? Vai dar um sabor bem melhor.

— De salsinha eu gosto. Vamos ver se vai melhorar.

— Então, tá. Faça uma forcinha para comer tudo, viu? — disse Glória sussurrando com jeitinho. — Assim vai se recuperar rapidinho para sair daqui o quanto antes. Vou ver com o médico se podemos colocar um pouquinho de sal na sua alimentação, amanhã ou depois. Certo? Se sua pressão estiver boa e tudo mais estiver certinho, acho que ele vai concordar.

— Eu já falei com ele. Mas fala você de novo. Quem sabe esse médico te ouve, minha filha.

Nesse instante, Bianca adentrou na enfermaria. Cumprimentou a amiga e as demais.

A cada leito que se aproximava conversava com a paciente, aferia a pressão arterial e verificava se havia febre. Fazia anotações.

— E então? Estão gostando da refeição da nossa nova nutricionista? — Bianca perguntou em voz alta para todas as pacientes.

55

— Não tenho do que me queixar — disse uma delas.

— Só tem gelatina de sobremesa? — perguntou outra.

— Não, meu amor! — respondeu Glória. — Só repetimos hoje porque alguém, lá na cozinha, errou a quantidade a ser feita. Hoje à noite teremos arroz doce.

— Eu reclamei da falta de sal — tornou Margarida, ainda inconformada.

— A Glória é fantástica. Ela vai dar um jeito nisso para vocês — comentou Bianca sorrindo.

— Pode levantar minha cama, enfermeira? — pediu uma.

— Claro, dona Matilde. — Após o ajuste, perguntou: — Está bem assim?

— Está. Está, sim. Obrigada.

— Não por isso. Qualquer coisa, é só chamar.

Resolveram tudo o que tinham para fazer. Alegremente se despediram das pacientes. Saíram juntas daquele quarto da enfermaria, quando Glória perguntou:

— Como estão as coisas?

— Mais ou menos. Quando não é uma coisa, é outra.

— O que não está bem?

— Lá em casa. Como sempre... Ainda bem que o inquilino lá da casa do meu sogro já se mudou. Semana que vem vamos começar uma pequena reforma. Trocar a pia da cozinha, o tanque de roupa e outras coisinhas. Vamos dar uma boa pintada na casa inteira.

— Já vão marcar o casamento?

— Acho que sim. Vamos nos casar só no cartório. Nada de festa! Só dá gasto e reclamações.

— Agora é a reta final. Que bom que está dando tudo certo.

— E você, Glória?

— O que tenho eu?

— Está gostando daqui?

A vida está a sua espera

— Adorando! Que bênção! Gostei de tudo. Desde a estrutura até a integração com as equipes e diretores. Tudo é muito bom! — falou de modo positivo.

— Também estou gostando daqui.

— Você não iria passar para o turno da noite?

— Pediram para eu continuar nesse turno.

— Agradeça por trabalhar — sugeriu Glória. — Seja de dia ou de noite, não importa. Gratidão é abençoar o que temos.

— Até que estou me acostumando neste turno — Bianca sorriu generosa. Em seguida lembrou: — E o Abel, já voltou de viagem? — referiu-se ao namorado da amiga.

— Volta hoje. Estou com tanta saudade... — falou com jeito mimoso, curvando-se de lado, inclinando a cabeça sobre o ombro ao sussurrar e riu.

Naquele momento, chegaram perto do posto de enfermagem e uma outra colega avisou:

— Bianca, o doutor Thiago está te chamando no quarto 610.

— Chamando a mim?! — estranhou.

— Sim. Foi você quem esteve lá por último, não foi?

— O 610 é quarto particular, não é? — quis ter certeza.

— É sim. Dá uma chegadinha lá. Ele está te esperando.

— Já estou indo — disse, indo para trás do balcão.

— Bianca, já estou descendo. A que horas você sai?

— Às sete.

— Quer carona? — perguntou Glória esperando junto aos elevadores.

— Lógico! — riu e saiu andando.

— Desce lá que vamos juntas. Meu irmão vem me buscar.

— Certo — e foi à direção do corredor onde ficava o quarto.

Ao entrar, viu as costas do médico e deu leve batida à porta.

— Com licença, doutor.

57

Schellida ❀ Eliana Machado Coelho

— Entre. — Esperou um pouco e perguntou com uma prancheta nas mãos: — Estou olhando aqui no prontuário e... Essas anotações são suas? — indagou estendendo-lhe para que visse.

— Sim... — respondeu, sentindo um frio correr em seu corpo. Não havia entendido do que se tratava.

— Você não ministrou o antibiótico prescrito para a paciente ou não fez a anotação no prontuário médico?

Bianca sentiu-se confusa. Não poderia ter errado tanto naquelas anotações.

Tratava-se de uma paciente que acabava de sair do Centro de Terapia Intensiva — C.T.I. — Estava muito debilitada por um A.V.E. — Acidente Vascular Encefálico, conhecido também como A.V.C. ou derrame cerebral e uma pneumonia.

— Eu... Não sei o que fiz... Eu... — gaguejou.

— Esta paciente estava no C.T.I. devido ao segundo A.V.E., porém, como se não bastasse, após alguns dias de internação, ela adquiriu uma pneumonia aqui no hospital. Os antibióticos têm horários precisos. Sabe disso, não sabe? — perguntou muito sério. — Você ainda anotou, aqui no prontuário, que ela está com febre de 62 graus. Isso não existe! Seria óbito! — foi firme.

— Não estou entendendo, doutor. Nunca fiz isso.

— Você a medicou? É o mais importante a se saber — falou, olhando-a nos olhos.

— Sim. Com toda certeza. Mediquei o que está prescrito no prontuário.

— Tem certeza?

— Sim... — não falou com convicção. — Segui as prescrições deixadas pelo doutor Francisco.

Bianca foi conferir os equipamentos ligados à paciente e comparou monitores e prontuário.

— Corrija as anotações, por favor, Bianca. Preste mais atenção no que fizer de hoje em diante — disse educado e foi saindo.

58

A vida está a sua espera

— Sim, doutor Thiago. Claro — sentiu-se envergonhada. No mesmo instante, oferecendo atenção a um espírito inferior que a acompanhava, falou baixinho, mas de modo menos delicado: — Por que esse interesse se ela é paciente do doutor Francisco? — indagou baixo, mas não o suficiente.

O médico já estava perto da porta. Calmamente, voltou e, no mesmo tom firme que sempre usava, respondeu:

— Porque sou médico. Porque é do meu interesse todos os pacientes. E, se isso não bastasse, ela é minha mãe.

Bianca sentiu-se gelar. Não entendeu como aquelas palavras saltaram de sua boca. Mesmo assim, disse humilde:

— Desculpe-me, doutor Thiago. Não sei o que aconteceu comigo. Eu sinto muito.

— Fique mais atenta. Isso vai te fazer bem.

Já no carro, a caminho de casa, ainda angustiada com o ocorrido, contou para Glória e seu irmão:

— Não sei o que me deu. Nunca cometi erros assim. E ainda, como se não bastasse, fui perguntar o que ele tinha a ver com isso, e o homem nem tinha saído do quarto.

— Falta de atenção, não é Bianca? — considerou Glória.

— Não estou me conformando. No que eu estava pensando para fazer aquilo?

— Em estar em casa e de folga — disse Nélson, irmão de Glória, que dirigia.

— Na verdade, acho que não queria estar em casa não — tornou Bianca. — Só tenho problemas na minha casa. Quando não é uma coisa, é outra. — Um momento e voltou ao assunto: — Ainda não me conformo com o que fiz no prontuário.

— Mas você tem certeza de que deu o antibiótico, né?

59

Schellida ☙ Eliana Machado Coelho

— Dei. Dei sim. Na hora fiquei nervosa e quase não tive certeza. Depois lembrei de detalhes... Eu sempre converso com os pacientes e lembrei de ter brincado com ela.

— Isso justifica o doutor Thiago estar tão sério. A mãe com derrame e ainda teve pneumonia que adquiriu no hospital... Eu soube que a irmã dele morreu e ele cuida de uma sobrinha — disse Glória.

— Não fiquei sabendo de nada. Que sobrinha? Que história é essa? — interessou-se Bianca.

— Fiquei sabendo que a irmã dele faleceu em um acidente de carro. Ela era pediatra e tinha uma menina de aproximadamente três aninhos. Foi algo muito violento. Faz pouco tempo, coisa de dois ou três meses.

— O tempo que trabalho nesse hospital — tornou Bianca sensibilizada.

— Disseram que o pai dele morreu também não faz muito tempo. Tem um irmão, que é médico, mas que não vale nada — contou a amiga. — A mãe dele já havia tido o primeiro A.V.E. quando o marido morreu. Agora, o segundo com a morte da filha em um acidente. Disseram que a menininha, filhinha da irmã dele, estava junto, mas não aconteceu nada com ela porque estava na cadeirinha apropriada. A dona Cora ficou muito tempo no C.T.I. e só agora foi para o quarto e, mesmo assim, está tratando da pneumonia.

— Eu não sabia que a paciente do quarto 610 era mãe dele. Apesar do que, isso não iria interferir no meu trabalho. Não entendo o que aconteceu. Não sou de me distrair.

— Quem sabe você está precisando rezar um pouco, Bianca — sugeriu Glória.

Conversaram um pouco mais. Quando Bianca desceu do carro frente a sua casa, a amiga, em tom brando, aconselhou:

— Se liga mais em Deus. Devemos fazer isso sempre, mas quando coisas estranhas assim acontecem, precisamos ficar mais atentas.

A vida está a sua espera

— Você tem razão. Obrigada. — Inclinando-se para Nélson, também agradeceu: — Obrigada pela carona!

— Não tem de quê! — o rapaz respondeu.

~

Ao entrar em sua casa, Bianca pode sentir um clima tenso.

Ouviu a voz de Lenita alterada e indignada com alguma coisa.

— Ela é mentirosa! Isso sim!

— Quem é mentirosa? — perguntou a irmã que acabava de chegar e não sabia do que se tratava. Cumprimentou a mãe e Lenita, mas elas mal responderam.

— A Nair, minha cunhada. Ela foi falar para o Roni — referiu-se ao seu marido — que eu fiquei o dia inteiro na casa da Flora e por isso a casa estava toda bagunçada e a comida não estava pronta quando ele chegou.

— E você estava? — Bianca perguntou com simplicidade.

— Não! Passei na casa da Flora, mas estava vendendo as minhas bijuterias. Tinha umas amigas dela lá e fiquei oferecendo minhas coisas. Cheguei em minha casa mais tarde do que pretendia, porque o ônibus demorou muito. Aliás, tinham passado dois ou três no ponto, mas estavam muito cheios.

— Por que você não disse que não é da conta dela? — sugeriu Bianca.

Nesse instante, seu mentor Brício aconselhou:

— Nem da sua. Melhor é se calar. Desse jeito você incita brigas e discussões sem necessidade.

— Mas eu falei! — tornou Lenita. — Mesmo assim, ela não ficou quieta. E o Roni veio brigar comigo.

— Por isso é ruim morar perto de parente. Você não deveria ter ido morar no mesmo quintal de sua cunhada — disse Marlene, orientando a filha. — Assim é você, Bianca.

61

— A minha futura sogra é tranquila. Ela e a Andreia — falou da cunhada — não são disso.

— Até você ir morar lá, elas não são disso — tornou a mãe. — Deveria ouvir mais o que estou te falando. Sua sogra e sua cunhada vão se meter na sua vida e dar palpites. Você vai ficar com raiva, irritada e pior: sem saída e sem ter como se mudar de lá. Vai ter de aguentar porque ficará dependente. Eu não ouvi o seu avô quando ele me avisou que o pai de vocês era folgado, que não queria nada com nada. Mas eu dizia que amava o seu pai! — ironizou. — Olha o resultado! O amor acabou quando eu vi vocês três chorando de fome e o Leôncio fazendo bico aqui e ali, em casa sem fazer nada ou no bar com os amigos. Restou a gente ser despejada e eu com vocês três sem saber o que fazer. Se seu avô não acolhesse a gente, ia todo o mundo morar na rua, debaixo da ponte.

— Ai, mãe! Lá vem a senhora contando tragédia.

— Estou lembrando, Bianca! Estou lembrando e avisando vocês para não serem bobas e enfrentarem a dificuldade que enfrentei por causa de homem. Essa história de casar por amor não existe.

— Até parece que a senhora é contra que a gente se case, mãe — comentou Lenita. — Quando fui me casar ouvi tanto sermão!

— Não era sermão, Lenita! Eu quis passar as minhas experiências para você. Assim como estou fazendo com a Bianca. Não basta ter só amor. Ninguém vive de amor. Hoje em dia, precisamos de um homem que assuma a família, mesmo que a mulher trabalhe fora. Principalmente quando vêm os filhos. Se você casa só achando que amor é tudo, você fica cega e não enxerga outras coisas. Não vê que o cara é folgado, que, na primeira dificuldade, é você quem vai ter de arcar com a casa, com a comida, roupa lavada e passada e as dívidas também. Sem contar com a família dele dando palpite. Casei por amor. Quando vocês eram pequenas, só eu me levantava de madrugada para trocar fraldas, dar de mamar ou mamadeira. Só eu lavava, passava e cozinhava. O pai de vocês não ajudava em nada.

Ainda tinha de deixar tudo pronto para ele. Coitadinho! — falou com ironia. — Era o que eu pensava na época. Não via que eu era a escrava. Quando o dinheiro acabava e vocês precisavam de comida, sua avó, minha mãe, era quem me ajudava levando coisas lá pra casa, fazendo uma feira pra vocês. O Leôncio não ligava. Passava o dia na rua dizendo que estava procurando trabalho. — Breve pausa. — Quando alguém perguntava pra mim o que ele fazia, idiota, eu dizia: Ele faz tudo. Qualquer coisa — riu com ironia. — Quem faz tudo não tem profissão. Um dia trabalha de vendedor, no outro de porteiro, no outro de ajudante de pedreiro... Ele não se concentrava em uma atividade e não se desenvolvia.

— Ai, mãe... Já sabemos dessa história — reclamou Bianca.

— Mas eu acho que não sabem o suficiente. Vocês precisam ver direito quem é que está ao lado de vocês como marido, companheiro, amigo e também como provedor. Homem da casa! Precisam também saber se sustentar sozinhas. Eu não gostei que a Lenita se casou sem ter, sequer, uma profissão decente.

— Trabalho no que gosto, mãe.

— Vender bijuterias não é profissão segura, menina! Não desse jeito que está fazendo. Você não paga previdência social. Se ficar doente, não vai ter o que receber. E não vai poder se aposentar também. Você está como eu. Só que no meu tempo era diferente. Casei muito nova. Tinha dezenove anos. Fui tola. Ingênua. Burra e inexperiente. Só vi o lindo Leôncio na minha frente. Não olhei que ele não tinha profissão nem responsabilidade. Por isso deu o que deu.

— Profissão e dinheiro não garantem casamento feliz — retrucou Bianca.

— Mas é meio caminho andado, minha filha! Se você e seu noivo tiverem dinheiro, compram casa ou apartamento antes de casarem e não ficam morando na casa dos outros, dependendo de aluguel e sempre preocupados onde morar. — Após um instante, perguntou: — Até quando você e o César vão morar na casa do pai dele? E quando os velhos morrerem? O que farão? Vão vender ali? Qual é a história daquela casa? Tem mais herdeiros como essa aqui? — Não houve resposta. — Até isso acontecer, vocês já terão filhos e as despesas serão enormes. Vão depender de aluguel e ter a cabeça quente pelo resto da vida.

— Ai, mãe! Por favor! Não seja agourenta!

— Não estou sendo, Bianca. Sou realista pelas experiências de vida que tenho. Ou você e suas irmãs não acham que eu me preocupo por morar aqui de favor?

— Nós pagávamos aluguel para o vô — lembrou Lenita.

— Uma miséria de dinheiro que não cobria nem a conta de luz! Além do que, só começamos a pagar isso depois que vocês começaram a trabalhar. Isso foi bem na velhice dos dois que estavam, coitados, morando lá nos fundos. O dinheiro mal dava para comprar os remédios deles. Por isso, dona Bianca, abra seus olhos! — ressaltou. — Não vá encher a casa de filhos antes de comprar uma. E a senhora, dona Lenita, trata de estudar e fazer algo bom na sua vida. Nem sempre casamento dura a vida toda.

— Ai, mãe! Credo! Deixa eu ir embora! Quanto agouro! — reclamou Lenita.

— Não é agouro não. É realidade.

Marlene continuou alertando, mas as filhas não lhe deram atenção.

Lenita seguiu Bianca, que foi para o quarto.

Espíritos inferiores e oportunistas que se satisfaziam com aquele tipo de comportamento das irmãs, seguiram-nas e se envolviam na conversa como se estivessem encarnados.

— Quando sua cunhada for se meter, diga que ela não tem nada a ver com a sua vida — aconselhou novamente Bianca.

— Mas eu disse! Batemos boca! A Nair é muito fofoqueira — comentou a irmã.

A vida está a sua espera

— Isso! Vai lá e coloca ela no lugar dela! — aconselhava um dos espíritos que estava ali.

Em seguida, Bianca sugeria:

— Mande a Nair cuidar da própria vida. Ela tem que se colocar no lugar dela! Onde já se viu se meter na vida dos outros?!

Brício, mentor de Bianca, orientou:

— Não é o que você está fazendo ao oferecer opiniões para a vida de sua irmã?

Não dar atenção à intuição é assumir dívida que não se precisava pagar.

— Você não precisa disso, Bianca — tornou o mentor. — Deveria vencer essa prova reencarnatória e não se envolver em desafios alheios. Não perca tempo com maledicência e melindre. Fazendo isso, você cultiva, desnecessariamente, raiva, mágoa, indignação e rancor.

— Meu amigo — disse João, mentor de Lenita —, pensamentos e comportamentos inconvenientes e simples de serem mudados são o que nos arrastam para dores e refazimentos.

— Concordo com você — tornou o outro. — Juntamos muitos sentimentos inferiores em nosso ser quando nos envolvemos e opinamos nos problemas alheios, vibramos indignação, raiva e tudo o que nos enfraquece, além de atrairmos companheiros espirituais inferiores.

capítulo 4

Causa primária de todas as coisas

Com o passar dos dias, Bianca e César começaram a mexer na pequena casa onde iriam morar.

Muitas coisas não agradavam a noiva, mas somente de algumas ousava falar.

— Tem certeza que vai pintar o quarto dessa cor? Gelo? Não acho que vai ficar bom — dizia ao noivo. — Não tínhamos combinado outra cor?

— Mas esta estava em promoção. Paguei bem mais barato — ele justificou.

— E por causa de uma lata de tinta, alguma coisa mais barata, vamos ter de olhar para essa cor sem graça e feia por anos?! Quando acha que vamos pintar essa casa novamente?

— Caramba, Bianca! Você está reclamando de tudo, hein!

— César, precisamos deixar do nosso jeito e com a nossa cara! Dá tempo de trocar a cor. A lata nem foi aberta!

A vida está a sua espera

— Droga, viu! — ficou zangado. Mesmo assim, foi pegar o produto para trocar.

Quando viu o noivo saindo, ela perguntou:

— É no mesmo lugar em que comprou a pia da cozinha?

— Por quê? Vai querer trocar a pia também? — irritou-se.

— Você deveria ter me levado junto, não acha? Assim eu escolheria.

— Olha aqui, Bianca! Esta lata está pesada e não estou a fim de trocar a pia, tá? Deixa eu ir logo!

Assim que César se foi, ela começou a olhar melhor a casa.

No banheiro, reparou os revestimentos antigos, com trincas e encardidos demais.

— Que nojo!!! — exclamou um companheiro espiritual compatível com as vibrações negativas que alimentava nos últimos tempos. — Você vai mesmo deixar esse banheiro assim? Grude de estranhos nas paredes! Nem lavando sai!

Nesse momento, a mãe de César entrou chamando-a para saber onde estava:

— Bianca?!

— Estou aqui, dona Esmeralda!

— Aonde o César foi?

— Trocar a cor da tinta. Não acho que gelo vai ser uma cor legal.

— Coitado do meu filho!

— Vixi! Já viu o que vai ser, né minha filha?! — comentou o espírito atento à conversa. — Essa aí vai defender a cria e você será sempre a vilã. Morando na casa dessa onça, vai ter de obedecer às regras dela. Esse mocó, não vai ser seu não — gargalhou.

— Melhor trocar agora do que ficarmos olhando insatisfeitos para as paredes, não é? — indagou Bianca com sorriso forçado. Embora não tivesse ouvido o espírito ao seu lado, captou suas vibrações. Um instante e comentou: — Não estou gostando deste banheiro. Está tão... — não completou.

67

— É só limpar! Joga água sanitária em tudo e vai ficar bom — opinou a mulher.

— Os revestimentos estão trincados e alguns soltos. Os rejuntes escuros — bateu as costas da mão e ouviu o som oco que fazia.

Esmeralda riu alto e falou, enquanto ia saindo como se debochasse:

— Você está muito exigente, menina! Pense que, para começar, está bom. Nem aluguel vão pagar! Recebíamos uma boa quantia por esta casa, sabia?

— Olha a onça atacando você, mina! Vai deixar por isso mesmo? — opinou o espírito intrigueiro.

— Quem insistiu para que morássemos aqui foi o senhor José — referiu-se ao pai do noivo — e o César também.

— Se não for assim, quando vocês vão se casar? Melhor isso, né Bianca? De repente acontece algum acidente... Não quero meu filho tendo de visitar meu neto na sua casa porque não vão ter onde morar, caso aqui esteja alugado. Será melhor darem um tapa nesta casa e ficarem por aqui mesmo. Não tenha medo de água sanitária, bucha, sabão e vassoura. Dê uma lavada, uma pintadinha e tudo ficará no jeito — disse a futura sogra e saiu. Não esperou para saber se a outra teria algo para dizer.

— Não é possível que você ouviu isso e não falou nada, mina! — tornou o espírito.

"Não acredito que a dona Esmeralda me disse isso!" — pensou ao mesmo tempo em que a indignação crescia dentro de si.

Sem ser notado pelo espírito inferior, Brício se aproximou de sua protegida e disse:

— Melhor rever seus planos para não investir, financeiramente, em algo que terá de abandonar. Talvez seja sábio seguir alguns conselhos de sua mãe.

— Vai ter de mostrar pra essa cobra quem manda nesse covil, mina! — gargalhou o outro.

A vida está a sua espera

Uma onda de contrariedade invadia os pensamentos de Bianca. Ficou imaginando se conseguiria suportar tanta afronta. A futura sogra nunca tinha sido sua aliada, mas também não havia revelado aquele lado hostil e grosseiro.

Assim que César chegou, Bianca contou o que se passou.

— Ah, não!... Minha mãe bem que me avisou que isso ia acontecer — comentou o rapaz bem descontente.

— O que ela avisou?

— Que você ia começar a reclamar dela ou da minha família toda.

— É? A minha mãe também avisou sobre isso. Gente dando palpite na nossa vida e...

— Então vamos parar tudo! — zangou-se o noivo. — Vamos rever nossos planos. Você é sempre tão esperta! Tem algum?

— Alugar uma casa — falou em tom moderado.

— Aluguel?! Você tem ideia do que está falando?

— Vai ser melhor que ficarmos aqui, César. Além do mais, sua mãe tem razão em dizer que ela e seu pai não vão receber nada se morarmos aqui. Eles podiam contar com o aluguel desta casa, esqueceu? — César não respondeu. Suspirou fundo e virou o rosto para o canto. Com jeitinho, Bianca tentou persuadi-lo ainda mais: — Pense bem... Não é justo seus pais ficarem sem o dinheiro do aluguel desta casa. Valor que complementa a renda deles. Por outro lado, nós teremos nossa privacidade. Veja bem... Esta casa precisa mais do que uma pintura. Os azulejos estão muito feios, alguns quase caindo...

— Vamos ter que rever as contas.

— Vai dar! Nós trabalhamos e o que ganhamos vai dar e sobrar para fazermos uma poupança. Com o tempo, damos entrada em um apartamento... — sorriu carinhosamente ao revelar seus sonhos.

— Tá... — concordou sem ânimo. — E o que a gente faz com a tinta que compramos? E a pia?...

69

— Seu pai ia mesmo dar uma reformadinha nesta casa. Ele pode ficar com esse material e nos dar o dinheiro — sugeriu, fazendo-lhe carinho.

— É... Vamos ver — respondeu um tanto contrariado.

Bianca o beijou com carinho, acreditando que tudo estava resolvido.

À noite, ao chegar a sua casa, Bianca contou para a mãe o que havia ocorrido.

— Não te disse?! Não te falei?! Até que foi bom a Esmeralda se revelar agora.

— Mas eu fui mais esperta! Prefiro adiar um pouco mais o casamento a me sujeitar aos caprichos dela. Engraçado... Ela nunca foi assim.

— Mas agora você ia invadir o espaço dela, minha filha. A Esmeralda está te mostrando quem é que manda ali. Ela vai ser aquele tipo de sogra que nunca vai te ajudar em nada. Acredite em mim. Nunca espere depender dessa mulher.

— Fiquei tão irritada com isso. Ainda bem que o César mudou de ideia.

Naquele momento, Clara chegou à cozinha contando:

— Falei agora com a tia Sueli e ela vai me levar naquele lugar.

— Que lugar? — interessou-se a irmã.

— É uma mulher que benze e faz trabalhos para descarregar o que a gente tem de ruim. Eu estou muito cheia de zica, ultimamente.

— Deixa disso, Clara! — pediu a mãe.

— Precisa ver se isso é certo. A mãe tem razão — concordou Bianca.

A vida está a sua espera

— Não são vocês que tão cheia de problema! Lá no hospital tá um saco! Cada dia é uma coisa — tornou Clara irritada. — Dá vontade de mandar todo o mundo ir se danar!

— Ué! Manda irem se danar e pronto!

— Não é assim que as coisas funcionam — repreendeu Marlene. — Vai brigar, depois perde o emprego... Daí já viu, né? — Após um momento, observou: — Você não era assim, Bianca. Das suas irmãs, eu espero isso, mas de você... O que aconteceu?

— Acho que deixei de ser besta, mãe — retrucou Bianca.

O espírito inferior afeiçoado a ela, incentivou:

— É isso mesmo! Não deixa barato não. Você tem que existir e ocupar o seu espaço!

— Eu vou lá com a tia Sueli. Não quero nem saber. A tia disse que essa mulher já reatou casamento desfeito. Às vezes, eu acho que o Olavo — referiu-se ao ex-namorado — terminou comigo porque fizeram alguma coisa. A gente estava tão bem! Quem sabe, ela dá um jeito e ele volta correndo?!

— Clara, minha querida, vai querer forçar uma pessoa a ficar com você, sendo que ela demonstrou, de todas as formas, que não te quer mais? — indagou Rômulo, mentor de Clara, mesmo sabendo que não seria ouvido.

O espírito Jair, mentor de Marlene, inspirou-a pra que agisse como mãe que orienta beneficamente os filhos:

— Clara, minha filha, se o Olavo já disse que não quer mais nada com você, não faz sentido procurar o sujeito ou querer trazer o moço de volta com trabalho espiritual, reza ou coisa desse tipo. Tenha amor próprio! — opinou Marlene.

— Mas é que eu acho que foi coisa feita, mãe! Vou até esse lugar falar com essa mulher e ver o que é.

— Não acho que isso é certo não. Você deveria ir à igreja rezar. Isso sim te ajudaria — tornou a mãe.

"Quer me dar lição, mas enche a cara" — pensou Clara, mas não se manifestou. — "Se ainda tivesse moral pra falar comigo..."

A pessoa que tem um vício perde o respeito e o valor, mesmo quando diz o que é certo e sensato.

Bianca ficou pensativa, mas não disse nada. Não tinha conhecimento, muito menos ideia formada a respeito do assunto.

Certo dia, a pedido de Glória, Bianca foi até sua casa para conversarem.

— Não dá para falar por telefone. A conta está cara — sorriu e convidou a amiga para entrar.

Ao passarem pela sala, Zuleica, irmã de Glória, ensinava as lições da escola para a filha Tainá.

Bianca as cumprimentou e seguiu a amiga.

Foram para o quarto de ambiente muito gracioso.

Almofadas com estampas delicadas de florezinhas suaves combinavam com a colcha e o sofá. Quase tudo em tom rosa. Cortinas de rendas brancas, bem finas, esvoaçavam com leveza, deixando a brisa fresca soprar através da janela.

Bianca sentou-se no sofá, encolheu as pernas após tirar as sandálias e abraçou uma das almofadas ao peito.

Acomodando-se na cama a sua frente, a amiga perguntou:

— Continua contando. O que a Clara te falou? — referia-se à conversa que começaram a ter por telefone.

— Ela foi a um lugar com nossa tia Sueli. A mulher, uma vidente ou coisa assim, disse que a vida da minha irmã está enrolada por causa de inveja. Falou também que o Olavo terminou com ela porque uma colega fez trabalhos espirituais para os dois. A Clara está tão agitada, você nem imagina. Não para de falar nesse assunto. Não se

A vida está a sua espera

conforma com a situação. Deve pensar que não haverá, no mundo, outro cara para ficar com ela.

— Acredito que sua irmã está frustrada. Viu que a Lenita se casou, você está arrumando tudo para se casar... Ela não está se conformando por achar que vai ficar sozinha e solteira.

— Não sei se concordo com o fato de ela ir a esse lugar para querer desfazer o tal trabalho espiritual. Vai ter de levar coisas que a mulher pediu... Sei lá. Você acredita nisso?

— Nisso, o quê?

— Acredita ser possível fazer um trabalho espiritual para prender um homem, amarrá-lo, como dizem, ou fazer com que ele volte para o relacionamento?

Glória remexeu-se. Ficou pensativa. Envergou a boca para baixo e respondeu com cautela:

— Olha, Bianca... Desde que se esteja em determinada sintonia, tudo é possível. Tudo tem razão de ser e também consequências. E é aí que mora o perigo. A opinião que eu tenho a respeito desse assunto não agrada a muita gente. O que tenho, não é opinião através de fé cega, mas opinião formada de estudo e conhecimento adquirido. Essa história de trabalho espiritual para amarrar um homem ou trazer o sujeito de volta é algo complicado. Se o relacionamento, se o namoro nem existiu, é porque não tinha que dar certo. Se o namoro terminou, foi porque eles tinham diferenças, algo não ia bem e o casal não se acertava. Nessas situações, é bom raciocinar em cima do seguinte fato: diante de um relacionamento que nem começou, ou de um namoro que terminou porque tinha diferenças, a mulher vai querer trazer o cara de volta para que e por quê? Para que se sinta vitoriosa diante da sociedade ou de uma rival? Ou por que ela quer provar para si e para ele que está por cima? — não houve resposta. — Isso é, ridiculamente, o ego falando! Sair em busca de magia ou trabalhos espirituais para prender homem que nunca quis nada com a pessoa ou trazer um cara que não te quer mais, é exibir um terrível e imenso sentimento de inferioridade. É ter algo gritando dentro dela: Olha! Não perca esse sujeito! Você não é capaz de arrumar outro! — sorriu com simplicidade. — Só mulheres assim, desesperadas, partem para fazer magias e trabalhos espirituais com medo de ficarem sozinhas. Por outro lado, o mais preocupante, é o que temos em questões espirituais. De que nível são os espíritos que se propõem a barganhar e comercializar através desses trabalhos para trazerem alguém de volta ou amarrarem uma pessoa? Que ligações espirituais se estará fazendo? Com quem estará se envolvendo? O mundo dos espíritos é invisível para nós, portanto não sabemos com quem estamos nos ligando, a não ser que analisemos com fé raciocinada. — Olhando-a nos olhos, afirmou: — Espíritos elevados não precisam barganhar com você para te ajudar. Normalmente, entidades elevadas e esclarecidas ajudam os encarnados em troca de fé. A fé traz evolução. Fé é olhar o mundo com olhos de esperança, bom ânimo e fazer a sua parte da melhor maneira possível. Fé em Deus e na sua capacidade.

— Você acha que haverá problema se a Clara se dispuser a fazer esses trabalhos, envolver-se com esses espíritos, para trazer o Olavo de volta?

— Acho que não é legal. Pense comigo, Bianca: trazer uma pessoa de volta a um relacionamento, sabendo que ela não está a fim de você, psicologicamente falando, é humilhar-se ao extremo, não acha? A pessoa precisa mais de tratamento psicológico do que outra coisa.

— E se foi um trabalho espiritual que separou o casal?

— É porque o que foi embora estava no nível dos espíritos inferiores que o envolveu para que a separação ocorresse.

— Não sei se entendi — Bianca confessou.

— Deixe-me dar um exemplo: Suponhamos que eu e você namoramos — riram. — Então alguém faz um trabalho espiritual para eu deixá-la. Daí aproximam-se de mim espíritos não evoluídos para fazer com que eu a abandone e termine contigo. Esses espíritos vão ter de usar as minhas fraquezas para fazer com que eu termine com

A vida está a sua espera

o nosso relacionamento. Façamos de conta que sou o cara, o homem da união — riram novamente. — Se eu sou fraco em relação ao sexo, não me contenho em ver outras mulheres bonitas, sensuais, com vestimentas eróticas etc... Os espíritos inferiores vão se aproximar de mim e jogar ideias de sexo em meus pensamentos. Farão com que eu fique procurando enxergar só as mulheres bonitas a fim de fazer ou desejar fazer sexo com elas. Vão querer que eu vá à busca de relacionamentos fora da nossa união. Para me fazer ver tudo isso, esses espíritos precisam ser desse nível. Entende? — Breve pausa e viu a amiga pendendo com a cabaça positivamente. — Entidades mais elevadas não vão me induzir a ideias sensuais, sexuais, promíscuas de forma alguma. Elas não se prestam a isso.

— E para trazer alguém de volta, ou para atrair aquela pessoa que, a princípio, não gosta mais de você? Espíritos superiores se prestam a isso?

— É assim... Suponhamos, novamente, que eu seja seu namorado ou marido — riram de novo. — Fui fraco. Deixei-me atrair por uma aventura. Pulei o muro e me afastei de você. Se, a seu pedido, espíritos inferiores se propuserem a me trazer de volta ao nosso relacionamento, eles farão com que eu enxergue em você a pessoa mais linda, sensual, erótica e tudo que se relacione a sexo. Eles usarão o que, eu e eles, temos em comum, em termos de inferioridade moral e espiritual.

— Entendi.

— Se você, por exemplo, não se propõe a barganhar com trabalhos espirituais desse nível, mas, por inúmeros motivos, quer que eu volte, quer reatar nosso relacionamento e reza, pede em oração a espíritos de luz, entidades amigas e esclarecidas, os considerados santos ou algo do gênero, você vai a uma igreja, casa espírita, centro de umbanda ou sei lá... E pede, reza, quer que eu volte para você para dar assistência aos nossos filhos ou sei lá... Essas entidades mais elevadas, que têm mais entendimento e são desprovidas de comportamento

75

moral inferior, vão se aproximar de mim e, em nível de pensamento, vão me dizer: olha, a vida que você tinha era mais respeitável. Seu lar era seu porto seguro no final do dia. Sua companheira é honesta, é incrível. Trabalhadeira, cuidava bem de você, era fiel... Você era um homem de família e gostava disso... Vão me fazer enxergar coisas desse tipo, sempre voltadas a boa moral e a evolução espiritual. Então, vou começar a ganhar consciência do erro que cometi ao te deixar. Vou me arrepender dos atos desequilibrados, da promiscuidade. Vou perceber que aquela vida não é adequada e vou querer voltar para você. — Um instante e comparou: — Perceba a diferença. Se eu voltar para você porque te acho lindona, sensual, pois essas foram as impressões e vibrações deixadas pelos espíritos inferiores, tudo o que vejo vai acabar, senão em pouco tempo, certamente com os anos. Afinal, você não vai ficar bonitona para sempre. Aquela cegueira que me deu para te ver como a mulher mais lindona do mundo, vai acabar. Mas, se eu voltar para o nosso relacionamento percebendo que errei, desejando uma vida melhor e equilibrada ao lado de alguém que eu respeite porque enxerguei inúmeras qualidades morais... Se eu voltar para você por seu temperamento, porque reconheci sua dedicação, suas qualidades, sua capacidade, porque vejo em você qualidades que servem para mim e que não vou encontrar em outra... A nossa união, o nosso compromisso de ficarmos juntos será mais responsável, duradouro, com amor e fidelidade. Porque se eu só enxergar em você uma mulher sensual, corpo bonito e uma máquina de fazer sexo, com certeza, sem demora, vou procurar a mesma coisa na rua, novamente. Se eu reconhecer em você qualidades morais e pessoais agradáveis, não vou me aventurar à procura de coisa alguma porque encontro em casa o que nos faz bem. Não sei se fui muito clara.

— Foi sim. Entendi — ficou pensativa.

— Sabe aqueles casos em que a amante resolve fazer um trabalho espiritual para o cara deixar a esposa e abandonar a família?

— Sei. Já ouvi falar nisso.

A vida está a sua espera

— Você acha que espíritos de luz e esclarecidos vão se prestar a isso?

— Não — respondeu Bianca.

— Lógico que não. Certamente, a amante vai se envolver com espíritos inferiores e que vão lhe cobrar, depois, no futuro, muito caro pelos serviços prestados. Eis o maior problema. De que jeito será essa cobrança? — não houve resposta. — Se somos espíritos eternos, se essa é só uma das muitas vidas que tivemos e ainda vamos ter, precisamos tomar cuidado com quem nos envolvemos para não sermos escravizados, retardando nosso crescimento e nos fazendo sofrer. — Sorriu e disse: — E se, num desses trabalhos espirituais, você acaba se afastando de quem iria surgir em sua vida? — sorriu novamente. — Eu te falei que era complicado. Demorei anos estudando isso e ainda não sei nada.

— Como assim, escravizados?

— Sabe quando vemos um jovem se envolvendo em más companhias e sabemos que não será bom para ele?

— Sei. Amigos duvidosos e que vão envolver a pessoa em situações difíceis de sair. Disso eu sei. Já vi muito.

— Entre nós, encarnados, e os espíritos inferiores, não é muito diferente — disse Glória. — Uma vez eu assisti a uma incorporação na sessão de desobsessão na casa espírita. A sessão de desobsessão é um grupo de médiuns que se reúnem para incorporação de espíritos que estejam sofrendo e, normalmente, incomodando algum assistente da casa espírita que está sob o tratamento de assistência espiritual. Então, em uma dessas sessões, incorporou um espírito muito, mas muito sofrido. Quando encarnada como mulher, foi amante de um homem casado por muito tempo. Sempre a velha história. Ele dizia que ia deixar a esposa e abandonar a família para ficar com ela, mas sempre tinha problemas e nunca era um bom momento para deixar o lar. Então ela mandou fazer trabalhos espirituais para o amante largar tudo: esposa, filhos, casa, família... Usando a inferioridade moral desse homem, os espíritos sem entendimento que se sujeitaram a isso, conseguiram o objetivo e ele abandonou a família para ficar com ela. Ela pagou o que, supostamente, devia a esses espíritos. Mas não terminou por aí. Essa mulher teve alguns poucos anos de vida boa ao lado desse homem. Depois ele começou a beber, ficar doente, maltratá-la, agredi-la, traí-la... Ele perdeu a empresa que possuía e se tornou dependente dela. Sempre maltratando e brigando com ela. Ele desencarnou muito doente depois de ficar anos em uma cama. A mulher, já com idade avançada, sem recursos, dependeu de parentes que a maltrataram também por não concordarem com a vida que ela tinha levado. Desencarnada, esse espírito se reencontrou com o amante, irado e inconformado, pois já sabia no que foi envolvido. Arrependido pelo abandono à família e pela dificuldade que fez todos passarem, ele não tinha o que fazer, não de imediato, para reverter a situação. Ignorante e revoltado, ele tornou-se o seu obsessor. — Ofereceu breve pausa e explicou: — Não sei se você sabe, Bianca, mas na espiritualidade não temos como nos esconder ou fugir. Como algoz, o amante a perseguiu, agrediu e fez de tudo para prejudicá-la e fazê-la sofrer. Como se não bastasse, os espíritos com os quais ela se envolveu para fazer os tais trabalhos a fim de conseguir que o amante deixasse a família, fizeram dela uma escrava. Exigiam que trabalhasse para eles, seduzindo, emitindo vibrações de baixo nível na área sexual e outras coisas mais aos encarnados que passam pelo mesmo processo que ela pediu em trabalhos espirituais quando encarnada. Ficou anos e anos escrava de situações como essa e sofrendo os maus-tratos do amante, espírito inconformado. Segundo ela, passou mais de um século nessa condição subjugada, triste. Sofria, fisicamente no corpo espiritual, tudo o que lhe agrediam. Sofria, emocionalmente, toda a moral desequilibrada. Até ser socorrida por um mentor que a trouxe para a desobsessão, após ela orar, verdadeiramente, pedindo socorro para sair daquelas condições. Detalhe, ela foi trazida para aquela sessão como espírito obsessor, pois um homem que procurou

A vida está a sua espera

aquele centro espírita se dizia atormentado pela ideia de se separar da esposa sem saber a razão, pois dizia gostar dela.

— Nossa!... — admirou-se Bianca.

— Precisamos saber, entender, ter conhecimento de com o que estamos nos envolvendo. — Um instante e disse: — Por isso, cuidado com tudo o que é pago aos espíritos. O apóstolo João nos alerta dizendo no Evangelho: "Não acrediteis em todo espírito, mas, experimentais se os espíritos são de Deus, porquanto, muitos falsos profetas se têm levantado no mundo."[3]

— Puxa!... Acho que tenho muito a aprender.

— Todos nós temos, Bianca. Todos nós. Precisamos saber com o que estamos nos envolvendo. Sabe, eu conheço uma senhora umbandista. Um amor de criatura! — enfatizou. — Foi ela quem me ajudou a entender muita coisa do que sei hoje. Aqui em casa, você sabe, em termos de religiosidade tudo é um pouco complicado — riu com gosto. — Meu pai e meu irmão são evangélicos, de bíblia em baixo do braço nos dias de culto. Minha mãe é católica de estar todos os domingos na igreja. Minha irmã é umbandista e eu... — riu gostoso novamente — doidinha no meio dessa confusão, decidi me tornar uma buscadora, até encontrar a Doutrina Espírita, codificada por Allan Kardec. Nessa minha busca, aprendi muito, mas sei que não é suficiente. O que aprendi me ajuda a entender muita coisa e, principalmente, ajudou-me a saber escolher. Então, no meio disso tudo, conheci a dona Etelvina, mas todo o mundo a chama de dona Vina. Ela é umbandista como já disse. É uma mulher que benze, tem seu altar com os seus santos de devoção e tudo mais. Gosto muito de conversar com ela. Uma vez a dona Vina me disse que uma coisa é oferenda; outra, bem diferente, é o pagamento. Suponhamos que você esteja desesperada por causa de determinada situação. Entra na igreja, reza fervorosamente a um santo e promete levar um vaso

---

3. N.A.E. — Capítulo XXI de *O Evangelho Segundo o Espiritismo* — *Não creiais em todos os espíritos.*

de flores caso sua situação se resolva. Sua promessa a um santo é uma oferenda, uma demonstração de gratidão, porque foi você quem ofereceu. Não foi o santo quem te pediu nada. Caso você não possa cumprir o que prometeu, o santo não vai se vingar, deduz-se que se trata de uma entidade evoluída e que não se melindra. Isso não é errado. Aliás, em oração, quando pedimos e somos atendidos, quando alcançamos determinada graça, o correto é agradecer sempre. Até Jesus disse para deixarmos no altar a nossa oferta — sorriu e deu uma piscadinha.— Vou te contar o que eu faço. Quando rezo por algo e vejo meu pedido realizado ou a situação se resolveu da melhor forma possível, sempre compro flores, seja um simples vasinho. Além disso, também ajudo alguém ou uma instituição realmente empenhada no bem. Por exemplo, fiquei desempregada. Estava orando para aparecer algo bom para mim. Quando você me disse que estavam precisando lá no hospital, orei. Liguei-me a Deus em oração, sem desespero, bem tranquila e pedi que tudo desse certo se lá fosse o melhor para mim. Quando consegui o emprego, comprei algumas flores e coloquei aqui no meu quarto. Fui a uma instituição que cuida de criança e levei alguns pacotes de fraldas descartáveis e roupinhas. O bem que recebi reparti com outras pessoas. Primeiro, foi ajudando os trabalhadores que cultivam e vendem flores — sorriu. — Deixando-as aqui no meu quarto como um símbolo a me lembrar que fui agraciada. Antes dessas flores murcharem, dei um jeito de estender a outro certa parte material que recebi com meu pedido, que foram as doações a uma instituição. — Viu a amiga sorrir e explicou: — Algumas vezes, quando não posso ou não consigo oferecer nada de material, como as fraldas, eu procuro ajudar alguém de outra maneira, o que é bem mais difícil de ser feito.

— Eu gosto de levar flores à igreja. É errado?

— Não. Nada é errado. Entendo que isso é uma forma de gratidão da sua parte. É diferente de pagamento. Existem templos ou igrejas que barganham com a fé. Tem lugares ou pessoas que cobram

A vida está a sua espera

para que você consiga o que quer. Muitas pessoas, em igrejas, deixam parte de seus salários a pedido de pastores para receber uma graça, seja vitoriosa e coisas do gênero. Lugares sem definições religiosas, ou pessoas que se dizem videntes ou médiuns, cobram por consultas e trabalhos espirituais. O necessitado, sem conhecimento ou por desespero, aceita e se propõe a pagar. É importante saber que todo lugar, para existir, necessita de dinheiro. Água e luz não são de graça, mas qualquer forma de pagamento deve ser de livre e espontânea vontade. Nunca um constrangimento, tão menos, uma ameaça de que Deus ou a espiritualidade está vendo e vai punir e castigar aquele que não der nada. Ou então, como vejo meu pai dizer: "Quando eu não pago o dízimo por esquecimento é porque o demônio está atrás de mim para eu esquecer. Então tenho de pagar para mostrar a ele que eu mando na minha vida. Mesmo passando dificuldades financeiras, pago o dízimo para o pastor porque a dificuldade é coisa do demônio e quando eu pago Deus me ajuda!" — disse arremedando o próprio pai e sorriu. — Ele não é diferente das pessoas que pagam por trabalhos espirituais, só que é de maneira diferente. Meu pai é coagido pelo medo, enquanto outros fazem barganhas por descontrole emocional, por ego, para não se sentirem inferiores, por ganância, orgulho, vaidade... Tudo o que atravanca a evolução moral e espiritual de uma criatura.

— Demônios existem? — Bianca foi direta.

— Para responder a isso, preciso explicar o que é Deus.

— E o que é Deus? — sorriu e arregalou os olhos, mostrando-se muito interessada.

— "Deus é a Inteligência Suprema, causa primária de todas as coisas" — respondeu Glória, justificando: — Essa é a resposta à primeira pergunta de *O Livros dos Espíritos*, uma das obras da Codificação Espírita. — Olhando-a nos olhos, explicou: — Causa primária e a origem de tudo. Dessa forma, Deus é a Criação, é o começo, a procedência. É de onde viemos. É de onde tudo vem. Exatamente tudo. — A amiga ficou atenta e ela continuou: — O que existe e não for obra de um ser vivo, é obra de Deus. Lembrando que todo ser vivo só consegue moldar e transformar algo já existente, ou seja, consegue criar e modificar alguma obra de Deus.

— Entendi — sorriu Bianca. — Só é possível construir uma casa usando tijolos. Tijolos são feitos de argila, terra e cozidos no fogo. O homem depende da terra e do fogo, criações de Deus, para fazer tijolos e a casa.

— Isso mesmo. O homem, assim como o pássaro João de Barro, só manipula a matéria existente a seu jeito para transformá-la naquilo que necessitam. Usam obras da Criação. Quando procuramos a causa de tudo o que existe, nós nos deparamos com uma Inteligência Suprema. Negar a existência dessa Inteligência Suprema, ou seja, duvidar da existência de Deus, é negar que todo efeito tem uma causa, ou melhor, é negar que tudo o que existe, existe por uma causa. É o mesmo que afirmar que, do nada, pode-se criar alguma coisa.

— Entendi. Toda matéria-prima sai da Natureza, da Criação de Deus. Portanto, é a Inteligência Suprema quem a criou. Não crer em Deus, é crer que essas coisas vieram do nada.

— Exatamente — Glória alegrou-se com o entendimento da outra. — Com essa compreensão, vamos além. Os planetas, os sóis, as estrelas, o nosso Universo, os Universos são, todos, o efeito de uma causa primária. Assim sendo, nós também somos obras dessa Criação. Somos espíritos criados por Deus. Criados para evoluirmos. Para isso, usamos um corpo de carne, próprio para esse orbe, para esse planeta. Esse corpo é feito de uma maneira tão complexa e perfeita que os grandes estudiosos e cientistas ainda enfrentam imensa dificuldade para entendê-lo. Mas uma coisa é certa: essa perfeição só pode ter sido elaborada por uma Inteligência Suprema. Não estou falando da perfeição do corpo humano com pernas e braços perfeitos, tronco alinhado, não.

A vida está a sua espera

— Entendi. Você está falando da perfeição na complexidade estrutural que faz esse corpo existir e realizar funções.

— Isso mesmo. Precisamos nos alimentar. A digestão transforma os alimentos e retira deles o que necessitamos como: vitaminas, sais minerais, proteínas, carboidratos etc... Esses entram na corrente sanguínea e alimentam cada célula, cada órgão, cada sistema... O ar que respiramos também é levado ao sangue que oxigena nossos órgãos, nossas células... Nosso cérebro é tão complexo que nunca vão entendê-lo totalmente, possui transmissores que se comunicam em velocidade assustadora. Nunca, nenhum ser vivo será capaz de criar ou moldar algo semelhante a mais bela criação, que é um corpo.

— Mas ele é perecível.

— É sim. É perecível porque precisamos mudar. Necessitamos evoluir e usamos um corpo como um período de estágio para aprendermos. Se o corpo fosse eterno, ficaríamos estagnados em todos os sentidos. Sem esse corpo, somos espíritos desencarnados.

— Por que você diz que nunca vão entender nosso cérebro? — perguntou Bianca.

— Porque os estudiosos procuram, no cérebro, o que nos faz indivíduos, o que nos faz diferentes uns dos outros. Procuram nesse órgão a razão de cada um ter a opinião que tem. Procuram a origem dos pensamentos, dos desejos, das vontades e isso não está no cérebro. Tudo isso está na alma, no espírito encarnado naquele corpo apropriado e feito, tão somente, para ele. Unicamente para ele. Quando um espírito desiste do seu reencarne, o corpo do embrião ou feto é abortado naturalmente. Outro não pode e não vai ocupá-lo. Cada mínimo detalhe pertence a cada um de nós. Acompanhei estudos feitos na Inglaterra onde descobriram que determinados criminosos cometiam delitos específicos por terem algo diferente em seus cérebros. Essas pessoas não são criminosas por terem algo diferente em seus cérebros. Seus cérebros têm algo diferente porque eles são espíritos criminosos.

Schellida • Eliana Machado Coelho

— Entendi. Já ouvi falar disso e é algo que sempre me perguntei. Agora entendi.

— Se o corpo em formação, desse indivíduo criminoso tivesse sido perfeito, certamente, haveria o chamado aborto espontâneo e ele não nasceria.

— Por que Deus permite que um corpo, com esse problema, nasça para um espírito criminoso reencarná-lo? É cruel com a humanidade!

— Porque a Criação, o Pai Criador é bom e justo. Ele oferece a todos a oportunidade de evoluir. Teremos de evoluir não importa de quantas reencarnações necessitemos. Não existe inferno. Ninguém fica confinado a lugar de sofrimento. Evolução é Lei. Evolução é progresso e transformação. Não vamos evoluir se nos prendermos a desregramentos e materialismo.

— Como um espírito criminoso, que reencarnou em um corpo cujo cérebro apresenta um problema que segundo os cientistas traz tendências criminosas, pode evoluir? Não seria mais fácil dar a ele um corpo com cérebro perfeito?

— O mundo real não é esse em que vivemos. A verdadeira Pátria é a espiritual. Este mundo onde estamos encarnados é ilusório. Ele serve para testar nosso caráter, nossa moral, nossa dignidade, nosso amor próprio e aos outros para, só então, passarmos para um mundo melhor. Aquele mundo onde fica o reino do Mestre Jesus... Aquele que Ele diz: "Meu reino não é deste mundo". — tornou Glória, sempre paciente. — Se a pessoa foi má, cruel, criminosa, desencarnada ela vai sofrer, vai viver sem paz, com incontáveis dificuldades. Sua vontade de evoluir começa após entender o que fez de errado e se arrepender. Então começa a se propor a melhorar e harmonizar o que desarmonizou. — Ofereceu um tempo para que a amiga pensasse, depois falou: — Vou dar um exemplo. Sabe aquela história de dizer: Meu Deus! Se eu não estiver grávida, juro, nunca mais transo sem camisinha! Nunca mais esqueço de tomar o anticoncepcional! —

A vida está a sua espera

falou de um jeito engraçado e ambas riram. Em seguida, Glória disse mais séria: — É bem assim. O espírito quer se livrar daquela situação infernal que vive após o desencarne. Faz mil e uma promessas. Mas aquela má tendência está cravada no seu corpo espiritual. Muitas vezes, como eu já ouvi nas sessões de desobsessões, o espírito reencarna com determinadas expiações. Sofre o que fez alguém sofrer. Depois, como nem tudo está resolvido, ele reencarna novamente com as provas, a tendência a praticar o que praticava antes, e prejudicava os outros. Só que agora ele terá de vencer essa tendência. — Sorriu e comparou: — Mais ou menos a história de não ter ficado grávida, mas vamos ver se você se lembra de tomar o anticoncepcional e fazer o namorado usar camisinha — riu e deu uma piscadinha.

Bianca achou graça. Em seguida, comentou:

— Vamos pegar um exemplo melhor para eu entender. Pedofilia é um desequilíbrio, um desregramento moral. É errado. É um transtorno que precisa de tratamento médico com psiquiatra e acompanhamento constante com psicólogo. Um pedófilo abusa de criança. É um crime revoltante. Hediondo. Desencarnado ou não ele se arrepende, deixa de praticar a pedofilia e tudo bem?

— Não. Não está nada bem. Pensando que está tudo bem, estaremos falando igual aos evangélicos que acreditam que é só pedir perdão e pronto. Mas não. Não está tudo bem. Ele terá de harmonizar tudo o que desarmonizou. É óbvio que houve muita dor e sofrimento em todos os sentidos. Psicológico, moral, espiritual e físico para a vítima da pedofilia. Não existe prática de crime mais dolorosa na alma, no psicológico, do que o abuso sexual. Só se a vítima for doente e desequilibrada para aceitar isso numa boa.

— Verdade! — ressaltou Bianca. — Se quando sofremos um furto ou um roubo ficamos em choque e traumatizados, imagine a violência e o abuso sexual?! Os que não sofrem por esse tipo de violência são masoquistas, portanto também doentes que necessitam de ajuda urgente.

85

Schellida ❧ Eliana Machado Coelho

— Exatamente. Mas... Voltemos ao caso. O pedófilo abusou de crianças. Ele tem um desregramento, uma doença na alma, precisava de tratamento médico, psicológico e espiritual. Mas não procurou. Desencarnado não há como escapar dos espíritos que repudiam esse ato. Ele será perseguido e vai sofrer no plano espiritual, pois não buscou tratamento para se melhorar e reverter tudo o que fez. Arrependido de seus atos, torna-se vítima dele mesmo. Reencarna e, por atração de sua própria mente, é abusado sexualmente. Sofre com isso e não se conforma. Até se acha vítima da sociedade ou da família. Sentir-se vítima não é errado. Ele precisa, mesmo, ficar indignado para saber o quanto ser abusado é horrível. Depois dessa experiência, se não tentou perdoar quem o maltratou, desencarna revoltado, cheio de ódio e mágoa. Muitas vezes, não tem conhecimento de suas vidas passadas, não sabe que abusou de crianças ou pessoas igualmente como foi abusado. Daí, ele reencarna novamente, mas, desta vez, com tendência à pedofilia. É um doente. Agora, em seu espírito, não pode alegar ignorância, pois já sofreu os dois lados da moeda: o padecimento por já ter sido pedófilo e a tristeza de ser vítima de um. Agora cabe a ele recusar, dizer não a esse ato tóxico. Procurar ajuda em todos os sentidos, buscar força na Inteligência Suprema. Deus. Vencer o desejo de praticar esse ato. Detendo-se, ele galgará um enorme passo evolutivo e vai se livrar, totalmente, desse desvio, desse desejo, dessa prática animalesca. — Breve pausa e comentou: — A loucura, assim como o desequilíbrio de qualquer espécie, possui, por sua causa primária, uma predisposição orgânica do cérebro, mas essa predisposição só existe por causa do espírito que traz consigo suas marcas e experiências necessárias.

— E se esse pedófilo não se contiver e praticar, novamente, tudo o que já praticou?

— Vai entrar em um ciclo e tudo vai começar de novo até que aprenda, corrija-se e se eleve moralmente. Infelizmente, só o sofrimento o fará aprender. Assim são todas as outras práticas de baixa moral. Sexo abusivo, desvios da sexualidade, prostituição, vida sexual desregrada em que a pessoa transa com qualquer um e acha que está tudo bem, mas, na verdade, sente-se usada, humilhada, desvalorizada... Sexo é compromisso da alma. São trocas de energias intensas para o espírito. Quais energias você está permitindo em si mesma através do sexo? Como fazer para se livrar de energias sexuais negativas enraizadas na alma? — Não houve resposta. — E assim outros desafios morais que precisamos vencer como o materialismo, a ganância, o orgulho, a vaidade, o preconceito, a mentira, o furto, o roubo e tantos outros...

Nesse instante, a mãe de Glória as interrompeu, servindo-lhes suco.

Bianca ainda não tinha a resposta para sua pergunta, mas saberia esperar.

capítulo 5

O importante é ser feliz, mas com responsabilidade

Educada, dona Bartira ofereceu suco a elas e conversou um pouquinho. Depois se foi.

Ainda interessada no assunto e não se esquecendo de todas as explicações, Bianca perguntou:

— Diga uma coisa: se a pessoa tiver um desvio comportamental como ser pedófilo, estuprador, desonesto, pois ela rouba de todo o mundo... ou violenta, pois gosta de bater e arrumar briga... Você acha que a ignorância, ou melhor, que o fato de ela não saber que aquilo é errado, traz atenuantes para as penas de seus crimes? Ou melhor perguntando: para essa pessoa a pena será mais leve do que para aqueles que têm consciência de Deus?

— Não. Deus é bom, mas acima de tudo é justo. Temos a prova de que povos selvagens, há milhares de anos, tinham noção de Deus. Acreditar em um Ser Supremo está cravado na criatura, embora muitos desejem negar para tentarem ter a consciência tranquila e pensarem em se safar de seus próprios atos. Ninguém pode dizer

A vida está a sua espera

que Deus não existe ou que não sabia de Sua existência. Embora muitos se digam ateus. Nem a vida nem Deus protege ou atenua os débitos de um criminoso, desonesto, transtornado porque ele não tem consciência do que está fazendo. Todos nós temos, imbuída em nós, a essência do Criador e Suas Leis. Em *O Livro dos Espíritos*, a pergunta 621, "Onde está escrita a Lei de Deus?" E a resposta é: "Na consciência." — Ofereceu um tempo para que a outra refletisse e comentou: — É a mais curta resposta de todas as perguntas existentes nesse livro da Codificação Espírita e a que mais nos faz refletir, filosofar. O ser humano, principalmente, tem muita intuição e inspiração do que é certo e do que é errado para sua evolução. Ele sabe, consciente ou inconscientemente, que existem princípios e Leis da Criação resumidas por Jesus como "Amar a Deus sobre todas as coisas e ao próximo como a ti mesmo". Todas as religiões, no mundo, pregam princípios semelhantes para a evolução. Mas o desejo no prazer desvirtua o ser humano quando ele não diz não ao que lhe dá prazer. Prazer de bater, de se sentir valentão, prazer em roubar, enganar, prazer em mentir, em estuprar, prazer em ser pedófilo. Tudo isso, mesmo sabendo que não é correto, ele o faz por prazer. Como resultado, sofre e atrai sofrimento. Esse sofrimento não é culpa de Deus. — Fez breve pausa e contou: — Várias vezes eu observei algo muito interessante relacionado a animais, mas aconteceram duas situações bem marcantes. Eu fiquei alguns dias no sítio de um tio e vi um frango batendo em outro. Ele era terrível. Pulava, bicava e pisava o outro. Uma galinha veio correndo e começou a bater no frango brigão para que ele parasse com aquilo. Bicou-o até ele parar. Quando ela se foi, o tal franguinho voltou a bater no outro. A galinha retornou e o bicou até que desistisse e deixasse o outro em paz. — Após um momento, sorriu, e disse: — De outra vez vi o filho do meu primo chorando. Nessa época, ele tinha três aninhos. O cachorro da família se aproximou, ficou ao lado dele e começou a lambê-lo. Acariciando-o, querendo que parasse de chorar. Em seguida, esse

89

Schellida ❧ Eliana Machado Coelho

cachorro começou a fazer grunhidos, abaixando a parte da frente e ficando com a traseira para cima, abanando a cauda. Fazia algo para divertir o menino e fazê-lo rir — sorriu ao lembrar. — Esses e outros comportamentos exibem certo grau de inteligência por parte de animais e por que não dizer amor? Todos os seres são capazes de amar. Nos casos que te contei, os instintos da galinha e do cachorro diziam que havia algo errado e eles queriam corrigir a situação. — Nova pausa. — Por que eu te contei isso? Porque vemos animais em evolução que, de alguma forma, apresentam comportamento de amor ou que diluem a violência. Se os animais irracionais são capazes de entender isso, nós, animais racionais, somos capazes de muito mais.

— Um estuprador e um pedófilo, por exemplo, podem alegar que são ignorantes às Leis de Deus. Suas penas podem ou não serem atenuadas e eles inocentados por isso?

— Você está querendo justificar o injustificável, não é, amiga? — riu com certa ironia. — Então vamos lá! — animou-se Glória. — Por que o pedófilo se esconde? Por que quem furta ou rouba o faz escondido? A resposta é uma só. Porque eles sabem que é errado. Se não sabem que é errado perante as Leis de Deus, sabem que o é perante as Leis do homem, que não são muito diferentes. Se eles se escondem é porque sabem que é crime, sabem que é ilícito. Escondemos de todo o mundo, ou da maioria das pessoas, todas as práticas que cometemos e que são erradas. Normalmente, é assim que acontece. Quando lesamos alguém, sabemos que é errado e não contamos para ninguém ou só contamos para aqueles que, como nós, também cometem o mesmo erro, o mesmo crime. Acreditar que terá menos culpa e que será aliviado de qualquer punição é achar que Deus é desprovido de inteligência. Crer em uma Inteligência Suprema e Causa Primária de todas as coisas é saber que tudo, exatamente tudo, terá de ser corrigido e harmonizado. É a Lei de Deus. Não estamos livres das Leis de Deus. A única liberdade que temos é a de pensamento. Mesmo assim, nos comprometemos com o que pensamos.

A vida está a sua espera

É o momento de admitirmos isso. A criatura terá de harmonizar o que desarmonizou. Temos de aprender a reconhecer nossos erros e nos responsabilizarmos por eles.

— Quem vai obrigar? Deus?

— Não. Deus só criou a Lei. E como eu disse, essa Lei fica na consciência. Todas as Leis da Inteligência Suprema estão na consciência de todas as Suas criaturas. Por isso a consciência pesa quando fazemos algo que nem sabemos por que está errado.

— Existem exceções? Ou melhor, há a possibilidade de alguém cometer um erro, um crime e sair sem punição, sem castigo?

— Como eu disse, Deus não castiga. Quem se pune é a própria criatura por causa da consciência que a cobra e a faz sofrer. Eu creio que os únicos a serem, digamos, menos punidos pelas práticas de crimes são os mentalmente incapazes, pois esses não têm total ou nenhuma consciência do que estão fazendo. Mas seus responsáveis têm, por isso devem orientá-los, guiá-los, guarnecê-los. Eles não estão ao lado deles por acaso.

— Entendi. — Bianca sorriu e lembrou: — O que deu origem a toda essa conversa foi a pergunta que ainda não respondeu. Existem demônios?

— Se Deus é a Inteligência Suprema e a Causa Originária de todas as coisas, não existe outro ser igual ou tão poderoso quanto Ele e o contrário Dele. Crer em demônio com poderes imensos é crer em outro deus só que mau e injusto. Tudo e todos vêm de Deus. Vêm da Criação. O que existe são espíritos, ainda não evoluídos, que insistem em intuir desarmonia e fazer o mal. Mas eles, com toda certeza, vão se cansar e voltar-se para a evolução. Refazer tudo o que fizeram de errado e entrar na sintonia da harmonia. Harmonia é a Lei. — Glória ofereceu uma pausa. Depois prosseguiu: — Nós estamos hoje, aqui, sofrendo com expiações ou vivenciando provas, mas não sabemos se, no passado, neste ou em outros orbes, fomos do mal, cruéis ou criminosos. — Riu ao dizer: — Particularmente, eu não quero saber!

91

Já me basta viver com certas culpas por causa das burradas que cometi nesta vida. Já aprendi que, a partir do momento que se quer melhorar e evoluir, tudo vai conspirar a nosso favor e até as harmonizações ficam mais fáceis.

— Você fala em prova e expiação. Qual a diferença? — indagou Bianca.

— Expiação são os débitos do passado e que temos de harmonizar, os chamados carmas negativos, o conjunto de ações e suas consequências. Já as provas são as experiências difíceis que vivenciamos, como testes para sabermos se somos aprovados e se evoluímos diante de uma situação. As provações testam a fé, a disposição, a perseverança, a dignidade, a honestidade, sua disposição na alegria, a resignação na paciência entre outras coisas. — Um momento e exemplificou: — Suponhamos que eu vivo sendo roubada. Hoje roubaram minha bolsa, outro dia meu carro, depois minha casa e por aí vai. Será uma expiação porque eu roubei em outra vida, ou uma provação para eu ficar mais esperta e aprender a me cuidar, cuidar mais das minhas coisas?

— Como saber? — Bianca se interessou.

— Se for uma prova, eu vou ter de aprender a ficar mais esperta, mais vigilante. Vou procurar mudar meus hábitos e tudo vai parar de acontecer. Geralmente, quando é prova, todas essas ocorrências vão virar historinhas para eu contar, não vai haver grandes prejuízos, sem aquele peso de vítima. Já quando é expiação, a primeira coisa que acontece é a reclamação. A pessoa que expia, ou seja, sofre o que fez o outro sofrer, ou está em dívida, normalmente, reclama muito, acha-se injustiçada, vítima, coitada. Não tem resignação e não procura se melhorar e sair daquela situação. Existem expiações que não conseguimos nos desvencilhar. Por exemplo, uma pessoa tem necessidades especiais. Ela não pode se livrar disso. Em vez de buscar algo para fazer, adaptando-se àquela situação e progredindo, ela se torna vítima, mendiga, chora, vira pedinte e vive de assistencialismo. Essa

A vida está a sua espera

pessoa não é evoluída e terá de repetir situações semelhantes até que se desvencilhe do coitadismo e do pobre de mim. Porém, cada caso é um caso. Estou generalizando. Uma provação, muito comum nos dias atuais, por exemplo, é você encontrar dinheiro, saber de quem é e decidir por pegar ou não. Receber um troco errado e devolver ou não. Essas são provas grandiosas para a dignidade. — Riu e comentou: — Depois fica reclamando que nasceu em um país onde o governo é ladrão, que não pode confiar em ninguém...

— Entendi — riu junto. — Gostaria de saber se é possível transformar uma expiação e evoluir muito mais?

— Sem dúvida! Isso sim diminui o débito que podemos ter.

— Uma vida como cadeirante, por exemplo, pode ser por prova e não por expiação? — Bianca quis saber.

— Lógico. E digo mais! Tem espíritos que solicitam determinadas provas não por expiações, mas para, com a sua experiência, ajudar a evolução da humanidade. Um espírito pode solicitar nascer cadeirante e se empenhar em questões sociais, reivindicar e promover acessibilidade e direitos aos que possuem necessidades especiais. Ele pode enfrentar desafios para estudar, formar-se em universidade, trabalhar e servir de exemplo para outros, mostrando para o mundo que é capaz e que é possível. Pessoas consideradas normais, ou seja, sem necessidades especiais e que vivem de assistencialismo e se acham vítimas da sociedade têm muito o que aprender com esses espíritos iluminados. Acompanhei a história, contada por um mentor na casa espírita, sobre um espírito que reencarnou com propósito de expiar a perda das mãos. Encarnado, esse espírito se dispôs a trabalho útil, cuidando de pessoas doentes.

— Era um enfermeiro, eu garanto! — exaltou-se Bianca e riu, lembrando de sua formação.

— Era sim — Glória riu junto. — Ele usava as mãos com bondade e carinho. Era atencioso, solícito e incrivelmente útil. Viveu em época difícil de doenças e epidemias. Desencarnado, viu que não expiou a

Schellida • Eliana Machado Coelho

perda das mãos. Foi então que seu mentor disse: "Você estava sendo tão útil, em período tão difícil, que tirar suas mãos seria condenar sofrimento maior aqueles que estavam sendo cuidados por você. Sua atitude de abnegação e amor superou o pagamento de seus débitos. Por isso, na velhice, experimentou certo grau de dor nas mãos, o suficiente para entender o quanto elas nos são úteis.

— Uma artrite em lugar da amputação. Ótima troca.

— Ele foi muito útil. Muitos de nós queremos recompensas sem merecimento. Isso não vai acontecer. Acreditar que pedir perdão será perdoado, não é correto, pois é sua consciência que te cobra dos próprios erros e não sua vontade.

— Voltando a falar sobre trabalhos espirituais... É preciso que alguém faça um trabalho espiritual para um espírito inferior me influenciar?

— Não — Glória foi categórica. — Os espíritos influenciam nossos pensamentos e nossas ações muito mais do que podemos imaginar. Temos de lembrar que nós somos espíritos encarnados e, devido às bênçãos do esquecimento, não sabemos quais erros cometemos no passado nem de nossas más tendências. Mas os espíritos desencarnados sabem — sorriu de modo enigmático. — Sempre temos o que harmonizar e corrigir. Temos nossas más inclinações, nosso lado mau. Assim como temos tendências boas, hábitos saudáveis e, principalmente, o desejo de evoluir. Tudo de ruim que tentamos esconder, dissimular, ocultar os espíritos sabem e veem. Eles podem conhecer nossos pensamentos mais íntimos, mais secretos.[4]

— Você está falando de espíritos bons e ruins ou só dos ruins?

— Prefiro usar os termos ensinados na Doutrina Espírita: espíritos inferiores ou sem evolução e espíritos esclarecidos. Respondendo a sua pergunta, estou falando de todos os espíritos. Quando se começa

---

4. N.A.E. — Em *O Livro dos Espíritos*, as questões de 456 a 472 falam sobre a intervenção dos espíritos no mundo corpóreo.

A vida está a sua espera

a ter ideias desarmônicas ao bem e a maus pensamentos, os espíritos inferiores, sem evolução, riem de você e te influenciam a prosseguir no que é mau. Já os espíritos mais esclarecidos procuram te orientar, intuir ao que é bom, saudável e lamentam quando você não faz o que é correto. Por exemplo: uma situação deixa você nervosa, irritada. Se ainda precisa se trabalhar na temperança, na paciência, no primeiro impulso vai querer gritar e brigar por causa daquilo. Espíritos sem evolução, ignorantes e inferiores que ainda vivem nesse erro, vão se aproximar e te influenciar para que grite e brigue. Já, espíritos mais esclarecidos e evoluídos vão influenciá-la a ter paciência. Gritos e brigas não resolvem problemas, principalmente os problemas que já estão instalados. Em determinados momentos, a situação pode parecer difícil, mas uma atitude rude pode torná-la pior.

— E aí? — interessou-se.

— Aí que, conforme o seu grau de desejo para a evolução, você vai ouvir um ou outro. Se sua maior tendência, ou vontade, for para o mal, certamente, vai gritar, xingar e brigar. Depois passa a sofrer as consequências de seus atos. Vai passar mal, ter dor de estômago, de cabeça, depressão, ansiedade... resumindo... vai sofrer. Quando começar a evoluir mais, vai acabar associando o passar mal com o que fez de desequilibrado. E isso vai se repetir até que aprenda. Quando evoluir um pouco mais vai segurar o grito, não brigar e ficar feliz pela escolha que fez, pois teve o domínio de si. Verá que o problema se resolveu sem suas atitudes inferiores. — Sorriu e revelou: — Se não evoluir nada, sofrerá com gastrite, depressão, ansiedade... Morrerá pelo A.V.C., ou derrame, por ter a cabeça quente por problemas. Terá um infarto pelo coração endurecido que não perdoou etc, etc, etc... Estou falando por minhas próprias experiências — riu. — Você é quem determina que espírito poderá te influenciar e te inspirar. Isso é em tudo, viu? Nas drogas, nas bebidas, roubos, desonestidade, mentira, sexo, desequilíbrios em momentos difíceis...

— Então podemos nos afastar das influências dos espíritos inferiores?

— Sim. Sempre. Eles só se ligam a nós quando solicitamos pelas coisas que escolhemos fazer, por coisas que nos dão prazeres momentâneos ou porque são atraídos pelos nossos pensamentos. Se sou honesta, não roubo nem furto, se repudio tal atitude, nenhum espírito que aprecie o roubo ou o furto ficará ao meu lado. Se eu não bebo, espíritos que vampirizam pessoas que ingerem álcool não estarão ao meu lado. Se eu não tenho desequilíbrios sexuais ou práticas sexuais promíscuas, espíritos inferiores com essas tendências não vão me acompanhar. Eles vão embora, apesar de ficarem espreitando, vigiando de longe para terem certeza de que aquele vício ou desequilíbrio que estou vencendo não será praticado por mim em algum momento. Eles podem, inclusive, me mandar ideias de práticas sobre o desequilíbrio, mas enquanto eu recusar, eles não ficarão perto.

— É possível vencer isso? Vencer as tendências e os espíritos que nos inspiram ao mal?

— Sim. Sempre. Reencarnamos com o objetivo de vencer as más tendências. Se temos um espírito inferior nos perseguindo e disserem que esse é um forte perseguidor, saiba que nossa força é maior. Basta buscá-la dentro de nós quando nos ligarmos a Deus pela prece.

Bianca ficou pensativa. Apesar de tudo o que tinha ouvido, ainda quis saber:

— Por que Deus permite essas influências espirituais negativas?

Glória sorriu. Pareceu esperar por aquela pergunta e respondeu:

— Os espíritos inferiores, encarnados ou desencarnados, são instrumentos para a nossa evolução. Sejam eles os desencarnados que ficam jogando ideias nos nossos pensamentos, incentivando às práticas de nossas más tendências ou os encarnados que vivem, de uma forma ou de outra, fazendo com que nós revelemos, também, nossas más tendências. Somos testados, constantemente, em nossa paciência, resignação, honestidade, moralidade, agressividade... Somos

A vida está a sua espera

testados na nossa compaixão, fé, perseverança, abnegação... Em tudo. Não existem melhores instrumentos do que pessoas e espíritos que nos coloquem em prova. Quando vencemos essas provas, servimos de exemplo para muitos, além de evoluirmos. Eu vivi, várias vezes, situações interessantes. Bastava entrar e sentar no ônibus ou metrô e lá vinha alguém precisando do lugar. Gestante, idoso ou pessoa com criança de colo. Eles sempre paravam ao meu lado ou na minha frente. Eu ficava irritada. Cheguei a brigar, certa vez. Hoje tenho vergonha disso. Acreditava que eu estava mais cansada. Até que, tive um dia duro de trabalho em pé. Por um milagre, consegui me sentar no ônibus. Passei a olhar para as pessoas que eu julgava não trabalharem e estarem naquele horário no ônibus e pensava que poderiam ter feito suas coisas em outro horário para que os trabalhadores tivessem o mínimo de conforto ou a chance de sentarem no transporte coletivo de péssima qualidade oferecido pelos governantes. Enfim... Minha cabeça não parava de criticar quem estivesse naquele coletivo. Aí, uma mulher se encostou perto de mim e ficou meio que se jogando. Irritada, virei para ela e perguntei de forma bem grosseira: — Tá passando mal?! Fui bem dura. Coitada de mim! Ela respondeu: — Estou sim. Acabei de fazer a primeira quimioterapia. Passei o dia inteiro no hospital. Pensei que iria terminar mais cedo.

Nunca senti tanta vergonha de mim — Glória confessou constrangida. — Levantei e dei o lugar a ela. Eu já trabalhava em hospital e sabia do drama, da dificuldade que pacientes de químio enfrentam. A mulher estava acompanhada de uma comadre que mal sabia falar direito, mas conversou o suficiente e me explicou que moravam longe. Dependeriam de três conduções para chegarem a suas casas. Eram bem pobres. Não tinham carro nem dinheiro para táxi. Da outra vez, foi um senhor. Levantei e dei lugar a contragosto, claro. Muito falante, o homem pegou minha bolsa e me contou que ia ao médico que tinha sido agendado fazia seis meses. Disse que precisaria ser operado e que tudo estava sendo tão demorado. Contou que, fosse o que fosse que pediam para ele no hospital público em termos de exames, precisava madrugar para conseguir chegar no horário. Fiquei pensando na dificuldade dessas pessoas e agradeci pela minha saúde e minhas pernas que me aguentavam em pé muito bem. Sentar, para mim, passou a ser questão de luxo. De outra vez, minha irmã estava grávida. Chegou aqui em casa com os pés megainchados, com os sapatos cortando os calcanhares e amassando os dedos. Tanto que as unhas inflamaram. Ninguém deu lugar no ônibus para ela, mesmo vendo-a grávida. Ela não podia comprar sapatos e os velhos não serviam direito por causa da gestação que inchou muito seus pés. Não tínhamos dinheiro. Ninguém sabe, mas fiquei vinte dias sem almoçar para dar dinheiro para que comprasse sapatos novos. Quando senti, na própria pele, essas dificuldades, quando entendi os problemas dos outros, comecei a ser diferente. Creio que passei a ser uma pessoa melhor. Mesmo quando não sentava em bancos reservados, comecei a dar meu lugar para pessoas que julgava precisar. Agradeci a Deus por minhas pernas fortes, meus braços capazes de me segurar. Senti vergonha do que havia feito no passado. Senti-me mais leve, mais alegre e feliz. Antes eu ficava sentada, mas carregava um peso tão triste, enorme e infeliz. Depois não. O cansaço passa, mas a alegria interior por minha capacidade não.

— Mas tem gente, nos coletivos, que é folgada, não é? Outros mal educados para pedir lugar.

— Uma pequena atitude diz muito sobre você. Cada um dá o que tem e o que pode. Cabe a você decidir e agir conforme o que tem. Seja educada e diga: desculpe-me, não tinha reparado. Vai ver que a pessoa ficará sem graça e se não ficar... Você fez sua parte. Aprendi com Jesus quando disse: "Se te pedirem a capa, dê-lhe também o vestido". Quando damos aos outros sem nos importarmos, sem nos irritarmos, tudo fica mais leve. A vida prospera e as coisas fluem. Deixe ir. O que for seu, volta. A Suprema Inteligência e Causa Primária de Todas as Coisas, que te amou tanto ao ponto de te criar, sabe

A vida está a sua espera

o que você precisa e vai te prover, desde que faça a sua parte dentro dos bons princípios, amor, perseverança e bom ânimo no bem.

— É o caso da minha irmã querendo forçar o Olavo a voltar para ela.

— Sim. É bem isso. Se algo ou alguém tiver de fazer parte da sua vida, isso vai acontecer.

O espírito Brício, mentor de Bianca, estava satisfeito. Ficou todo o tempo envolvendo sua protegida para que ela ficasse atenta e aprendesse com os excelentes ensinamentos de Glória. Bianca iria precisar.

— Você não é adepta de nenhuma religião ou filosofia, não é? — Glória quis saber.

— Fui batizada na igreja católica, mas não frequento. Nunca me importei com isso e não busco conhecimento — sorriu sem jeito. Sentia-se em débito consigo mesma. — Minha mãe também não nos ensinou. Na verdade, não sei nem rezar o Pai Nosso. Já minhas irmãs gostam dessas coisas espiritualistas.

— Eu sou um pouco cautelosa quando se trata de coisas espiritualistas, somente com essa indicação.

— Por quê?

— Precisei estudar muito, ir atrás de pesquisas e muitos palestrantes para chegar a essa conclusão — disse Glória. — A palavra espiritualismo é a denominação genérica de algumas religiões, doutrinas ou filosofias em que o espírito é a realidade primordial, o nosso bem mais precioso, a fonte de todos os valores que vai além da natureza material e da vida corpórea, ou seja, e a crença em algo que não pertença a este mundo. O termo espiritualismo passou a designar correntes de pensamentos que afirmam a existência do ser de uma pessoa, sem o corpo físico, dando o nome de alma, espírito, entidade e outros. O idealismo, o panteísmo, o teísmo e até certos tipos de ateísmo e outras tendências filosóficas são consideradas compatíveis ao espiritualismo, porque acreditam e aceitam um mundo além da matéria e superior a ela. — Glória pensou um pouco e lembrou: — Platão foi considerado espiritualista devido ao seu conceito sobre a alma; Aristóteles, por acreditar em Deus como realidade pura e individualizar o intelecto ativo do passivo. Os racionalistas como Malebranche, Descartes, Leibniz e outros também são considerados espiritualistas por tudo o que filosofaram e acreditaram. — Ofereceu nova pausa, depois prosseguiu: — Foi no século XIX que surgiu, com muita força, principalmente na Europa, em países como França, Alemanha, Inglaterra, Itália e outros, várias doutrinas agnósticas, panteístas, teístas, pluralistas e outras, com o intuito de apresentarem valores espirituais e opostos ao materialismo que predominavam na época. Sistemas ocultistas e esotéricos se remontaram. A maioria ressurgiu devido ao fim da Inquisição que, antes dessa época, inibia, investigava e punia no tribunal eclesiástico tudo e todos acusados contra a fé católica. Outras, simplesmente, nasceram por conta de estudos rigorosos, como é o caso da Doutrina Espírita. — Após um momento, explicou: — Na sociologia, espiritualismo exprime ou significa duas grandes forças opostas: a alma e o corpo. Na psicologia, é a representação do que não pode ser totalmente explicado e pede, como compreensão, a existência de algo superior à fisiologia, ao corpo, que é a alma. Allan Kardec, o codificador da Doutrina Espírita, foi bem sábio quando... Espere um momento... — Levantou-se, foi até um armário e o abriu. Estava repleto de livros. Pegou *O Livro dos Espíritos* e o folheou. Não demorou e prosseguiu lendo: — Aqui... Na *Introdução ao estudo da Doutrina Espírita...* "Quem quer acredite haver em si alguma coisa mais do que a matéria, é espiritualista. Não se segue daí, porém, que creia na existência de Espíritos ou em suas comunicações com o mundo visível. Em vez das palavras espiritual e espiritualismo, empregamos, para indicar a crença a que vimos de referir-nos, os termos espírita e espiritismo, cuja forma lembra a origem e o sentido radical e que, por isso mesmo, apresenta a vantagem de ser perfeitamente inteligíveis, deixando o vocábulo espiritualismo a acepção que lhe é própria". Entendeu? — perguntou ao final da leitura.

A vida está a sua espera

— Mas o que isso quer dizer?

— Espiritualismo é a crença na continuidade da vida após a morte do corpo físico. Mas isso pode ser muito mais abrangente do que parece. Vou te dar exemplos: a igreja católica é espiritualista porque crê na continuidade da vida após a morte do corpo. Essa religião é fundamentada na Bíblia, no Evangelho. Assim como os evangélicos ou protestantes, de uma forma geral são espiritualistas porque creem na vida após a morte, embora não acreditem na reencarnação. Já a Doutrina Espírita, codificada por Allan Kardec e exposta nos cinco livros da Codificação Espírita, também é espiritualista. Crê na continuidade da vida após a morte do corpo, porém também crê na reencarnação para o aperfeiçoamento e evolução do ser, do espírito. Acredita na Lei de Causa e Efeito, além disso, é fundamentada em estudos. Não possui fé cega nem dogmas. O Espiritismo não tem ritual, nem vestimentas ou paramentas, nem roupas para cerimônia. Não tem cerimônia. Não tem líder. Não tem estrutura hierárquica. Não tem vela, nem flor, nem incenso, nem imagens a serem adoradas. Tem estudo filosófico. É cristã, pois aceita e defende o Evangelho do Cristo. Aceita, com prudência, a comunicação e a manifestação dos espíritos. Possui grupos de estudos da Doutrina em Ciência e Filosofia. Crê em um único Deus eterno, imutável, imaterial, Todo Poderoso, soberanamente bom e justo. Portanto não crê em demônio! —enfatizou. — Crê na imortalidade da alma, na Lei de Ação e Reação, de Causa e Efeito. Crê na reencarnação. Para os espíritas, Deus é a Inteligência Suprema, é o Criador do Universo e tudo o que há nele, seres animados e inanimados, materiais e imateriais — afirmou detalhadamente, pois a respeito de Espiritismo Glória conhecia bem. — Temos filosofias e religiões respeitáveis que são espiritualistas e que têm princípios de grandes valores morais e espirituais, além disso, prezam pela evolução. Algumas delas são: Rosacruzes, Pró-Vida, Budismo, Umbanda e outras. Temos outras que

101

Schellida ✿ Eliana Machado Coelho

nem conhecemos tanto como o Xamanismo, Islamismo, Judaísmo e não sei mais o quê... E também são espiritualistas.

Sabe, Bianca — prosseguiu a amiga —, eu fico muito preocupada quando ouço pessoas dizerem que são espiritualistas, mas não dizerem ou não saberem dizer qual sua procedência espiritualista. Espiritualista é a denominação comum para diversas e incontáveis religiões e filosofias, mas também denomina, pura e simplesmente, crer na vida após a morte junto com muitas outras coisas sem princípios éticos, morais, espirituais, sem respeito mútuo ou a si mesmo. Existe espiritualista que crê em um espírito e/ou uma alma e só. Para ele o importante é ser feliz. Nem todo espiritualista crê em Deus, na Lei de Causa e Efeito. Por isso, estamos cansados de ver, religiosos espiritualistas que matam, até em nome da fé. Cometem violências com sacrifícios humanos em nome da religião espiritualista. E os que têm práticas de baixo nível moral e promiscuidade, por serem espiritualistas e não acreditarem na Lei de Causa e Efeito, no carma. Proferem escritas ou falas que fazem outros se inclinarem aos desregramentos que acreditam, sem pensarem nas consequências e na falta de valores morais que estão passando adiante. Com isso, vejo pessoas simples, leigas, que não têm conhecimento, aceitarem, como verdade, muitos absurdos ditos, pregados, escritos e realizados por esses espiritualistas. É preciso ter muito conhecimento, estudo com fé raciocinada para, só então, aceitar certos conceitos espiritualistas que vêm sendo passados, hoje em dia, por aí.

Por exemplo, a Umbanda, brasileira por excelência, também é espiritualista, pois acredita na vida após a morte. Ela une elementos católicos, espíritas e africanos, ou seja, possui combinações de princípios religiosos do Catolicismo, do Espiritismo e do Candomblé na tradição dos orixás e os espíritos de origem indígena — Glória explicou. — Muitos terreiros ou tendas são vinculados e seguem fundamentos propostos pela União Espírita da Umbanda do Brasil, a U.E.U.B., para serem considerados umbandistas. A U.E.U.B. promove

A vida está a sua espera

e incentiva que os praticantes da Umbanda façam uso das obras da Codificação Espírita de Allan Kardec, como fundação doutrinária da Umbanda, mas não as seguem na íntegra, pois introduzem elementos que não estão contidos ali. Nos templos, terreiros e tendas são usados paramentas, roupas, velas, flores e há rituais a seguir. Não tem sacrifício de animais, muito menos de humanos. Aceita-se a comunicação de espíritos tidos como evoluídos como Caboclos e Pretos Velhos para alcançarem o nível de entendimento do encarnado. — Glória ofereceu uma pausa e explicou: — Isso é um breve resumo, tá? A Umbanda tem várias vertentes de modo que suas práticas e rituais podem variar. Também acredita em um único Deus, onipotente e onipresente. Crê em guias e entidades espirituais, nos antepassados, na reencarnação, no carma, ou seja, a Lei de Causa e Efeito, na imortalidade da alma. Fazem muita caridade, que é a maior prática de amor ensinada por Jesus. — Breve pausa e comentou: — Embora eu não tenha muito conhecimento sobre o Candomblé, sei que é uma seita de origem africana. Foi trazido para o Brasil pelos escravos. Tem orixás, divindades, sacrifícios de animais e outras práticas que não existem na Umbanda nem no Espiritismo. O Candomblé é muito complexo para explicar com simplicidade. Portanto, quando buscamos conhecimento, entendemos que Espiritismo não é Umbanda nem Candomblé. Eles são completamente diferentes.

Espiritismo é filosofia conforme foi o proposto pelo codificador Allan Kardec logo na *Introdução ao estudo da Doutrina Espírita* em *O Livro dos Espíritos*. — ressaltou Glória. — Já ouvi e li absurdos sobre o Espiritismo ser uma religião e ter seitas que são a Umbanda, o Candomblé, a Quimbanda. Isso não é verdade. O Candomblé é milenar, existe muito antes do Espiritismo e a Umbanda foi criada no Brasil, bem depois dele. Espiritismo é filosofia. Só quem sabe disso são os que estudam os livros da Codificação Espírita e praticam o Espiritismo. Tem gente que vai ao centro espírita meia dúzia de vezes e acha que sabe tudo. São especuladores que confundem tudo.

Não estudam. Não leem. Não buscam outros conhecimentos e querem dar palpites absurdos. Em nenhum lugar, nos livros da Codificação Espírita, existe indicação de que Espiritismo é uma religião. É só lê-los. Sem dúvida, Espiritismo, Umbanda e Candomblé são espiritualistas, mas um é bem diferente do outro! — enfatizou.

— Apesar de algumas pessoas confundirem tudo como eu já disse. Isso acontece por falta de conhecimento. Talvez, essa confusão ocorra também porque todas aceitam a comunicação de espíritos, muito embora, o Espiritismo o faça com muita prudência.

— Por que a sua preocupação quando alguém fala que é espiritualista e não tem procedência?

— Porque precisamos observar, com fé raciocinada, tudo o que nos chega. E só adquirimos isso pelo estudo e conhecimento, senão poderemos ser iludidos, enganados e colocar nossa existência em risco. Falei sobre Platão, Aristóteles, Descartes e outros que são considerados espiritualistas, mas... Eles são eles. — Ofereceu uma pausa e lembrou: — Em novembro de 1978, nem faz tanto tempo assim e você deve ter ouvido falar, o Reverendo Jim Jones, pastor religioso, levou mais de novecentas pessoas ao suicídio coletivo.

— Lembro sim! Nossa! Acompanhei o caso pela televisão! — disse Bianca.

— Esse reverendo Jim Jones tinha uma igreja nos Estados Unidos. Diziam que era um homem pacífico, que amava pessoas e animais. Induziu muitos a terem as chamadas "Famílias Arco-íris", incentivando a adoção de crianças de diferentes etnias por membros de sua igreja, ou seja, crianças descendentes de índios americanos, coreanos, negros e outras... Chegaram a ficar com dó desse pastor quando racistas brancos o atacaram pelo que fazia. O pastor Jim Jones chegou a viver no Brasil, em Minas Gerais, Belo Horizonte, e depois voltou para a Califórnia onde tinha a igreja e seus fiéis. Temeroso por algumas acusações, mudou-se para Guiana e lá fundou e liderou uma comunidade chamada *Templo dos Povos*. Essa comunidade era

A vida está a sua espera

tida como "A Terra Prometida", "O Paraíso na Terra" onde todos eram iguais. Acreditavam em Deus e no próximo. Todos eram bondosos uns com os outros conforme ensinamentos do pastor Cristão. Não tinham diferenças raciais nem econômicas. Brancos e negros viviam juntos e felizes. Crianças brincando e tudo muito bem administrado. Comida, bebida, danças, músicas, religiosidade e pregações em nome de Deus. Tudo muito farto e uma vida feliz. Tudo utopia socialista cristã pregada por um único homem chamado de reverendo, pastor. Espiritualista que usava o nome de Deus, de Cristo quando falava de um mundo melhor após a morte. Muitos dos que viviam ali diziam que lá estavam por vontade própria e que não eram forçados a nada. Esse homem fazia pregações envolventes, mas com pitadas de medo. Muitos se deixavam envolver por suas palavras e abandonavam suas casas, famílias, cidades, empregos... tudo! Apenas para segui-lo. O pastor Jim Jones falava de forças destruidoras contra todos que viviam ali, em Jonestown, na Guiana. Alguns adeptos faziam doações voluntárias. Outros eram forçados a doarem seus salários e propriedades que, depois, foram vendidas e todo dinheiro usado no *O Templo dos Povos*. Jim Jones passou a ter muito dinheiro, inclusive depósitos milionários em bancos Suíços. Houve muitas críticas e denúncias de uso de armas e torturas, castigos corporais e treinamento de suicídio em massa. Várias testemunhas disseram isso. Então, um deputado norte-americano decidiu ir até lá para conferir. A princípio, o deputado e sua equipe acreditaram que tudo estava bem até começarem a notar algo muito errado. Emboscaram esse deputado e o mataram junto com outras pessoas. Foi então que o reverendo Jim Jones reuniu toda sua comunidade no pavilhão central e os induziu ao chamado suicídio sagrado, com a ingestão de um refresco de uva. Os primeiros a tomarem e a morrerem foram os bebês e as crianças. Assombrosamente, foram os próprios pais que os fizeram beber o refresco envenenado. Depois, eles mesmos bebiam e se sentavam ou deitavam esperando a morte. Houve muitas testemunhas que fugiram, outras que não beberam o refresco e outras, ainda, obrigadas. Suspeita-se que Jim Jones esteja vivo. Fugiu após tudo isso e levou todo o dinheiro junto. Um sósia foi encontrado morto no lugar dele. Após esse episódio que chocou o mundo, descobriram que lá em Jonestown, as pessoas mais rebeldes eram drogadas e viviam como zumbis. Seus bens passaram a ser da seita ou do pastor, como queira. — Um momento de silêncio e disse: — Esse não foi o único caso chocante em termos de religiosidade. Existem muitos outros. O que induziu tantos viverem nessa condição foi a falta de conhecimento, de busca e de estudo. Foi a vontade de ter algo fácil. Não querer crer em harmonizar o que desarmonizou. Tentar fugir da Lei de Causa e Efeito. Achar que é só pedir perdão e está tudo certo. Tudo que é fácil tem um preço muito caro. Por isso eu aprecio filosofias e religiões que não têm a fé cega, estudam, pensam, não aceitam o que é fácil ou o que é vindo da boca de qualquer um. Conhecimento nos leva a evolução. Ninguém tira conhecimento do nada.

— E para ter conhecimento é preciso estudo, não é mesmo?

— Sim. O estudo nos leva à fé raciocinada. A ausência dele leva à fé cega ou à crença em algo sem fundamento. Por isso eu acho complicado quando se fala só em espiritualismo, sem uma base de estudo filosófico com um grupo de pessoas sérias, com raciocínio sério sobre os assuntos que se querem defender. Nos últimos tempos, estou vendo muita gente se dizendo espiritualista. A fé dessa pessoa ou o que ela defende é embasada em quê? Quais os seus princípios filosóficos? São princípios obtidos pelo estudo em quê? Será que essa pessoa não tem uma visão, dita espiritualista, só para que suas opiniões equivocadas sejam aceitas? Com quais pessoas ou conceitos sérios ela estudou para chegar a algumas conclusões? Quais são as bases de seus estudos?

— Nossa! É verdade — refletiu Bianca. — Certa vez eu li um livro de um cara que se diz espiritualista e, não gostei. Achei que ele vivia muito fora da realidade. Digo, da nossa realidade. Era a história

A vida está a sua espera

de uma mulher que vivia infeliz. De repente, ela decidiu ser feliz e começou ignorar a mãe, mudou de comportamento e aí sua vida começou a ficar melhor e tudo mais. As coisas aconteciam rápidas demais. Ela começou a não se importar com o que ocorria dentro da própria casa e só por isso passou a ser feliz. Não havia empenho e esforço pessoal. Isso está fora do nosso mundo real. É absurdo! Fui tentar aplicar isso na minha vida e não consegui — riu de si mesma.

— Lógico que não conseguiu! Sabe por quê?

— Não. Por quê?

— Porque você tem responsabilidade, princípios morais e espirituais. Família é algo importante para a nossa evolução. Não estamos por acaso na família em que vivemos, com os pais que temos, com o companheiro que arrumamos, com os filhos que nos foram confiados. Isso não é por acaso. Existe todo um planejamento reencarnatório para existirmos no meio que estamos. A partir do momento que estamos ligados a uma família, temos responsabilidades, direitos e deveres para com ela. As dificuldades familiares devem servir para a nossa evolução pessoal. Ignorar, fugir, abandonar, é adiar harmonização e crescimento. Todas as filosofias têm princípios. A denominação de espiritualista, que é meramente a crença em vida após a morte, não pode ser exceção e querer mudar princípios bons, justos, honestos, morais e espirituais que evoluem a criatura humana. Certamente, isso vai prejudicar quem o seguir. Além disso, tome muito cuidado com a frase: "O importante é ser feliz!" — falou de um jeito engraçado, irônico. — A felicidade de um instante pode comprometer uma vida inteira. Eu também já li livros e assisti a palestras de pessoas que se diziam espiritualistas. Algumas foram boas, mas outras nem tanto. Na grande maioria, encontrei equívocos, erros sérios, comprometedores e indução ao que não presta para a nossa paz interior, para nossa evolução moral e espiritual. Muitos desses espiritualistas não acreditam na Lei do Retorno nem mencionam a importância da nossa atuação na fraternidade e na caridade. O que fazem geralmente é por dinheiro e para manter-se no luxo. Fogem de falas sobre valores morais e das consequências espirituais dos prazeres mundanos que nos fazem, momentaneamente, felizes. Não acreditam na Lei de Causa e Efeito, nem que devemos perdoar, pagar o mal com o bem, pois a justiça pertence ao Criador. O pior, pouco ou nada falam de Deus. Muitos se dizem espiritualistas para aceitarem tudo: reencarnação, vida após a morte, comunicação dos espíritos... Mas o que aceitam e pregam vão contra bons princípios com valores morais e espirituais.

— Verdade. Observei isso no livro que li. Não falava em Deus! — ressaltou Bianca.

— E quando falam, parece que Deus é bobo ou idiota que não vê nada, não é justo com ninguém. Se Deus perdoar alguém por uma falha, estará sendo injusto com os demais que deram um duro danado para se elevarem. — Glória opinou. — Eu sou Espírita Kardecista, gosto muito de conhecimento. Sou curiosa. Outro dia fui ao terreiro de Umbanda com minha irmã para ver como era e um Preto Velho, como entidade, manifestou-se através da incorporação. De forma simples e humilde, ofereceu uma mensagem espetacular. Ele falou mais ou menos assim: "Como é bom ser bom. Isso nos dá um prazer enorme e nos faz bem. Como é importante ser calmo, analisar propostas que, no primeiro instante, podem parecer ótimas, alegres e felizes, mas que aceitando-as podemos levar anos para arrumar." — Fez breve pausa. — Às vezes, a espiritualidade oferece formas diferentes para nos ensinar. Uma outra coisa que esse Preto Velho falou foi sobre pararmos de justificar cada vez que falamos não. Quando não quisermos algo, basta dizer não. Não justifique sua posição. O que você não fizer poderá fazer, mas o que realizar, não vai poder voltar atrás. Devemos justificar, a nós mesmos, quando dissermos sim, para entendermos a razão de determinadas aceitações.

A vida está a sua espera

— Nem me fala! — jogou-se para trás e riu. — Outro dia fiquei me perguntando por que digo sim para algumas coisas e depois me arrependo.

— Porque quer agradar. Não quer contrariar o outro, mas se contraria, o que é pior.

— Verdade, Glória. Sempre digo sim para agradar ao outro. E quando digo não, fico justificando, com jeitinho, para não magoar.

— Entendo perfeitamente. Eu também fui assim. Devemos aprender que o não basta. Não é necessário justificarmos. — Breve pausa e continuou. — Então... Na mensagem do Preto Velho, vi muito mais sabedoria do que nos pomposos palestrantes que se dizem só espiritualistas e induzem, muitas vezes, ao erro de acreditar que o importante é ser feliz. Eles até falam coisas que servem, sem dúvidas falam, mas uma única coisa errada e ferra sua vida. Por isso precisamos ter discernimento, que é a capacidade de julgar o que lemos e ouvimos de forma sensata. Na palestra do espiritualista, fiquei analisando o cara, o palestrante e escritor espiritualista. Rapidamente observei que a vida dele era só material. Vivia no luxo e no dinheiro. No fundo, era um sujeito vazio, frustrado, repleto de contrariedades com a vida e com o mundo. Não se aceitava e precisava obrigar a sociedade a engolir seus desvios de caráter, sua imoralidade. Depois de um tempo, conversei com um palestrante espírita, na casa espírita que frequento, sobre isso que presenciei. E ele, o espírita, disse-me algo muito interessante. Toda pessoa imoral sofre. Por mais que diga ser feliz, ela não é, pois vai contra as Leis da Natureza. Vai contra as Leis da Evolução. Nós nascemos para espiritualizar nosso corpo e não para materializarmos nosso espírito. Esse sujeito espiritualista, que se meteu a fazer divulgação positiva do que é incorreto ou imoral, é frustrado. Não enxerga além do próprio umbigo. Baseou-se em ensinar algo sem princípios, sem grandes estudos e reflexões. Baseou-se nele mesmo. — Breve pausa e contou: — Eu ouvi o sujeito espiritualista, praticamente, gritar: "O que importa é ser feliz!" — arremedou.

109

— Mas, cá entre nós, Bianca, o quanto essa felicidade vai me custar? Com quem vou me envolver, física e espiritualmente, só por causa desse prazer mundano que me oferece felicidade momentânea?

— É mesmo, né?

— É nisso que precisamos pensar. Não digo que todos são assim. Muito menos que palestrantes espíritas sejam os mais perfeitos. Longe disso. Ao menos, deduz-se que devam ter conhecimento e estudo fundamentado no Espiritismo. Por isso que a maioria das palestras, nas casas espíritas, é sobre temas do Evangelho e não opiniões pessoais de alguém que diz: que se danem os outros! O que importa é ser feliz! — Um instante e prosseguiu: — O que quero é alertar para termos uma opinião equilibrada sobre o que lemos e ouvimos. Só por se tratar de um livro, romance ou não, dito como espírita, mediúnico ou espiritualista, não significa que tudo o que tem nele é verdadeiro, bom e com valores morais e espirituais para a nossa evolução. Precisamos ter uma opinião formada em bases sólidas. Por isso eu sempre indico que leiam e estudem os livros da Codificação Espírita, codificados por Allan Kardec. Somente dessa forma poderemos ter conhecimento e analisar melhor o que estamos lendo ou ouvindo. Existem falsos cristos e falsos profetas. Não podemos dar ouvidos a qualquer um. Cuidado. Geralmente, quem está errado quer fazer aliados para não errar sozinho. Muita coisa misturada na salada provoca indigestão e isso é válido para as religiões e filosofias. É preciso cautela e conhecimento antes de se atirar de cabeça na prática de algo como: o que importa é ser feliz.

— O importante é ser feliz, mas com responsabilidade. Por isso eu tenho medo de ir a um Centro Espírita.

— Não tenha medo de ir. Porém, quando for, observe com a razão e não com a emoção. Em um centro espírita sério você não vai encontrar nada demais. Terá um monte de cadeiras, oração e leitura do Evangelho de Jesus com explicações sobre o que foi lido. Um palestrante que irá realizar uma palestra para a nossa reflexão

A vida está a sua espera

e melhoramento pessoal. O palestrante espírita costuma estudar muito para chegar até ali e não costuma dar suas opiniões pessoais. Você não paga nada para ouvir a palestra na casa espírita, o que é diferente de alguns espiritualistas por aí. — Glória riu gostoso e contou: — Outro dia meu pai e meu irmão estavam reclamando, pra não dizer brigando, comigo e com minha irmã dizendo que nós vamos ao centro ver e falar com o satanás. Daí minha irmã respondeu para ele: "Na igreja evangélica eu vejo muito mais gente incorporando espíritos trevosos do que no terreiro que eu frequento". Lógico que eu concordei.

— Diga, o que é aquilo nas igrejas evangélicas? Tanta gente estrebuchando e rolando no chão!

— Vou resumir dizendo que, se não forem médiuns desequilibrados que se dispõem a incorporar espíritos inferiores e zombeteiros que sentem prazer em ver o encarnado passando ridículo, são com certeza, pessoas totalmente desequilibradas e transtornadas psiquicamente que necessitam de médico psiquiatra. Médium equilibrado não dá shows. Pessoas sem transtornos não dão chiliques — riram. No momento seguinte Glória convidou: — O dia que quiser ir ao centro espírita você me fala e eu a levo.

— Legal! Vou querer ir sim. Fiquei curiosa. — Em seguida, perguntou: — O Abel é Espírita?

Glória respirou fundo antes de responder e algo mudou em seu semblante:

— Não. Foi algumas vezes comigo ao centro, mas não é espírita. Também não se importava em me ver frequentar.

— Não se importava? Ou não se importa?

— Não se importava — abaixou o olhar. Respirou fundo. Com olhos empossados em lágrimas, contou: — Ele terminou tudo comigo ontem.

— Glória! Por quê?! — surpreendeu-se a amiga que nem desconfiava.

111

— É o que estou me perguntando.

— Mas vocês não iam casar? Não estava com tudo arrumado?

— Pra você ver... — esticou-se e pegou uma caixa de lenço de papel que estava sobre o criado-mudo. Secou o rosto e empoou o nariz.

— Você está tão... normal que eu nem percebi. — Sentou-se na cama, ao lado da amiga e a abraçou.

Glória aceitou o abraço e chorou um pouco. Depois, afastou-se e contou:

— Foi uma surpresa. Não percebi nada errado. Nada diferente... Foi sem mais nem menos. Semana passada falou em marcarmos o noivado mesmo sem festa... Só com nossa família para não gastarmos tanto e... Pensarmos em marcar o casamento até o fim do ano. Ontem, de repente, chegou e disse que precisava conversar comigo. Falou que precisava de um tempo. Então eu disse que não aceitaria um tempo. Dar tempo é fazer sofrer mais ainda antes da desilusão. Ele falou que não sentia mais nada por mim e que... — chorou. — Disse que tudo estava terminado. Que seria melhor para nós dois e foi embora. Não sei o que dizer nem o que pensar. Por telefone, quando eu pedi para que viesse aqui era para conversar um pouco e... Queria aliviar meus pensamentos.

— E eu fiquei fazendo você explicar todas essas coisas. Que droga!

— Não, Bianca! Eu gosto. Adoro, pois treino para as palestras que dou no centro. Desde que você chegou tive uma trégua nos meus pensamentos. — Bianca afagou sua face e Glória disse: — Gosto muito do Abel, mas...

— Vai procurá-lo para conversarem mais?

— Para quê? Não podemos forçar a opinião dos outros querendo controlar o que devem sentir a nosso respeito. Devemos ter amor próprio. Vou sofrer, mas sei que vai passar. Quanto mais rápido eu interagir com outras coisas e não der atenção ao assunto, mais rápido saio dessa tristeza. — Um momento e comentou: — Vou ter de ligar

A vida está a sua espera

para ele para que possamos marcar um dia e repartirmos o que já compramos como geladeira, máquina de lavar, micro-ondas... e outras coisinhas. Talvez eu até peça para o meu irmão ir a casa dele e levar.

— Se precisar de alguma coisa, se quiser que eu vá com você, é só falar.

Glória sorriu, mas seu rosto se franziu e ela chorou.

Conversaram por mais algum tempo e Bianca tentou elevar os pensamentos da amiga.

capítulo 6

Recados de Deus

Com o passar dos dias, Glória aparentava-se mais recomposta pelo súbito término do namoro. Embora trouxesse dores no coração, expressava alegria no rosto e amor ao trabalho.

Estava no balcão do posto de enfermagem, no andar onde a amiga trabalhava, quando Bianca chegou.

— Oi! Tudo bem?

— Tudo — Glória respondeu.

Bianca olhou para os lados certificando-se de que não tinha alguém ouvindo e comentou:

— Aquela conversa que tivemos sobre trabalhos espirituais me ajudou.

— É mesmo?!

— Eu soube explicar tudo para a minha irmã Clara, a fim de fazê-la enxergar melhor o que está fazendo.

— E ela? — interessou-se Glória.

— Ouviu. Acho que ficou pensando. Não vou poder controlar a decisão dela, mas... Em todo caso, está ciente.

A vida está a sua espera

— Um instante e disse: — Eu gostaria saber mais sobre esse assunto. Confesso que, às vezes, sinto falta de uma religião.

— Quando quiser — animou-se a amiga.

Bianca olhou o painel e disse:

— Tenho de ir ao 610! O quarto da mãe do doutor Thiago — encolheu os ombros e fez uma expressão engraçada, com um misto de medo e preocupação.

Quando ia saindo em direção do corredor, Glória perguntou:

— Almoçamos juntas?

— Sim. Pode ser. Vai indo que já desço!

— Vou te aguardar.

Algum tempo depois, elas estavam no refeitório. Sentaram uma de frente para a outra e Glória perguntou ao vê-la pensativa:

— Tudo bem?

— É... — respondeu laconicamente. Depois comentou: — O doutor Thiago é muito chato. Fica implicando por nada.

— O que foi desta vez?

— Chamou minha atenção pela altura da inclinação da cama. Sei lá quem subiu os pés da cama! Droga! — falou irritada. — Não tenho de tomar conta disso. Só de chegar perto desse homem tenho arrepios! Ai que droga!

— É a mãe dele. Por isso está preocupado. Acho o doutor Thiago muito educado. Embora seja um homem bem quieto, calado demais. Não sei por que implica com ele.

— Não é implicância. — Riu e considerou: — É... Talvez seja implicância mesmo. Você tem razão. Mas ele me... me irrita. Sei lá. Onde ele está quero sair de perto. Ele deveria ficar só no andar da ortopedia, que é o lugar dele. — Riu novamente e disse: — Estou

115

parecendo a Clara, minha irmã, reclamando de tudo. Estou ficando chata. Irritada à toa. Não sei o que está acontecendo.

— É a preocupação com o casamento.

— Eu te falei que não vou mais morar na casa do meu sogro, né?

— Falou. Já estão olhando e procurando casa?

— Sim. Encontramos uma casa para alugar perto de onde moro. O César não está muito satisfeito. Ele só reclama do preço do aluguel. Que saco!

— Mesmo pagando aluguel, creio que será melhor para vocês do que morar em casa de parente.

— Também acho.

— O que sua mãe diz? — Glória quis saber.

— Ela acha que deveríamos esperar mais um pouco. Guardar dinheiro e comprar uma casa ou apartamento. Em vez de pagar aluguel, pagaríamos a prestação de uma casa própria. Mas até juntar o dinheiro para dar de entrada... Demoraríamos dois ou três anos ou mais. — Um momento e quis saber: — E você, Glória? Como está?

A amiga ofereceu meio sorriso. Havia certo toque de tristeza na profundeza de seu olhar.

— Vou superar. Quanto mais rápido deixar de pensar no que aconteceu, será melhor. Nunca sabemos o que a vida nos reserva, não é mesmo? De repente isso foi para o nosso bem.

— Conversou com o Abel?

— Só por telefone para dividirmos o que compramos juntos. Eu tinha feito uma lista. Li para ele e, numa boa, ele concordou. Depois meu irmão foi lá e levou as coisas dele. Depois disso, não nos falamos mais. Acredito que não temos mais nada para conversar. Dói. Como dói. Porém, não posso obrigar ninguém a ficar comigo.

— Talvez uma conversa o fizesse voltar atrás.

— Voltar atrás? Não vou querer isso. Viverei insegura. Não acha? Querer prender forçadamente alguém em sua vida, é o mesmo que segurar manteiga na mão fechada. Derrete, escorre pelos dedos e faz

A vida está a sua espera

a maior sujeira. Quando isso acontece, você acaba ficando enojada. — Um instante e afirmou: — Não era para ser. Ele estava decidido. Agora eu estou decidida. A vida sempre nos reserva coisas boas quando deixamos tudo fluir.

— Gostaria de ser assim como você. Acho que eu não conseguiria ser tão desapegada. Só se não gostasse.

— Apego não significa amor. O apego faz cativos, enquanto o verdadeiro amor liberta. — Glória queria mudar de assunto, por isso perguntou: — Você não ia passar para o turno da noite?

— Ainda não. Vou ter de esperar mais um pouco. Não gosto de estar em casa à noite. Meu primo e a mulher dele chegam e ficam brigando, fazem aquele barraco. Minha mãe sempre insatisfeita, bebendo muito. Minha irmã só reclamando... Quando trabalho à noite, não vejo nada disso. Durmo o dia inteiro e antes disso tudo começar, saio para trabalhar. — Um momento e confessou: — Sabe quando você se acha diferente de toda a sua família? Parece que não pertenço a minha família. Sou tão diferente de todos. Apesar do que, não posso dizer nada do meu pai. Pouco me lembro dele, pois nos abandonou quando éramos bem pequenas. Acho que também sou diferente dele. Homem que abandona a família é covarde e sem caráter.

— Sabe, Bianca, todos aqueles que nos rodeiam são instrumentos para nós nos trabalharmos e sermos melhores. Seja família, parentes, amigos, colegas de serviço... Precisamos vencer as dificuldades que temos com relação a eles para evoluirmos.

— E qual a necessidade de termos pessoas chatas ou infelizes ao nosso lado? Que bem isso faz para a nossa evolução?

— Não seremos felizes enquanto não despertarmos o bem que há em nós.

— Como assim? — Bianca quis saber.

— As pessoas chatas despertam em nós o nosso pior ou o nosso melhor. O nosso pior é quando sentimos raiva, irritabilidade, inveja, sarcasmo, quando brigamos e xingamos. O nosso melhor é quando olhamos para essa pessoa e sentimos piedade e não nos deixamos ser afetados por elas.

— Não sei como posso fazer para não me deixar afetar por aqueles que me rodeiam.

— Vai ter de aprender, amiga — afirmou Glória olhando-a firme nos olhos. — Enquanto não aprender isso, não terá paz. Falo por experiência própria. Não foi fácil, para mim, deixar de ser afetada pelos outros. Olhe para a minha cor. Negra — sorriu lindamente. — Eu me feria. Ficava melindrada e sofria muito com as piadas, as brincadeiras infelizes e até com os olhares. Eu era muito triste. Queria que me aceitassem. Exigia igualdade e tudo mais. Um dia, conversando com aquela senhora que te falei, a dona Vina, eu chorei porque me sentia magoada por problemas de racismo. Bem direta, ela não me poupou de um choque ao dizer: "Quando nem você se aceita e quer obrigar os outros a te aceitarem, não vai dar certo. Deixe de querer controlar a opinião dos outros e melhore-se para você mesma. Não queira obrigar ninguém a aceitar isso ou aquilo. Libertar-se das opiniões alheias, que são infelizes, isso vai fazer bem ao coração e a alma. Não tente curar a negatividade daqueles que não desejam ser curados. Cada um evolui a seu tempo. Quando queremos obrigar que os outros apreciem algo, é porque nem nós gostamos daquilo." — Glória riu gostoso. Depois contou: — No primeiro instante fiquei magoada com a dona Vina. Essa conversa não saiu da minha cabeça por dias! Semanas! Achei que ela foi muito grossa. Daí, um dia, fiquei me olhando no espelho e reparei. Odiava meu cabelo horroroso que vivia preso. Não gostava do meu rosto cheio de cravos, da minha pele, da minha cor. Eu precisei admitir isso. Chorei — falou séria. — Pedi a Deus que me desse alguma ajuda. Eu estava consciente de que não poderia mudar a cor da minha pele, mas, de repente, comecei a pensar que poderia fazer algo mais por mim. Naquele dia, lembro de ter ido a uma banca de jornal e me deparei com uma revista feminina em que tinha fotos bonitas das dez mulheres mais lindas do mundo. A maioria delas

A vida está a sua espera

eram de Hollywood, claro. As fotos eram de antes da fama e depois da fama. As de antes da fama, mostravam atrizes horrorosas. Nem pareciam as mesmas pessoas. Cabelos desgrenhados, pele com textura de lixa, dentes amarelados, sobrancelhas terríveis! — Riu gostoso e confessou: — Até hoje tenho essa revista guardada. Naquela época, eu não tinha dinheiro para mudar tudo o que queria em mim. Mas comecei a fazer algo para isso. Comecei pelas unhas. Depois foram as sobrancelhas, cabelo e por aí foi. Comecei a trabalhar e recorri aos salões de beleza e abençoados dentistas. O principal aconteceu. Comecei a gostar do que via no espelho. Os resultados iam aparecendo e eu amava. Ao mesmo tempo, comecei a perceber que eu era notada e admirada também. — Fez breve pausa. — Então, toda e qualquer opinião negativa deixou de ser importante para mim. Dificilmente, hoje em dia, enfrento problemas com o preconceito, com o racismo porque eu me aceitei e me amei. Fiz o melhor de mim para mim mesma. Fiz de mim uma pessoa e uma imagem agradável para mim. Eu me acho bonita! Comecei a me tratar com mais amor, carinho e respeito e todos, ou a maioria, começaram a fazer o mesmo. Passei a existir e ocupar o meu lugar no mundo sem ter que fazer com que os outros me engulam por aquilo que não sou. Existir e ocupar o seu espaço no mundo não significa viver de mal com os outros e provocando as pessoas. Significa viver em paz consigo mesmo. Pessoas que se valorizam, embelezam o mundo. Pessoas que se curam, curam o mundo. Pessoas que se maltratam e se odeiam, chateiam todo o mundo. Quem você quer ser? — Longa pausa e comentou: — Sabe, Bianca, para viver bem, você não deve querer controlar a opinião dos outros. Se seus primos brigam, olhe para eles com piedade. Não vai adiantar se envolver. Procure controlar o que é seu. Domine a sua vida. Não deixe sua roupa jogada no tanque de roupa se sabe que a mulher do seu primo não é cuidadosa e vai estragar. Se sabe que sua mãe bebe, entenda que todo aquele que se refugia na bebida para ser feliz por alguns instantes, é por estar infeliz, triste e sem forças pelo resto do tempo. Oriente-a, mas não espere que ela obedeça. Não se sinta irritada por ver sua mãe alcoolizada. Viva em paz consigo mesma por ter feito a sua parte. Não dê chance de estragarem a sua roupa. Faça o que precisa ser feito por você sem esperar a ajuda de ninguém. Sinta piedade daqueles que, provavelmente sem querer, prejudicam você de alguma forma. Piedade é entender que o outro não é evoluído, ainda erra, mas você não precisa se juntar a ele ou sentir-se irritada.

— Não sei se consigo.

— Isso é um treino, amiga — sorriu e indagou: — Você sabe ler e escrever?

— Claro! — riu, pois estranhou a pergunta.

— Lembre-se de que só é possível ler e escrever hoje porque treinou, insistiu, persistiu. Na vida, tudo é um treino. Aprendemos por repetição. Perdão, piedade, abnegação também exigem treinos. Se você não começar a se treinar, a viver sua vida, a cuidar de você sem se melindrar com o que os outros fazem ou dizem, estará fadada a sofrer e viver inúmeras experiências semelhantes até aprender.

— Pra você é fácil falar. Vive bem em sua casa.

— Não julgue a vida de uma pessoa pelo que ela traz na aparência. Pode se decepcionar. Meu irmão é um fanático religioso, mais aprimorado do que meu pai. Tem dia que vive pregando sermões bíblicos na porta do meu quarto ou no da minha irmã tentando nos converter. Minha irmã ainda vive digladiando com ele, mas sem qualquer resultado positivo. Ela também fica querendo controlar a opinião dos outros. Minha mãe está estressada e não aceita o que meu pai e meu irmão pregam.

— E você?

— Eu? — riu. — Tenho piedade, já que não posso fazer nada para ajudá-los nessa questão. Antes me irritava, mas isso também não adiantou. Não sei qual a bagagem que meu pai e meu irmão carregam para viverem com tanto medo. Pois esconder-se atrás de

A vida está a sua espera

uma religião de forma tão fanática, mostra um medo inconsciente. Talvez fizeram alguma coisa no passado ou viveram de modo triste na espiritualidade, perseguidos, talvez. Hoje morrem de medo de demônios e de verdades libertadoras. Respeito o que pensam e sigo minha vida. Preocupo-me com minha evolução moral e espiritual.

— De que jeito?

— Cumprindo os meus deveres comigo e com minha família, colaborando em casa no que for preciso, não me negando ao trabalho com eles... Quando não realizamos as coisas com raiva antes, durante e depois, fazemos o melhor por nós, sabia? Procuro não me envolver em muitas situações, não me irritar e entender a fase evolutiva de cada um. Teve um dia que meu irmão ficou orando, aos berros, na porta do meu quarto. Aquilo me irritou. Nem imagina. Levantei. Pensei em brigar, mas resolvi agir diferente. Então abri a porta e deixei que entrasse. Sentei-me na cama e fiquei ouvindo. Ele falou tanto! Até cansar. E com a Bíblia na mão! Depois perguntou se eu tinha entendido. Eu disse que sim. Falei que aquilo tudo era formidável, mas não para mim. Ele saiu e foi embora. Entendo que meu irmão deva passar por algum transtorno muito grande. Algo o deixou profundamente ferido ou assustado para que se tornasse evangélico tão fanático. A repreensão que oferece para os outros é para ele mesmo. A crença em que "se não fizer certo, estará dominado pelo demônio", mostra que ele já conheceu o inferno.

— Como assim?

— O inferno é aquela situação terrível a qual nos julgamos sem saída, no fundo do poço. A religiosidade, a crença e a fé em Deus é o que nos ajuda a ter força, a nos livrarmos daquela situação e a aprendermos com ela. Quando não aprendemos com determinada situação que nos faz sofrer, de forma diferente, essa situação se repete. Não é Deus que nos coloca em experiências difíceis. Somos nós que nos atraímos, de alguma forma, para elas porque precisamos aprender e quando aprendemos, evoluímos. Somos nós que nos tiramos, com fé em Deus, do que queremos sair.

— Você é tão segura de si, Glória! — sorriu Bianca.

— Eu? Imagine! Aquele que diz ser seguro de si, cuidado. Tem muito a aprender.

Ambas conversaram mais até terminarem o almoço.

Mais tarde, Bianca se encontrava no quarto 610, onde colhia material para exames e medicava a paciente.

A mulher parecia inerte. Poucas vezes abria os olhos, mas era como se não visse ninguém ou pouco se importava com o que acontecia a sua volta.

— Dona Cora, boa tarde! — disse Bianca em tom alegre. — Minha visita será um pouquinho chata agora. Vamos precisar colher material, esse exame é chatinho de ser feito. É o exame de gasometria. Vou tirar um pouquinho de sangue aqui perto do seu pulso — desinfetava o local enquanto falava. — Quanto mais quietinha a senhora ficar e não se mexer, mais rápido vai ser. Tá bom, dona Cora? — A mulher demonstrou ouvi-la. Remexeu-se e abriu os olhos. Depois os fechou. — Com esse exame nós vamos saber qual o nível de oxigênio e gás carbônico no sangue de uma artéria. É para verificar se os pulmões estão capacitados de mover o oxigênio dos alvéolos pulmonares para o sangue e remover o dióxido de carbono do sangue de forma adequada. Ele vai mostrar o grau de impacto da doença pulmonar que a senhora apresenta. No seu caso, a pneumonia. — Enquanto colhia o sangue, comentava: — Demora um pouquinho para achar a artéria... Pronto. Achei — falava quase sussurrando e bem devagar. — Agora é rapidinho... Boa menina. — Durante a coleta de sangue percebeu que a paciente franzia parte do rosto, exibindo dor e disse para tranquilizá-la: — Já estou terminando... Acabou! Desculpe viu, meu amor. Mas isso foi preciso. E parabéns. A senhora comportou--se muito bem. É guerreira! Sabe, dona Cora, isso ajuda muito o nosso trabalho e também diminui o tempo de dor. Desculpe-me por judiar da senhora, tá? — Estava certa de que não teria resposta, mas também sabia que a mulher podia ouvir. Bianca colheu o sangue para o exame. Aplicou no soro a medicação necessária. Conferiu e anotou o que precisava no prontuário e olhou novamente os monitores. Em determinado momento, percebeu a paciente inquieta, remexendo-se e gemendo um pouco. — O que foi, dona Cora? Tem alguma coisa incomodando? — Observou bem e tentou ver se havia algo errado. — Será que é o travesseiro? A altura?... — Mexeu na mulher e tirou as rugas do lençol que podiam incomodar. Ajeitou o travesseiro e levantou um pouco o leito. — Está bom agora? — Não houve resposta, porém a feição era de alívio. — O que acha de ligar um pouquinho a TV? Agora à tarde tem programa de culinária nesse canal — falou ajustando o controle da TV. — Eles falam de comida e também de novidades. Vou deixar aqui e a senhora ouve e dá uma olhadinha. Assim se distrai, certo? — sorriu. — Daqui a pouco, antes de ir embora, venho ver como a senhora está. — Tocou no braço da paciente e percebeu-o frio. — Está com frio, dona Cora? — A senhora tentou se expressar, entretanto não conseguiu. — Se a senhora está com frio, mexa-se um pouquinho de novo. Se tiver bom assim, fique quietinha. — A paciente se remexeu. Bianca foi até o armário, pegou um cobertor e a cobriu. Preocupou-se em envolver bem os pés, porque pessoas idosas sentem bastante frio nas pernas. Terminando, perguntou: — Está bem assim? — A senhora ficou quietinha. Sua expressão era suave. A enfermeira tocou sua testa e lhe fez um afago no rosto. Depois sorriu e se despediu: — Tchau, dona Cora! Até mais.

Um barulho alertou Bianca. Virou-se, mas não viu que Thiago acabava de deixar o quarto. Ele assistiu toda a sua atenção e cuidados para com sua mãe, sem ser notado.

Ela pegou a cestinha em que havia o material do exame e foi para o corredorzinho onde ficava a porta que ouviu ranger. Saiu para o corredor principal, porém não avistou ninguém.

Antes de largar o turno de serviço, cumpriu o prometido e passou no quarto para visitar a senhora e conversou um pouquinho.

~

Bianca tinha um bom coração. Aquela não era a única paciente que tratava bem e de forma tão carinhosa.

Nos últimos tempos, deu importância demasiada a assuntos irrelevantes, mas isso não diminuía o amor que tinha no coração nem a paixão pela profissão.

~

Sempre devemos ficar atentos aos recadinhos de Deus que nos chegam das mais diferentes formas.

Quantas vezes nós nos deparamos com experiências alheias que nos querem dizer algo, com pessoas que nos apontam ou nos ensinam sobre determinadas situações ou recebemos certas inspirações suaves ou precisas e não damos atenção?

E foi isso o que tinha acontecido, até então, com Bianca.

Glória, leal amiga, ofereceu-lhe grandiosas lições e reflexões. Apontou-lhe como ligar-se a Deus, buscar paz e procurar equilíbrio diante de qualquer circunstância.

Agora a vida iria pedir que Bianca colocasse em prática tudo aquilo que aprendeu. Pois é assim que acontece para evoluirmos. Nunca somos cobrados por aquilo que não devemos ou não sabemos.

~

A vida está a sua espera

Algum tempo se passou...

Clara estava feliz, porque Olavo, o ex-namorado, havia voltado para ela e reataram o namoro. Por outro lado, a cada dia, Bianca ficava mais estressada por causa do casamento e tudo o que precisava fazer, e reclamava:

— Não conseguimos aquela casa. Quando estávamos para fechar o negócio, o proprietário deu pra trás. Ai, que droga!

— Devia ter ido morar na casa da sua sogra mesmo — opinou sua irmã Clara.

— Não! Não ia dar certo. Além do que, a mãe do César está querendo vender aquilo tudo.

— Sério?!

— Seriíssimo! Ainda bem que desistimos de morar lá. Descobri, há poucos dias, que aquela casa é herança do pai do César. Eles vão ter de vender e dividir entre os outros irmãos. O senhor José, meu sogro, disse que quer ir para o interior. Que está aposentado e quer uma vida mais calma. Isso quer dizer que, se eu e o César tivéssemos reformado tudo do jeito que queríamos, teríamos o maior prejuízo agora. — Um momento e comparou: — É igual aqui. Se a tia Sueli decidir que quer a parte dela na herança, vamos ter de arrumar outro lugar para morar.

— Sua tia não vai fazer isso — acreditou Marlene, falando com a voz mole. As filhas ficaram atentas e ela comentou: — Com o Júnior morando aqui, a Sueli não vai fazer nada. É o filho dela! Incompetente... Vive mais sem emprego do que trabalhando. Como é que esse moço vai viver se sair daqui? Ela é quem sustenta o Júnior com cesta básica...

— Só sei que está difícil arrumar uma casa de aluguel que dê para pagar com facilidade e guardar dinheiro — comentou Bianca.

Clara se aproximou da irmã. Sentou-se ao seu lado e propôs:

125

— Por que não vai lá onde eu fui? — Ofereceu um olhar enigmático, levantou as sobrancelhas e sorriu ao dizer: — O Olavo voltou para mim tão depressa quanto foi embora.

— Eu já te disse o que a Glória me falou sobre esse tipo de coisa. Não quero me envolver com isso.

— Boba! É só pra você conseguir arrumar uma casa logo. É só isso o que falta para vocês dois, não é?

— É... Mas... — titubeou. Deixava-se levar por influências espirituais que a acompanhavam nos últimos tempos.

— O que tem de mau?

Bianca não teve convicção e nada disse.

~

Mais algumas semanas e não conseguiu encontrar uma casa para alugar no valor compatível ao que desejava.

— Minha irmã, a Clara, ainda está indo àquele lugar — contou para a amiga.

— Sei — Glória respondeu tão somente.

— Ela disse que a mulher, a tal vidente, falou que meus caminhos estão trancados. Por isso minha vida está amarrada desse jeito. Você acredita nisso?

— Veja bem, Bianca... Somos nós quem trancamos nossos caminhos quando não queremos enxergar o óbvio. Existem, sim, espíritos que nos ajudam ou nos atrapalham. Mas somos nós que facilitamos a permanência de um ou de outro ao nosso lado, pelo que pensamos e fazemos. Lembra-se de quando eu contei minha história sobre ter descoberto que quem não gostava de mim era eu?

— Lembro.

— Imagina quem estava do meu lado quando eu amaldiçoava as pessoas que não gostavam de mim? — Não esperou que a amiga respondesse. — Certamente eram espíritos zombeteiros e infelizes como eu. Meus caminhos eram fechados. Não arrumava empregos bons nem namorados decentes. Quando me deparei com a verdade, fiquei chateada. No primeiro momento, por ter me aberto os olhos, decidi mudar e tudo mais. Melhorei minha aparência. Cuidei de me preparar para ter uma boa profissão. Dei muito duro para estudar. Nossa! Como dei! Arrumei empregos melhores. Não amaldiçoei mais ninguém e pouco a pouco não me importava mais com alguém que quisesse me magoar. Não ligava. Pensava em Deus. Tudo, exatamente tudo, melhorou. Acabaram-se os melindres da minha parte... Ô coisa difícil é deixar de ser melindrosa! — riu gostoso. — Quando as pessoas me olham e eu acho que é diferente, não ligo. Sei que, quando me conhecerem melhor, vão me valorizar. Vão mudar de ideia. Procuro ser educada, colocar-me no meu devido lugar... Meus caminhos se abriram, amiga! Tudo estava trancado por minha causa. O que havia de errado na minha vida era a forma de eu vê-la. Não podemos controlar tudo, mas nada nos impede de procurar algo melhor.

— Parece que tudo começou a dar errado, Glória. Não encontramos casa. Quis mudar de ideia e voltar a reformar a casa do meu sogro e descobri que a casa não é totalmente dele. Vão vender e repartir a herança com os irmãos.

Glória ficou pensativa.

Na espiritualidade, Brício, mentor de Bianca, inspirou:

— Quando portas se fecham não tente abri-las. Olhe à procura de novas saídas. Elas existem. Mas quando não as vemos, ore e aguarde.

— Não é melhor aguardar, Bianca? — indagou a amiga.

— Ai, credo! Você está igual a minha mãe. — Um momento e comentou: — O César não me ajuda em nada. Quando estávamos preparando tudo para morarmos na casa dos pais dele, até estava animado, mas agora...

— Isso mostra a imaturidade do seu noivo e a falta de vontade de estar em um casamento. A única pessoa interessada nesse casamento é você — tornou o espírito Brício que não podia ser ouvido.

127

Entristecida, Bianca murmurou:

— Parece que só eu estou interessada nesse casamento.

Glória pensou em dizer algo para fazê-la refletir. Gostaria de escolher bem as palavras para não magoá-la, mas não encontrou. Então perguntou:

— Por que não conversa exatamente isso com o César?

— Já falei. Mas é o mesmo que falar com uma porta. Ele continua o mesmo. Lá em casa ou na casa dele só sabe ligar a televisão e jogar videogame. Parece que não cresce.

— Se seu noivo é assim agora, quando se casarem, não será diferente — disse o espírito Brício novamente. — Será você a assumir todas as responsabilidades. O que ele faz hoje é só uma amostra grátis do que fará após se casarem. Melhor analisar e repensar. Não crie expectativas sobre uma pessoa que oferece todas as amostragens de quem ela é. Quando precisamos reparar situações, não é necessário buscar complicações — falou de forma enigmática.

— Ai! Credo! Chega de falar de coisa ruim! — exclamou Bianca, sorrindo em seguida. Virou-se para a amiga e quis saber: — E você? Como andam as coisas.

Glória deu um belo sorriso. Com jeito engraçado, olhou de um lado, depois de outro para ter a certeza de não haver ninguém por perto e contou:

— Sabe o doutor Mathias?

— Sei! — afirmou com modo maroto, já havia desconfiado.

— Ele me chamou para sair — sussurrou Glória.

— E você? — indagou curiosa.

— Eu quis saber aonde íamos, né? — gargalhou gostoso. Depois se recatou ao se lembrar de que estavam no hospital. — Ele me convidou para ir jantar — cochichou de um jeito engraçado.

— E você?

— Fiquei insegura.

— Por quê? — tornou Bianca. — Você está descomprometida.

A vida está a sua espera

— Não sei muito sobre o doutor Mathias. Aliás, ninguém sabe. E se o homem for casado? Ele não é tão novinho assim — riu.

— Naquele dia, ele estava no clube sozinho. Lembra? Aqui nunca vimos com alguém e é muito respeitoso. Nunca ouvi comentário sobre ele ter dado em cima de alguém e...

— Eu aceitei. Mas estou tão insegura — disse Glória.

— Ele parece um cara legal. Quando vão sair?

— Na sexta-feira. — Glória sorriu de um jeito meigo e comentou: — Faz algumas semanas que o percebo amável, puxando conversa. Disse que queria conversar comigo porque estava precisando emagrecer — riu com gosto. — Daí, outro dia, ele me elogiou. Disse que eu estava bonita. Foi muito elegante. Nada de baixaria, daquele tipo de homem horroroso que te olha daquele jeito, sabe?

— Sei! Lógico que sei. Também detesto homem assim sem classe. — Ela pensou um pouco e reparou: — Será que ele precisa de regime?

— Eu até que gosto de ele ser barrigudinho — Glória disse e gargalhou, tampando a boca com a própria mão, pois riu alto demais.

— Enfermeira Bianca? — chamou a voz que se aproximava.

A moça se virou e viu que se tratava do doutor Thiago.

— Sim, doutor.

— Poderia vir comigo, por favor?

Bianca olhou para Glória, arregalou os olhos e envergou a boca para baixo, sem que o médico visse. Logo se virou e o acompanhou.

Ele foi para o quarto em que sua mãe estava e deu algumas orientações. Nada que pudesse se preocupar.

≈

Naquela noite, ao chegar a sua casa, Bianca se deparou com sua irmã Clara separando algumas coisas.

— Oi! Oi! — cumprimentou.

Schellida ❦ Eliana Machado Coelho

— Oi! — respondeu Clara.

— O que é isso?

— Hoje vou lá falar com a dona Cândida, a vidente.

— Isso é pinga? — perguntou Bianca, olhando a garrafa entre outras coisas.

— É. E daí? — Um instante e convidou: — Vamos lá comigo?

— Estou tão cansada...

— Vamos, vai? É rapidinho.

Bianca aceitou o convite e acompanhou a irmã.

Chegando lá, Clara insistiu que passasse por uma consulta e ela aceitou.

A vidente, sugestionada por espíritos sem evolução, falou à Bianca coisas irreais, que a envolveram em dúvidas e medo.

O livre-arbítrio, que é o poder de decidir o que fazer, vigorou. Por essa razão, seu mentor Brício se afastou de sua protegida, cedendo o lugar para os espíritos a que Bianca decidiu se aliar.

Permitindo-se impressionar com tudo o que lhe foi dito, a moça voltou para casa e não deixou de falar no assunto.

— Nossa! A dona Cândida adivinhou, mesmo, tudo o que está acontecendo comigo. Só não consigo imaginar quem será a colega de trabalho que tem tanta inveja de mim assim.

— Acho que é a Glória — opinou Clara.

— Pare com essas besteiras, meninas! — alertou a mãe. — Se eu for lá, ela também vai dizer que tem alguém que morre de inveja de mim. Não sejam influenciáveis. Isso é besteira! Ela só quer dinheiro.

— Ai, mãe! Eu fiquei impressionada com o que ouvi. A senhora tinha de ver. — tornou Bianca.

— E o que ela disse? Que tem gente com inveja de você? Que poderia estar melhor no serviço só que tem alguém que te atrapalha? Que seu noivado não está bom porque tem coisa feita? Então vai te pedir dinheiro e mais um monte de coisa. Quando, na verdade, vocês duas precisavam era se ajudarem. Sentarem e verem onde está

130

A vida está a sua espera

o erro na vida de vocês. Nem sempre a culpa pelos nossos fracassos é dos outros. Quando descobrimos onde nós estamos errando, nossa vida prospera. A Clara vive reclamando que tem problema no trabalho, mas não reconhece onde está errada. Ela precisa parar de falar demais. Parar com as conversinhas e as fofocas. Saber se comunicar para tarefas em grupo. A aparência, roupas, cabelo e o comportamento são tão importantes quanto um bom currículo. Deveria aprender isso com a sua irmã. A Bianca, pelo menos, sabe se comportar.

— Ai, mãe! Não começa. Eu trabalho de uniforme.

— Mas não cuida da cara, do rosto — tornou Marlene. — Não passa nem um batonzinho. Sai de casa com cara de sono. Isso influencia, não só aos outros, mas também a você mesma. Mostra que não se leva a sério, não se dá valor nem importância. Quem não se dá importância, não se importa com os outros. Você precisa é saber se comportar. Reclama das colegas de trabalho porque é igual a elas. Precisamos entender que trabalho não é extensão da nossa casa e colegas não são nossos parentes. Problemas pessoais ficam em casa, os do serviço que se resolvam lá.

— Mas aquelas meninas, lá no hospital, são chatas demais. Toda hora ficam falando de mim, jogando indiretas... — reclamou Clara.

— Olha, minha filha, aprenda a conviver, a se conhecer e a saber o impacto que você causa nos outros, pois nós só recebemos o que doamos. Se elas te tratam assim, se são desrespeitosas, foi você quem permitiu e deu ousadia para isso acontecer — tornou a mãe. — Se não sabe se comportar, procure cursos que ensinem a ter postura e imagem profissional, que ensinem a se relacionar bem e ter atitude adequada no ambiente de trabalho. Mau humor contagia. Tom de voz revela quem somos. Colega de trabalho não é seu irmão. Trate a você mesma com seriedade. Não conte sua vida. Não converse sobre seus particulares no emprego. Ninguém tem nada a ver com sua vida. A partir do momento que você se revela, fica falando de si,

131

fazendo brincadeirinhas, estará dando liberdade para te tratarem sem respeito, sem seriedade.

— Nesse ponto, a mãe tem razão, Clara — concordou Bianca. — Nosso comportamento é fundamental para que sejamos tratadas com respeito e seriedade.

Clara foi à direção do corredor e disse:

— O problema da mãe é a bebida — foi para o quarto. Não quis aproveitar, ouvir, refletir e aprender.

— Menina malcriada! — Marlene reclamou, mas a filha não ouviu. — E você? Bem que poderia ensinar mais sua irmã.

— Não posso me intrometer na vida da Clara. Não estou dando conta nem da minha! — ressaltou Bianca.

— Vocês são irmãs. Poderiam se ajudar mais. Se unirem mais. Estão perdendo tempo.

— Olha, mãe, não vou me meter na vida de ninguém.

— Você vai levar o que a mulher pediu?

— Como sabe que ela me pediu alguma coisa?

— Sou macaca velha, Bianca! Não pulo em galho seco. Sei que quebra. São poucos que nos ajudam e não querem nada em troca. Você deveria ir à igreja rezar. Botar juízo nessa cabeça. Ver que o César não está muito interessado nesse casamento. Está acomodado e vai continuar assim. Você é quem vai carregar a casa nas costas. Desde já, ele está deixando tudo para você fazer. Tudo que você faz, ele reclama. — Ao vê-la pensativa, orientou: — Quando o vento não estiver a favor, mude de direção. A casa lá no seu sogro não deu certo. A casa que queria alugar aqui perto também não. Você não encontra nada dentro do valor que tem disponível. Olha bem o que eu disse: você não encontra! Você! É você quem está fazendo tudo, porque ele não está nem aí!

Espíritos que acompanhavam Bianca e a influenciavam desde que saiu do lugar onde havia ido com sua irmã, procuravam desvir-

A vida está a sua espera

tuar seus pensamentos e fazer com que não desse atenção às palavras de sua mãe.

— E olha! — ainda disse Marlene. — Essa sua colega, a Glória, tem muito juízo. Já ouvi o que você contou sobre ela. Vi falando com sua irmã. Não acredito que ela tenha inveja. É mais fácil sua irmã ter inveja dela. A Glória é confiante e esperta. Não vai estragar sua amizade.

— Ela bebeu! Está de fogo! Você não vai dar ouvido a uma embriagada, não é? Se ela soubesse tanto, não estaria nessa vida — dizia-lhe um dos espíritos que a acompanhavam.

— Foram as experiências dolorosas que fizeram Marlene ter essa visão da vida. Lições duras. Pena ela não colocar em prática tudo o que sabe — disse Jair, mentor de Marlene.

A indecisão tomava conta de Bianca. Não sabia a quem ouvir.

capítulo 7

O tão sonhado casamento

Algumas semanas se passaram...
Bianca não comentou com Glória sobre o fato de ter ido fazer consulta com a tal vidente que Clara indicou. Ficou com vergonha de contar.

— Então você encontrou? — perguntou Glória.

— Demorou, mas encontrei. Rodei tanto! Fui a tantas imobiliárias.

— A vontade não constrói. O empenho é que realiza. Se ficarmos só com vontade disso ou daquilo, não realizamos nada. Precisamos nos empenhar nos objetivos — disse Glória.

— É verdade. — Nesse instante lembrou-se da vidente que disse que seus caminhos foram abertos pelos espíritos que a ajudaram. Mas não disse nada. Gostaria de mudar de assunto. — Quase não tivemos tempo de conversar nos últimos dias... E você, como está?

— Jantamos! — sussurrou exclamando.

— E aí?

A vida está a sua espera

— Foi bem legal. Conversamos bastante. Falou sobre ele e fez várias perguntas sobre mim. Depois me deixou em casa. Pediu meu telefone. No sábado, antes do almoço, me ligou — riu com jeito engraçado. Olhou para os lados e contou: — Fomos ao cinema.

— Ai! Que legal! Parece que está interessado!

— No domingo, logo cedo, ligou de novo e me convidou para ir ao clube.

— Você foi? — Bianca quis saber e ficou na expectativa.

— Fui. Nós nos encontramos lá. Ai, menina!... O tempo não estava muito bom. Nem fomos para as piscinas. Ficamos andando no bosque do clube. Depois fomos almoçar no restaurante de lá. Aí eu disse que pagava a minha parte. Achei que estaria abusando, né? Ele tinha pago o jantar e o cinema, pois foi ele quem convidou.

— E aí?

— Ele concordou. Depois... — Glória riu.

— O que foi? O que aconteceu?

— Ele disse que estava interessado em mim. Que me achava bonita, atraente...

— E aí?

— Aí que eu disse que precisaria pensar.

— Pensar?! Glória!

Mais séria, a amiga contou:

— Ele é divorciado há cinco anos. A ex é médica. Eles têm duas filhas. Uma de quinze a outra de dezoito anos.

— Uau!

— Éééé... Então eu disse que não gostaria de me machucar. Não gostaria de causar problemas para a vida dele com as filhas. Ele disse que está completamente livre. As meninas moram com a mãe e passam sempre na casa dele. Dormem lá com frequência e que dá toda assistência para elas. A ex já está casada com outro cara. Não paga pensão a ela. Disse que se tratam com respeito quando se encontram, casualmente.

135

Schellida • Eliana Machado Coelho

— Por que se divorciaram?

— Ela o traiu.

— Uau!

— Éééé... Ele me contou que entrou em depressão. Brigou, xingou e até deu uns socos no sujeito e uns tapas na mulher. Respondeu até inquérito policial por isso. Mas acabou em nada, pois houve agressão devido à violenta emoção. Bateu em ambos, mas mais no cara. Nela, deu dois tapas quando ela foi segurá-lo para não bater no amante. Tudo aconteceu na casa deles.

— Que horror!

— Éééé... — pendeu com a cabeça positivamente. — Que horror mesmo! Ele me contou que ficou louco por ter sido traído. Eu não disse nada, mas certamente vivenciou o que fez, em outra vida, alguém experimentar. Quando a pessoa não aceita, de jeito nenhum, determinada situação imposta, fica inconformada e não perdoa, talvez seja por ter feito o mesmo com alguém. Precisou sofrer, no mesmo grau, que fez sofrer. Em caso da traição, não significa que a pessoa precisa viver junto com o traidor. Porém é importante deixar a cabeça no lugar para não fazer besteiras e perdoar. O Mathias disse que foi algo tão cruel que viajou sem planos. Abandonou tudo. Vendeu a casa, o apartamento na praia, o carro... Passou a viver com o que tinha. Depois, de tanto a mãe dele falar, ele decidiu voltar. Disse que, no começo, foi difícil por causa do nome envolvido em inquérito policial por agressão. Mas o doutor Thiago, muito amigo, deu a maior força. Deixou-o entrar na sociedade que tinha em uma clínica ortopédica e de fisioterapia. Foi o que o ajudou no começo.

— O doutor Thiago não tem cara de dar força para ninguém.

— Acho que você está enganada, Bianca. — Breve pausa e contou: — Então, aos poucos, o Mathias foi se refazendo. As filhas ficaram do lado dele, mas decidiram continuar com a mãe. Até porque, no começo, ele foi morar com a mãe dele e não tinha espaço para as

136

A vida está a sua espera

meninas. Depois foi viajar e a vida virou uma bagunça. Contou que já namorou, mas não deu certo. Hoje está solteiro e desimpedido.

— E você? O que falou?

Glória sorriu e disse:

— Primeiro pedi um tempo. Pensei por um dia só. No encontro seguinte, resolvi tentar — riu gostoso. — Estamos namorando. Porque eu disse logo: não sou mulher de ficar. Não gosto dessa história de ter envolvimento sem compromisso.

— E ele?

— Disse que também é assim. E... Estamos namorando. Só que ninguém daqui sabe.

— Lógico. Nem devem saber.

— Talvez ele não fique aqui por muito tempo. Está se empenhando em se juntar a um grupo de colegas para um negócio no exterior. Não sei direito. — Um instante e confessou: — Estou com um frio na barriga.

— Por quê?

— Sábado agora ele vai me apresentar para as filhas.

— Uau!!!

— Éééé... Uau!!! Estou com as pernas bambas.

— Vai dar tudo certo. É ele quem tem de gostar de você.

— Eu sei. Mas quero causar boa impressão.

— Entendo. Você causa boa impressão sempre. É bonita, comunicativa, sabe se comportar, não tem de temer nada. Lá em casa, outro dia, minha mãe estava falando sobre você. Ela te elogiou e disse que tinha juízo.

Glória sorriu. Gostou das palavras de incentivo.

— E sua mãe, como está?

— Anda reclamando de dores de estômago. Mas onde aponta, acho que é fígado.

— Precisa ver isso, hein! — falou mais séria.

Schellida ◆ Eliana Machado Coelho

— Eu sei. Já disse. Minha mãe marcou uma consulta no médico gastroenterologista. Vamos ter de esperar. Essas consultas demoram tanto... Eu disse a ela que é porque vive bebendo. Agora, nos últimos dias, parece que deu uma maneirada. Porém... Se o estrago já estiver feito...

— Não. Não aconteceu nada. Pense diferente. Mesmo assim é bom cuidar direitinho.

Foi combinado um jantar no apartamento de Mathias que parecia muito feliz com a reunião. Glória foi apresentada às duas filhas dele.

Cristina, a mais nova, com quinze anos, recebeu-a com generosidade e afeiçoou-se rapidamente a ela. Já Isabel, uma bela jovem de dezoito anos, pareceu repeli-la de alguma forma.

Cristina tinha um coração bondoso. Os que sabem perdoar, vivem melhor. Bem falante, contou sobre sua vida escolar e os desafios que enfrentava no colégio.

— Odeio a matéria de Física. Não entendo nada, por mais que me expliquem.

— Acho que é o método usado. Lembro que também não gostava de Física, até que um dia, o professor me chamou e perguntou o que eu não havia entendido. Eu disse: nada! — riram. — Verdade! Não tinha entendido nada. Daí ele começou a me explicar tudo, desde o início. Não virei Albert Einstein, o famoso físico alemão. Bem que eu queria — riu. — O mais perto que cheguei dele foi concordar totalmente com o que ele acreditava, isto é, "só a evolução moral impediria uma catástrofe em nível planetário." — riram. — Aprendi Física o suficiente para tirar boas notas. Gostava mesmo era de Ciências e tudo na área de saúde.

A vida está a sua espera

— Por que, então, não fez Medicina? — perguntou Isabel de modo seco, encarando-a com olhar desafiador e querendo diminuí-la.

— Era o meu sonho, Isabel. Eu gostaria de ter feito Medicina ou Biomedicina. Na Medicina, cuidaria diretamente de pessoas ou, na Biomedicina, ficaria analisando exames clínicos. Mas não tive condições de pagar esses cursos universitários. Não consegui bolsas nem financiamento. Eu precisava trabalhar para pagar meus estudos. Então resolvi fazer Nutrição. De certa forma cuido da saúde das pessoas. Adoro o ambiente hospitalar. Resumindo: faço o que gosto também.

— Minha mãe é médica — tornou Isabel de modo arrogante. — Ela é geriatra. Cuida de idosos.

— Parabéns para sua mãe. Escolheu uma área que precisa de muito amor. Ela deve ser bem amorosa, não é?

— Até que não — respondeu Cristina rapidamente. — Nosso pai é mais carinhoso.

— Não seja idiota, Cristina! A mãe é carinhosa sim! — falou Isabel enérgica.

Mathias, percebendo que o clima ficava hostil, decidiu chamar a atenção para outra coisa:

— Fico feliz por saber que sou carinhoso. Vocês duas não podem reclamar. Até jantar eu faço para vocês.

— Parabéns, Mathias! — cumprimentou Glória. — Suas filhas são muito bonitas. Parecem com você.

Antes que o homem dissesse algo, Isabel atacou:

— Nossa mãe também é loira. Puxamos a ela.

Glória sentiu um nó na garganta, mas entendia que a garota estava com ciúme do pai e não deveria se deixar abater por isso. A menina desejava estragar a noite de alguma forma, mas ela não deixaria. Por isso, com muita classe, disse:

— Então me desculpe. Agora sei que vocês são lindas porque tiveram uma ótima genética.

139

— Obrigada, Glória. Você é muito educada — agradeceu Cristina. — E muito bonita também! — ressaltou.

— E você é um encanto, Cristina! — fez-lhe um afago no ombro, pois estava sentada ao seu lado.

— Sua família é grande, Glória? — interessou-se Isabel.

Apesar de ter estranhado a pergunta, respondeu:

— Meus pais, dona Bartira e senhor Jurandir. Tenho um irmão mais velho do que eu, o Nélson. Tenho uma irmã mais nova, a Zuleica que tem uma filha, minha linda sobrinha Tainá.

— Sua irmã é mãe solteira? — tornou a jovem.

Nesse momento Glória achou que a garota estava indo longe demais. Mais séria, porém sensata, mostrando que não estava satisfeita com a arrogância e a intenção de humilhação, respondeu firme, sem sorriso, após secar os lábios com o guardanapo:

— Eu e meus irmãos somos solteiros. Ser mãe independe do estado civil. Mãe é aquela que dá a vida ou oferece o coração, dispensa generosidade e cuidados maternais independente da ligação sanguínea ou do estado civil. Em minha opinião, aquelas que acolhem animais e até plantas também são, digamos, mães dessas criaturas, filhas de Deus. Mãe é quem cria, cuida, educa, trata, orienta, acolhe... Geralmente, a educação e o respeito que apresentamos advêm de nossas mães.

Mathias percebeu que a filha foi arrogante e provocativa demais. Também fechou o sorriso. Pensou por alguns instantes. Não sabia se advertia Isabel. Isso poderia deixá-la com vergonha e também com raiva de Glória. Se não dissesse nada, sua namorada poderia se sentir humilhada e sem seu apoio.

Respirou fundo, pensou um pouco e disse:

— A Glória tem toda a razão. Mãe é quem cria, cuida, educa e protege. É aquela que pensa mais no filho do que em si. Acredito que esse assunto seja bem abrangente. — Olhando para ela ao seu lado, falou com jeitinho: — Isabel, você não foi feliz em sua pergunta, pois costuma ser muito educada, não é filha?

A moça olhou com os olhos espremidos e cara sisuda. Nada disse.

Bem esperta, Cristina perguntou para dissolver o clima tenso:

— Quantos anos tem sua sobrinha?

— Sete anos. Ela é muito inteligente. Está adiantada na escola.

— Ela já fala sobre o que quer ser quando crescer? — indagou e riu. Antes que Glória respondesse, justificou: — É que eu odeio essa pergunta.

— Ela já disse que quer ser bailarina, modelo e outras coisas que encantam os olhos. Sabemos que é sempre assim. Nós a deixamos falar, mas, aos poucos, estamos fazendo com que coloque os pés no chão.

— Como assim? — tornou Cristina.

— Não podemos matar o sonho de ninguém. Isso não é justo. Porém devemos fazer com que a pessoa tenha sempre o plano "B", caso seu sonho, que é o plano "A", não dê certo ou, com o tempo, ela mude de ideia. Hoje em dia, vemos muitas atrizes belas e famosas, assim como maravilhosas bailarinas. Centenas de garotas, talvez milhares, quiseram chegar até ali, mas nem todas conseguiram. Muitas se perderam e ficaram pelo caminho por inúmeros motivos. As que cultivaram um plano "B", certamente, deram-se melhor quando o plano "A" falhou. Quem não tinha nenhum plano além do sonho, muito provavelmente, não se deu bem. Por isso é importante termos os pés no chão e lembrarmos de que nem tudo sai como queremos.

— E o que vocês dizem para a Tainá? — tornou Cristina.

— Exatamente isso. Eu costumo dizer para ela fazer uma faculdade para se garantir, junto com o que quiser realizar.

— Com o tempo a gente muda de ideia, não é pai? Você disse que queria ser veterinário.

— Verdade, Cris — confirmou Mathias. — Eu disse que seria veterinário. Na última hora, mudei de opção.

Schellida — Eliana Machado Coelho

— Você gosta de animais? — perguntou Glória.

— Adoro! — ele ressaltou. — Só não tenho porque aqui é apartamento e não paro o dia inteiro em casa. O bichinho iria ficar sozinho. Mas ainda quero ter uma casa com quintal grande e espaço de terra para um canil e um gatil.

— E você, Cristina, o que pretende fazer? — perguntou Glória de modo bem simpático. — Sei que não gosta dessa pergunta, mas ela não quer calar.

— Penso em fazer veterinária. Gosto muito de bicho, mas nunca pude ter. E outra, quem vai cuidar desses gatos e cachorros que meu pai vai arrumar? — riu.

— Se não tivemos animais foi por que sua mãe nunca permitiu — disse o pai.

— Não vou permitir que falem da minha mãe! — disse Isabel, mal-humorada.

Mathias secou os lábios, olhou para ela, ao seu lado, e argumentou ponderado:

— Não entendi sua reação. Você está se queixando do quê, Isabel? Eu disse que sua mãe foi quem nunca permitiu termos qualquer bicho em casa. Isso é um fato. Não uma crítica. Qual é o seu problema?

— É assim que começa! — exaltou-se. — Um fala uma coisa, outro fala outra coisa e quando formos ver, já estaremos falando mal da minha mãe.

— Qual é Isabel? Ninguém disse nada demais! — retrucou a irmã.

— Cris... Por favor.

— Mas é verdade, pai! Só estou do seu lado.

— Não vamos colocar lenha nessa fogueira — tornou Mathias. Olhando para a filha mais velha, avisou: — Vamos conversar sobre isso depois.

Isabel olhou-o com desdém. Sem pedir licença, levantou-se e arrastou a cadeira fazendo um barulho desagradável.

A vida está a sua espera

— Vou pegar nossa sobremesa — disse Mathias sorrindo e educado, disfarçando a contrariedade que sentia. Ao se levantar, pediu para a filha que estava indo para a sala de estar: — Isabel, você me ajuda. Vem comigo até a cozinha.

A filha obedeceu e o seguiu.

No outro cômodo, o pai perguntou em voz baixa e de modo ponderado:

— O que está acontecendo, Isabel?

— Eu que pergunto o que está acontecendo!

— Não permito que você destrate alguém gratuitamente como está fazendo. Não houve razão nenhuma para isso. A Glória é uma pessoa gentil e educada. Por que você está agindo assim?

— Não gostei dela. Tenho esse direito.

— Sim. Isso você tem. Ninguém é obrigado a gostar de outro. Mas não tem o direito de provocar e ofender. Não foi isso o que te ensinei! — foi firme. — Até agora fui educado com você e não te repreendi na frente dela ou da sua irmã. Mas exijo que respeite minha convidada, que é minha namorada, quer queira ou não!

— Ela não vai ocupar o lugar da minha mãe!

— E quem está falando em alguém ocupar o lugar da sua mãe, aqui?! Por acaso o Nestor ocupou o meu lugar como pai de vocês?! Sua mãe tem o direito de levar a vida dela e eu a minha. Procure se acostumar com essa ideia. Mesmo que não goste, respeite! Entendeu?! — A filha ia se virar quando ele a segurou pelo braço e perguntou: — Entendeu?

— Tá legal! Vou ser obrigada a ter uma negra como madrasta.

Mathias a segurou firme novamente pelo braço, olhou em seus olhos e exigiu, falando baixo:

— Nunca mais quero ouvir comentários preconceituosos da sua boca. Não foi isso o que te ensinei. — Ao vê-la em silêncio, exigiu: — Peça desculpas!

— Para quem? Ela nem ouviu!

— Você me ofendeu. Peça desculpas para mim! — foi firme.

Isabel se sentiu intimidada. Mais ponderada, pediu ao abaixar o olhar:

— Desculpa.

— Está desculpada, mas não quero que isso se repita. Certo?

— Certo — falou baixinho.

— Agora me ajuda com essas taças. — Foi até a geladeira, pegou algumas taças onde havia a sobremesa, entregou duas nas mãos da filha e pediu em tom calmo e generoso: — Entregue para a Glória e a outra para sua irmã. Eu levo as nossas.

Isabel olhou com o canto dos olhos e não disse nada. Apanhou a sobremesa e foi para a sala de jantar.

~

Mais tarde, Mathias levou Glória até sua casa.

Ao estacionar o carro, disse:

— Por favor, desculpe a grosseria da Isabel. Ela não é assim. Não sei o que aconteceu.

— É ciúme de você. Não vou me importar. Com o tempo ela vai me conhecer melhor e isso passa.

— Ela te ofendeu e eu não gostei.

— A mim? Não! Não me ofendeu de jeito nenhum — sorriu lindamente. Depois justificou: — Ela pode dizer que não gosta de mim. É direito dela. Acho que é uma opinião precipitada e que pode mudar. Não vou me importar. Talvez ela tenha preconceito por eu ser negra. E daí? Sou negra mesmo e não posso mudar. Vou continuar sendo o que sou, pois acredito em mim. Não vou me melindrar e choramingar por isso. Sei que vai passar. Se não passar, ela se acostuma.

— Gosto desse seu jeito positivo, sem melindres.

— Meu amor, se eu for me melindrar por qualquer coisa...

A vida está a sua espera

— Você me chamou de meu amor — falou com jeitinho e sorriu.

— Foi sem querer! — ficou confusa e sem jeito. Sorriu.

— Ah! Foi sem querer, é?

— Não... Quer dizer...

Riram e se abraçaram.

Mathias a beijou com carinho. Depois afagou seu rosto e, enquanto a admirava, afirmou:

— É por tudo isso que estou gostando cada vez mais de você.

— Também estou gostando cada vez mais de você...

Beijaram-se.

O tempo foi passando...

Bianca e César encontraram a casa que queriam e marcaram a data do casamento.

Marlene pareceu a única que não ficou nada satisfeita com o ocorrido. Embora não se manifestasse mais a respeito. Sua opinião era percebida em seu silêncio.

Clara estava feliz. Não só pela irmã. Havia induzido Bianca para que a colocasse como madrinha junto com Olavo, agora seu noivo. Lenita e o marido Roni também seriam padrinhos.

O dia tão esperado chegou e, apesar de simples, foi bonito.

Glória e Mathias compareceram. Ele fez questão que os noivos viajassem em lua de mel para sua casa de praia.

Assim foi feito.

O casal ficou uma semana fora e depois retornou.

Os primeiros meses de casados sempre são de adaptações. É quando se tem melhor visão da vida de casado.

145

Com o tempo, as responsabilidades de uma casa começam a chamar e incomodar aqueles que não se dão conta da nova realidade.

— Tem de ir fazer compra no mercado de novo?! — reclamou César.

— Se a gente não comesse, a despensa estaria cheia — respondeu a esposa.

— Vamos ter de pegar táxi para voltar. Não vai dar pra trazer as coisas em sacolas.

— Sim. Vamos pegar táxi.

— Não dá pra deixar para semana que vem? — tornou ele.

— E vamos comer o quê, César? — Não esperou que o marido respondesse e informou: — O arroz acabou. Só temos um único rolo de papel higiênico, no uso! — ressaltou. — Não temos ovos. Nem uma única lata de sardinha, sequer. Não podemos chegar do serviço e encomendar pizza todos os dias. Além de caro, acaba com a nossa saúde.

Insatisfeito, César se levantou do sofá. Foi pôr o calçado e resmungou:

— Se ao menos tivéssemos um carro... Nem o carro do meu pai não dá pra pegar emprestado porque você não gosta.

— Temos de ser independentes, César! Assumir nossas responsabilidades! Não acha? — O marido não respondeu. — Se fosse para depender dos nossos pais, ficássemos solteiros. Não acho legal depender da mãe ou do pai depois de casados. Isso incomoda a eles e a nós. Além disso, dá o direito de se meterem nas nossas vidas.

César continuou em silêncio, exibindo-se mal-humorado. Estava de folga do hospital, onde trabalhava como técnico de radiologia. Desejava ficar em casa naquele dia bem quente.

E foi sob um sol escaldante que foram ao mercado.

Foram de lotação e só usaram o táxi para voltar com as compras.

Moravam em uma casa simples, sem muito conforto e ostentação.

A vida está a sua espera

Logo nos primeiros meses de casados, ela percebeu que o marido gastava desmedidamente. Por isso, decidiu conversar e colocar um freio na situação, marcando todos os gastos em um caderno. A esposa passou a controlar as finanças, uma vez que ele não se importava com a tarefa.

Em visita a sua mãe, Bianca percebeu, a olhos vistos, que ela não estava muito bem.

— A senhora não foi ao médico, mã?!

— Fui sim. Ele me encaminhou para outro. Preciso fazer uns exames. Tudo na rede pública é muito demorado. Não frequento hospital de luxo igual ao que você trabalha, não, minha filha! — pareceu irritada.

Bianca não gostou, mas não poderia fazer nada.

Marlene havia emagrecido muito em pouco tempo e não havia feito qualquer dieta. Estava pálida. Olhos fundos. Mãos frágeis e trêmulas. Reclamava de dores abdominais. Os remédios caseiros como chás e determinados alimentos, assim como medicações usuais para o caso, não resolviam.

Bianca começou a pensar em um jeito de conseguir uma consulta ou exames no hospital onde trabalhava. Mas tudo lá era bem difícil e caro por ser particular. Ela perdia-se nesses pensamentos quando Clara, muito bem-humorada, chegou:

— Oi, sumida! — Clara cumprimentou.

— Oi. E aí?

— Tudo bem e você? Cadê o César? — interessou-se a irmã.

— Está trabalhando.

— A mãe contou sobre a novidade?

Bianca sorriu. Gostava de novidade, mas ainda não sabia de nada e perguntou:

147

Schellida • Eliana Machado Coelho

— Que novidade?

— Eu e o Olavo vamos nos casar!

— Parabéns! Que bom! — levantou-se e abraçou Clara.

— Você e o César serão meus padrinhos.

— Quanta honra. Obrigada — sorriu.

— Mais uma filha cometendo a mesma burrada — reclamou Marlene.

— Ai, mãe! Pelo amor de Deus, né?! — Clara reclamou.

— Vocês duas poderiam se unir e fazer algo melhor da vida de vocês.

— Por favor, né, mãe. Não vai começar — tornou Clara.

— Vai se casar sem ter uma casa e com um cara que não tem empenho algum no casamento. Com certeza, vai carregar a casa nas costas igual à Bianca. Lavar, passar, cozinhar, ir ao mercado, além de trabalhar fora. O folgado só vai ficar na frente da TV quando estiver em casa. Não vai tirar um copo da mesa, igual ao César. Vai dizer que está cansado, isto é, se estiver trabalhando. Terá sorte quando ele não for para o bar ou pro futebol com os amigos, se não for para outros lugares... No começo vocês não vão reparar nada. Vão fazer todo o serviço de casa sozinhas. Só com o tempo, depois que a juventude e a beleza tiverem ido embora, é que vão perceber o quanto de tempo perderam com um sujeito que não estava nem aí para vocês e pro casamento. Aí, então, eles dizem que estão cansados de vocês ou que conheceram outra pessoa e vão embora, senão puserem vocês pra fora. Os homens, hoje em dia, estão folgados porque as mulheres estão desesperadas pra casar. Elas aceitam qualquer coisa. As mulheres estão se desvalorizando, andando e saindo com qualquer um.

— Vamos lá pro quarto, Bianca! Não adianta. Ela não vai parar.

As irmãs foram para o quarto e deixaram Marlene sozinha na cozinha.

Bianca se sentou na cama que havia sido sua e ainda estava lá.

A irmã sentou-se na outra, frente a ela e comentou:

A vida está a sua espera

— Minha vida virou outra depois que fui lá na vidente. Assim como a sua!

— Fui lá duas vezes e não sei não... Acho que me arrependi. Senti uma coisa, sabe? — Bianca falou daquele sentimento incompreendido que chega como um sinal, um presságio. — Penso também que só gastei dinheiro com aquelas coisas. A casa que aluguei, alugaria de qualquer jeito e não pelos trabalhos que ela fez.

— Mas você se casou.

— Eu já tinha tudo certo para casar — tentou se justificar.

— Mas a dona Cândida disse que ia dar uma empurradinha no seu casamento também, pois o César estava meio desanimado. E ela deu! Você sabe! Seu casamento saiu.

— Mas eu não pedi!

— Mas ela deu. Disse isso pra você quando comentou que a mãe disse que o César estava meio devagar.

— O César sempre foi devagar! — falou com amargo tom de voz. — Para qualquer coisinha é um sacrifício. Ele era muito dependente dos pais. A mãe dele o mimava demais. Agora está pensando que vou fazer tudo por ele e pra ele. Às vezes, Clara, a nossa mãe tem razão.

— Pelo amor de Deus, Bia! Até você?!

Bianca silenciou. Calou a amargura que, sem explicação, experimentava no peito. Era quase uma dor.

De vez em quando, acreditava que havia se decepcionado com o casamento.

Não sabia dizer se isso seria influência de sua mãe ou, verdadeiramente, o reconhecimento de uma escolha errada.

Como saber?

Em sua vida houve uma grande mudança e a adaptação não estava sendo fácil. Era ela que precisava se preocupar com tudo: a limpeza da casa, a economia, contas para pagar, mercado para fazer. Gostaria de ter alguém para dividir com ela as tarefas. Se César se empenhasse mais... Mas não era isso o que acontecia.

Clara não parava de falar. Sonhava e fazia planos enquanto a irmã pensava.

Quando decidiu ir embora, Bianca despediu-se da irmã e, na cozinha, observou sua mãe sentada no mesmo lugar que havia deixado, viu-a com uma latinha de cerveja rodando na mão. Marlene perdia o olhar em algum ponto indefinido e nem a viu.

Aproximando-se, a filha observou seus olhos vermelhos e rosto molhado.

Em tom amável, perguntou:

— Mã... O que foi?

Marlene secou o rosto com as mãos. Respirou fundo e respondeu:

— Nada.

— Como, nada? A senhora está chorando. Nunca a vi assim — murmurou.

— Tô cansada. Não do trabalho. Da vida. Isso dá uma angústia...

— Por que a senhora não procura algo para fazer?

Marlene se levantou. Jogou a lata vazia no lixo, após amassá-la com as mãos.

— Estou velha pra qualquer coisa.

— A senhora é esperta, mãe! É inteligente. Deveria fazer algo útil. Quanto à idade... Isso não é verdade. A senhora não está velha. A idade não importa quando temos vontade. Quando fiz faculdade, tinha uma mulher de sessenta e cinco anos na minha sala. Eu comentei isso várias vezes.

— Não delire, Bianca! Não tenho vontade de nada. — Um instante e pediu grosseiramente: — Agora vá embora. Está ficando tarde. Sei que vai a pé para casa e o preguiçoso do seu marido não vai se dar ao trabalho de vir buscar você.

Bianca sentiu sua angústia crescer ainda mais e se despediu:

— Tchau, então.

— Tchau. Vai com Deus.

Beijaram-se e a filha se foi.

A vida está a sua espera

Ao chegar a sua casa, Bianca escutou o som da televisão ligada.

Acendeu a luz da cozinha e viu, ainda sobre a mesa, o bilhete que havia deixado, avisando sobre ter ido até a casa de sua mãe.

Ao lado, meia toalha posta. Um prato sujo, cheio de cascas de laranja e bagaços.

Respirou fundo e foi até a sala.

— Já chegou?

— Oi. Já — respondeu César, mais interessado no programa de TV do que na esposa.

Ela se curvou, beijou-o e reclamou:

— Nossa! Você nem para tirar o prato da mesa e jogar as cascas no lixo!

César fingiu não ter ouvido e ficou satisfeito ao vê-la ir para a cozinha.

Bianca amargurava os pensamentos, criando vibrações negativas e atraindo o indesejável.

"Droga! O César está muito folgado! Bem que minha mãe falou! Também, a culpa é da mãe dele que o criou tão mimado assim" — pensava. "Dá vontade de levá-lo na dona Cândida pra ver se essa vidente dá um jeito nele".

Espíritos, que passaram a acompanhá-la, ficavam à espreita aguardando o momento propício para induzi-la, novamente, a barganhar com eles. Enchiam seus pensamentos que induzissem a voltar à vidente.

O espírito Brício, mentor de Bianca, só acompanhava. Não interferia, pois a escolha pelas companhias espirituais tinham sido de sua protegida.

Livre-arbítrio é Lei. Com ele podemos fazer nossas escolhas: acertar ou errar, mas sem dúvida, colheremos os frutos das nossas decisões. O mentor sabia que Bianca precisaria aprender. Normalmente,

151

só aprendemos depois que erramos. Brício iria aguardar. É a função de todo mentor.

Naquele instante, um dos espíritos sem elevação aproximou-se dela e envolvendo-a com suas vibrações, impregnou seus pensamentos, fortalecendo ainda mais a indignação de Bianca:

— Folgado ele, né? Muito folgado! Empregadinha!!! Você não passa de uma empregadinha! Além de enfermeirazinha é empregadinha!!!

Acercando-se dela, outro ainda induziu:

— Leva ele lá na Cândida, leva. Vamos dar um jeito nele. Leva ele lá.

"O César tem que tomar jeito. Não sou empregada dele. Dessa vez vou limpar a cozinha, mas da próxima..." — pensava contrariada, em vez de tomar uma atitude.

Os pensamentos de Bianca começaram a ser invadidos por ideias amarguradas, enquanto uma névoa de desilusão abraçava sua vida.

Não sabia o que fazer. Não orava nem buscava Deus para se socorrer em energias benéficas, o que afastaria aqueles espíritos oportunistas que procuravam mais aliados a sua inferioridade. Ela só lamentava em silêncio.

capítulo 8
Atitude dos nobres

Alguns dias depois, Glória estava no apartamento de seu namorado Mathias.

O casal assistia a um filme quando Cristina e Isabel chegaram.

— Que bom que vieram! — alegrou-se o pai ao vê-las. Levantando-se, foi à direção de ambas e as beijou. — Assim sairemos bem cedo daqui.

Cristina, jovem muito amável, foi para junto de Glória que se levantou e a beijou com carinho.

Isabel se deteve. Olhou para a namorada do pai, fechou o sorriso e perguntou sem a menor discrição:

— Ela vai?! — jogou a mochila no chão, fazendo um barulho que ela queria propositadamente.

— Vai sim. Se ela não for, eu não vou! — respondeu Mathias em tom alegre, não se deixando afetar.

— Deveria ter me avisado — tornou Isabel rude.

Glória sentiu-se mal. Seu sorriso se fechou e não sabia o que dizer. Mas não foi dramática.

153

Mathias voltou para junto dela, deu-lhe uma piscadinha e sorriu. Sabia que estava sofrendo.

Havia planejado passar o fim de semana na casa de praia. Unir as filhas e sua namorada era a estratégia para Isabel conhecer melhor Glória.

Pediram comida chinesa. Logo após o jantar, Glória e Cristina continuaram à mesa e conversavam muito. Enquanto Isabel foi para o sofá e, emburrada, permaneceu calada frente à televisão.

Indo para junto da filha, Mathias empurrou levemente seus pés e se sentou na beirada do sofá. A moça só encolheu os joelhos e continuou deitada, sem olhar para ele.

Cauteloso, o pai afagou-lhe o pé e tentou brincar, fazendo cócegas.

— Ai!... Não... — resmungou insatisfeita, fazendo careta.

— Dá um sorriso pro pai, vai — Isabel o olhou com indiferença. Ele insistiu: — Só um sorrisinho!

— Não tenho razão para sorrir.

Mathias empurrou seus pés de um jeito como se pedisse para que se sentasse e perguntou:

— Por que age assim, Isabel?

— Ora, pai!...

Falavam baixinho. Glória e Cristina não ouviam, embora a namorada os observasse discretamente de longe.

— Nós vamos passar uns dias na casa de praia e eu espero que você conheça melhor a Glória e tire qualquer impressão ruim que tenha. Ela é uma pessoa maravilhosa. Precisa conhecê-la.

Um manto de desânimo parecia cobrir Isabel. Nenhuma expressão. Nenhum sorriso.

— Eu esperava que arrumasse uma pessoa melhor para ficar com você. Não uma...

— Não uma?... Uma o quê? — embora soubesse o que ela omitia, gostaria que falasse.

A vida está a sua espera

— Negra, pai! Ela é negra! — sussurrou e olhou com o canto dos olhos para a mesa da sala de jantar a fim de ter certeza de que Glória não ouvia. Não ouviu. O som da televisão não deixava.

— Qual é o problema? — perguntou ele, friamente.

— Como pode me perguntar isso? — tornou no mesmo tom.

— Como você pode se importar com isso? — indagou baixinho, porém sério.

Mathias não entendia por que a filha tinha aquela opinião. Não foi isso o que havia lhe ensinado. Onde Isabel poderia ter aprendido a ser preconceituosa? Não podia imaginar. Com sabedoria, achou melhor não brigar com ela nem impor-se. Decidiu ficar calado, desejando que o tempo solucionasse aquilo. Tinha fé.

No dia seguinte, todos viajaram.

Já na casa, Isabel e Cristina foram para a praia logo cedo, levando esteiras e guarda-sol, enquanto Mathias e Glória ficaram colocando algumas coisas para gelar e arrumando outras, quando ele falou:

— Desculpe-me pelo comportamento da Isabel. Não sei o que aconteceu para minha filha agir assim.

— Não se preocupe.

— Ela nunca foi preconceituosa. Não sei o que está acontecendo — disse ele em tom triste.

— Não sei se é preconceito, Mathias. Melhor não julgarmos.

— Não gosto dessa situação — fez-lhe um carinho. — Fico me sentindo tão mal.

— Nada é por acaso. Eu preciso lidar com isso com paciência. Não vou me exaltar. Já estou resolvida nesse aspecto. Não é por acaso que nasci negra. Não é por acaso que nascemos na etnia que temos, é porque precisamos disso. Necessitamos dessa experiência. Ainda estou aprendendo a entender pessoas que pensam como a Isabel.

155

Enquanto não entendo... Não ligo — sorriu lindamente. — Desse jeito tudo fica mais fácil.

— Desse jeito você deixa tudo mais fácil. Gosto dessa sua forma de pensar. Você é tão tranquila.

Glória riu gostoso. Um riso contagiante e bonito, revelando em seguida:

— Ah!... Não sou não! Não me tente porque sei me defender muito bem.

Mathias a afagou. Beijou-lhe os lábios rapidamente e disse:

— Falando em se defender... Não gosto de deixar aquelas duas sozinhas na praia por muito tempo. Sabe como é... — expressou-se desconfiado. — Elas são bonitas, jovens e ingênuas. Tem muito vagabundo e aproveitador por aí.

— Quer que eu vá pra lá agora enquanto você termina as coisas por aqui?

Ele a olhou por um momento, pensou e decidiu:

— Melhor você ir, né? Ficarei mais tranquilo.

— Vou me trocar e já estou indo.

— Lembra-se da última vez que nós dois estivemos aqui, né? Elas também costumam ficar na areia, na direção do quiosque da calçada. Será fácil achá-las.

— Sim. Eu lembro. Deixa comigo.

Em pouco tempo Glória foi para a praia.

Usava um chapéu e óculos escuros bem bonitos e cobria o belo corpo com uma saída de banho sobre o maiô que usava.

Caminhava vagarosamente e aguçava o olhar para encontrar as garotas.

Começou observar uma cena estranha e decidiu acelerar os passos.

A vida está a sua espera

Dois rapazes discutiam com as filhas de Mathias.

Cristina chorava e segurava no braço da irmã, enquanto Isabel puxava a toalha cuja ponta um dos rapazes segurava.

Ao chegar bem perto, Glória ouviu de um deles:

— Fica dando mole depois não quer chegar junto! Vadia!

— Ei! Ei! Ei! O que está acontecendo aqui?! — Glória exclamou com firmeza, acercando-se das meninas e entrando na frente de Isabel.

— E aí?! A cafetona chegou! — disse um deles rindo e debochando, à medida que a olhava de cima abaixo. — Qual é ô chocolate?! Vamos fazer tudo junto?

— E tudo misturado dá um bom... — disse o outro acrescentando algumas imoralidades à frase.

As garotas falavam alto e ao mesmo tempo. Glória mal podia entender Cristina que chorava.

— Eles chegaram aqui e ficaram dando cantada! A Isabel mandou eles darem o fora, mas eles começaram a passar a mão na gente. A gente quis ir embora e ele segurou... — apontou.

Os rapazes, visivelmente entorpecidos pelo uso de alguma substância, foram para cima de Glória, enfrentando-a. Enquanto as garotas se escondiam, mais ainda, atrás dela.

O espírito Olímpio, mentor de Glória, envolveu-a como se a abraçasse pelas costas.

Nesse instante, ela sentiu a adrenalina correr pelo seu corpo.

Inspirada, olhou para o lado, pegou a haste de metal reforçado que firmava o cabo do guarda-sol que estava nas mãos de Isabel e o segurou como arma.

Um dos homens se aproximou e tentou segurá-la. Usando toda a sua força, acrescida de energia que não sabia explicar, Glória reagiu e o acertou firmemente no ombro. Fez o mesmo com o outro, quando o viu se aproximar.

As meninas, assustadas, começaram a gritar por socorro.

157

Glória acertou um deles, mais uma vez, só que na cabeça, ao ver o outro, furioso, vindo a sua direção.

Poucas pessoas assistiam à cena, mas de longe. Ninguém se aproximou para ajudar.

Elas se achavam cada vez mais ameaçadas e saíram da areia ganhando a calçada larga.

Glória gritou:

— Vão embora! Corram!!!

Isabel correu, mas parou assim que percebeu a irmã fazendo sinal para um carro que passava.

O veículo parou. Enquanto isso, Glória, apavorada, tentava se defender dos marginais. Notou um deles puxar uma faca.

Do automóvel que parou, desceram dois homens que não compreendiam direito o que Cristina gritava. Mas ao ver a cena, que ocorria na calçada, margeando a mureta da praia, entenderam o que estava acontecendo.

Subitamente, os dois homens sacaram de suas armas e gritaram ao correr em direção da briga:

— Parados! Polícia!!!

Um dos agressores segurou a haste de metal, tentando tirá-la das mãos de Glória. Quando ouviu a voz de prisão, empurrou-a com força ao chão e correu atrás do seu comparsa, que já havia fugido. Mas, antes de cair, ela bateu com a cabeça na quina da mureta de concreto.

Por precaução, a fim de não atingir inocentes, os policiais, que não estavam fardados, não atiraram e os marginais escaparam.

Todos correram para junto de Glória, estava caída no chão e tonta por ter batido a cabeça.

Um dos homens a segurou, perguntando:

— Tudo bem? Você está bem?

Ela não conseguia responder. Sentia-se ensurdecer. Um gosto amargo na boca e a voz não saia. Sua visão sumiu. Dominada por um mal-estar forte, fechou os olhos e não reagiu.

A vida está a sua espera

— Glória?! Glória?! Fala com a gente! — gritava Cristina desesperada, ajoelhando-se ao seu lado.

Isabel fez o mesmo. Assustada, pegou a mão de Glória e sentiu-a gelada. Ficou afagando-a sem dizer nada. Lágrimas correram de seus olhos claros.

Um dos policiais disse:

— Vamos chamar uma ambulância. Há sangue correndo de trás da cabeça. Melhor não movimentá-la.

— Nosso pai é médico! Nossa casa é perto daqui! — tornou Cristina.

— Eu fico com ela. Vai lá chamar o papai! — disse a irmã aflita.

Cristina não perdeu tempo e saiu correndo. Não precisou chegar até a casa. Encontrou o pai no caminho. Ele ia ao encontro de todas e a filha contou-lhe a situação.

Mathias correu até o local e constatou que Glória havia desmaiado.

Uma ambulância foi chamada e Mathias a seguiu até o hospital.

Identificando-se como médico, acompanhou todo o atendimento à namorada. Não saiu de seu lado.

Glória levou seis pontos na cabeça e precisou ficar internada, em observação, para prevenir qualquer complicação que pudesse ocorrer.

Certa hora, Mathias ficou dividido. Não desejaria deixar as filhas voltarem sozinhas para casa. Também não poderia deixá-las ali com a roupa de praia.

Apesar de um pouco tonta, pelo ocorrido e a medicação que havia tomado, Glória estava consciente e o incentivou a levar as filhas para casa, pedindo que ficasse com elas. Mathias assim o fez.

O espírito Olímpio e outros tarefeiros espirituais aplicaram passes em sua protegida para fortalecê-la e ampar), a-la.

— Não podemos ser a favor da violência. Mas Glória precisava se defender e defender as filhas. Seriam atacadas e agredidas de qualquer forma — disse ele.

— Sempre existem espíritos inferiores que se valem de encarnados do mesmo nível para tentarem atrapalhar aquele que se dedica à própria evolução e a evolução do próximo — comentou outro.

— É verdade. Nem sempre passamos por situações desagradáveis por conta de expiações. Às vezes, determinados acontecimentos ocorrem por conta da inferioridade de irmãos infelizes que nos querem deter. Mas essas experiências, se recebidas com resignação e de acordo com nossa atitude, servirão de crédito à nossa evolução — tornou Olímpio.

— Ainda bem que conseguimos encontrar os policiais passando pelas imediações e, em contato com seus mentores, fazê-los desviar do caminho e seguirem pela avenida da praia — disse o outro.

Olímpio sorriu ao contar:

— Eles só sentiram vontade de relaxar e então se desviaram do caminho que seguiam indo pela avenida da praia.

Sorriram.

Em casa, as filhas contaram tudo, detalhadamente, várias vezes.

— O cara passou a mão na gente! Nós tínhamos virado a cara depois que ele falou algumas besteiras. Ele foi rápido! Ele se agachou e passou a mão em nós! Nós levantamos e ele veio pra cima! — relatou Cristina.

— Aí eu peguei o guarda-sol e a sacola de praia e levantei. Guardamos as coisas rapidinho, mas quando eu peguei a toalha ele segurou na ponta — contou Isabel, igualmente afoita.

— Eu ia correr! Mas a Isabel ficou presa, segurando a toalha.

— Devia ter largado tudo e corrido! — falou o pai contrariado com a situação. Sabia que as filhas não foram culpadas.

A vida está a sua espera

— Aí a Glória chegou e entrou na nossa frente! Os caras começaram a rir e zombar dela. Falaram um monte de besteiras! — tornou Cristina.

— Tinha gente vendo, meio de longe, mas ninguém fez nada! Então a Glória pegou o cabo do guarda-sol, a parte que enterra na areia e defendeu a gente — tornou Isabel. — Ela bateu nos caras e gritou pra gente correr.

— Aí eu ia atravessando a rua atrás da Isabel e vi um carro. Parei na frente e fiz sinal e os homens desceram. Eles olharam e viram a Glória se atracando com os dois homens na calçada. Um deles tinha uma faca! Quando eu olhei os homens do carro, nem sabia que eram da polícia. Eles puxaram as armas e gritaram. Um dos vagabundos logo saiu correndo e o outro empurrou a Glória antes de correr também. Foi muito rápido.

— Desgraçados! — revoltou-se Mathias.

As filhas o abraçaram. Ainda tremiam nervosas com o que tinha acontecido.

Sentados no sofá, ele as envolveu, cada uma de um lado, e beijou suas cabeças.

— Vocês estão bem, não é mesmo?

— Eu estou com medo, papai — resmungou Cristina.

— Isso vai passar — beijou novamente sua cabeça.

Um nervosismo silencioso tomou conta de todos.

Um pouco mais tarde, ao ver as filhas indo dormir, Mathias foi até o quarto. Sentou-se primeiro na cama de Cristina. Afagou-lhe a testa e os cabelos, perguntando:

— Você está bem?

— Ainda estou tremendo por dentro.

— É o excesso de adrenalina que está na circulação por causa do susto e do medo. Amanhã estará melhor. — Beijou-lhe a testa com carinho e disse: — Durma com Deus.

Sentando-se na cama ao lado de Isabel, viu a filha se remexendo para encará-lo e dizer:

— Ainda estou nervosa. Aquilo tudo não sai da minha cabeça.

— Eu sei, filha. Sei como é que é.

— Desculpa... — chorou. — Eu não conseguia ajudar a Glória... Eu fugi... — curvou-se e o abraçou.

— Está tudo bem. Ela vai ficar boa — disse correspondendo ao abraço e afagando-a nas costas.

— Não vai lá ficar com ela?

— Sei que a Glória está sendo bem cuidada e não posso deixar vocês duas aqui sozinhas. De manhã, bem cedo, vou para o hospital. Vocês duas devem ficar aqui dentro de casa. Entendeu? Não vão dar sorte para o azar.

— Não. Pode deixar. Ficaremos aqui — abraçou o pai que correspondeu.

Mathias também a beijou com carinho e desejou:

— Durma com Deus.

— Obrigada...

Cristina acabou dormindo logo, enquanto Isabel ficou silenciosa. Não conseguia conciliar-se com o sono. As imagens do ocorrido não saíam de sua mente.

Chorou escondido. Um choro silencioso, abafado no travesseiro.

Seguidas vezes, era capaz de refazer a cena do exato momento em que viu a cabeça de Glória bater contra a mureta.

Outro que também não conseguiu se harmonizar com o sono foi Mathias.

Em seu quarto, sufocava a vontade de voltar ao hospital para estar ao lado de Glória. Estava apaixonado. Ficou admirado por saber que defendeu suas filhas, colocando-se em perigo para isso. Valorizou-a mais ainda.

A vida está a sua espera

O amanhecer se arrastava lento em um dia sem sol. Diferente do anterior.

Bem cedo, Mathias foi até o hospital para saber da namorada. Ela já estava mais disposta e preocupada em receber alta.

Ao vê-la, ele abriu um largo sorriso e foi a sua direção.

Beijou-a com carinho e a abraçou com cuidado.

Afastando-se, afagou-lhe o rosto com ternura e perguntou:

— Você está melhor?

— Sim. Bem melhor — respondeu com um sorriso radioso. — E as meninas? Como elas estão? — quis saber o quanto antes.

— Um pouco assustadas. Mas estão bem. Você está sentindo alguma dor?

— Agora não — sussurrou de um jeito engraçado. — Estou é louca para ir embora! É horrível ficar no hospital! — falou baixinho, enfatizando.

Mathias riu e contou:

— Falei com o médico que te atendeu e ele virá aqui para ver como está. Depois disso, acho que vai lhe dar alta. — Olhando-a nos olhos, afagou-lhe o rosto novamente e disse: — Obrigado. Muito obrigado por ter defendido as meninas. Arriscou-se para isso e... Nem sei o que dizer.

— Se elas estão bem, é isso o que importa.

Mathias a envolveu em terno abraço e ficaram em silêncio. Uma onda de medo ainda apertava o coração de Glória. Tinha sido um susto muito grande.

Não demorou e ela recebeu alta. Foram para casa onde as filhas aguardavam ansiosas.

Cristina foi a primeira a abraçar sua defensora e chorou sem dizer nada.

Igualmente emocionada, Glória secou as lágrimas do rosto da jovem e falou:

— O importante é vocês estarem bem.

163

Isabel, por sua vez, mais quieta e menos expressiva, aproximou-se e agradeceu:

— Obrigada por nos defender.

— Não por isso, Isabel.

— Aqueles idiotas e imbecis! Deveriam estar drogados! — desabafou Cristina.

— Já passou. Vamos cuidar de nós, não é mesmo? Afinal, viemos aqui para passear — manifestou Glória, querendo tirar o foco daquele ocorrido o quanto antes.

— Dá vontade de matar aqueles infelizes — comentou Isabel com ódio na expressão.

— Eu entendo você, Isabel. Também já pensei assim. Mas aprendi algo muito importante: liberte o seu coração. Não podemos ser escravos do ódio nem do rancor. Tenha a alma leve. Sentimentos ruins só nos fazem mal. — Um momento e sorriu. Mudou o tom da voz e, impostando alegria, perguntou: — Bem! Aonde vamos hoje?!

— O tempo não está muito bom, então poderíamos ir àquele restaurante com vista para o mar. Que tal, papai? — sugeriu Cristina.

— Ótima ideia. Se a Glória estiver disposta, claro — lembrou Mathias.

— Estou ótima! Vou tomar um banho — e saiu falando... — Vou tentar usar um lenço como faixa. Acho que vai tampar esse curativo lindo que está aqui — gargalhou.

— Certo! Nós esperamos você — concordou ele. Ao se ver a sós com as filhas, elogiou: — Gostei de ver você agradecendo a ela, Isabel. A gratidão é atitude dos nobres — beijou-a. — Estou orgulhoso de vocês — puxou a outra para o abraço e a beijou também.

Mathias reforçava atitudes de simpatia, especialmente para Isabel que ainda parecia inflexível e um tanto distante.

Apesar do desagradável ocorrido, o fim de semana foi satisfatório, principalmente, pelo otimismo de Glória.

A vida está a sua espera

Alguns dias depois e Glória já estava trabalhando no hospital. No posto de enfermagem, aguardava para ver a amiga que sabia estar de plantão naquele dia.

Após se cumprimentarem, elas combinaram de almoçarem juntas.

Um pouco mais tarde, durante a refeição, contou à amiga o que havia acontecido.

— Sério?! Que horror! Pensei que esse lenço fosse só um acessório! — surpreendeu-se Bianca.

— Não. Não é. Você não imagina como foi horrível. Estou com este corte na cabeça. Levei seis pontos... Ainda bem que o lenço, usando como faixa, cobre direitinho. Não quero cortar meu cabelo. Vou usar assim até crescer — riu. — Vou ter de fazer uma coleção de lenços!

— Ainda dói?

— Nem tanto. O pior já passou. Não dói o corte, dói onde bateu por causa da pancada. — Riu novamente e comentou: — Estragou um pouco o passeio. As meninas ficaram tão assustadas. Coitadas.

— Marginais, sem-vergonhas! A gente paga imposto e o governo ladrão não usa esse dinheiro na segurança pública para nos proteger.

Mudando de assunto, a amiga perguntou:

— E você? Como vai a vida de casada?

Bianca sorriu e respirou fundo antes de dizer algo. Pareceu que responderia diferente do que sentia:

— Tudo bem. Ainda nos adaptando. Estou estranhando um pouco. Quando solteira, apesar de fazer muita coisa, minha mãe sempre arrematava tudo. Fazia algo e isso ajudava muito. Agora acabou, né? — sorriu sem animação. — Não posso nem esquecer a roupa no varal. Não tem quem recolhe e, se chover, molha tudo.

165

Schellida ⚜ Eliana Machado Coelho

— A vida de casado deve ser bem diferente.

— Sem dúvida.

— Acho que muda mais ainda quando se tem filhos.

— Nem me fala! O César veio com esse papo de arrumarmos um nenê.

— Não será melhor vocês terem uma casa própria antes, ou estarem pagando por uma?

— Foi o que eu disse. Ele está empolgado porque dois colegas dele foram pais agora. Chegaram ao serviço contando um monte de coisa. Sabe como é... — Um momento e mudou de assunto: — Não estou gostando do jeito de minha mãe.

— Ela não foi ao médico?

— Foi. Pegou encaminhamento para passar no gastro. Já viu como é serviço público. Já remarcaram duas vezes!

— Sei. Conheço bem.

— Ela está emagrecendo a olhos vistos. Não estou com bom pressentimento.

Novamente uma amargura apertou o coração de Bianca. Seus olhos ficaram marejados e empurrou a bandeja onde havia seu prato de comida.

— Calma, amiga — pediu Glória com doçura na voz.

— Sabe o que é? Sempre vejo minha mãe com latinha de cerveja na mão, copo de caipirinha... Ela não se embriaga sempre, mas todo fim de semana bebe... Nós sabemos o quanto isso é prejudicial e as consequências da bebida alcoólica.

— Pesquisas apontam que o número de mulheres que estão ingerindo álcool está aumentando assustadoramente. Como resultado, o aumento de doenças que, normalmente, as mulheres não tinham como: câncer, infartos, derrames cerebrais e muitas outras. A bebida alcoólica é a maior culpada pelo número de cânceres.

— É... Eu sei. E estou com medo de que seja algo assim...

— Vamos orar pelo melhor, amiga — afagou as costas da outra.

166

A vida está a sua espera

— Não vai adiantar eu me desesperar, não é mesmo? Seja o que for, já está feito. Já aconteceu.

Glória silenciou. Não sabia o que falar.

Restava a angústia da espera para Bianca.

capítulo 9

Assistencialismo não oferece evolução

A vida seguia num ritmo morno.

César estava empenhado para que tivessem um filho.

Aproveitando-se dessa situação, com jeito meigo, a esposa começou a falar sobre o que ele não fazia para colaborar com ela no serviço de casa, pois sempre estava sobrecarregada e sem tempo. Nem ao clube ia mais, por isso deixou de pagar as mensalidades. Os fins de semana eram de trabalho em casa, sempre.

Foi então que o marido começou a ajudá-la em tudo.

Bianca passou a vê-lo com outros olhos, após seu empenho.

Embora a razão lhe sussurrasse para esperar, a vontade e os carinhos de César a faziam ceder.

Adorava observar o marido imaginando-se com um bebê em casa.

Via-o parado, aqui e ali, olhando para o quarto onde ficaria o berço e os móveis do bebê.

— Um filho não vai nos atrapalhar em nada. Vamos continuar do mesmo jeito. Ano que vem ou no outro, damos uma boa entrada em um apartamento ou casa popular... Você vai ver. Vai dar tudo certo — César planejava, abraçando-a com carinho.

Até que o inesperado aconteceu.

— Mandada embora?! — o marido se surpreendeu.

— Sim, César. Fui demitida. Eu e um monte de gente — contou Bianca inconformada. — Foi um corte grande. Acho que vão contratar outros com salários reduzidos. Ouvi falar até que queriam terceirizar várias equipes.

— E sua amiga?

— A Glória também foi demitida. Mas ela vai ficar bem. Junto com o doutor Mathias, estão com planos de viajar para o exterior. Não sei que negócio ele está tentando ter lá. Nem prestei atenção no que ela me disse. Fiquei com tanta raiva dessa demissão. Justo agora?! Eu estava gostando tanto de lá!

— Vai arrumar outro emprego logo. Vai ver.

— Tomara. Ou isso vai atrapalhar nossos planos de arrumar um nenê.

— Se estiver grávida, não poderão demitir você. Será que...

— Não. Não estou grávida. E amanhã mesmo vou fazer os exames médicos para a demissão. Vou logo procurar outro lugar.

O marido a abraçou e lhe fez um carinho, consolando-a por causa da situação.

Uma semana depois, outra notícia desagradável chegou abalando a todos.

Marlene foi diagnosticada com câncer em estado bem avançado no estômago e metástase no fígado e pâncreas.

Suas filhas ficaram inconformadas e sem saber o que fazer.

Tinham entendimento suficiente de que o caso era gravíssimo e irreversível.

Marlene ficou internada e passou por uma cirurgia. Os médicos decidiram não fazer nada, uma vez que a doença havia avançado muito.

Com a intenção de que a mãe participasse de seu casamento, Clara e Olavo anteciparam a data da cerimônia. Marlene comparecceu usando cadeira de rodas. Estava muito fraca e extremamente debilitada, requerendo cuidados especiais.

Por causa disso, Bianca não saiu à procura de emprego e se empenhou em cuidar dela. Apesar de morar razoavelmente perto, quase não ficava em sua casa e sim junto a sua mãe.

Nesse tempo todo, surpreendeu-se quando descobriu que estava grávida.

Em vez de felicidade, sentiu-se amedrontada. Decepcionada, na verdade.

Apegou-se nas lembranças das conversas que teve com Glória e entendia sua função ao lado da mãe de quem cuidava com bondade, carinho e muita atenção. Diferente de suas irmãs.

Marlene, muito doente, tornou-se muito amarga. Reclamava excessivamente.

Até quando dormia, durante sonhos, murmurava resmungando e reclamando.

Bianca intimidou-se para contar à mãe sobre a gravidez. Isso não a deixaria nada feliz, principalmente, por saber que a filha estava sem emprego.

Aquele não era um bom momento para arrumar um filho e Bianca sabia disso.

Morava em uma casa em que pagava aluguel que sofreu reajuste e passou a ser caro demais. As despesas com sua mãe consumiam suas reservas financeiras, pois César não ganhava suficiente para pagar tudo sozinho.

A vida está a sua espera

Essa situação começou a incomodá-la muito.

Noites em claro, idas e vindas ao hospital com sua mãe. Drenos, fraldas, banhos, medicações e muito mais ocupavam o seu tempo.

Nem tinha conseguido fazer o pré-natal ainda.

Em visita, Glória a chamou em um canto, longe dos olhos e ouvidos de Marlene, e alertou:

— Amiga! Preste atenção! — enfatizou. — Você tem de dividir esse trabalho com suas irmãs. A Clara trabalha, mas nos dias de folga deveria estar aqui para você descansar e se cuidar. A Lenita tem um trabalho muito liberal e pode, muito bem, vir aqui te dar uma força. Além delas, tem sua tia Sueli.

— Você não sabe o quanto já reclamei disso. Falei com elas. Nos dias que marcaram, não vieram. Ficam dias sem, sequer, telefonar. Aliás, o telefone será cortado por falta de pagamento. Antes, era eu e a Clara quem pagávamos a conta. Minha mãe não tem nada. Nem aposentadoria ou qualquer reserva. Todos os gastos estão sendo por minha conta. O que tem aqui na casa foi trazido por mim. Desde a comida, fraldas... que, aliás, estão acabando e vou ter de cortar lençóis para usar e deixar as descartáveis para os dias que formos ao médico. Tudo o que recebi do hospital já foi e estou usando uma reserva que tinha guardado. Agora estou grávida. O que o César recebe é uma miséria que mal paga nosso aluguel. Ele poderia muito bem arrumar um segundo emprego e vir morar aqui para economizarmos, mas não quer. Disse que não sai de lá e que está difícil arrumar em outro lugar. Nos dias de folga, ele fica sentado no sofá jogando videogame ou assistindo a filmes. Não sei se você sabe, mas meus sogros venderam a casa onde moravam e se mudaram para o interior. Minha tia Sueli arrumou mil e uma desculpas para não vir aqui. A Lenita diz que tem de fazer suas vendas ou não terá nem comida para pôr em casa, pois o marido também está desempregado. Como se não bastasse, a Clara e o marido também disseram que querem mudar para o interior. Não tenho condições de arrumar um emprego por estar grávida. Não me aceitariam... Além disso, não posso abandonar minha mãe. — Bianca respirou fundo. Fechou os olhos e recostou-se na mureta da área externa, na frente da casa. Seus olhos se enche-ram de lágrimas e sua voz embargou ao dizer: — Estou com medo, Glória... Muito medo...

A amiga a abraçou com carinho. Sabia entender o que ela sentia, mas não tinha como ajudar. Não, naquele momento.

Bianca se afastou. Secou o rosto com as mãos e ainda disse:

— Minha mãe tinha razão... — chorou. — Toda a razão. Eu devia tê-la ouvido. Estou nessa situação por minha culpa. Não era hora de ter me casado. Muito menos arrumado um filho com um homem que... Deveria ter percebido que o César não era maduro suficiente para assumir as responsabilidades de um casamento nem para ser pai. Ele não está nem aí pras coisas. A gravidez foi uma bobeada. Quando soube que fui demitida, voltei a tomar anticoncepcional, mas não deu tempo de o remédio começar a agir. Nisso, fiquei grávida.

— Eu não sei como posso ajudá-la, Bianca.

— Você não tem obrigação nenhuma de me ajudar — falou mais firme, agora com um tom mais seco na voz. Mostrava-se firme.

— Estou indo com o Mathias para os Estados Unidos. Ele está envolvido em negócios com indústria farmacêutica e... O negócio é dele, não meu. Porém, eu quero que aceite um valor para tentar te ajudar.

— Não, Glória! De jeito nenhum!

— É meu! É presente para você e para o nenê. Use como quiser.

Bianca a olhou de maneira indescritível. Não deteve as lágrimas grossas e mornas que escorreram em sua face.

Seu semblante doce e atraente agora era sério e sempre cinti-lando preocupações.

Glória ofereceu meio sorriso querendo animá-la. Sentia o peito apertado e a sombra de um pressentimento nada agradável. Gostaria de colaborar mais, mas não sabia como.

A vida está a sua espera

Antes de ir embora, a amiga fez um cheque com valor generoso. Metade do que tinha recebido de seus direitos trabalhistas de quando foi demitida. Seu mentor a envolveu para que não oferecesse mais do que aquilo. Não poderia. Ajudar sua amiga poderia ser prejudicial. Sem entender que estava sendo inspirada, assim o fez. Depois, falou:

— Bianca, preste atenção. A religiosidade, a fé em Deus é muito importante em momentos como o que você está vivendo. Seria essencial também para sua mãe. Procure uma igreja católica, pois sei que vocês já conhecem ou uma casa espírita. Seria muito bom para você e para a dona Marlene.

A amiga ouviu, porém seus problemas eram mais importantes.

≈

Mais tarde, após ter dado banho em sua mãe e ao colocá-la para dormir, Bianca a viu com expressão apreensiva e perguntou:

— O que foi mã?

— Estou pensando...

— Em quê?

— No que vai ser de você.

A filha disfarçou a tensão com um sorriso forçado e indagou:

— No que vai ser de mim? Ora! Como assim?

— Cuidando de mim, sem emprego, grávida e com um marido imprestável.

A filha sentiu um frio percorrer-lhe o corpo. Provavelmente sua mãe havia ouvido sua conversa com Glória.

— Mãe... — não havia o que argumentar.

— Das minhas três filhas, sempre achei você a mais esperta e inteligente. Não pensei que fosse se descuidar tanto.

— A senhora ouviu minha conversa com a Glória?

173

— Não. Reparei em você, no seu corpo... Na sua preocupação. No seu rosto que está sem alegria, sem jovialidade. Foi muito tola, minha filha. E agora?

Aquelas palavras apunhalaram o coração de Bianca. Sentiu os olhos arderem.

Por causa da gravidez, estava sensível e pela situação que enfrentava, angustiada.

— Vai dar tudo certo, mã.

— Não vai. Você sabe que não vai. Seu marido é folgado, incompetente e não está nem aí pras coisas. Abra seus olhos!

— O que a senhora quer que eu faça?

— Também não sei. Deveria não ter feito. Não ter casado nem arrumado filho. Vai terminar pior do que eu. Pelo menos, eu tinha seus avós, meus pais. E você, filha?! — Uma tosse forte a dominou. Pouco depois continuou: — Sua tia vai querer essa casa e não vai te restar nada, Bianca! Nada! A não ser um filho pra cuidar e ter que trabalhar feito louca para cuidar dele, da sua casa, do imprestável do seu marido.

Marlene falou e esbravejou, usando toda força que tinha.

Ao se deitar, Bianca remoia os pensamentos nas palavras de sua mãe.

Seus sentimentos a torturavam imensamente. Não enxergava saída para sua situação.

Chorou muito. Como nunca.

Afagou o ventre que pouco se avolumava e se deparava com o desejo de ter o filho, mas o arrependimento de tê-lo concebido. Era uma tortura cruel que a aterrorizava.

Seu mentor, o espírito Brício, estava presente. Assim como o espírito Jair, mentor de Marlene.

Devido ao nível de evolução espiritual, eles não poderiam ser vistos por espíritos inconsequentes que estavam ali presentes.

A vida está a sua espera

Aquela era uma casa onde não havia orações, preces, palavras edificantes, desejos lícitos no bem e na prosperidade do trabalho pessoal.

Há muito tempo, somente as reclamações vigoravam. O nome de Deus, sempre usado em vão, só era acrescentado às reclamações e protestos. Nunca em agradecimentos.

Embora ninguém ali praticasse perversidades, o bem nunca era a atitude principal.

Notícias degradantes, conversas fúteis, dramas a respeito de pequenas tragédias era o que mais se cultivava.

Por essa razão, espíritos infelizes que apreciavam esse estilo de vida fizeram dali moradia.

O vício de Marlene com a bebida, mesmo que esporadicamente, atraía outros desencarnados de caráter ainda mais fraco e lhe sugavam as energias espirituais quando a vampirizavam para absorção das energias das bebidas alcoólicas que ingeria.

Toda a vontade e desejo para a bebida eram impressões emanadas por espíritos dessa ordem. Embora a decisão de beber, fosse da encarnada.

Outros irmãos desencarnados, que também retardavam o adiantamento de Marlene, eram os que influenciavam nas reclamações, nas críticas alheias, na ausência de vontade para fazer algo por si mesma, a fim de melhorar a própria vida.

Por essas práticas materiais e mentais, aquele era um lar aberto a todo tipo de espíritos levianos e zombeteiros, que em nível de pensamento, causavam pequenas contrariedades, intrigas, desânimo e ausência de ligação com Deus.

Com olhar de compaixão, Brício vigiava sua protegida e se apiedava. Sabia que Bianca precisaria querer evoluir e fazer algo por si mesma, deixar de se acomodar e elevar-se a Deus. Desejo ela possuía, faltava-lhe atitude.

Também comovido, o espírito Jair aproximou-se do companheiro e comentou:

— Nas provas que precisamos enfrentar para evolução, não precisamos passar por todos os tipos de dificuldades. O livre-arbítrio, ou seja, o direito de escolha, com o uso do discernimento, que é avaliar bem com senso crítico, faz-nos aprender e nos afastar de muitas provas. Aqueles que se deixam levar pelo caminho da ilusão, que se deixam guiar pelos sonhos volúveis, instáveis e irresponsáveis atraem até mesmo as provações desnecessárias.

— Como foi o caso da Bianca, minha protegida. Ela aceitou e atraiu para si determinadas provações de que não precisava. Lógico que, superando-as, ficará bem mais forte. Não necessitava se unir ao César. Já expiou situação difícil quando abandonada em orfanato miserável em última reencarnação. Mas não aprendeu e se permitiu envolver e ainda pediu ajuda a espíritos zombeteiros e irresponsáveis. Seu caminho seria ao lado de Thiago. Lógico que receberiam Lara, mas não da maneira como vai ser. Embora tivesse dificuldades, juntos teriam equilíbrio para os desafios que precisariam enfrentar. Agora a vida terá de dar outras voltas, bem difíceis.

— Desculpe-me amigo, às vezes, não acredito que Bianca será capaz. Teremos dificuldades com a pobre Marlene que desperdiçou muito tempo e não deu nada de si nesta existência. Reprovou-se. Desencarnada, então... — Jair se deteve.

— Eu acredito em Bianca. Ela é guerreira. Seu amor por Thiago a fará vencer muitos obstáculos. Lealdade será o primeiro. Eles têm uma história ainda mais antiga. Por sofrer traições, ele a tratou daquela forma no período do Brasil Império, por isso não lhe perdoou por engravidar de outro homem, nem acreditou nela. Resgatavam muitas situações naquela época, mas não venceram tudo. Agora creio que será diferente. Muito diferente. O sofrimento amolece corações. Só precisamos que se encontrem e se ajudem. O amor tudo pode.

A vida está a sua espera

— Tenho de acompanhar Marlene que me dará muita preocupação. Clara, a filha mais velha, colaborou muito para o vício da mãe. Percebendo que não vencia o desejo do álcool, facilitava a compra oferecendo-lhe dinheiro para adquirir as bebidas. Diferente de Bianca que já resgatou o que precisava com ela — tornou Jair.

— Quantos prejuízos observamos pela falta de religiosidade, pela ausência de pensamentos elevados que liguem a Deus. Podemos ter problemas, dificuldades e grandes desafios, mas quando temos amor para enfrentá-los, Deus nos socorre. Ao entendermos Deus e a Ele nos voltamos, deixamos de viver nas reclamações, no que não é saudável física e mentalmente. Viver melhor só depende de nós — Brício sorriu esperançoso.

— Vamos aguardar, meu amigo. Orando e vibrando por nossos protegidos.

Chegando à casa de Mathias, Glória procurou disfarçar a preocupação que sentia. Não conseguiu.

O namorado falava sobre os planos para a viagem, mas, de repente, perguntou:

— O que aconteceu?

Ela sorriu lindamente e não pôde esconder.

— Estou preocupada com minha amiga, a Bianca — contou tudo.

— Nossa... Nem sei como poderia ajudar. O que você acha de dar algum dinheiro?

— Eu já fiz isso. Meu coração dói, mas não posso fazer mais do que já fiz. Senti isso quando estava fazendo o cheque. Acho que fui inspirada. A Bianca é uma pessoa sensacional, mas não soube planejar bem a vida. Talvez, precise aprender com as próprias escolhas. Se eu ou outra pessoa a ajudar agora, ela poderá se acomodar e o marido mais ainda. Ela tem histórico de gente acomodada na

177

família. O pai, que sumiu. A mãe, que mesmo sendo acolhida pelos pais dela, acomodou-se e não fez nada por si nem pelas filhas. Não é correto ajudar demais. Não com dinheiro. O ideal seria arrumar um emprego para ela. Mas, grávida, quem irá empregá-la? Ainda assim, tem a mãe que está muito doente.

Mathias ficou pensativo, depois contou:

— Eu tenho um tio que, por volta dos trinta anos de idade, perdeu o emprego. Por ser casado e ter duas filhas, meus avós os acolheram. A esposa não gostou da ideia de ir morar com a sogra, mas foi preciso. Minha avó, mãe do meu pai, acomodou a todos em uma edícula nos fundos do quintal. Meu tio ficou satisfeito. Para ele estava bom. Arrumou um empreguinho temporário aqui, outro ali, mas nada que sustentasse a família. A esposa começou a trabalhar fora. Depois, ela decidiu e fez faculdade. Prestou um concurso público e passou. Minha avó olhava as meninas e, mesmo assim, ela chegava do serviço e ajudava as filhas com as lições. O marido se acomodou. Ficava mais na frente da televisão do que em busca de emprego. A esposa alugou uma casa pequena para onde levou as filhas, que já estavam mais crescidas, e pediu o divórcio. Meus avós morreram e, até hoje, os irmãos ajudam esse meu tio. Um dá roupa, outro alimento, outro plano de saúde... Às vezes eu penso que, se ninguém o tivesse ajudado, esse meu tio não se tornaria o homem aleijado mental que se tornou. Muitos dos parentes que o ajudam dizem que tem uma missão para com ele! — ressaltou. — Dizem que precisam ajudar o próximo mais próximo! — falou com certa ironia. — Mas não sei se isso está certo.

— Não. Não está — opinou Glória. — Ajudar, no primeiro momento, é justo. Porém, deixar que uma pessoa se acomode e viva como parasita dependente é errado. Nós seremos responsáveis por isso. Criaremos vínculos desnecessários com essa pessoa que tornamos cativa, dependente ou, como você disse, aleijado mental. Muitas vezes, teremos de recebê-lo como filho, até deficiente, para ele aprender e

A vida está a sua espera

para nós também. É necessário aprendermos a ser independentes. Sabe, Mathias, já vi muita gente dizer: "Preciso ajudar, é meu irmão! Tenho uma missão na vida dele! Preciso carregar esse fardo, porque Deus o colocou no meu caminho!" — falou como se arremedasse alguém. — Jesus já nos disse, há mais de 2.000 anos: "Não dê peixe ao seu irmão. Ensine-o a pescar." Em *O Livro dos Espíritos*, na questão 886, temos a pergunta: "Qual o verdadeiro sentido da palavra caridade, como a entende Jesus?" E a resposta é: "Benevolência para com todos, indulgência para com as imperfeições alheias, perdão das ofensas." — Ofereceu breve pausa e ainda explicou: — Nessa resposta, não encontramos a palavra dinheiro. Dinheiro não é caridade. Se a pessoa não possui necessidades especiais que a tornem muito dependente, incapacitante ou vegetativa não temos que torná-la dependente de nós. Temos de ensiná-la a pescar. Uma pessoa que se torna capacitada e independente é alguém que evolui. Não podemos atravancar a evolução de ninguém. Devemos ajudar no primeiro momento. Se persistimos na ajuda, aleijamos a criatura e seremos responsáveis por isso. Foi o que seus avós fizeram.

— Concordo. Meus avós deveriam ter dado um prazo para ele ficar ali. Tê-lo cobrado de arrumar emprego. A esposa não aguentou. Ela tem toda a razão e até serviu de exemplo para as filhas. É por isso que temos esse dependente na família. E olha que o cara era inteligente. Tinha faculdade, mas não fez nada com seus talentos. Abriu mão da responsabilidade e perdeu muita chance.

— Por isso não vou ajudar a Bianca. Não mais do que fiz. A não ser se for o caso de arrumar um emprego ou algo assim. O assistencialismo de forma errada não oferece evolução. Não estou falando de entidades e instituições que cuidam de crianças e pessoas com necessidades especiais ou colaboradores com cesta básica, no primeiro instante, até a família se equilibrar e arrumar emprego.

— Eu entendi. Concordo. Quando realmente precisamos ser provedores e mantenedores de alguém, essa pessoa surge realmente dependente de nós. Algumas vezes, podem ser realmente dependentes pela incapacidade, mas, em outras, devemos guiar a criatura, dar-lhe o que for preciso e ajudá-la a ser independente, mas não eternamente. É o caso do Thiago.

— O doutor Thiago?

— Ele mesmo. A mãe vive naquele estado quase vegetativo. Dependente realmente dele para tudo. A irmã morreu e deixou a sobrinha, ainda pequena que, por enquanto, depende dele. O irmão, um tremendo vagabundo, não ajuda em nada. Vive sumido.

— Acho o doutor Thiago tão quieto. Ele nunca foi de falar muito, não é? Ninguém sabe da vida dele. Nunca conversa.

— O Thiago é supergente fina. Ele nem sempre foi assim. Aconteceram tantas coisas que o deixaram meio depressivo. Por isso acabou se fechando. Ele já me ajudou muito, sabia? Nem meus parentes me deram tanto apoio.

— Sério?! — surpreendeu-se.

— Sério. Quando ainda fazíamos faculdade, meu pai passou por uma dificuldade financeira bem grande e eu precisaria parar o curso. O Thiago, na época um molecão, bem mais novo do que eu. Bem... nem tanto — riram. — Ele falou com o pai dele que acabou pagando seis meses do curso de Medicina para mim. Somente um ano depois de formado, eu consegui pagar o homem. Depois, ajudou-me outra vez após meu divórcio. O único cara que me apoiou e me deu força para arrumar um hospital decente para trabalhar, foi ele.

— Ele te ajudou, mas não ficou te mantendo.

— Verdade. Às vezes tenho dó do Thiago. Já passou por poucas e boas.

— Ele nunca se casou?

— Não.

— Quantos anos ele tem? — interessou-se Glória.

A vida está a sua espera

— Acho que... uns trinta e cinco, talvez. Não tenho certeza. Ele teve uma noiva que aprontou com ele. Ela estava dando em cima do irmão. Aconteceu um acidente e ela morreu.

— Sério?!

— Qualquer dia eu te conto. Agora vamos planejar...

Nesse momento, a chegada de Isabel os interrompeu.

A moça estava agitada. Nem os cumprimentou e correu para os braços do pai.

— Eu! Ei! O que é isso, filha? O que foi? — perguntou preocupado.

— Nada... — respondeu sufocando a voz no abraço.

— Como nada?! O que te deixou assim?

Glória se aproximou e a afagou também, perguntando:

— O que aconteceu, Isabel?

Não respondeu e só chorou.

O pai a fez sentar no sofá e logo a jovem pegou uma almofada, abraçou ao peito e se encolheu.

Glória foi até a cozinha, pegou um pouco de chá, que havia feito pouco antes, e levou até a sala para servi-la.

Isabel aceitou e bebeu. Acalmou o desespero que se encontrava e deitou novamente.

Mais tarde, pediu ao pai para que pudesse dormir ali. Disse que não iria para as aulas do cursinho na manhã seguinte.

Mathias concordou e pediu para que Isabel ligasse e avisasse sua mãe.

Assim foi feito.

Antes de ir embora, Glória foi até o quarto da garota para se despedir dela.

Empurrou vagarosamente a porta que estava entreaberta. Não bateu para não acordar a jovem, caso estivesse dormindo.

Espiou por sobre o ombro e a viu se remexer.

— Ooooi... — sussurrou. — Pensei que estivesse dormindo. Precisa de alguma coisa?

Schellida ❦ Eliana Machado Coelho

— Não — murmurou.

— Já estou indo. Vim dar tchau.

Isabel se remexeu e se sentou. Estava com os olhos vermelhos e inchados de tanto chorar.

— Você já vai? — perguntou, parecendo querer puxar assunto.

— Sim. A não ser que você queira alguma coisa ou... Quer me contar o que aconteceu?

A moça ofereceu um suspiro. Lágrimas ainda rolaram de seus olhos e disse com voz entrecortada pelo choro.

— Terminei com o Salvino... — chorou. — Ele foi cruel... Arranjou outra e me chamou de vadia. Falou que eu fui fácil... — chorou mais ainda.

Glória sentou em sua cama ao seu lado e ouviu todas suas queixas. Quando ela ofereceu uma trégua, ela comentou:

— Sabe, Isabel... São os acontecimentos horríveis que vão nos ensinar o que ainda não aprendemos. Você está triste porque confiou demais nesse moço e se decepcionou.

— Não teve motivo para ele fazer isso comigo...

— Então ele é um cafajeste e não presta. Confiou no cara errado e por isso se magoou. Na verdade — falava sempre com jeitinho —, ficou magoada consigo mesma por não ter sabido escolher, analisar a situação e não ter caído fora antes de tudo isso acontecer. Mas quer saber de uma coisa?

— Fala.

— Ninguém nasce sabendo. São essas situações complicadas que nos fazem aprender, porque dói muito. Acontecimentos que não machucam, não ensinam.

— Fui muito idiota!... — chorou. — Ele foi meu primeiro namorado...

— E não será o último. Use essa tristeza para ver o que precisa mudar em si mesma para não se decepcionar novamente quando encontrar outra pessoa.

A vida está a sua espera

— Eu gostava dele...

— Foi a melhor coisa que ouvi de você. Ainda bem que se envolveu com alguém de quem você gostava. Já pensou que a decepção poderia ser maior se não gostasse dele? — Não houve resposta. Vendo-a pensativa, aconselhou: — Toda decepção acaba quando colocamos em prática planos de sermos pessoas melhores. Você é jovem, bonita, inteligente! Precisa se valorizar para que outros a valorizem. Valorizar-se não é ser orgulhosa e arrogante. Valorizar-se é ter noção da sua capacidade, da sua força interior, é ter metas e objetivos saudáveis, honestos e justos. É aplicar-se para construir sua vida sem depender dos outros. As decepções surgem quando depositamos muita esperança nos outros, quando, na verdade, devemos depositar esperanças em nós mesmos.

— Tá doendo... Ele me humilhou na frente de todo o mundo... Não vou, nunca mais, passar na porta daquele cursinho.

— Quando aprendemos que o sofrimento vai passar e que a alegria vai chegar, ficamos mais tranquilos. Mas se você se sentiu tão humilhada assim, podemos ir à delegacia dar queixa do Salvino. Ele não pode fazer o que fez. É crime por danos morais, agressão verbal, injúria e... Não sei mais o quê, porém é crime.

— Não... Não quero. Tenho vergonha.

— Então erga a cabeça o quanto antes.

— Não quero mais ir para o cursinho — tornou Isabel.

— E o que vai dizer para os seus pais?

— Não sei. Me ajuda, Glória!... — implorou.

— A verdade é o melhor caminho.

— Minha mãe iria falar um monte e meu pai... Tenho vergonha.

— Sua mãe é mulher. Saberá entender.

— Não. Não vai entender. Ela é desequilibrada. Toma remédio para acordar, para dormir, para comer, para ficar sem fome... Ela é louca!

— Não fale assim de sua mãe.

183

— Mas é! O Nestor está traindo minha mãe. Chega tarde, não dorme em casa... Lá está um inferno. Ela sabe. Briga muito, mas não quer se separar dele.

— Seu pai é capaz de entender. Confie nele — sugeriu.

— Você pode falar com ele — olhou-a com semblante preocupado, parecendo implorar por ajuda.

— Posso falar, mas, certamente, ele vai querer conversar com você.

— Mas, pelo menos, já vai saber. Eu não tenho coragem de contar.

— Isabel, preste atenção, eu posso fazer isso, mas é preciso que você amadureça e assuma sua vida, suas decisões. Crie objetivos. Faça metas. Comece agora com essa oportunidade. Se disser que quer sair ou que quer trocar de cursinho, seu pai vai querer saber por quê. Melhor dizer que brigou com o Salvino. Que foi algo sério porque ele te humilhou na frente de todos e não quer voltar lá. Não precisa contar detalhes como me falou. Mas precisa contar ao seu pai. E o quanto antes fizer isso, melhor. — Vendo-a pensativa, perguntou: — Quer que eu o chame aqui?

— Estou com medo... — chorou.

— Enfrentar o medo é para os fortes. — Glória se levantou, dizendo: — Posso chamá-lo?

— Pode... Vai.

Ao encontrar Mathias na sala, Glória se aproximou e ele quis saber:

— E aí? Pelo visto ela lhe contou o que aconteceu, né?

— Sim. Contou. E quer falar com você. — Ao vê-lo se levantar, disse: — Mathias, ouça mais do que fale. Deixe sua filha confiar em você. O que não disser para alguém poderá falar depois, mas o que for dito, não poderá retirar.

— Estou ansioso e preocupado. Pode adiantar o que aconteceu?

— Nada de mais. Nada sério. São aqueles dramalhões da juventude em que achamos que o mundo vai acabar. Ela brigou com o namorado e quer tomar decisões.

A vida está a sua espera

— Que decisões?

— Parar no cursinho. Mas deixe que ela te conte.

Atento ao conselho, Mathias foi até o quarto e Glória o acompanhou.

Ouviu a filha, seu choro e suas emoções. Por fim, orientou:

— Isabel, agora você está bem nervosa. Nesse estado não devemos tomar decisões. Durma e descanse. Amanhã estará de cabeça fria e vai saber melhor o que fazer. Pode ser assim?

— Pode.

O pai a abraçou com carinho e ficaram assim por algum tempo. Glória decidiu ir embora.

No momento de se despedir, Isabel a abraçou com força, agarrando-se a ela.

— Pronto... Viu? Não foi tão difícil assim.

— Obrigada. Você me ajudou muito — falou com a voz sufocada no abraço.

— Não por isso, querida. Amanhã é um novo dia. Seu pai tem razão. Não se deve tomar decisões quando estamos nervosos, com raiva ou decepcionados.

— Amanhã você vem pra cá? — quis saber ao se afastar do abraço.

— Venho sim. Não viria, mas agora quero saber como você vai ficar.

— Dorme aqui.

Glória sorriu. Achou graça e respondeu:

— Não posso. Minha mãe me mata — gargalhou. — Dona Bartira é muito brava.

— Tá bom.

— Fique com Deus, Isabel. Durma bem.

— Você também. Obrigada por tudo.

185

capítulo 10

Aprenda a escolher

Uma sensação de desapontamento dominava Bianca.

As irmãs não colaboravam com os cuidados de que a mãe necessitava nem mesmo para que ela pudesse fazer o pré-natal com tranquilidade. Para isso, precisou da cooperação de Carmem, mulher de seu primo Gildo Júnior, que morava nos fundos daquela casa.

Apesar de Carmem ter um bebê, esforçou-se para ajudá-la, tomando conta de Marlene a fim de que Bianca tivesse parte do dia livre.

A consulta, em uma unidade da rede pública, havia demorado muito.

Já passava da hora do almoço, quando Bianca chegou a sua casa, cansada e com fome.

Ao entrar, deparou-se com algumas bagunças desde o quintal.

Na pequena cobertura que servia de lavanderia, havia, no chão, ao lado do tanque, algumas roupas amontoadas para lavar.

A vida está a sua espera

— Mas o que é isso?! — surpreendeu-se e falou sozinha. — Roupas jogadas no chão?!

Muito insatisfeita, foi à direção da porta da cozinha e a abriu. Decepcionou-se mais ainda. Na pia havia uma pilha de louças e panelas para lavar. Sobre a mesa, pratos sujos e copos cheios de formigas minúsculas que se amontoavam ali, atraídas por algum resto de bebida doce. Em cima do fogão, que estava bem sujo, mais panelas sujas. Algumas com água para amolecer algo queimado.

— Meu Deus do céu! Dois dias que não venho aqui e encontro isso! — exclamou, falando sozinha, indignada com a situação.

Bianca sentiu seus olhos aquecerem e vontade de chorar.

Como é que o César, que ficou em casa no dia anterior, não arrumou tudo aquilo?

Abriu a geladeira e, desgostosa, viu que não tinha nada saudável para comer. A maior parte dos alimentos estavam velhos e eram restos do que não servia mais.

Na fruteira, encontrou uma única banana com a qual se alimentou.

Foi para o quarto onde tudo também se encontrava muito bagunçado. Cama desfeita e roupas pelo chão.

Bianca se trocou e pôs-se a limpar e arrumar a casa inteira.

A noite já havia chegado quando terminou tudo. A casa ficou bem limpa. Comida pronta e roupas no varal, estendidas embaixo da pequena cobertura, pois não haviam secado.

Olhou no relógio e ficou preocupada. Carmem, com o filho pequeno, era quem estava olhando sua mãe.

Bianca pegou algumas mudas de roupas e colocou-as em uma sacola. Apanhou sua bolsa e correu para a casa de sua mãe.

Assim que chegou, já ouviu as reclamações de Carmem que, com o filho pequeno chorando nos braços, dizia:

— Isso é hora?! Não fiz nada o dia inteiro!

— Desculpe-me Carmem, por favor — disse em tom humilde, reconhecendo que a outra havia sido prejudicada com sua demora.

— Caramba! Toda hora eu precisava vir aqui. Ela não faz nada sozinha e chama toda hora. Era água, comida, fralda, remédio...

Bianca parou frente a ela e pediu, novamente, olhando em seus olhos:

— Desculpe-me, por favor. Vamos ver no que posso te ajudar agora.

— Não fiz nada na minha casa o dia inteiro! O Lucas não parou de chorar!!! — esbravejava.

Bianca entrou na casa de sua mãe e Carmem foi atrás. Colocou sua sacola em um sofá, olhou para a mãe que estava deitada e propôs:

— Vamos lá. Vou te ajudar. O que você tem pra fazer? — perguntou ganhando ânimo.

Carmem ficou surpresa. Não esperava aquilo.

— É... Eu...

— Vamos na sua casa agora! — falou decidida e já saindo.

Indo até a casa da outra, Bianca foi logo cuidando de tudo o que não estava em ordem na cozinha. Lavou a louça e fez o jantar. Enquanto Carmem dava banho no nenê.

Em seguida, foi para o tanque e lavou à mão todas as roupas que não poderiam ser colocadas para lavar na máquina.

Carmem amamentou o filho, que dormiu em seguida, e aproveitou para varrer e passar pano na casa.

Em pouco tempo, tudo ficou limpo e arrumado.

Ao terminar, Bianca perguntou:

— Tem mais alguma coisa pra fazer?

Carmem pareceu muito surpresa. Estranhava o comportamento humilde e prestativo de Bianca, com quem sempre teve pequenos entreveros por questões mínimas e insignificantes.

— Não. Você já me ajudou muito. Até janta já fez — sorriu agradecida. No mesmo instante, reparando a fisionomia séria e um tom pálido no semblante da outra, perguntou: — Você está bem?

Bianca disfarçou com um sorriso ao responder:

A vida está a sua espera

— Um pouco cansada. Hoje o dia foi difícil e longo demais.

— Então vai! Toma um banho, come alguma coisa e descansa.

— Quem dera descansar... — murmurou. — As noites com minha mãe estão ficando cada vez mais longas. — Procurando mostrar ânimo, disse: — Bem... Qualquer coisa, você pode contar comigo. Obrigada por ter ficado com minha mãe hoje. Não imagina o quanto me ajudou.

— E lá no médico? Deu tudo certo?

— Sim, deu. Ou melhor... Fiz só a consulta normal, aferimento de pressão e peso... Não deu para fazer a ultrassonografia. O equipamento estava quebrado.

— Que pena. Será que já dá pra saber o que é?

— Não sei — sorriu. — Certamente vai dar para ver na próxima. — Tomada de imenso cansaço, decidiu: — Qualquer coisa, você me chama. Agora preciso de um banho.

— Obrigada, Bianca. Qualquer coisa também estou aqui.

— Eu que te agradeço, Carmem. Desculpa minha demora.

Após um banho morno, Bianca comia, tão somente, arroz com ovo frito. Sentada à mesa da cozinha, Brício se aproximou e cedeu-lhe energias revigorantes.

— Com as necessidades, aprendemos a ser humildes, não é Bianca? Nunca pensou que Carmem pudesse ser a única criatura a colaborar com você, não é mesmo?

Nesse instante, em pensamento, Bianca refletia:

"Nossa... Falei tanto mal da Carmem... Que ela era irresponsável, que arrumou filho e só depois pensou em se juntar e arrumar casa pra morar... que todo o mundo tinha de ajudá-la... Mas, agora, foi a única que me deu a maior força. E ainda com nenê pequeno. Droga! Não podemos maltratar ou humilhar ninguém. Nunca sabemos quantas voltas essa vida dá."

— Nem julgar, Bianca. Também não devemos julgar. Não sabemos o grau de evolução do outro — disse Brício.

Schellida ◆ Eliana Machado Coelho

"Verdade..." — continuou pensando, sem perceber que havia captado a inspiração de seu mentor. — "Nem julgar nós podemos."

— Isso mesmo, filha. Detenha a língua e os pensamentos da próxima vez. Perceberá que vai viver melhor. Criamos energias bem negativas quando julgamos ou falamos mal de alguém. Espero que tenha aprendido essa lição.

Naquela noite, Marlene estava bem agitada. A doença se agravava e seu estado psicológico ficava bastante abalado.

Ela falava muito. Algumas vezes dizia palavras sem nexo, sem qualquer sentido. Em outros momentos, mais lúcidos, expressava-se sempre com repreensão e críticas. Nunca abrandava o próprio coração nem se exprimia com bondade e aceitação. Ao contrário, manifestava-se contrariada e rude.

Franzindo a testa, ressaltando as linhas de expressões criadas pelo tempo, Marlene perguntou:

— E aquelas suas irmãs?

— Não sei, mã. Não as vejo há dias.

— Filhas ingratas. Deus tá vendo que elas me abandonaram. Quase um mês sem virem aqui — na verdade ela não tinha noção do tempo. Falava por falar. Um instante e perguntou: — E você? Foi no médico?

— Fui.

— Como está?

— Tudo bem. Não consegui fazer a ultrassonografia. O equipamento estava quebrado. O médico examinou e me receitou medicação à base de cálcio.

— E o seu marido?

— Não sei. Passei lá antes de vir pra cá, dei uma arrumada na casa. Nem o vi.

— Aquele incompetente ainda deixou casa pra você arrumar? Tenha a santa paciência! Eu disse que você iria carregar a casa nas costas.

190

A vida está a sua espera

— O César estava trabalhando, mã — defendeu.

— E você, por acaso, estava brincando? — Não houve resposta. — Foi uma trouxa. Você e suas irmãs. Cuidado para não terminar como eu. Cadê o pai de vocês? Onde está aquele energúmeno e ingrato? Eu fui uma tola! Idiota!... — e começou a reclamar mais.

Aquelas manifestações alvoroçavam espíritos que se compraziam com o assunto, dificultando, ainda mais, o estado físico e espiritual de ambas.

$\approx$

Mathias e Glória decidiram se casar antes de viajarem para os Estados Unidos. Foi algo bem simples e repleto de energias santificantes.

Isabel e Cristina apegaram-se muito à Glória, reconhecendo seus valores.

— Eu gostaria de ir junto com vocês.

— Olha, Isabel, nós estamos indo para ver o negócio que seu pai quer entrar e se tem chance de dar certo. Não é uma viagem a passeio. Não estaremos empenhados em outra coisa. Se tudo der certo, você vai e passa algum tempo lá. — Falando baixinho, de um jeito engraçado, disse: — Na verdade, na minha opinião, esse negócio não é algo que eu esteja botando fé. Entende? Vamos ter de ficar pra cima e pra baixo. Não poderemos parar. Deixa a coisa esfriar. Baixar a poeira. Depois acertamos tudo.

— Vou sentir sua falta — sorriu docemente.

— E eu a sua, minha querida. Acredite — abraçou-a com carinho.

$\approx$

Antes de viajar, Glória foi visitar sua amiga.

Abraçando-a com carinho, passou a mão em sua barriga já avolumada e perguntou:

— Como estão as coisas, Bianca?

— Estou... — Não conseguiu falar. Lágrimas grossas correram em sua face e ela secou com as mãos, escondendo o rosto. — Não sei se é sensibilidade por causa da gravidez ou se é a situação que me deixa assim tão estressada.

— Acho que é tudo, minha amiga — falou com piedade.

Bianca deu um suspiro profundo e forçou um sorriso. Sentia-se exaurida de forças.

— Suas irmãs não podem dividir com você algumas tarefas?

— A Clara se mudou para o interior. Não sei se te falei. A Lenita não dá as caras há tempos. Quando vem aqui, sai correndo. Por incrível que pareça, quem está me dando a maior força é a Carmem, mulher do meu primo. Aquela que eu criticava — sussurrou.

— De onde a gente não espera a ajuda chega.

— Como se não bastasse, o César não está nem aí. Começamos a brigar muito. Quando vou a minha casa, encontro tudo sujo e bagunçado. Ele não é capaz de recolher uma peça de roupa do varal nem de lavar um copo. Eu, idiota, entrei na conversa dele e acabei engravidando. Esse filho não veio em boa hora.

— Oh, Bianca... Não fale assim, minha amiga.

— É a verdade, Glória. Temos de admitir. Eu deveria ter pensado mais. Nem ter insistido nesse casamento que... Que já nem existe. Mas o que fazer agora, não é?

— Você está nervosa, cansada, estressada e preocupada com sua mãe. Isso tudo a está deixando decepcionada. Não era o que queria. Lógico que não. Mas vai passar. Cuide de sua mãe com carinho.

— Eu faço isso. Dou o melhor de mim.

— Cuide do seu bebê com carinho também. Ele é capaz de sentir o que você sente. Até seus pensamentos ele percebe por meio de energias e vibrações que emana.

— É verdade. Eu sei — ficou triste. — Mas é que tem hora...

A vida está a sua espera

— Bianca — chamou-a, afagando-lhe o rosto pálido de expressão frágil —, tudo passa. Esse momento difícil também vai passar. O mais importante na vida é aprendermos com o que experimentamos. Nossas escolhas de ontem nos colocaram na experiência de hoje. As escolhas de hoje preparam nossas vidas para o amanhã. Seja firme e forte. Tenha posicionamento. Aprenda a observar antes de se exaltar, brigar ou se animar. Aprenda a dizer não. Planeje — sugeriu com voz doce.

— Você tem toda a razão. Olha só pra você! — sorriu. — Se tivesse corrido atrás do Abel, não teria dado chance para o Mathias. Sua vida não teria se transformado. Estou feliz por você, Glória.

— Fiz escolhas. Não pense também que minha vida está boa, pura e simplesmente, por passe de mágica. Quando aceitei namorar e casar com o Mathias, precisei fazer escolhas e refletir muito. Ele era divorciado e trazia, no currículo, duas filhas — riu. — No começo pensei: "Se eu ficar com ele tenho de ficar com as duas meninas também." Aceitá-las significa respeitá-las. Até porque não sei qual ligação temos do passado para essas garotas estarem hoje na minha vida. Nada é por acaso. No começo não foi fácil. A Isabel não me aceitava. Eu ficava triste, mas nem podia me manifestar. Gostava do Mathias e não queria magoá-lo. Orei muito. Pedi a Deus que encontrasse um jeito de fazer a Isabel me aceitar — sorriu. — Todas as noites, antes de dormir, por mais que estivesse triste por algo que ela falasse, eu dizia: "Eu te perdoo, Isabel. Perdoe-me também. Vamos viver com mais amor. Deus abençoe nossa amizade" — sorriu docemente. Não demorou muito e precisei defendê-las. Lembra?

— Lembro. Que susto você passou.

— Mas foi um bem todo aquele mal. De lá pra cá, passamos a nos dar muito bem. Ela e a irmã não saem lá de casa — riu. — Adoro essas meninas. Não me vejo mais sem elas. Se vou comprar algo e... Lá vou eu pensando primeiro nas garotas — riu gostoso.

— E agora que vão viajar? — Bianca quis saber.

193

— Vou sentir muita falta, né? — Glória sombreou o sorriso e comentou: — Tenho o pressentimento de que não vamos ficar lá por muito tempo, como o Mathias pretende. Ele está empolgado, mas não sei não. Com jeitinho, eu falei, mas... Às vezes, é melhor ele conferir de perto o que precisa aprender, para mais tarde não pensar que não tentou.

— Falando em pressentimento... Nos últimos tempos, aquele meu sonho vem se repetindo.

— Aquele do lugar com neve?

— Esse mesmo! Algumas cenas são acrescentadas e mais nítidas. Às vezes, eu me vejo saindo de um carro parado na estrada. Falo com um casal meio idoso... Depois ando pra caramba e entro em um bosque como se fosse cortar caminho. Uma coisa ou outra muda. Agora sei que é um homem quem abre a porta. Mas não vejo o rosto. Ele é alto. Acordo antes de vê-lo.

— Será que não é alguma lembrança de outra vida?

— Não tenho a menor ideia — Bianca sorriu.

— Em todo caso não é um sonho ruim.

— Não. Não é. Quando eu vejo a porta sendo aberta e vejo esse homem, eu fico feliz. Sinto um alívio. Antes de vê-lo, não. Estou bem apreensiva. Sabe que até gosto quando tenho esse sonho — sorriu.

— É tão real que, mesmo quando está calor, acordo com frio — riu com jeitinho meigo.

Glória sorriu com bondade e ternura. Olhou para a amiga e viu um brilho triste em seu olhar. Sentia que algo mais poderia acontecer, mas não sabia o que era.

Não gostaria de se separar de sua melhor amiga naquele período, porém era preciso.

Assim que Glória se foi, Bianca sentiu um aperto forte no peito. Não gostava de experimentar aquela sensação angustiante e aflitiva. Parecia uma premonição de que algo ruim pudesse acontecer.

Não gostava do rumo que a vida tinha tomado.

A vida está a sua espera

Desejaria trabalhar, que o marido fosse mais empenhado. Ele tinha tempo livre suficiente para um segundo emprego.

Ela mesma conhecia hospitais e pequenas clínicas ortopédicas onde César poderia trabalhar.

Recordava das palavras de sua mãe. Ela estava com toda a razão.

Em uma união, é preciso ter alguém com quem se possa dividir tudo. Um homem que assuma a família, como sua mãe dizia. Uma mulher que coopere com tudo. Não se pode viver só de amor.

Bianca sabia que não quis admitir que César era fraco, não assumia responsabilidades e conforme sua mãe falou, tudo sobrava para ela.

— Droga... — murmurou. — Não quero chegar ao final da minha vida como minha mãe. — Logo pensou: — "Errei por ter investido muito nesse casamento. Em ter ido àquela mulher junto com a Clara... Eu pedi para encontrar uma casa... mas quando a gente se envolve com essas coisas... Bem que a Glória tinha razão. Talvez esse casamento não tivesse de acontecer e fui eu quem se empenhou... Ah, meu Deus... Me perdoa..." — chorou. — "Me ajuda a encontrar uma solução pra isso."

Entrou. Olhou para a mãe, que parecia dormir, e novamente pensou:

"Não quero ficar como ela. Minha mãe cuidou de nós, mas nunca serviu de exemplo. Está certo que meu pai a abandonou. Não sabemos se está vivo ou morto. Porém ela nunca fez nada pela própria vida. Não trabalhou. Não fez nada para ela mesma... O máximo que fez foi lavar ou passar roupa aqui e ali. Mas desde quando começamos a trabalhar, ela parou até com isso. Sempre quis ser sustentada e só cobrava trabalho de todas nós. Não posso ser como ela. Não quero dar esse exemplo para o meu filho. Preciso fazer algo por mim."

capítulo 11

O nascimento de Lara

Bianca estava com seis meses de gestação quando Marlene faleceu.

Apesar de saber que o estado da mãe era irreversível, o acontecimento causou muita dor.

Glória, que estava longe, não pôde ir ao enterro nem consolar a amiga por telefone, pois Bianca não tinha telefone na época.

Lenita e Clara, cultivando um remorso inconsciente, debruçaram-se em lágrimas sobre o caixão.

Carmem foi a única que ficou ao lado de Bianca e entendeu sua dor silenciosa. Respeitou sua quietude. Soube reconhecer toda a sua dedicação.

Após o enterro, Bianca passou na casa onde ficou os últimos dias com sua mãe para buscar suas coisas.

As irmãs a acompanharam.

— Acho melhor a gente pegar as coisas da mãe antes que a tia venha aqui — disse Lenita, apossando-se da pequena televisão.

A vida está a sua espera

Clara apanhou uma caixa e colocou um cobertor, aparelho de telefone que estava sem uso e outras coisas.

Até pratos, talheres e panelas as duas irmãs levaram.

Bianca, verdadeiramente entristecida, pegou, tão somente, suas coisas.

Carmem a chamou em sua casa e lhe serviu um prato de sopa.

— Eu não quis levar lá porque não tenho muito. Quer dizer... Não vai dar pra todo mundo.

— Obrigada. Vou aceitar porque... Até chegar a minha casa e preparar alguma coisa, vai ser bem tarde. Esses últimos dias, no hospital, foram complicados.

Enquanto Bianca tomava a sopa, Carmem comentou:

— Suas irmãs estão sendo rápidas, não é?

— Nem me diga...

— Parece bando de urubus! Que horror! — Acercando-se da outra, contou: — Sua tia já está com tudo pronto pra vender esta casa. Você sabia?

— Não — surpreendeu-se.

— Ela contou pro Júnior que pagou um advogado para mexer com inventário e um monte de documentação no cartório para vender tudo aqui. Ela pega a parte dela, que é metade, e a outra metade vocês três vão ter que dividir.

— É o certo.

— Mas ainda vai tirar da parte de vocês o dinheiro para pagar o advogado.

— Nem sei o que pensar, Carmem. A tia Sueli está certa. Agora é hora de cada um cuidar da sua vida.

— Quero ver o que vai ser de mim e do Júnior.

Bianca ofereceu um suspiro e considerou:

— Olha, quando minha mãe falava que nós precisávamos pensar mais antes de casar, ela tinha razão. Agora precisamos é dar um jeito de fazer nossos maridos assumirem responsabilidades tanto

197

quanto nós. Pensar mais no futuro e fazer boas escolhas. O César é tão folgado quanto o Júnior. Eu, aqui, cuidando da minha mãe e ele, até nos dias de folga, não fazia nada em casa. Você sabe. Eu tinha de ir lá arrumar e limpar tudo. Só vou esperar meu nenê nascer, arrumar uma creche e um bom emprego e se o César não tomar jeito...

— Quando voltar pra sua casa, faça tudo mudar e entrar no eixo. Você já está no sexto mês e não pode fazer tudo sozinha. Olha como está inchada!

Bianca sorriu simplesmente. Nada disse. Achava-se estressada e cansada, além de bastante triste.

Assim que terminou de tomar a sopa, agradeceu pela comida, beijou Lucas que dormia e, mais uma vez, agradeceu imensamente Carmem por toda a ajuda que lhe deu.

Nunca pensou que pudesse ter uma emoção tão forte por envolvê-la em um abraço tão apertado. Com lágrimas que quase correram, olhou-a nos olhos e sentiu que aquela seria a última vez. Talvez a encontrasse de novo, mas nunca mais ficariam tão juntas. Beijou-lhe no rosto e a viu chorar e não se conteve.

Em seguida, Bianca se despediu das irmãs que permaneceram na casa que foi de sua mãe, fazendo divisões das coisas.

Ao chegar a sua casa, novamente, deparou-se com as cenas deprimentes.

O marido não havia arrumado nada. Tudo estava sujo e fora do lugar.

— César! Pelo amor de Deus! O que é toda essa bagunça?!

— Depois eu arrumo. Não esquenta — disse sentado em frente à televisão.

Mas não arrumou.

A vida está a sua espera

Com o falecimento de sua mãe, Bianca acreditou que viveria menos sobrecarregada, mas isso não aconteceu.

O marido ficava pior a cada dia. Não suportando a situação, chegou ao ponto de brigar e gritar com ele que nada respondia. Saia de casa e a deixava sozinha.

Não havia para quem reclamar. Seus sogros tinham se mudado para o interior e nunca foi visitá-los. Não recebeu suas visitas nem mesmo quando sua mãe morreu.

Sua irmã Clara também sumiu após o enterro e raramente se encontravam. Casualmente, via Lenita. Quando tentava ir a sua casa, a irmã nunca estava.

Às vezes, encontrava com Carmem na rua e conversavam um pouquinho. Ela sempre tinha detalhes sobre a negociação do imóvel onde morou.

Sua tia Sueli a procurou e a fez assinar alguns papéis para a venda da casa de seus avós. Bianca não titubeou e assinou, pois precisava. Foi até o cartório, inclusive, para isso.

A tia avisou que procuraria suas irmãs. Foi o último dia que a viu. Não entendeu que havia passado uma procuração para que Sueli cuidasse de toda a negociação e venda do imóvel.

O exame de ultrassonografia revelou que esperava uma menina. Ela não via a hora de a filha nascer.

Mas, desde esse dia, César mostrou-se contrariado. Gostaria que fosse um menino.

— Tenho direito a escolher! — ele reclamava.

— Direito a escolher coisa nenhuma! Você sabe que quem define o sexo do bebê é o homem! Não venha com essa — respondeu cinicamente, embora estivesse magoada com ele. Sentia seu coração machucado.

A vida junto do marido ficava cada dia mais difícil.

199

As economias guardadas acabaram. César não recebia o suficiente para pagar o aluguel, que teve reajuste meses antes, nem para cobrir as despesas da casa.

Como se não bastasse, ele perdeu o emprego.

— César! Eu não acredito! Como foi deixar isso acontecer?!

— Acha que a culpa é minha? Você também perdeu o emprego! Tá pensando que eu queria isso? Qual é? — virou as costas.

— Aonde você vai?! Vamos conversar!

— Conversar o quê?! Não tenho nada para conversar.

— Precisamos nos planejar! Pensar em alguma coisa! Nossa filha está para nascer!

— Olha aqui, Bianca. Não tenho a menor ideia do que podemos fazer. Tô saindo pra esfriar a minha cabeça.

Enervada, a esposa foi para junto do marido e o segurou pela camisa. Ele se virou e ela começou a estapeá-lo no peito.

César a empurrou e, mesmo vendo a mulher no chão, virou as costas e saiu.

~

Era um dia de muita chuva quando a ordem de despejo contra César e Bianca foi cumprida.

Ela não acreditava ao ver suas coisas sendo retiradas da casa e encharcando-se no aguaceiro.

Chorou.

Um choro repleto de dor e angústia.

Silenciosamente, recordava cada palavra de sua mãe. Não sabia, mas tinha o espírito Marlene ao seu lado, repetindo tudo o que havia dito e lamentado por sua situação.

Com a ajuda dos amigos do bar que frequentava, César arrumou um lugar para levar as coisas retiradas da residência.

A vida está a sua espera

Era começo de noite...

Bianca entrou no que seria sua nova casa, se é que se poderia chamar assim. Era uma improvisação. Longe de tudo e de todos. A cidade mais próxima e dada como referência era Suzano. Longe do grande centro da cidade de São Paulo.

Tratava-se de um único cômodo onde chovia tanto dentro quanto fora.

A primeira coisa a fazer foi espalhar panelas pelo chão para tentar evitar poças de água dentro do cômodo.

Ratos e baratas frequentavam o lugar.

César colocou o fogão e a mesa ao lado da cama e tudo ficou muito amontoado. Mal havia espaço, como um corredor para passarem.

Após Bianca entrar e olhar com nojo e indignação para todo o ambiente, viu o marido sair e bater a porta.

— Não acredito... — lamentou decepcionada. — Onde vim parar?... — perguntou, segurando a barriga das últimas semanas de gestação.

Não demorou muito para descobrir que não havia banheiro. As necessidades fisiológicas deveriam ser feitas em balde, levadas para fora e enterradas no terreno.

Não se tratava de uma casa, mas sim de um cômodo feito em zona rural, perto de chácaras e pequenas plantações de verduras, que servia para armazenar ferramentas, materiais e adubo.

Havia uma linha férrea que passava bem perto e o barulho incomodava a quem não estava acostumado.

O cheiro era insuportável. Não tinha luz elétrica. Somente velas e lampião, tornando muito perigoso aquele pequeno espaço.

Para quem pedir ajuda? Para quem gritar socorro?

Grávida, perto à dar a luz, não tinha como trabalhar para se sustentar. Não teve como dar continuidade ao pré-natal. Não sabia o que estava acontecendo com ela e com o bebê.

César aceitava fazer pequenos serviços, os chamados bicos, o que colocava um pouco de comida em casa.

Quando o gás acabou, Bianca precisou improvisar uma grelha entre tijolos e cozinhar a lenha.

Não havia um único dia que não brigavam e gritavam um com o outro.

Em uma tarde muito quente e chuvosa, Bianca movimentava as coisas dentro do cômodo, quando foi mordida por um rato.

Preocupada, sabendo do perigo que corria pelas doenças que poderia se contaminar, inclusive a perigosa hidrofobia, mais conhecida como raiva, doença causada por vírus que acomete o sistema nervoso de mamíferos, adquirida a partir de mordedura de animal não vacinado e contaminado como cachorro, gato, morcego, rato etc, saiu de casa em busca de ajuda.

César não estava e não sabia onde encontrá-lo.

Usando um casaco como capa, percorreu grande distância a pé e começou a sentir uma espécie de contração que foi aumentando rapidamente.

— Ai, meu Deus! O que é isso?!

Olhou em volta e não viu ninguém. Pegou uma estrada de terra batida, enlameada. Andou um pouco mais e viu um bar. Uma porta que ficava na frente de uma chácara. Foi ali que entrou e todos a olharam assustados com sua presença.

Foi até o balcão e disse:

— Moço, por favor, me ajude! Minha filha está pra nascer!

A vida está a sua espera

Assombrado com aquele pedido, o homem recolheu Bianca para os fundos da propriedade e chamou sua mulher.

Alguém ligou para uma viatura da polícia para que viesse socorrê-la.

As dores que sentia eram intensas. A criança não se encontrava na posição certa e tinha dificuldade para nascer. Não havia passagem suficiente também. Seria preciso uma cesariana.

A viatura policial chegou. Os policiais perceberam que não havia condições de o parto ser realizado ali.

Bianca gritava e agarrava-se na farda de um dos policiais que a socorriam. Não suportava tamanha dor.

Muito tempo depois, chegaram a um hospital.

Ela foi preparada para fazer uma cesariana de emergência e deu luz a uma menina que precisou ser atendida imediatamente.

Bianca perdeu muito sangue e passou muito mal. Quase não viu a filha nascer.

Bem depois, achando-se melhor, quis saber:

— O que aconteceu com minha filha? — chorava. Sentia que algo estava errado.

Uma enfermeira passou-lhe a mão, carinhosamente, no rosto e falou:

— Calma, meu bem. Ela precisa de cuidados agora. Depois poderá ver sua filhinha.

— Sou enfermeira também. Sei que alguma coisa deu errada. O que aconteceu?

— Sua filha precisa de cuidados. Descanse agora.

— Ela demorou muito para nascer. Foi isso, não foi?

— Ela precisa ser examinada por um pediatra. Tudo ficará bem.

Uma forte dor cortava o coração de Bianca, que chorou silenciosamente.

Somente no dia seguinte, um médico foi falar com ela:

— Boa tarde. Sou médico da U.T.I. neonatal onde sua filha está.

Schellida · Eliana Machado Coelho

A jovem mãe não conseguiu deter as lágrimas. Com muita dificuldade, pela dor que sentia da cesariana, sentou-se direito e perguntou:

— O que houve com minha filha, doutor? Sou enfermeira e sou capaz de entender.

— Seu parto foi demorado e teve complicações. Sua filha não estava na posição adequada para nascer. A senhora fez o pré-natal?

— Não como deveria... — chorou. Já desconfiava do que tinha acontecido.

— Toda a demora provocou uma parada respiratória e outras complicações. Entre elas, a falta de oxigenação no cérebro. Não sabemos qual a dimensão ou as lesões que podem ocorrer. Mas... Certamente haverá. Ela deverá ficar na U.T.I. por alguns dias. Sinto muito.

Bianca começou a chorar desesperadamente. Sabia o que aquilo significava.

Nunca pensou que pudesse experimentar tanta dor, tanta tristeza e desespero.

Acreditou viver um pesadelo sem fim. Gostaria de acordar dele, mas não era possível.

Sua mãe bem que a avisou que César era irresponsável e não se importava com nada. Aquela era a consequência de ter escolhido um companheiro imaturo e acreditar que ele mudaria.

O marido não se preocupou com seu estado. Não ficou ao seu lado. Abandonou-a à própria sorte ali, naquele lugar ermo.

Algum tempo depois lembrou de falar ao médico o que havia acontecido para ter saído de casa sozinha naquela chuva. Talvez aquela situação a tenha deixado bem nervosa, por isso o parto se antecipou.

Foi prescrito vacina antirrábica e alguns antibióticos, que Bianca precisou tomar devido à mordida do rato.

A vida está a sua espera

Não acreditavam que a pequena filha pudesse ser contaminada, tendo em vista que nasceu poucas horas depois do incidente com o roedor.

Apesar disso, a pequena ficou em observação.

À noite, César apareceu procurando por ela.

Inconformada, a esposa lhe contou todo o ocorrido. Não quis fazer escândalo no hospital. Guardaria toda sua fúria, toda sua dor para outro momento.

Bianca recebeu alta, mas a pequena filha, que chamou de Lara, permaneceu internada na U.T.I. neonatal.

Assim que voltou para casa, revoltada, a esposa gritou e brigou com o marido, culpando-o por tudo.

César não reagiu. Como sempre, saiu de casa e a deixou sozinha ainda chocada e contrariada com suas atitudes.

A paralisia foi inevitável consequência para a pequena Lara que precisaria, naquela reencarnação, vivenciar o que lhe havia faltado na última, junto à Bianca.

Lara não necessitaria, obrigatoriamente, ser filha de César e Bianca ao mesmo tempo. O planejamento foi para que nascesse filha de Bianca com Thiago, pois a eles foi inicialmente confiada na última reencarnação. Haveria de viver os anos que lhe restaram daquela época e não foram cumpridos. Como filha de César seria em outra oportunidade, mas os planos foram alterados devido ao livre-arbítrio e o conveniente foi o que ocorreu. Conforme nos ensina a questão 851 de *O Livro dos Espíritos*, nem todos os acontecimentos da vida são predestinados, pois, então, o que seria do livre-arbítrio? Ao fazermos escolhas ou forçarmos situações, instituímos uma espécie de destino. Deus aproveita todas as oportunidades. Nada é desperdiçado.

A menininha recebeu alta após algum tempo e foi levada para casa com muitas recomendações.

Lembrou-se muito de tudo o que conversou com Glória. Não era por acaso que se encontrava naquela situação. Começou a aceitar

205

que, se estava ao lado da filha, é porque ambas precisavam daquela experiência. Só isso justificaria aquele acontecimento. Como a amiga falou, Deus era bom e justo.

A contrariedade começou a abandonar seu coração a partir do momento que passou a pensar assim. Chorou algumas vezes. Não era isso o que desejava. Olhava para a filha e sentia amor e compaixão. Beijava-a com carinho. Conversava com generosidade. Acreditava, em seu coração, que a pequenina era capaz de entender.

Bianca saberia cuidar da filha, mesmo não tendo tudo de que precisava.

A humildade do lugar onde moravam, o bolor ou poeira provocavam as piores dificuldades respiratórias na menininha que não possuía nem fraldas descartáveis para usar.

A mãe ficava desesperada e cobrava do marido provisões mínimas para viverem melhor.

Mas César ficava indiferente. Parecia não se incomodar e não agia.

Com muito custo, ele arrumou um emprego como ajudante em um bar e conseguiu alugar um cômodo na cidade de Suzano, saindo da zona rural. Mesmo assim, longe do centro dessa cidade.

Era melhor que o lugar onde viviam, sem dúvida. Embora o banheiro e o tanque para lavar roupa fossem comunitários. Precisavam ser divididos entre três famílias.

Muitas das coisas que compunham a casa não puderam ser levadas. O guarda-roupa estragou. Assim como a estante e a cama.

O colchão foi colocado no chão e Lara dormia junto com eles.

Ao menos, tinha energia elétrica.

O espírito Marlene, apesar de não saber, castigava a filha com suas opiniões e reclamações sobre César.

Bianca sempre chorava, inconformada, com a vida que vivia.

A pequena Lara apresentava várias e constantes dificuldades com a saúde. Problemas renais e respiratórios eram os principais.

Não dava sossego à mãe, que cuidava muito bem dela, apesar das condições.

Não demorou e Bianca fez amizade com uma vizinha que a indicou para passar roupa em casa de pessoas da cidade.

Ela levava a filha junto, colocando-a em um carrinho que ganhou de outra vizinha. O dinheiro que ganhava por passar a ferro as roupas ajudava imensamente nas despesas. Nos dias em que Lara não estava bem, não podia trabalhar. Não tinha com quem deixar a filha.

Lara crescia e suas exigências com a saúde e cuidados especiais aumentavam.

Houve uma época em que ficou semanas internada com pneumonia e outras complicações.

Transferida para um hospital na capital de São Paulo, Bianca teve de acompanhá-la.

Aproveitando-se de um dia em que a filha estava melhor, ela decidiu ir até a casa onde sua mãe morou.

A residência havia sido demolida e tinha uma construção no local.

Procurou por Lenita em sua casa. Para sua surpresa, a irmã também havia mudado.

Pensou em procurar sua tia, mas não quis. Desistiu. Estava com raiva por Sueli não ter pago a ela e as irmãs o que mereciam como herança de seus avós.

Decidiu ir até a casa dos pais de Glória. Quem sabe tivesse notícia de sua amiga.

Zuleica, irmã de Glória, recebeu-a com muito carinho.

Nada disse, mas estranhou ver Bianca tão magra, pálida e nitidamente maltratada.

Ela era bem bonita, porém estava longe disso naquele momento.

Schellida ❧ Eliana Machado Coelho

— Vamos entrar! Por favor!

— Não. Estou com pressa.

— Que nada, Bianca. Vamos tomar um café! Bater um papo...

— Só queria notícias da Glória. Não posso demorar. Minha filha está internada.

— Sua filha?... Internada?... Agora é que vai entrar. Preciso saber de você.

Diante da insistência, ela aceitou o convite e entrou.

— Pena minha mãe não estar. Ela iria gostar de ver você.

Bianca se sentou à mesa da cozinha enquanto Zuleica preparava um café.

Serviu-a. Colocou sobre a mesa um prato com alguns biscoitos e sentou-se frente a ela.

— Você sumiu. A Glória sempre pergunta se a vimos. Fui até onde morava e me disseram que se mudou. Não tive mais notícias. Nem suas irmãs eu tenho visto.

— Aconteceu tanta coisa depois que minha mãe morreu. — O sorriso de Bianca se fechou. Respirou fundo para não chorar. Conteve-se. Em seguida, contou tudo o que havia acontecido. — Agora estou aqui no hospital, esperando minha filhinha receber alta.

— Meu Deus, Bianca! Quanta coisa em tão pouco tempo!

— Quando olho para mim, não me reconheço. Tenho formação e não consigo trabalho por não ter com quem deixar a Lara. Só estou junto com o César porque é o único que ainda me ajuda.

— Ele poderia trabalhar em São Paulo. Voltariam a morar aqui e tudo ficaria mais fácil.

— O César estacionou no tempo. Eu não sei o que fazer.

— Passe-me seu endereço. Você tem algum outro contato?

— Não. Só o endereço mesmo. Vou deixar com você. Eu vim aqui para ter notícias da Glória. Como ela está?

— Gravidíssima! — riu. — Pra quem disse que estava velha demais e não queria filhos!... Como se isso fosse verdade, né? — riram.

208

A vida está a sua espera

— Eles queriam voltar para o Brasil, mas não podem até o bebê nascer. As coisas do Mathias não deram certo e eles decidiram voltar, mas uma complicaçãozinha com a pressão e o risco de pré-eclampsia não deixa a Glória voltar. Eles terão um filho americano — riu novamente. — Que chique!

— Estou feliz por ela. A Glória merece ser feliz.

— Sim. Merece. Minha irmã sempre foi íntegra e esforçada. Equilibrada em tudo. — Olhou-a e disse: — Ela vai gostar de saber que tive notícias suas. Até quando pretende ficar em São Paulo?

— Até a Lara receber alta. Acho que amanhã ou depois. — Após um instante, decidiu: — Agora preciso ir — levantou-se.

— Deixe-me seu endereço. Espere aí — Zuleica foi pegar papel e caneta e anotou o endereço da amiga. Deixou-lhe o número do telefone da casa que havia sido alterado. — Ligue, quando precisar. E... Se eu souber de algo que possa ajudá-la, vou procurar você. — Ao vê-la oferecer um sorriso triste, Zuleica decidiu dizer: — Bianca, ore. Ore muito. Vá a uma igreja ou casa de oração qualquer e ore. Você está precisando disso. Quando foi a última vez que conversou tranquilamente com Deus?

Com aquela pergunta, Bianca sentiu-se gelar. Um frio correu-lhe o corpo. Lembrou-se de que seu lado religioso era fraco.

Talvez, nos dias mais difíceis de sua filha, tenha pedido a Deus pela saúde dela.

Teve vontade de chorar, mas segurou. Fugiu ao olhar de Zuleica e se apressou:

— Preciso ir. Não posso deixar a Lara sozinha por muito tempo. Nem deveria ter deixado o hospital.

— Mas você avisou a equipe de enfermagem?

— Sim. Claro. Avisei.

— Então não tem problema. — Mais uma vez, orientou: — Ore, Bianca. Caia de joelhos, se for preciso, para se mostrar humilde e ore

209

a Deus. Ligue-se direto ao Pai. Não tenha intermediários como já o fez. Só assim vai conseguir abrir seus caminhos em nome de Deus.

— Vou orar sim — falou sem convicção. — Sentiu imensa vontade de ir embora e se despediu. — Obrigada, Zuleica. Foi muito bom falar com você.

A colega a abraçou com força e ela correspondeu.

Por um momento, Zuleica teceu uma prece pedindo a amigos espirituais que a protegessem e ajudassem. Além disso, cedeu-lhe energias revigorantes, a melhor das doações.

Assim que Bianca foi embora, Zuleica se recolheu em prece.

Foi até um pequeno altar, que tinha em seu quarto, e orou fervorosamente, pedindo aos seus guias espirituais que cuidassem de Bianca e da filha Lara, oferecendo luz aos pensamentos e amparo providencial de que necessitavam.

Ao fazer isso, Zuleica cedia suas próprias energias de encarnada tão necessárias à espiritualidade que precisava de vibrações e emanações mais materializadas e anímicas para dispensar a outro encarnado. Essas energias cedidas, pela prece e pelos pedidos em oração para outra pessoa, são repostas imediatas ao encarnado doador, por intermédio de seu mentor ou outras entidades esclarecidas. Por isso, aqueles que oram pelo próximo pedindo o bem são os primeiros a serem socorridos.

capítulo 12

Planos de mudança

No dia seguinte, a pequena Lara recebeu alta e uma lista de medicações que precisavam ser dadas em casa.

Sozinha, não foi fácil para a mãe voltar com a filha tão debilitada nos braços.

A viagem de retorno para Suzano foi longa. César nem se dava ao trabalho de se preocupar.

A sombra de um medo inominável e angústia aterrorizante tomava conta de seu coração.

Aquilo tudo era insuportável. As atitudes do marido, intoleráveis. Não aguentava mais.

Tendo a filhinha totalmente dependente de seus cuidados, Bianca ficava limitada para tomar decisões, fazer planos ou trabalhar.

Horas depois, chegou a sua casa. Tudo bagunçado, sujo e fora do lugar.

O marido estava deitado, largado sobre o colchão no chão.

Bianca enervou-se. Com a filha no colo, cutucou César com o pé e o acordou, perguntando:

— O que você está fazendo aí?!

— Oh... Ei! O que foi?

— O que foi pergunto eu! — exclamou indignada. — O que está fazendo em casa a essa hora?!

— É que eu não tava bem... E... Ah! Qual é, Bianca?!

— Eu com nossa filha que recebeu alta e você, aqui, nessa folga! Fosse nos buscar!

— Mas não sabia que ela ia receber alta — tentou se justificar.

— Fosse a São Paulo, ao hospital onde estávamos, pelo menos, para me dar uma folga! Sabe há quantos dias estou lá ao lado dela sem ter onde ficar? Acha que é fácil ficar dias e noites sentada em uma cadeira, sem dormir, sem comer direito? O que você está pensando? — chorou de raiva enquanto desabafava. — E ainda chego aqui e encontro a casa desse jeito! Tenha dó, César!!!

Lara começou a chorar. Sentia o desespero da mãe que, nesse momento, tentou acalmá-la.

— Está tudo bem, meu amor... — falou generosa.

César vestiu uma camisa, abriu a porta e saiu.

Bianca chorou em silêncio para não assustar a filha.

Naquela noite, César não voltou para casa.

Foi então que se sentou à mesa da cozinha, orou em pensamento: "Meu Deus, me ajude. Tomei muitas decisões erradas, eu sei... Mas não quero ficar nessa vida. O que me impede de mudar é ter minha filhinha nessas condições. Eu quero um emprego digno, uma vida melhor para nós duas. Precisamos de um lugar que não seja úmido e tão pequeno. Quero ganhar dinheiro trabalhando honestamente e cuidando da minha filha... Sei que isso não será fácil, mas, para o Senhor, nada é impossível. Me ajuda, meu Deus! Me ajuda!... Tem de haver um jeito de eu trabalhar e cuidar da Lara. Quero o melhor para nós duas. Ajude a me libertar dessa situação. Não posso

A vida está a sua espera

continuar tendo tanta raiva do César. Isso está me fazendo mal. Não posso me prender a ele ou nossa vida ficará desse jeito para sempre. Quero trabalhar. Ter dignidade... Juro, se eu encontrar um emprego e um jeito de cuidar sozinha da minha filha, junto com uma vida melhor, serei eternamente grata e vou fazer de tudo, tudo mesmo, para corresponder a oportunidade que me deram. Não importa o tanto que eu tenha de trabalhar, desde que tenha uma vida decente... Por favor, meu Deus... Me ajuda..." — chorou.

Lara voltou a ter febre muito alta. Os medicamentos não faziam o efeito esperado. Inapetência, febre, choro, inquietude e vômito anunciavam que a menininha não estava bem.

Bianca revirou sua bolsa e viu que tinha pouco dinheiro.

Se levasse a filha para o hospital daquela cidade e não tivessem como atendê-la, não teria dinheiro suficiente para voltar com a menina para o hospital em São Paulo, de onde havia recebido alta.

Precisava decidir rápido. Algo lhe dizia que Lara não se achava nada bem e poderia piorar.

Arrumou-se o mais depressa que pôde. Trocou a pequena, pegou a bolsa e saiu.

Horas depois, entravam no setor de emergência do hospital.

A menina não respirava direito e tinha convulsões.

Antes ir até o balcão de atendimento da pediatria, Bianca gritou desesperada a um segurança:

— Por favor, me ajuda! Minha filha não está respirando!

— Calma, senhora. É preciso fazer a ficha e...

— Que ficha, que nada! Minha filha está morrendo!!!

Houve um pequeno alvoroço no local, até que um médico surgiu e, aproximando-se dela, pegou a menina de seus braços e entrou para a emergência.

— Venha comigo, mãe! — praticamente ordenou o médico.

Sem pensar, Bianca o seguiu.

Schellida ✦ Eliana Machado Coelho

O médico foi tirando a coberta da garotinha e entregando para Bianca. Entrou em uma sala da emergência, colocou Lara sobre uma maca e gritou para a enfermeira:

— Chame o pediatra de plantão! — Voltando-se para Bianca, perguntou, mantendo aparente tranquilidade: — O que ela tem?

— Paralisia cerebral. Falta de oxigenação no momento do parto. Esteve internada por pneumonia e infecção renal. Recebeu alta ontem de manhã. — Falava rápido e de forma precisa. Séria e segurando a emoção. Bem profissional. Desejava passar todas as informações que pudessem ajudar. Olhou para o relógio e viu que eram três horas da madrugada. Avisou: — A última medicação com antibiótico e antitérmico foi às vinte e três horas, mas vomitou uma hora depois e não sei o quanto dessa medicação foi absorvida. Decidi trazê-la para cá, pois nem sempre tem pediatra no hospital de Suzano. Quando chegávamos aqui perto, as convulsões começaram.

— Qual o nome dela? — perguntou o médico com delicadeza e sem encará-la, examinando a menina.

— Lara...

O pediatra chegou e o primeiro médico disse o que estava acontecendo.

— O nome da nenê é Lara. É filha da Bianca, enfermeira e minha amiga. — Estapeou as costas do outro e pediu: — Dê especial atenção. Vamos lá fazer a ficha.

Bianca ficou atordoada. Não lembrou de ter dito seu nome. Só naquele instante olhou para o médico que sobrepôs a mão em seus ombros e a conduziu para fora da sala.

Quando o reconheceu, falou baixinho:

— Doutor Thiago...

— Sim. Eu — parou e a olhou por um momento.

— Eu não tinha reconhecido o senhor.

Ele a encarou com uma feição agradável e a conduziu para o balcão onde a deixou.

A vida está a sua espera

Após fazer a ficha e saber que a filha ficaria internada e recebendo medicações, Bianca aguardava sentada no banco frio do hospital quando Thiago se aproximou, sentou-se ao seu lado e explicou:

— Ela está sob cuidados. Vão estabilizá-la. Acabei de vê-la.

Com os olhos empossados em lágrimas, ela se virou, encarou-o e disse:

— Por mais que eu diga obrigada, não será o suficiente para agradecer ao senhor.

— Ora... — ficou sem jeito e deu um suspiro. Não sabia o que responder.

Thiago era um homem muito calado. Parecia carregar o peso do mundo em seus ombros.

Não saberia explicar por que se sentou ali, ao lado de Bianca.

Ele se curvou. Apoiou os cotovelos nos joelhos e cruzou as mãos frente ao corpo.

— E sua mãe, doutor? — lembrou-se de perguntar.

— Não posso dizer que melhorou. Porém está em casa e nem tanto no hospital.

— É tão difícil termos alguém que sabemos que não vai se recuperar, não é mesmo?

— É. É sim. — Após algum tempo, comentou: — Eu não sabia que você tinha uma filha.

— Assim que fui demitida do hospital, precisei tomar conta da minha mãe. Ela foi diagnosticada com câncer em estado bem avançado. Fiquei grávida nessa época. Quando estava com seis meses de gestação, minha mãe faleceu. — Calou-se por um momento. Seus olhos marejaram novamente ao fazer rápida retrospectiva de tudo o que viveu. — A vida ficou bem complicada e deu uma reviravolta imensa. Meu marido perdeu o emprego e... Num dia chuvoso, foi difícil receber a ordem de despejo e ver minhas coisas molharem todas... E ter de ir morar em um lugar que... Nem sei descrever o que era aquilo.

215

Schellida • Eliana Machado Coelho

— Como assim? — ele se interessou.

— Fui morar na área rural onde havia grande plantação de verduras. Morei em um único cômodo. Dividi espaço com insetos nojentos e ratos. — Ele franziu o semblante, mas não se manifestou. Bianca continuou com o desabafo. Pareceu não se importar com a própria vida: — Sem o pré-natal adequado, não sabia que a Lara não estava em posição de parto normal. Fui mordida por um rato e saí para me socorrer. Comecei a passar mal com as contrações, que aumentaram muito. Socorri-me em um bar — perdia o olhar, desgostosa. — O homem me levou para os fundos, em sua casa, e chamou sua esposa. Chamaram a viatura, que demorou muito para chegar, pois estava chovendo e todo o lugar era sem asfalto e cheio de lama. Os policiais me levaram para o hospital onde foi feita uma cesariana... Minha filha sofreu pela falta de oxigenação no cérebro.

— E o seu marido?

— Se é que posso chamá-lo de marido — chorou com raiva. Secou o rosto e continuou no mesmo tom duro: — Arranjou um emprego de ajudante de bar. Eu não consigo um emprego, pois não encontro ninguém que possa tomar conta da minha filha. Vivo em hospitais pelas constantes complicações com a saúde da Lara. Passo roupas em casa de família que aceite que eu a leve. Dessa forma, garanto um pouco para as despesas com ela. Hoje, por exemplo, não tenho dinheiro nem para voltar para casa. Tudo o que tinha gastei com três conduções para trazê-la até aqui. E estou pensando no que vou fazer agora.

Thiago não disse absolutamente nada.

Um enfermeiro o chamou. Ele pediu licença e se foi.

≈

A vida está a sua espera

Deitada e encolhida sobre o banco de cimento frio, usando a própria blusa como cobertor, Bianca acordou com alguém que tocava seu ombro e a chamava pelo nome.

Levantou-se rápido. Constrangida, exclamou, baixinho e surpresa:

— Doutor Thiago?!

— Vamos lá ver sua filhinha?

Atordoada, ela o seguiu. Depois a deixou.

Após saber como Lara se encontrava, a mãe ficou apreensiva, porém, menos preocupada por a filha estar em um hospital. O pediatra explicou o que aconteceu. A infecção renal havia voltado. A menina precisaria continuar internada para receber fortes medicações que só poderiam ser ministradas por via intravenosa.

Ao sair caminhando pelo corredor, ouviu seu nome:

— Bianca...

— Olá, doutor Thiago — virou-se. Alegrou-se ao vê-lo e ofereceu meio sorriso. Indo a sua direção, contou: — Acabei de falar com o pediatra. A Lara precisa ficar internada. A infecção renal voltou. Precisa de medicamentos intravenosos.

— E o que você vai fazer? — ele quis saber.

Bianca sentiu um nó na garganta e vontade de chorar. Olhou para o lado a fim de que ele não percebesse e respondeu num murmúrio:

— Não sei.

Acercando-se dela, falando bem baixo, com voz grave, disse:

— Posso te arrumar dinheiro para que volte para sua casa. Ou... Se quiser, pode vir comigo. Tenho uma proposta para você. Mas quero que veja de perto. Precisamos conversar — sério, olhou em seus olhos esverdeados e ficou aguardando.

Bianca suspirou fundo ao mesmo tempo em que pendeu positivamente com a cabeça.

217

Com um gesto singelo, esfregou o rosto com a mão. Não havia dormido e estava sem se alimentar desde o dia anterior. Nem conseguia pensar direito ao indagar:

— Ir com o senhor para onde? — falou com simplicidade, querendo entender melhor.

— Para minha casa.

— Sua casa? — perguntou sussurrando. Não conseguiu compreender ainda. Ele não foi claro.

— Posso te oferecer um trabalho. Mas seria bom que visse de perto para entender o que preciso. Não dá para explicar aqui. É na área de enfermagem também.

— Certo. Eu aceito. Vou com o senhor — concordou sem pensar duas vezes ao ouvir a palavra: trabalho.

— Bom... Então vamos — falou, mantendo sempre a mesma postura austera.

Dificilmente Thiago sorria. Sua voz era grave e agradável, embora baixa. Tinha um rosto bonito. Pele bem branca com leves sardas no rosto. Olhos azuis, bem cristalinos. Cabelos lisos e pretos. Era alto. Tinha um corpo equilibrado, não era musculoso.

Ela o seguiu até o estacionamento.

Entraram no carro e se foram.

Bianca sentia-se tão enfraquecida, física e psicologicamente, que nem saberia dizer qual foi o caminho feito ou onde estava.

Passou dias no hospital ao lado da filha e as últimas vinte e quatro horas tinham sido muito desgastantes.

Chegaram a uma residência de muros bem altos. Nada além de plantas, paralela ao grande paredão, poderia ser visto.

A vida está a sua espera

O portão automático se abriu e Thiago entrou com o carro. Percorreu com o automóvel uma ruazinha lateral até parar próximo a uma porta fechada, que deveria ser a garagem coberta.

Havia um maravilhoso jardim rodeando a bela residência.

Bianca ficou olhando para a piscina onde uma cachoeirinha de pedras fazia barulho relaxante com a queda da água cristalina. Observou um homem limpando o lugar.

Nunca tinha visto, tão de perto, uma casa bonita daquele jeito, a não ser pela televisão ou revistas.

Thiago achou curiosa a expressão estática que ela ficou por alguns segundos, com os olhos perdidos naquela paisagem.

Um movimento dele e a fez voltar para a realidade. Ao vê-lo ir à direção da porta, foi logo atrás.

— Entre, por favor — convidou educado. — Esta é minha casa. — Sempre falava baixo, com dicção perfeita na voz grave. Era bem sério.

Bianca pareceu se encolher ao ver o arrojo do ambiente e ficou admirada, apesar de não se manifestar.

Circunvagou o olhar por toda a luxuosa e espaçosa sala. Desde o *hall* de entrada até onde sua vista alcançava, na divisão da sala de jantar.

— Espere um minuto, por favor — ele pediu e foi até um outro cômodo, onde deixou sua maleta e o jaleco. Voltando em seguida.

Uma empregada apareceu bem vestida em um uniforme engomado.

— Bom dia, Jordana — ele disse.

— Bom dia, doutor Thiago.

— Essa é Jordana, nossa colaboradora nos trabalhos de arrumação e copa — ele apresentou.

— Bom dia! — a mulher a cumprimentou.

— Bom dia — Bianca correspondeu timidamente. Não se sentia bem arrumada e acreditava não se encaixar naquele ambiente.

— Algum recado para mim? — ele quis saber.

219

Schellida ❧ Eliana Machado Coelho

— Não, senhor. Alguma recomendação? — a empregada tornou muito gentil.

— Podemos ver isso depois. Obrigado.

— Qualquer coisa é só chamar.

A mulher se foi e Thiago contou após pedir:

— Pode vir comigo, por favor? — Ela o seguiu sem dizer nada e ele falou: — Esta casa foi dos meus avós e depois do meu pai, hoje falecido. Agora é minha. Moro aqui com minha mãe acamada, com minha sobrinha Gladys, de quatro anos que está na escola agora e chega na hora do almoço. Minha irmã Inês faleceu em um acidente de carro. O veículo que dirigia foi atingido por outro cujo motorista estava alcoolizado. O carro de minha irmã capotou várias vezes. A Gladys estava junto. Por causa da cadeirinha bem presa, milagrosamente, ela escapou sem escoriações. Minha irmã faleceu uma semana depois. Se sobrevivesse, estaria tetraplégica. Desde então, a Gladys tem sonhos ruins. Acorda gritando na maioria das vezes. Tenho um irmão que nunca aparece aqui. O Josué também é médico. Não ajuda em nada e, normalmente, só me traz problemas — foi direto e sincero.

Thiago falava enquanto mostrava toda a casa: escritório, salas e saletas, os quartos e chegou onde estava sua mãe.

Havia uma cuidadora lendo um livro, em silêncio, sentada em uma cadeira quase ao lado da cama. Essa mulher se levantou assim que o viu entrar.

— Bom dia, Eva.

— Bom dia, doutor Thiago.

— Bom dia — Bianca a cumprimentou com voz baixa.

— Bom dia — a outra respondeu.

— A minha mãe sempre fica aqui — disse o filho que não conversou com sua mãe.

Cora permanecia quieta. Parecia estar em estado vegetativo.

A vida está a sua espera

Aproximando-se, Bianca sorriu e falou baixinho, de um jeito mimoso, esqueceu-se de todos a sua volta:

— Oi, dona Cora! Como a senhora está? Que bom ver que está em casa. Aqui é bem melhor, né? — A mulher abriu os olhos, até deu a impressão que reconheceu aquela voz melodiosa. Remexeu-se. Ofereceu um grunhido e aquietou-se novamente.

— Acho que ela reconheceu você — disse Thiago intrigado e oferecendo uma fisionomia leve, quase um sorriso. Aproximando-se tocou o ombro da mãe.

— Também tive essa impressão — Bianca sorriu satisfeita.

Quando o médico percebeu que sua convidada poderia dizer mais alguma coisa, fez menção de sair e ela o acompanhou. Não gostaria de alongar qualquer assunto, ali, perto da cuidadora.

— Vamos ao escritório continuar nossa conversa, Bianca.

— Sim. Claro. — Voltando-se para a mulher enferma, despediu-se: — Tchau, dona Cora. Gostei de ver a senhora. — Novamente, a mulher a olhou e se remexeu. Fez um barulho como se quisesse falar, mas não conseguiu. — Com licença — Bianca disse à cuidadora.

Caminharam pelo corredor. Thiago ia à frente e ela o seguia.

Ao entrar no escritório, cujas paredes eram forradas de livros, indo à direção de uma mesa, ele pediu, apontando para uma das cadeiras:

— Sente-se, por favor. — Quando ia puxar a cadeira para se sentar, observou que Bianca havia parado à porta e segurava, com uma das mãos, no batente e a outra levou ao rosto.

Ele apressou-se a sua direção, tocou-a no ombro e perguntou, preocupado:

— Tudo bem?

— Sim... — respondeu com a voz fraca. Mentiu. Sentia-se muito tonta. Sua pressão estava baixa por falta de alimentação.

— Não. Você não está bem. Ficou pálida. Tem se alimentado direito? — Thiago quis saber.

221

Bianca ficou com vergonha de dizer a verdade e dissimulou:

— Acho que é cansaço.

— Venha. Sente-se aqui — pediu, conduzindo-a até a cadeira frente à mesa.

Acomodando-a ali, saiu da sala por alguns segundos e retornou rápido.

— Pedi para a Jordana nos trazer um café e preparar um lanche para nós.

— Não, doutor Thiago. Não precisa se preocupar.

— Eu não deveria tê-la trazido aqui hoje. Deveria ter percebido que está cansada e não dormiu direito... Preocupada com sua filha... Foi um erro.

Nesse instante, a empregada trouxe uma bandeja com duas xícaras de café.

— Está preparando um lanche para nós, Jordana? — insistiu em saber. Estava com pressa.

— Sim, senhor. Daqui a pouco estará pronto — falou e saiu do escritório.

As mãos de Bianca tremiam ao segurar a xícara. Olhava para baixo enquanto bebericava o café ainda quente.

Discretamente, ele observava. Aguardou que ela tomasse tudo e fez o mesmo.

Bianca descansou a xícara no pires sobre a mesa e respirou fundo ao esfregar o rosto num gesto delicado.

Acreditando ser o momento, ele contou:

— Durante o final do plantão, estive pensando... Minha maior preocupação, aqui nesta casa, são os cuidados com minha mãe e minha sobrinha durante a noite. Há dias, ou melhor, há noites que elas descansam bem, outras, nem tanto. Pagar mais uma empregada para ficar só com a Gladys seria bem complicado. Ela fica fora a maior parte do dia. Temos a Jordana, que você conheceu, a Gilsa, que é a cozinheira. A Eva, cuidadora durante o dia, mas não dorme

A vida está a sua espera

aqui. Então, para isso, temos a Hortência e a Geralda que se revezam nas noites. Elas dão uma olhada na Gladys quando faço plantões à noite. Durante o dia, preciso dormir ou vou para uma clínica de ortopedia que tenho. Lá tem outros médicos e eu faço atendimento duas vezes por semana. Mas necessito acompanhar o serviço deles. Faço cirurgias também e... Tudo é muito corrido. A minha sobrinha é esperta, mas tem de fazer lições, trabalhos escolares e... Não está fácil eu dar conta de tudo. No trabalho, recebo mais ligações daqui, desta casa, do que dos hospitais ou da minha clínica, tudo por problemas caseiros. — Ofereceu uma pausa e a viu atenta. — Minha ideia foi a seguinte. Você sabe, exatamente, de quais cuidados minha mãe precisa. As cuidadoras, aqui, não podem fazer um procedimento invasivo como aplicar uma medicação intravenosa, colocar um soro... Sequer têm condições de avaliar uma medicação emergencial até que eu chegue, o que podem ou não dar quando surge um imprevisto. Já tentei contratar uma outra enfermeira nessas mesmas condições que vou lhe oferecer, mas não deu certo. Ela não era o que eu precisava. Sei que tem uma filha que necessita de cuidados e será mais difícil, mas... Se você tiver condições e quiser aceitar ou, pelo menos tentar, minha proposta é a seguinte: Você se muda para cá com sua filha e continua cuidando dela. Terá seu quarto e providenciaremos o melhor para a Lara. Irá trabalhar como enfermeira para ser acionada a qualquer hora, cuidando da minha mãe durante a noite quando ela precisar. Como a dona Cora nem sempre oferece muita atenção à noite, providenciaríamos uma babá eletrônica que ficaria com você. O mesmo faremos no quarto da Gladys. Uma babá eletrônica e você iria lá se ela acordasse. Somente quando ela acordar, você iria vê-la — repetiu. Quis deixar bem claro. — As cuidadoras da noite seriam dispensadas. Manterei a Eva durante o dia e a outra moça que vem nos dias de folga da Eva. É a cuidadora dos serviços do dia quem cuida das trocas de roupas, fraldas, alimentação. Durante a presença dela aqui, você não vai fazer nada disso. Porém, eu preciso que supervisione. Já enfrentei problemas com maus-tratos à minha mãe e não vou admitir isso. Há câmeras no quarto dela e em toda a casa, menos nos outros quartos e nos banheiros, lógico. Mas eu não tenho tempo de ficar assistindo. Durante o dia, no período da tarde, você também supervisionaria a Gladys com as lições e... Sei lá mais o quê. Ficar um pouco com ela... Combinaríamos uma folga por semana. Vou providenciar, o quanto antes, um plano de saúde para você e sua filha e um bom salário, que preciso ver com o contador. Afinal, você vai dormir no serviço e poderá ser acionada a qualquer hora. Não vai precisar limpar, lavar nem cozinhar. A alimentação está inclusa para você e para sua filha, claro. Quando for preciso levar a Lara ao médico, será durante o dia. Se não for emergência, procure fazer isso pela manhã, quando minha sobrinha não estiver em casa e a cuidadora estiver com minha mãe. Terá esse tempo livre para você. Podemos fazer um período de experiência se quiser, para ver se dá certo. O principal para mim é durante a noite e as medicações para minha mãe a qualquer hora.

Diante da pausa, Bianca disse:

— Entendi perfeitamente.

— Mas tem um problema — olhou-a nos olhos. Estava muito sério.

— Qual? — ela se preocupou.

— Seu marido — tornou no mesmo tom. — Serei bem sincero. Estou contratando você. Vai ter uma suíte com tudo o que precisar para você e sua filha. Mas não posso aceitar seu marido morando nesta casa nem a incomodando aqui nem por telefone. A não ser se for uma emergência. Acho que me entende.

Thiago não quis revelar que conheceu César quando trabalhou, por pouco tempo, no mesmo hospital que ele. Por ser ortopedista, o médico necessitava de diversos exames radiológicos que o marido de Bianca realizava. Por isso, sabia que César não era sério como pessoa nem como profissional. Havia várias reclamações de seu trabalho

A vida está a sua espera

mal realizado. Como pessoa, brincava demais e não era confiável. Não quis contar isso. Poderia constrangê-la ainda mais.

— Eu entendo, doutor Thiago. Estou é bastante surpresa com a proposta. Eu...

— Com licença — pediu a empregada que entrou direto devido à porta estar aberta. Ao vê-lo olhar, Jordana avisou: — O lanche está servido conforme o senhor pediu.

— Obrigado. — Voltando-se para Bianca, convidou-a, ao se levantar: — Vamos tomar um lanche.

— Não precisa se preocupar, doutor...

— Preciso sim — pela primeira vez ofereceu leve sorriso. — Estou sem comer nada desde ontem à tarde. O plantão dessa madrugada foi bem corrido. Se não se importar, gostaria que me acompanhasse.

Bianca sorriu educada e aceitou:

— Sim. Claro — levantou-se e o seguiu.

Ela pediu para usar um banheiro, pois gostaria de lavar as mãos. Ele sumiu por algum tempo. Foi fazer o mesmo.

Bianca chegou bem antes à sala onde seria servido o lanche. Ao se ver diante de uma mesa tão farta, ela se intimidou. Nem sabia o que fazer.

Os lugares foram dispostos um frente ao outro.

Café, leite, suco de laranja em uma jarra bem bonita. Bolo, biscoitos, pães, frios e geleias compunham a refeição.

Ela se sentou e o médico se acomodou a sua frente.

Educado, ele mesmo a serviu com café com leite, depois cortou um pedaço de bolo colocando-o no pratinho a sua frente.

— Obrigada.

— Aceita bisnaga com frios? — ele ofereceu enquanto cortava a sua.

— Não. Obrigada.

— Quer biscoitos?

225

— Depois eu pego.

Ele se serviu e, enquanto comia, conversava de forma mais branda e pausada.

— O que tenho para oferecer é isso. Não sei se eu soube me explicar bem. Estou há mais de vinte e quarto horas acordado. Na verdade, nem estou pensando direito. Não era para eu ficar tanto tempo assim trabalhando, mas... apareceram emergências. Se tiver alguma dúvida...

— Bem... Entendi que eu moraria aqui, no serviço. Estaria à disposição diuturnamente para as medicações da dona Cora e lhe daria assistência à noite, quando precisasse. Assim seria com a Gladys, sua sobrinha. E também a ajudaria após chegar da escola. Ao mesmo tempo, eu poderia cuidar da minha filha, que estaria comigo.

— A Eva continuaria como cuidadora durante o dia. Caso você precise se ausentar por causa da Lara, ela ou uma outra tomaria conta da minha sobrinha. Esqueci de dizer que a Jordana é casada. Seu marido é o Clemente. Ele também trabalha aqui. Cuida do jardim, da piscina. Serve também como motorista. Faz compras. Eles moram aqui. A casa deles fica lá nos fundos. Todos os serviços que prestam devem ser no horário de expediente. Embora a Jordana sempre aparece e faz alguma coisa fora de hora, o que eu não gosto. Então, durante a noite, caso precise de alguma coisa, você mesma vai ter de providenciar.

— Certo. Entendi. — Depois de se alimentar, Bianca sentiu-se melhor até para pensar e compreender o que ele propunha.

— Temos a questão do seu marido. Já tenho um casal morando aqui e isso sai bem caro. Não vou poder...

— Não! De jeito nenhum! — interrompeu-o educada. — Eu entendi.

— Se quiser conversar com seu marido e depois me dar uma resposta... — falou, embora não acreditasse que sua proposta desse certo.

A vida está a sua espera

— Não, doutor Thiago. Nem preciso conversar com o César.

— Tudo bem. É pena. Pensei que fosse aceitar. Entendo que é muita coisa e...

— Mas eu aceito! — sorriu e ficou na expectativa. — Nem preciso pensar mais ou falar com ele. Só quero um tempo para pegar meus documentos, minhas coisas e as da minha filha. Não vai se arrepender de me dar essa oportunidade. Entendo o que o senhor quer. A Lara é bem quietinha. Não vai dar trabalho. Nem vai ouvi-la. Pode ter certeza.

— Não quer mesmo falar com seu marido antes? — ele insistiu.

— Se eu tivesse um... — murmurou e ele ouviu.

— Pensei que fosse casada.

— E sou. Mas, na verdade, não tenho um marido que assuma responsabilidades. Estamos juntos porque eu precisava do mínimo para cuidar da minha filha. Não tinha condições de me sustentar. Não encontrava ninguém para cuidar dela. Não tenho medo de trabalho e, se o senhor quer saber, gosto de trabalhar à noite. Fora isso, para que o senhor saiba, eu já estava decidida a deixar o César. Preciso deste emprego. O senhor não vai se arrepender.

— Não quero lhe criar problemas.

— De jeito nenhum! Não imagina a oportunidade que está me dando. Eu aceito. Sem dúvida!

Outro raro sorriso iluminou o rosto de Thiago e sua feição ficou bem leve.

Ao vê-la parar de comer, ele insistiu:

— Aceita mais alguma coisa? Você quase não comeu nada.

— Não. Obrigada. Estou satisfeita demais — não tirava o sorriso do rosto.

— Então... Quando você pode começar?

— O quanto antes, se me permitir. Só preciso pegar algumas coisas. — Pensou e disse: — Tenho um probleminha.

— Se eu puder ajudar... — disse solícito e ficou no aguardo.

227

Schellida ❧ Eliana Machado Coelho

— Uniforme. No início, não terei roupas brancas para trabalhar. Com as mudanças de residência acabei ficando sem e...

— Sem problemas. Depois resolvemos isso.

Olhou em seus olhos de um azul cristalino e falou:

— Agradeço muito pela oportunidade. Vou corresponder às necessidades de tudo aqui.

— Espero que sim. Preciso que isso dê certo — mencionou após secar os lábios com o guardanapo.

— Se não tivermos mais nada para conversarmos por hoje, eu gostaria de ir para providenciar o que preciso. Voltarei para cá o quanto antes.

— Seu salário. Não falamos sobre isso. Não sei o quanto esse tipo de prestação de serviço custa. Vou falar com o contador para que cuide de tudo.

— Como o senhor quiser — Bianca teve vontade de dizer que trabalharia de graça, sem salário, só pelo fato de sua filha ter um plano de saúde e a oportunidade de morar em um lugar digno e limpo.

Ela se levantou e ele também.

— Como fazemos agora? Posso esperá-la quando?

— Vou para o hospital e depois para a minha casa... Posso vir hoje mesmo para cá.

— Tem certeza?! — surpreendeu-se, mesmo mantendo-se sério.

— Tenho sim — Bianca afirmou convicta, encarando-o firme.

— Estou sem dormir, se não a levaria... — pensou um pouco. Consultou o relógio e depois decidiu: — Vou pedir para o Clemente levá-la até o hospital. — Lembrou-se de que ela havia dito que estava sem dinheiro para voltar para casa. Perguntou: — Você mora longe?

— Moro em Suzano — sentiu vergonha de lhe pedir dinheiro. Essa seria sua próxima fala.

— O Clemente a deixa no hospital. Eu lhe dou dinheiro para um táxi ir até sua casa e voltar. Está bem assim?

A vida está a sua espera

— Não precisa ser tanto assim. Seria muito. Se me der o suficiente para eu ir e voltar de ônibus, está ótimo.

— Vamos até o escritório resolver isso.

Ela o seguiu.

Thiago lhe deu um valor generoso para que voltasse para casa.

Chamou Clemente e pediu que a levasse até o hospital para ver a filha.

Antes de ir embora, Bianca agradeceu e pegou todos os contatos de Thiago.

capítulo 13

Um novo lar

O espírito Brício sentiu-se aliviado.

A prece de Bianca, junto a seu desejo, as energias de Zuleica e o auxílio de suas preces, junto à Laísa, mentora de Lara ajudaram aquele reencontro. Tudo corria conforme desejavam.

Foi necessário desequilibrar a saúde da criancinha com as circunstâncias para que Bianca tomasse a atitude de ir, aquele dia e horário, naquele hospital. Amauri, mentor de Thiago, também influenciou seu protegido para ir ao setor de emergência infantil, lugar pouco provável de um ortopedista estar durante o plantão.

Nem mesmo Thiago saberia explicar o que estava fazendo ali. Sem conhecimento, aceitava as inspirações de seu mentor como se fosse uma simples vontade sua e não se questionava.

A vida está a sua espera

Ao chegar a sua casa, Bianca colocou suas poucas roupas e as de sua filha em duas bolsas grandes.

Pegou todos os documentos e olhou em volta para ver do que mais precisaria.

A casa estava desarrumada. Certamente o marido havia estado ali. Julgou isso pela louça suja na pia.

Ela não aguentava mais aquela vida e aquela situação miserável. Se não fizesse algo por si e pela pequena Lara, César não faria. Não podia contar com ele. Seu casamento não existia há tempos. Desde a época que engravidou e passou a cuidar de sua mãe.

Na companhia daquele homem só conheceu dificuldades de todas as espécies.

Sentia-se feliz naquele momento. Começou a planejar. Caso não desse certo e Thiago a demitisse, procuraria uma creche pública ou similar para deixar sua filha enquanto trabalhasse em algum hospital como antes. Sempre foi boa funcionária. Tinha ótimas referências. Alugaria uma pequena casa e cuidaria da filha sozinha. Era isso o que iria fazer. Não poderia ficar dependendo de César que não se esforçava para nada.

Pediria o divórcio o quanto antes e não iria querer mais vê-lo. Duvidaria muito que ele se interessasse em ver a filha. Nunca se importou com a pequena Lara. Não a olhava nem brincava com ela. Quando a via chorar, não a consolava ou acolhia.

Remexendo na gaveta da cômoda, querendo ver se encontrava algo mais para levar consigo, deparou-se com um papel marcando a página de uma pequena Bíblia que tinha.

Nele estava escrito um endereço com a letra do marido e a palavra: mãe. Era de uma cidade, bem longe, do interior paulista. César sabia onde seus pais moravam. Poderia pedir ajuda, mas não o fez.

Ela pegou a Bíblia com o endereço e colocou dentro de uma das sacolas. Poderia precisar daquilo.

Olhou em volta mais uma vez.

Schellida   *   Eliana Machado Coelho

"Meu Deus... Abençoe meu novo caminho. Me dê forças..." — pensou e seus olhos se encheram de lágrimas. Uma forte emoção tocou seu coração. — "Perdoe-me se estou fazendo alguma coisa errada, mas não posso continuar com alguém que não serve para mim e para minha filha. O César nos coloca em risco com a sua irresponsabilidade. Cuide dele, Senhor. Cuide de meu coração também. Não quero sentir raiva nem rancor. Abençoe minha filha, meus caminhos e o César. Que ele encontre um novo e bom rumo para sua vida. Abençoe também o doutor Thiago que está me dando essa oportunidade. Faça com que eu seja digna dela. Que eu tenha forças para fazer tudo certinho e o que for preciso para ajudar esse homem. Perdoe-me pelo que falei dele. Preciso aprender a não julgar as pessoas. Julguei a Carmem, o doutor Thiago... Me perdoa, Deus. Me dê forças porque eu quero vencer. Jurei aproveitar a oportunidade e vou fazer isso."

Sentiu o coração mais leve. Olhou em volta e, quando procurava um papel para deixar um bilhete para o marido, ele chegou:

— Foi bom você ter chegado — ela disse em tom calmo.

— Oi... E aí?

— Estou indo embora, César.

Ele olhou em volta e não viu a filha, por isso perguntou:

— A Lara morreu?

No primeiro momento, Bianca sentiu seu sangue ferver. Talvez esse fosse o maior desejo do marido para fugir da responsabilidade. No instante seguinte, sentiu dó. Como ele era pobre de coração. Pena não ter percebido isso antes.

— Não, César — respondeu em tom brando. — Se era isso o que pensou...

— O que podemos esperar de uma criatura que só vegeta? Nem chorar ela chora. É raro. Nem ri nem nada!

— Ela está internada. Vou cuidar dela e da minha vida. Arrumei um emprego onde aceitaram que eu levasse a Lara, depois que sair

A vida está a sua espera

do hospital. Vou tomar conta de uma senhora. Se Deus quiser, e Ele quer, a Lara vai ficar boa. Vou cuidar dela. Não vou querer nada de você a não ser o divórcio. Nem precisa ir visitar nossa filha. Só peço que não atrapalhe o divórcio. Quero fazer isso o quanto antes.

— Por mim, tudo bem — disse indiferente e jogou-se no colchão com ar de pouco caso. — Vou avisando que não tenho dinheiro para pagar advogado.

Alçando as bolsas nos ombros, Bianca pegou sua bolsa menor e o olhou com desprezo. Não disse nada. Virou as costas e saiu.

Sentia o corpo trêmulo e grande apreensão.

Era o medo de enfrentar novos desafios, sozinha, e tendo uma filhinha totalmente dependente.

Nada poderia dar errado.

O que seria da pequena Lara se ela ficasse doente? E se caso ela morresse? Ao menos Gladys, sobrinha de Thiago, tinha os tios e uma ótima condição financeira. Mas ela não tinha ninguém.

Já estava dentro o ônibus intermunicipal para São Paulo quando pensou em sua mãe.

Se ao menos ela estivesse viva...

Lágrimas grossas correram em seu rosto pálido e Bianca secou--o com as mãos.

Uma saudade angustiante doeu fundo em seu coração.

Era capaz de ouvir a voz de Marlene, sempre falando daquele jeito devagar, mas sem trégua, conseguindo estender o assunto por muito tempo.

Lembrou-se de seu alerta, de suas reclamações, do quanto a orientou para que avaliasse bem com quem iria se casar.

Sua mãe estava certa a respeito de César. Ele não se empenhava em nada antes do casamento. Por que se empenharia depois? E ela não quis enxergar isso.

Quantas vezes se sentiu imensamente sozinha em companhia do marido?

233

Sentia-se exaurida. Cansada o bastante por tudo o que já tinha acontecido. Viveu em lugares subumanos. Sem banheiro, sem água corrente e sem luz. Não havia como evitar insetos e roedores dentro de onde morava. Só não sabia que aquela eram as condições que ofereceu, no passado, as enfermas que deveria cuidar. Era para vivenciar isso em uma outra vida futura, mas, por conta de seu livre-arbítrio, tudo foi antecipado.

No plano espiritual, antes de reencarnar, trazia em si o desejo forte de servir e cuidar dos outros por meio da abençoada profissão de enfermeira.

Sempre dispensou carinho e atenção, amor e bondade a todos que cruzaram, como pacientes, o seu caminho.

Incontáveis vezes, já havia segurado firme em mãos no minuto derradeiro no leito de morte quando ninguém mais estava lá. Mentores espirituais a abençoaram por isso. A espiritualidade sempre nos proporciona de volta o carinho e a generosidade que oferecemos. É a lei do retorno.

Ela ouviu e contou histórias sempre com delicada emoção.

Fazia além de seu trabalho, amando a todos sem distinção. Era mais paciente do que os próprios pacientes.

O próprio Thiago já a tinha visto, algumas vezes, cuidar com generosidade de vários enfermos, incluindo a mãe dele. Se não bastasse, ouviu de outros colegas elogios aos trabalhos da enfermeira e tudo isso sem que ela soubesse.

Bianca estava ciente de que deveria se empenhar e se recompor.

Sua aparência não era a mesma de um ano antes.

Estava magra, rosto apático e sem brilho. Cabelos compridos e sem corte. Olhos fundos nas olheiras pelas preocupações em todos os sentidos.

Deveria se cuidar para ficar bem apresentável e dar conta do serviço. Faria de tudo para não perder aquela oportunidade. Seu sonho era ter um plano de saúde para sua filha e lugar digno para viverem. Aquela casa onde iria trabalhar ofereceria muito mais do que isso.

Mergulhada em vários pensamentos, ela adormeceu.

— Moça! Hei, moça! — chamou o motorista.

Ela se assustou. Ergueu o olhar e o homem avisou:

— Chegamos no ponto final. Tem que descer.

— Obrigada — agradeceu. Pegou suas coisas e desceu do ônibus.

De onde estava, precisou pegar duas outras conduções para chegar até a casa onde iria trabalhar.

Era quase princípio de noite quando Clemente abriu o portão após atendê-la pelo interfone.

Ela sentia o coração disparar ao entrar, novamente, na luxuosa residência.

O empregado a levou até a porta da casa e pediu que entrasse.

Já na sala, Bianca circunvagou o olhar e não sabia o que fazer.

Ninguém para recebê-la.

Achou estranho e resolveu aguardar.

De repente, ouviu passos curtinhos de uma corrida de criança. Foi então que surgiu uma garotinha que ela deduziu ser Gladys.

Loirinha e de olhos azuis, bochechas rosadas, cabelos compridos e cacheados nas pontas, a menina sorriu parada a sua frente.

Com o dedinho na boca, girou o corpinho de um lado para outro, provocando um barulhinho com a sandália que esfregava no chão.

— Quem é você? — perguntou com voz doce e sorriso angelical.

— Eu sou a Bianca. E você? — sorriu docemente ao perguntar o que já sabia.

— Sou a Gladys.

— Que nome bonito! Assim como você.

— Meu tio falou que você ia vim aqui.

— Iria vir aqui — soou a voz forte de Thiago que a corrigiu com generosidade antes mesmo de aparecer. Aproximando-se, sem sorriso, cumprimentou: — Olá, Bianca. Tudo bem? Deu tudo certo?

— Sim, doutor Thiago. Deu tudo certo.

— Pensei que tivesse deixado para vir amanhã.

— Consegui resolver o que precisava, hoje.

— Vamos até o escritório, por favor — solicitou. Gladys o acompanhou, segurando em sua mão.

Bianca o seguiu. Após entrar, colocou as bolsas grandes no chão, perto da porta e foi até a mesa.

— Sente-se, por favor — pediu enquanto dava volta para se sentar do outro lado. Sua voz estava rouca por ter acordado quase aquela hora. Gladys se esgueirou entre o tio e a mesa, subindo no braço da cadeira que ele sentava. Thiago a ajeitou para que se sentasse em seu joelho. Com uma mão abraçando a sobrinha e a outra mexendo em papéis, perguntou: — Você trouxe seus documentos? Sua carteira profissional?...

— Sim. Estão aqui — abriu a pequena bolsa, tirou a carteira profissional e entregou em suas mãos.

— Deixa eu ver, tio! — tentou pegar.

Thiago ergueu o braço para que a garotinha não pegasse o documento e respondeu:

— Não. — Colocou a sobrinha no chão e falou: — Vá brincar, Gladys. Liga a televisão e vá assistir aos seus desenhos.

A menina não obedeceu e ficou ao lado, só olhando.

Ele verificou o documento e perguntou:

— Posso ficar? Preciso levar ao contador.

— Sim. Lógico.

Em seguida, ele abriu um livro, tipo caderno de contas, retirou certo valor em dinheiro e ofereceu à Bianca, dizendo:

— Você fica com esse dinheiro e compra algumas coisas que precisar. Roupas... Algo que precise para trabalhar ou de uso pessoal.

— O dinheiro que o senhor me deu para a condução sobrou. Está aqui — estendeu as notas sobre a mesa.

A vida está a sua espera

— Não. Tudo bem. Pode juntar a esse. Acredito que tenha algumas necessidades, no momento.

— Sim. É verdade. Vou precisar para comprar uniforme e fraldas para minha filha — falou pegando o valor.

— Você tem uma filha? — perguntou a garotinha.

— Sim. Eu tenho.

— Quantos anos ela tem? — tornou Gladys.

— Sete meses.

— Aaah... Sete meses... É do meu tamanho?

— Não — sorriu Bianca. — Ela ainda é bebê.

— Aaah... — tornou a pequena.

Virando-se para o médico, pediu:

— Depois o senhor desconta do meu salário, por favor.

— Tudo bem. — Um momento e disse: — Agora... Vamos ver seu quarto.

Quando ele se levantou, novamente, Gladys pegou em sua mão.

Chegando frente à suíte que seria de Bianca, ele mostrou:

— Pode ficar neste quarto. O daqui da frente é o da Gladys e o do lado é o da minha mãe. Não sei se se lembra. Ali nos fundos fica o meu. O outro é do meu irmão e... Tem um lá que é de hóspedes.

Ele abriu a porta. A primeira coisa que Bianca reparou foi a cama de casal enorme. Um grande armário planejado, mesa com acomodação de cadeira e abajur para leitura e espelho. Janela balcão que dava acesso a uma sacada e um banheiro ao estilo da casa, bem luxuoso.

O ambiente era agradável e arejado. Limpo e bem organizado. Almofadas e travesseiros sobre a cama eram bem dispostos e combinando com a colcha.

— Eu pedi para a Jordana arrumar tudo. Depois você ajeita do seu gosto. Acredito ser melhor providenciarmos uma cama ou berço para a Lara.

Bianca deu alguns passos, afastou a cortina e olhou para o jardim. Observou as luzes que ofereciam um toque especial para algumas plantas que se destacavam.

— É lindo! — falou baixinho. — Tudo é muito lindo! — Virando-se, encarou-o nos olhos e afirmou: — Vou me esforçar ao máximo para corresponder ao que o senhor precisa, doutor Thiago.

— Espero que sim. Você é esperta. Creio que vai se adaptar rápido. As duas cuidadoras da noite devem continuar por mais uma semana até você pegar o ritmo do trabalho.

— E eu, tio? — perguntou a pequena puxando sua mão.

— O que tem você, Gladys?

— Ela vai brincar comigo?

— A Bianca está sendo contratada para olhar a vovó, certo? Ela vai ajudar você com aqueles trabalhos que traz do colégio e outras coisas. Não vai poder brincar.

— Ah... Pensei que ela viesse brincar comigo.

— Vamos nos dar bem, Gladys. Você é um encanto — disse Bianca.

— Minha mãe morreu — falou subitamente.

— Sinto muito, meu bem. Sei como é isso porque a minha mãe também morreu.

— Você sente falta dela?

— Sim. Eu sinto — disse se aproximando da garotinha.

— Vamos até o quarto da minha mãe? — ele convidou, parecendo não gostar do assunto.

Novamente viram a senhora que estava mais desperta. Olhou para Bianca e esboçou um sorriso deformado, no rostinho magro, devido a sua doença.

Bianca conversou um pouco com Cora, mas logo Thiago a chamou para que fosse até a copa a fim de lhe mostrar o resto.

— Amanhã você conhece lá fora. Peça para a Jordana lhe mostrar — falava sempre com jeito sóbrio, bem austero. — Aqui é a

A vida está a sua espera

copa... Armários e louças ali... — apontou. — Aqui é a cozinha. Nas geladeiras, sempre vai encontrar algo para comer. Fique à vontade para se servir.

Ela se surpreendeu ao ver dois refrigeradores tão grandes, além de um freezer ao lado. Observou também uma fruteira bem farta.

— Durante o dia, se precisar de alguma coisa, preparar refeições ou suco, pode pedir para a Gilsa. Ela é a primeira a chegar. Apesar de morar aqui, a Jordana chega mais tarde, mas é a última que vai embora.

— Qual o horário da cuidadora durante o dia?

— Das sete às sete. Ela trabalha doze horas. Aceitou assim e é bem paga por isso. Tem uma folga por semana. Tem uma outra que vem só nos dias de folga da Eva. — Um momento e avisou: — Eu não gosto de atrasos. Morando aqui, creio que você não terá problemas com horários. Também não gosto que fiquem após o horário. Apesar da Jordana, às vezes, não respeitar isso. Sempre a pego zanzando ou fazendo alguma coisa dentro da casa. Qualquer coisa com o horário da cuidadora, você fala com ela. Se não adiantar, só então fala comigo. Gostaria que, com o passar do tempo, você resolvesse muitas coisas sem mim.

— Eu entendi.

— Bem... A casa está a sua disposição. Creio que esteja cansada. Deve tomar um banho e se alimentar.

— Certo. Obrigada por tudo, mais uma vez.

Thiago fez um aceno de cabeça e se virou. Foi para outro cômodo.

Bianca foi para o seu quarto. Sentia uma apreensão com misto de felicidade, que não sabia explicar.

Tomou um banho demorado. Precisava disso. Lavou os cabelos e, por não ter secador, secou-os somente com toalha e os deixou úmidos.

Havia tudo de que precisava. Sabonetes, xampus. Quem arrumou tudo aquilo, pensou até no fio e creme dental, além da escova de dentes. Reparou no jogo de toalha de banho. Limpo e delicadamente bordado.

Olhou as roupas que trouxe consigo e sentiu-se envergonhada. Estavam limpas, mas bem surradas.

Escolheu um agasalho, uma camiseta branca e vestiu.

Sentia fome. Não havia comido nada desde aquele lanche pela manhã junto com ele.

Ficou constrangida de ir até a cozinha para procurar alguma coisa para comer.

Penteou os cabelos e os deixou molhados, soltos e caídos nas costas. Sabia que, depois que secassem naturalmente, ficariam ondulados e um pouco armados, mas não poderia fazer nada.

Saiu vagarosamente de seu quarto e viu a porta da suíte da menininha aberta e a voz de Thiago pedindo:

— Para com isso, Gladys. Vamos logo. Vista isso.

A garotinha pulava sobre a cama. Thiago havia lhe dado banho, mas era difícil fazê-la vestir a roupa.

Bianca bateu suavemente à porta e ele, com o pijama da sobrinha nas mãos, olhou.

Ela se aproximou e, pegando a roupa de suas mãos, falou generosa:

— Deixa que eu faço isso. — Olhando para Gladys que pulava sem parar sobre a cama, disse em tom empolgante para a criança: — Quem quer fazer um lindo desenho com giz de cera junto comigo?!

— Eu! Eu! Eu!

— Então vamos vestir o pijama e comer alguma coisa! — falou alegre.

A menina se jogou em seus braços e aceitou ser vestida.

Thiago se sentiu aliviado. Era um de seus maiores problemas. Precisava de uma pessoa que trouxesse soluções para os seus desafios.

Observou-a por longo tempo. Viu-a vestir e pentear a sobrinha, enquanto conversava com jeitinho mimoso. Algo que ele nunca pensou em fazer.

Ele foi para o seu quarto e tomou um banho.

Depois as encontrou na cozinha.

Bianca havia encontrado tudo de que precisava para servir o jantar à Gladys e fazer sua própria refeição. Ele ficou satisfeito com sua iniciativa, que tirou seu encargo. Ela pareceu uma pessoa independente e não fazia perguntas sobre sua vida. Isso era bom. Não gostava de conversas desnecessárias, principalmente com funcionários. Mas não comentou nada.

De camiseta branca e *shorts*, Thiago estava descalço e despenteado.

Ao vê-lo, Bianca se levantou e disse:

— Vou fazer o prato do senhor.

— Não. Não precisa. Eu mesmo faço — falava sempre com jeito sério.

O rapaz arrumou seu prato, esquentou-o no micro-ondas e sentou-se à mesa onde elas estavam. Acreditou que sua presença não intimidava a nova funcionária.

Falando baixinho, com jeito leve e meigo, Bianca contava estorinhas a menina que ficava atenta e ria, comendo toda a comida sem perceber.

— Tia! Tia! Conta de novo!

— Depois a tia conta. Vou lavar essa louça...

— Não! Pode deixar aí. A Gilsa faz isso amanhã cedo — ele falou.

Ela não gostou da ideia, mas não disse nada. Colocou os pratos na cuba da pia e jogou água para não ressecar.

— Esqueci de lhe falar que os telefones aqui têm ramal. No seu quarto vai encontrar uma tabela dos números e os respectivos cômodos da casa.

— É bom saber. Depois eu vejo.

— Agora vamos, tia! Vamos lá desenhar como você prometeu! — pedia a garotinha empolgada.

— Primeiro vamos escovar os dentinhos! — falou em tom alegre, pegando-a pela mão e saindo da cozinha.

Thiago ficou reflexivo. Era o que faltava naquela casa.

Desde que Inês, sua irmã, havia morrido um vazio, uma ausência angustiava o ambiente.

Seu irmão Josué não ficava em casa por muito tempo. Chegava passar meses ou anos sem aparecer.

Thiago não sabia brincar com crianças. Não sabia o que conversar e como conversar com Gladys. A sobrinha precisava daquilo que Bianca oferecia.

Levantou-se. Colocou o prato na cuba da pia e foi para a sala de televisão.

Ligou o aparelho e se jogou em um dos sofás com o controle na mão. Estava acostumado a adormecer ali mesmo.

Bianca desenhou com Gladys, conversou, brincou com a menina e depois a colocou para dormir.

Admirou-se ao vê-la aceitar dormir sozinha e no escuro. Acreditou que o tio a acostumou assim. Fechou a porta e a deixou ali.

Foi para seu quarto e, vendo seus cabelos secos, decidiu prendê-los com um rabo de cavalo. Achava que ficavam armados quando secavam.

Não conseguia ficar quieta. Não parava de pensar em tudo o que tinha acontecido. Lembrou-se da louça suja que deixou na pia da cozinha e isso a incomodava. Era uma pessoa muito ordeira.

Já era tarde quando saiu de seu quarto e passou frente à sala de televisão. Espiou e viu Thiago dormindo.

A vida está a sua espera

Foi até a cozinha e encontrou Hortência, a cuidadora da noite, fazendo um lanche.

— Você vai trabalhar aqui? — a mulher quis saber.

— Vou sim.

— O que vai fazer? — tornou curiosa.

Bianca titubeou. Não sabia se poderia contar. Havia percebido que Thiago não quis comentar nada perto de outros empregados, por isso respondeu:

— Vou cuidar da Gladys. Ela tem pesadelos à noite.

— Não é só ela — comentou Hortência.

— Como assim?

— O doutor Thiago parece um zumbi — sussurrou e olhou para os lados, certificando-se de que ninguém mais a ouviria.

— Isso não me diz respeito. Só vou cuidar do meu trabalho.

— Pra que está lavando louça?

— Não gosto de louças sujas na pia. Fui acostumada assim. Levantar de manhã e ver a pia cheia de louças pra lavar dá desânimo em qualquer um.

— Quem faz isso é a Gilsa. Deixa de ser boba.

— E a dona Cora? Toma algum chá agora à noite? — Bianca queria mudar de assunto.

— Já vou levar pra ela. É esse que está aí esfriando. Às vezes toma... às vezes não... Nessa casa todo mundo é lunático. A começar pela velha. Eles pagam bem, mas vai ter que aguentar essas coisas. — Levantou-se. Colocou o prato na pia, pegou o chá e foi para o quarto

Um medo percorreu a alma de Bianca.

Será que enfrentaria problemas ali?

Não saberia responder. Ficou temerosa.

Lavou as louças, secou e guardou tudo no devido lugar.

Cansada, foi para seu quarto e, novamente, espiou na sala de televisão e viu Thiago largado no sofá com a TV ligada.

Aproximou-se e viu que dormia profundamente. Roncava baixinho e segurava o controle da televisão na mão.

Ela foi para seu quarto pensando no que fazer no dia seguinte. Deveria ir para o hospital ver a filha, saber se iria receber alta.

Precisava comprar algumas roupas. As suas estavam muito surradas. Necessitava também de roupas e fraldas para Lara.

Mexendo em suas coisas, viu a Bíblia que trouxe consigo cair aberta no chão.

Pegou-a. Marcando a página com o dedo, leu: "Não andeis inquieto dizendo: o que comereis ou o que bebereis... De certo, vosso Pai Celestial bem sabe que necessitais de todas essas coisas".

Fechou a Bíblia e, mais uma vez, sentiu um medo correr em seu corpo.

"Será que fiz a coisa certa?" — pensou preocupada. — "Ai, meu Deus..."

Lembrou-se das recomendações de Zuleica.

Sentada em sua cama, abaixou a cabeça e, com a Bíblia apertada entre as mãos, orou baixinho:

— Meu Deus, só tenho o Senhor. Minha filha só tem a mim. Ilumine meus caminhos. Não deixe mal algum nos acontecer. Ampare nós duas... Que o doutor Thiago seja bom e compreensivo conosco. Peço que os Seus anjos olhem por nós. Guie-me para que eu faça desse emprego e dessa casa um novo lar, sendo útil a todos que precisarem de mim.

Ela não pôde ver luzes sublimes envolvê-la. Seu mentor dispensou-lhe energias revigorantes e, sem entender, Bianca sentiu-se melhor.

Deitou-se. Apesar de muito cansada, demorou para dormir. Acordava todo momento. Estranhou a cama grande e confortável, os lençóis macios, lisos e gostosos de sentir.

Uma das vezes que acordou, lembrou-se de não ter dito a Thiago o que iria fazer no dia seguinte. Ele também não lhe disse nada.

A vida está a sua espera

Não sabia a que horas ele iria trabalhar. Se deveria aprontar Gladys para ir à escola e ficou preocupada. Perdeu totalmente o sono.

Levantou-se.

Não podia acordá-lo para perguntar aquilo.

Saiu vagarosamente de seu quarto e observou que as luzes da casa estavam apagadas. Somente poucas luminárias acesas ajudavam a iluminar o caminho.

Foi até o quarto de Cora. Talvez Hortência estivesse acordada. Mas não.

Inquieta, foi até o quarto de Gladys e conferiu que também dormia.

Descalça, para não fazer barulho, foi até a cozinha. Não sabia o que fazer.

Pegou um copo no armário e foi beber água quando, de relance, viu um vulto quase atrás de si.

Bianca tomou um susto e estremeceu ao puxar todo o ar que coube em seus pulmões, fazendo um som como quem ficasse aterrorizada e exclamou:

— Doutor Thiago — sussurrou. — Ai! Que susto!

— Desculpe-me. Não sabia que estava aqui.

— É... Eu... Vim tomar água.

— Eu também — falou baixinho com a voz rouca.

Ela tomou água que havia em seu copo enquanto o seguiu com o olhar, observando-o abrir o armário. Precisava daquele gole para tentar se acalmar. Ao vê-lo pegar a água, perguntou:

— Doutor Thiago? — ele olhou. — Não conversamos sobre amanhã. Eu devo cuidar da Gladys para que fique pronta para a escola? Faço o quê?

Calmo, sempre sério, puxou uma cadeira, sentou-se e disse:

— Deve ir ao hospital ver sua filha. Não acha?

— Sim. Mas... Não falamos sobre isso.

Ele esfregou o rosto com a mão. Pensou um pouco e propôs:

245

— Geralmente quem arruma a Gladys é a Gilsa. Eu pago a ela por fora para chegar cedo e fazer isso. Não sei como fica essa questão... Ainda não pensei direito.

— Deixe-me colocar minhas coisas em ordem, aprender a rotina e, então, eu cuido da Gladys de manhã também.

— Seria ótimo se fizesse isso. Essa semana você se organiza. Vamos providenciar um berço para a Lara e você vai vendo a rotina da casa. Acho que assim está bom.

— Precisa que eu prepare alguma coisa para o senhor, agora?

— Não. Nada. Obrigado.

— Então... Vou dormir. Boa noite.

— Boa noite — murmurou, mas pareceu resmungar. Um pouco depois, ao se levantar e colocar o copo na pia, reparou que estava tudo limpo e arrumado. Entendeu que tinha sido Bianca a fazer aquilo.

capítulo 14
Inês, aliada de amor

Na noite anterior, assim que conheceu o quarto que passou a ocupar, Bianca havia mexido na janela e esquecido de fechar. A cortina, na frente, não a deixou ver aberta.

Após poucas horas de sono, despertou com a claridade invadindo seu quarto e beijando seu rosto.

Remexeu-se.

Por um instante não sabia onde estava. Logo recordou-se.

Levantou-se. Olhou o relógio de pulso que deixou na cômoda e foi para o banheiro.

Tomou banho rápido para despertar. Vestiu-se. Novamente, não gostou da roupa que tinha para usar. Não teria outro jeito. Seria aquela.

Rápida. Arrumou seu quarto e foi para a cozinha. Espiou na suíte de Gladys e nenhuma movimentação. A menininha ainda dormia. Não sabia se deveria acordá-la. Achou melhor não.

Percorreu o corredor e, antes da sala de jantar, olhou na sala de televisão onde o aparelho continuava ligado.

Deu dois passos para dentro do recinto e viu Thiago ainda largado no sofá. Agora, deitado de bruços.

Saiu dali e foi para a cozinha.

Gilsa já havia chegado. A mulher preparava o café da manhã e ficava entre a copa e a cozinha, arrumando a mesa para o desjejum.

— Bom dia — a voz de Bianca soou tímida.

— Bom dia! Tão cedo e já se levantou! — cumprimentou a senhora animada.

— É... Ainda preciso conhecer o ritmo da casa — falou constrangida. Em seguida, apresentou-se: — Eu sou Bianca. A senhora deve ser a dona Gilsa?

— Só Gilsa, querida. Prazer em conhecê-la — disse a cozinheira que não parava com seus afazeres. Era uma mulher de meia idade. Baixa estatura e acima do peso. Muito educada e extremamente simpática. — Seja bem-vinda, Bianca.

— Obrigada.

— Não repare minha pressa. Tenho de deixar tudo pronto antes de acordar a pequena Gladys. Já conheceu nossa menina? — indagou com alegria expressa na voz e no sorriso constante.

— Ah! Sim! Ela é um encanto! — sorriu.

— Sim. Ela é um encanto mesmo. De manhã, a Gladys é um pouquinho lenta. Sabe como é criança. Eu preparo o café para todos, inclusive para ela. Depois, vou acordá-la. Dar um banho rápido, só para despertar. Troco e penteio. Dou seu desjejum, escovo os dentes e a coloco no transporte escolar que passa aqui, exatamente, às 07h. O doutor Thiago faz questão que a coloquemos dentro do veículo, que deve parar, exatamente, em frente da casa. Não do outro lado da rua ou coisa assim. Sabe como é?... E quando ela chega, às 12h30min, é para fazer o mesmo. A Gladys não sai de dentro do transporte escolar sem que um de nós vá pegá-la. Geralmente, é o Clemente quem

A vida está a sua espera

a pega quando chega. Tem dia que demora mais, pois tem aula de natação ou de inglês fora das atividades do colégio. Mas é a tia do transporte escolar quem a leva e depois a traz para casa. — Olhou-a e disse: — Sente-se, menina! Tome logo o seu café.

— Aqui mesmo na mesa da copa? Não é melhor ali na cozinha?

— Não. Aqui mesmo na copa — respondeu Gilsa que andava de um lado para outro.

— Nunca trabalhei como funcionária em casa. Não sei muito bem como me comportar. Sou enfermeira e só trabalhei em hospital, até hoje.

— Comigo é o contrário. Sou cozinheira há mais de trinta e cinco anos. Sempre trabalhei em casa de família. Só aqui, estou há quinze anos, por isso lhe dou um conselho: educação em primeiro lugar. Aqui é trabalho. Não é nossa casa. Cada família funciona de um jeito diferente. Há lugares que você é empregada e precisa se colocar no seu devido lugar. Tem direito às refeições, mas não pode abusar. Pegando aquilo que sabe e entende que é do patrão. Por exemplo... — pensou. — O doutor Thiago gosta de granola. Eu jamais comi a granola dele — contava sempre dando um pouquinho de ênfase no tom de voz agradável e alegre. — Nem passo perto daquele vidro. Só pego e coloco em cima da mesa. Aqui tem fruta, mas entendo que é para o uso da família. Após o almoço, como uma laranja ou banana. Se ele está sentado fazendo a refeição, não me atrevo a sentar à mesa. Se nao tem ninguém, como agora, sento para comer normalmente. Mas se ele ou o irmão chegar, procuro me apressar ou pego meu prato e disfarço e vou lá pra mesa da cozinha. Não me misturo. Entende?

— Entendi.

— Se ele chegar e vir você sentada aqui, o doutor Thiago não vai se importar e vai se sentar também. Mas sabe como é... Nunca ficamos à vontade. Com o tempo, você vai conhecendo melhor a rotina da casa e vai saber se comportar. Estou vendo que é bem educada e esperta.

249

Vi que lavou e arrumou a cozinha ontem à noite. Não precisava. Pode deixar isso para mim — riu. — Vai conhecer o horário e saber o melhor a fazer. Fique observando tudo. Principalmente no começo.

A dona Cora — contou sem pretensões —, era bem exigente quando tinha boa saúde. Coitada. Sempre foi boa pessoa, mas também era firme. Vi empregados que ficaram aqui menos de um mês. Um dia, ela despediu uma empregada e me disse: "essa moça custa muito caro."

— Como assim? Por quê?

— Ah... A moça era comilona. Gulosa. Ela acabava com o pote de requeijão. Comia quase tudo. Fazia um prato enorme nas refeições. Não tinha educação, sabe? Um dia, tinha uva para servir. Eu higienizei e deixei escorrer. Quando fui arrumar para levar à mesa, a moça tinha pegado e comido várias uvas de cachos diferentes, sabe? Os cachos ficaram faltando uvas e ficou horrível. Eu não sabia o que fazer. Ela poderia ter pegado um cacho e comido inteiro. Era uma pessoa muito folgada, sem educação e sem limites. A dona Cora, que não era boba, percebeu rapidinho.

— E o doutor Thiago... Como ele é?

— Ótima pessoa. — Sentou-se a sua frente e foi tomar seu café. — Muito quieto. Fala tudo o que precisa, mas depois... Não é de perguntar como você vai, o que está acontecendo na sua vida... Nem conta sobre o que acontece com ele. É calado demais. Bem diferente do irmão, o doutor Josué. O doutor Thiago ficou ainda pior depois da morte do pai e mais ainda da irmã. A doutora Inês era uma excelente pessoa. Brincalhona, alegre e agradável. A menina puxou a ela. Simpática e meiga. Igual à mãe.

— E o pai da Gladys? Vem visitar a filha.

— Não. Ninguém sabe quem é — sussurrou.

— O doutor Thiago e o irmão não se casaram? Quantos anos eles têm?

A vida está a sua espera

— O doutor Thiago tem trinta e cinco. O doutor Josué trinta e sete. — A mulher pensou um pouco e contou sem se alongar. — O doutor Thiago sofreu um acidente de carro com a noiva. Ela era médica também. A moça era quem dirigia. Voltavam de viagem. Ela morreu na hora. O pai dele também foi vítima de desastre de carro. Assim como a irmã. — Um momento e comentou: — Sabe aquelas famílias que são marcadas com o mesmo tipo de tragédia?

— Sei. Já vi isso.

— Essa é uma delas — falou bem séria e triste. — Ele sempre foi bem calado. Nunca foi de brincar. Mas depois de tudo isso, ficou bem pior. A dona Cora teve derrame cerebral duas vezes.

— O marido da dona Cora era médico também? — Bianca perguntou, mesmo sabendo. Talvez quisesse só conversar.

— Era. Ele e o doutor Thiago e outros dois amigos são donos de uma clínica ortopédica e de fisioterapia muito bem conceituada. Lá tem vários médicos e fisioterapeutas que trabalham para eles. O doutor Thiago atende duas vezes por semana lá. Ele é cirurgião e vive fazendo plantões em hospitais. Tem um horário de louco. Já o doutor Josué é meio... Vai conhecer. Não é muito responsável nem de confiança. Entende? O pai brigava muito com ele. Esse moço não para num lugar. Não assume responsabilidade. Totalmente diferente do irmão.

— O doutor Josué é casado?

Gilsa envergou a boca, franziu a testa e sorriu engraçado:

— Ele não é um rapaz sério. Digamos assim. — Levantou-se e disse: — Vou cuidar da Gladys. Depois que ela for embora e todos tomarem café, essa cozinha vai esquentar muito — riu de um jeito engraçado. — Tenho de preparar as refeições.

Bianca também se levantou. Colocou sua louça na pia e decidiu ir para o seu quarto. Quando passou pela sala de televisão, observou o aparelho desligado e Thiago não estava mais lá.

251

Schellida ✳ Eliana Machado Coelho

A primeira coisa que decidiu fazer, naquele dia, foi ir até o hospital saber de Lara.

Conversou com o médico pediatra que achou melhor a menina continuar internada. Precisava de medicações que, em casa, não seriam conveniente ministrar.

Bianca viu a filha e ficou apiedada com seu estado.

Não poderia ficar no hospital e tinha muita coisa para fazer.

— A mamãe te ama, meu anjinho. Você vai ficar boa, viu? E quando sair daqui, nós vamos para uma casa nova. Um lugar novo! — enfatizou ao sussurrar. — Mamãe vai trabalhar e cuidar de você. Nada mais de casa úmida, embolorada... Sua saúde vai ser melhor, eu garanto. — Lara entendia. Remexia-se e emitia sonzinhos conforme Bianca conversava. — Ééééé... meu amor! Você está gostando dessa ideia, não está? — falava com voz mimosa. — Vai gostar mais quando chegar lá, viu?

Nesse instante, uma enfermeira chegou com uma maca especialmente preparada para o transporte de Lara.

— Bom dia!... Com licença! A senhora é?...

— A mãe da Lara. Meu nome é Bianca.

— A Lara vai ser transferida daqui.

— Como assim? Para onde ela vai? — indagou, preocupada.

— Ela vai para a ala de atendimento particular desse hospital.

— Não... — falou baixinho, tentado entender e explicar a situação. — Acho que existe algum engano. Esse é o setor de atendimento público. Eu não tenho condições para pagar internação particular.

— Desculpe-me, mas não sei explicar esses detalhes. Quem solicitou essa transferência foi o doutor Rogério, chefe da pediatria.

Sempre educada e ponderada, Bianca perguntou:

— Com quem eu posso falar a respeito disso?

A vida está a sua espera

A enfermeira explicou e Bianca acompanhou o transporte da filha até chegarem a outro setor. Lá, foi ao posto de enfermagem se informar.

Ninguém sabia dizer nada até o pediatra de plantão surgir e esclarecer:

— Foi uma ligação do doutor Thiago, médico do setor de ortopedia deste hospital. Ele ligou agora cedo e disse que depois passava aqui para deixar um cheque caução para as despesas. Por isso já fizemos a transferência da Lara.

Bianca não sabia o que dizer.

Agradeceu. Foi ver a filha mais uma vez antes de ir embora.

Passava da hora do almoço quando chegou a casa onde trabalhava, carregada de sacolas.

— Tia! Tia! Tia! Onde você estava? — perguntou Gladys, correndo em sua direção.

— Oi, meu amor! A tia precisou fazer umas comprinhas.

— Eu gosto de fazer comprinhas, mas ninguém me leva.

— Isso é instinto de mulher despertando logo cedo — falou baixinho e riu.

— O que, tia?

— Toda mulher gosta de fazer comprinhas, meu bem, desde pequenininha — sorriu. Pensou em prometer levá-la da próxima vez, mas temeu que o tio da menina não deixasse. Sabia que não se deve fazer promessas para crianças e não cumprir.

Chegando ao seu quarto, estranhou a porta aberta e notou certa movimentação.

Entrando vagarosamente, viu Jordana e um homem medindo aqui e ali.

253

Schellida ☙ Eliana Machado Coelho

— Boa tarde — cumprimentou com sorriso tímido. Não entendeu o que acontecia.

— Oi, Bianca! Boa tarde! Desculpe a invasão! — Jordana a cumprimentou. O homem fez o mesmo e a mulher explicou: — O doutor Thiago pediu para que chamasse um marceneiro para fazer uma cama ou berço acoplado a um móvel para trocar o bebê.

— Ah... Sim — sentiu-se atordoada. Nunca havia pensado nisso. Acreditou que comprariam só um berço. Estava acostumada a trocar a filha em um colchão no chão. Experimentou um nó na garganta e não sabia o que falar. Rapidamente, em pensamento, agradeceu por aquele emprego e prometeu fazer de tudo para corresponder. Nunca, ninguém, preocupou-se tanto com suas necessidades.

— Geralmente, essas cômodas têm de 80 a 90 cm de altura. Depois, em cima, ainda vai um colchãozinho, daqueles plastificados. A senhora acha que essa altura está boa? — perguntou o marceneiro olhando para Bianca.

— Sim. Acredito que está.

— Qual a idade da sua criança? — tornou o homem.

— Sete meses.

— Então é bom fazer uma cama maior e não um berço. Criança cresce logo. Daqui a pouco já está andando e correndo... Podemos fazer uma grade que sai metade quando quiser tirar, para não correr o risco da criança pular por cima quando quiser sair.

— É que... Não. Provavelmente, minha filha não vai andar. Ela tem paralisia cerebral. A lesão é bem comprometedora. Mal enxerga e...

— Entendi — tornou o homem coçando a cabeça. Depois contou: — Fiz uma cama para uma criança assim faz um ano. Ela era alta, pra não doer as costas e com grade. Era uma criancinha que não ficava em pé e que tinha uns cinco anos. Tenho a foto aqui... — Pegou um álbum, folheou e mostrou: — É essa.

A vida está a sua espera

Bianca olhou. Quando viu que Jordana estava interessada, dividiu a imagem com ela.

— Jordana, o que você acha? Eu não tenho muita noção.

— Acho que está bom. Ao lado tem trocador e, embaixo, gavetas... Aparador em cima para os produtos de higiene... Acho ideal.

— É grandinha. Dá pra criancinha usar até dez ou doze anos — tornou o marceneiro. — Aqui, neste quarto, tem espaço de sobra. E ainda fica um espaço enorme entre essa cama e a que vou fazer. Dá pra fazer sim.

O homem tirou as medidas, olhou a cor dos outros móveis planejados que, apesar de brancos, tinham pequenos detalhes e precisavam ser iguais. Depois se foi.

Ao se ver a sós com Jordana, Bianca perguntou:

— Quem chamou esse homem aqui?

— O doutor Thiago. Ele me chamou logo cedo e me explicou que você tem uma filha e vai trazê-la para cá. Disse que precisava de um berço e pediu que eu chamasse um marceneiro. O doutor Thiago não gosta de bagunça. Nem de móveis quebrados, coisas que não combinam... Ele é bem ordeiro. Puxou à mãe dele. Então liguei e o marceneiro chegou antes de você. Eu estava torcendo para que chegasse logo. Não tinha ideia do que precisaria.

— A Lara, minha filhinha, sempre dormiu comigo e a trocava em cima da cama, mesmo — contou em tom neutro.

— É que quando temos um ambiente preparado, tudo fica melhor, prático e mais ágil de ser feito. A suíte da dona Cora é toda adaptada e isso ajuda tanto.

— É... Eu vi. Não pensei que o doutor Thiago fosse se preocupar com isso para minha filha.

— Vai aprender muita coisa nesta casa. A primeira é: não contrariar o doutor Thiago. E, se possível, não incomodá-lo com picuinhas e perguntinhas bobas. Ele gosta de ficar quieto. Não é de falar à toa nem de contar sua vida. Também não quer saber de seus problemas.

255

Schellida ❧ Eliana Machado Coelho

A segunda coisa: se fizer seu serviço direitinho, terá emprego por muitos anos. Se não gostarem de você... — levantou as sobrancelhas, pendeu com a cabeça, deixando que a outra completasse, por si, o restante da frase.

— Quanto tempo você trabalha aqui?

— Eu e o Clemente moramos e trabalhamos aqui há mais de vinte anos. Não consigo me ver em outro lugar. Tomara que você seja boa o suficiente e se adapte. Eles... Eu quis dizer a família que, agora, é só o doutor Thiago, são muito bons quando gostam do nosso trabalho. Sabem reconhecer e recompensar. Você, principalmente, que vai morar aqui dentro desta casa, procure ser invisível. Entende? Faça o seu serviço e pronto. Converse o mínimo possível. Sei que tem uma filhinha, mas não fique conversando sobre os probleminhas corriqueiros... Sabe como é?... Guarde pra si as dificuldades que só você poderá resolver. E terá emprego por muito tempo.

— Pelo que eu vejo, ele não dá muitas satisfações nem é de reclamar do serviço.

— Não. O doutor Thiago não reclama. Nem a dona Cora fazia isso. Eles pedem. Mas, se você pisar na bola, mandam você embora sem nenhuma satisfação.

— Ele disse alguma coisa a meu respeito?

— Falou que trabalhou com você em um hospital. Que era dedicada ao trabalho. Tem uma filha com necessidades especiais e precisa muito do trabalho. Que queria lhe dar uma chance, pois a outra que ele colocou aqui só ficava ao telefone. Talvez você, por precisar muito, desse conta do recado. Falou quais seriam as suas atribuições com a dona Cora e com a Gladys. Por não ter um horário definido, o doutor Thiago enfrenta muito problema com a sobrinha. Quando está em casa, ele mesmo cuida dela, dá banho e as refeições, mas não tem muito jeito. A menina faz gato e sapato dele — riu. — Não obedece e ele não reage. Mesmo assim, ela é um amor. Quando ele não está em casa, a Gladys fica comigo ou com a

A vida está a sua espera

cuidadora. E isso o preocupa. Também tem os horários dos remédios da dona Cora. Alguns são no soro para não prejudicarem tanto seu estômago. Nem sempre as cuidadoras sabem colocar o soro nela.

— Obrigada, Jordana. É bom saber de tudo isso.

— Você me parece bem esperta. Vai se sair bem. Estou torcendo para que dê certo!

— Tem de dar! Deus há de me ajudar a corresponder a tudo o que for preciso. Necessito muito, muito mesmo, deste emprego.

A mulher sorriu e a deixou sozinha.

~

Gladys não se afastava de Bianca e conversavam o tempo todo.

Thiago não apareceu nem disse nada, por isso ela tomou a iniciativa e, naquela noite, ela fez questão de cuidar da menina.

Gostaria de falar com ele sobre a transferência de Lara para a ala particular do hospital. Nem saberia o que dizer, se as despesas seriam descontadas de seu salário. Desejava saber isso.

Na manhã seguinte ela levantou cedo. Acompanhou Gilsa nos cuidados da Gladys para aprender a rotina.

Em seguida, ficou sem ter o que fazer. Pensou em ir até o hospital, mas não sabia se deveria por causa do serviço. Não conseguia pensar em outra coisa a não ser em Lara.

No dia anterior, verificou que a filha começava a tomar um antibiótico ministrado no soro. Sabia que essa medicação deveria ser tomada por cinco dias, pelo menos. Provavelmente ficaria internada por esse tempo.

Sentiu-se inquieta. Arrumou as roupas que havia comprado e não tinha mais nada o que fazer.

Procurou Jordana e perguntou:

— Precisa que eu a ajude em alguma coisa?

— Não, Bianca. Obrigada.

257

Schellida ⚜ Eliana Machado Coelho

— Não sei o que fazer e estou desinquieta. Já dei uma olhada na dona Cora e a Eva disse que está tudo bem. A Gladys vai demorar a chegar.

— Gosta de ler? Tem muito livro naquele escritório — disse e saiu, levando a roupa para lavar.

Bianca não pensou duas vezes. Foi para o escritório e ficou olhando para as paredes forradas de livros. A maioria da área de saúde.

Mas havia um dos lados de uma das paredes, cujas prateleiras chamaram sua atenção.

As obras literárias, ali dispostas, eram diferentes. Nem todas tinham capa dura. Não obedeciam à mesma encadernação ou ordem de tamanho.

Aproximou-se e percebeu, logo de imediato, que estavam em ordem.

Passou a mão e correu os dedos no dorso dos volumes, fazendo uma leitura rápida e incompleta dos nomes.

Reparou que existia uma Bíblia e, ao lado desse exemplar, precisou virar o pescoço de lado para ler o nome da coleção: *O Livro dos Espíritos, O Evangelho Segundo o Espiritismo, O Livro dos Médiuns, Céu e Inferno, A Gênese.*

— Isso mesmo. É esse o que deve pegar — dizia o espírito Inês, mesmo sabendo que ela não poderia ouvir.

Cuidadosamente, Bianca puxou *O Livro dos Espíritos.*

— Vamos, abra! — inspirava Inês.

A encarnada pegou o livro. Lembrou-se do tempo de faculdade quando adorava pegar os livros, principalmente os novos, e cheirá-los. Sorriu sem perceber. Não resistiu e cheirou o volume. Era diferente de todos os outros que já havia cheirado. Sorriu largamente.

— Eu também fazia isso. Era capaz de diferenciar meus livros pelo cheiro — sorriu. — Gostou? Vamos, abra! — procurava inspirá-la. — Abra! — pedia sorrindo.

258

A vida está a sua espera

Brício as acompanhava e observava sem ser percebido.

Bianca, com a obra nas mãos, deixou algumas páginas correrem por seu dedo, passando rapidamente.

— Aí! Aí! — pediu o espírito Inês, com jeito meigo, embora enfático. — Leia...

Bianca leu, murmurando...

— Capítulo IX, Intervenção dos Espíritos no mundo corpóreo. Penetração do nosso pensamento pelos espíritos. — Observou: — São perguntas! Que interessante. Um livro com perguntas e respostas... Pergunta 459... "Os espíritos influem sobre os nossos pensamentos e as nossas ações?" Resposta... "Nesse sentido a sua influência é maior do que suponardes, porque muito frequentemente eles vos dirigem." — Sorriu. — Será que isso é possível mesmo? — indagou em voz alta.

— É o que está acontecendo agora e você não sabe — respondeu Inês.

— Pergunta 460... — prosseguiu Bianca no mesmo tom de voz. — "Temos pensamentos próprios e outros que nos são sugeridos? Resposta... Vossa alma é um Espírito que pensa. Não ignorais que muitos pensamentos que vos ocorrem, a um só tempo, sobre o mesmo assunto e frequentemente bastante contraditórios. Pois bem: nesse conjunto há sempre os vossos e os nossos, e é isso o que vos deixa na incerteza porque tendes em vós duas ideias que se combatem." Interessante — comentou. — 461... "Como distinguir os nossos próprios pensamentos dos que nos são sugeridos? Resposta... Quando um pensamento vos é sugerido, é como uma voz que vos fala. Os pensamentos próprios são, em geral, os que vos ocorrem no primeiro impulso. De resto, não há grande interesse para vós nessa distinção, e é frequentemente útil não o saberdes: o homem age mais livremente, se decidir pelo bem, o fará de melhor vontade, se tomar o mau caminho, sua responsabilidade será maior." Huuummm... Entendi. A ideia pode ser minha ou não, o que importa é decidir pelo bem. A Glória me falou desse livro uma vez... Faz tempo...

259

Schellida ✿ Eliana Machado Coelho

— É isso, Bianca. Se você tem um bom pensamento e, em seguida, aparece uma ideia ruim, essa ideia é de um espírito que quer o seu mal e é inferior. Mas se você tiver uma ideia ruim, depois ocorrer um pensamento bom, pode ser seu anjo da guarda orientando-a, apaziguando o seu coração. No turbilhão de acontecimentos, não decida e não manifeste opiniões. Aguarde. Analise e acalme os sentimentos. O que não disser ou não fizer, poderá falar e realizar. Mas o que for dito e feito, não poderá mudar. Quantas vezes, muito alegre e feliz, nós concordamos com pessoas ou situações e depois nos arrependemos? Quantas vezes, nós nos enervamos e brigamos e depois observamos o quanto fomos ridículos com nossas atitudes, palavras e sentimentos? — disse Inês influenciando-a. — Por isso Jesus orientou: — Orai e vigiai.

— Huuummm... Que livro interessante. Pergunta 469... "Por que meio se pode neutralizar a influência dos maus espíritos?" Resposta... "Fazendo o bem e colocando toda a vossa confiança em Deus, repelis a influência dos Espíritos inferiores e destruís o império que desejam ter sobre vós. Guardai-vos de escutar as sugestões dos Espíritos que suscitam em vós os maus pensamentos, que insuflam a discórdia e excitam em vós todas as más paixões. Desconfiai, sobretudo, dos que exaltam o vosso orgulho, porque eles atacam na vossa fraqueza. Eis por que Jesus voz faz dizer na oração dominical: 'Senhor, não nos deixeis cair em tentação, mas livrai-nos do mal!'" — Conforme lia, o espírito Inês a acompanhava olhando de perto, por cima de seu ombro, como se estivesse encarnada. A página escapou dos dedos de Bianca e algumas folhas passaram. Ela não se importou e leu: — 530a... "Os Espíritos que provocam discórdia agem em consequência de animosidades pessoais, ou atacam ao primeiro que encontram, sem motivo determinado, por simples malícia?" Resposta... "Por uma e outra coisa; às vezes trata-se de inimigos que fizestes nesta vida ou em existência anterior, e que vos perseguem; de outras vezes,

A vida está a sua espera

não há nenhum motivo." — Um momento de reflexão e se lembrou:
— Acho que eram desses espíritos que Glória falou.

Fechou o livro. Pensou:

"Foi por isso que minha vida não deu certo? Talvez nem fosse
para eu me casar com o César. Fui me envolver com aquelas porcarias
de trabalhos espirituais para achar casa e... Que droga!... Mas aqui
está a solução. Como resposta da pergunta... Fazer o bem e colocar a
confiança em Deus repele a influência de espíritos inferiores. Com
isso, destruo o domínio que desejam ter sobre mim. Ah... Meu Deus!
Não vou falhar. Farei tudo certo. Tudo! Terei uma nova vida aqui neste
emprego. Não quero mais saber de homem nenhum. Vou cuidar de
mim e da minha filha. Tenho muito o que agradecer. É mais tranquilo
saber que minha filha está em uma ala decente de hospital e sendo
mais bem cuidada... O meu patrão dispondo de tanta comodidade
para nós... Tenho que beijar os pés desse homem! Ai, meu Deus! Vou
ser a melhor funcionária do mundo!" — desejava fervorosamente.

Bianca estava no canto, praticamente, atrás da porta de entrada
do escritório.

Havia alguns minutos que Thiago entrou sem dizer nada. Ele
tinha olhado rapidamente, mas não se importou com sua presença e
mexia em alguns papéis sobre a grande mesa do escritório.

Bianca se virou com o livro em uma das mãos e levou a outra
ao peito, pelo susto, e fez um barulho ao puxar o ar.

Ele ergueu o olhar, por um instante, e voltou ao que fazia.

— Desculpe-me, doutor Thiago. Não o vi entrar. — Ele não
disse nada. Continuou com o que fazia. Ela ficou temerosa. Não sabia
se o tinha incomodado com sua presença ali. Bianca se aproximou
lentamente e cumprimentou: — Boa tarde.

— Boa tarde — respondeu bem baixinho.

— Hoje eu estive no hospital e fiquei sabendo que o senhor
solicitou a transferência da Lara para a ala particular. Obrigada,

Schellida ✤ Eliana Machado Coelho

mas... Não vou ter como pagar isso. Essas internações particulares são caras.

— Perguntei a um amigo, o Rogério, sobre o quadro dela. Estar naquela ala será bem melhor. Serão usadas medicações fortes por cerca de cinco ou seis dias. Você deve ter visto — comentou mexendo no que precisava e sem olhar para ela.

À frente, tendo a mesa entre eles, Bianca segurava o livro na mão. Sentia-se constrangida e não sabia o que conversar. Tinha muito para falar, mas o comportamento de Thiago a inibia. Não a olhava por muito tempo. Estava sempre com algo para fazer.

— Doutor Thiago? — chamou com a voz fraca. Esperou que olhasse e disse: — Não vou ter dinheiro para pagar essa internação. Sei que custa bem caro.

— A saúde em primeiro lugar. Depois vemos isso — falou sem olhá-la.

— Doutor... — disse e ele a olhou novamente. — Não sei se o senhor se incomodou por eu ter entrado aqui... Peguei esse livro para ler e se isso o importunar, pode me avisar.

— Desde que o coloque no mesmo lugar e que o livro esteja nas mesmas condições em que o pegou, não terá problemas.

— Obrigada. É... o senhor quer as notas fiscais das coisas que comprei com o valor que me deu? — não sabia o que dizer.

— Não — respondeu sem olhar.

— Já providenciei roupas para trabalhar e... — Ele respirou fundo, levantou o olhar e a mediu por um instante. Só então reparou que estava de branco como seu serviço exigia. Voltou ao que fazia. — Por favor, pode descontar o valor do meu salário — não houve resposta.

— A Gladys já chegou? — perguntou secamente, sem encará-la.

— Hoje ela tem aula de natação. — Percebendo que não lhe dava atenção, decidiu, pois se lembrou das recomendações das outras empregadas: — Então com licença.

A vida está a sua espera

O homem nada disse e Bianca saiu de lá com o livro nas mãos.

Thiago parou com o que fazia e olhou em direção da porta vendo-a sair.

Era difícil definir seus pensamentos. Havia sempre um vazio de sentimentos. Um misto de preocupação e desinteresse. Empenhava-se no trabalho e ocupava-se com inúmeras atividades para afugentar pensamentos indesejáveis. Trazia consigo uma bagagem densa de outra existência terrena. Estava sendo provado para ter amor à vida, dar atenção a todos, cuidar da saúde própria e de muitos. Era perseguido pela fatalidade de ter visto pessoas se afastarem dele pelo desencarne repentino. A noiva, o pai, a irmã... Isso também era uma prova para aprender o quanto é difícil ver-se abandonado. Com o suicídio que cometeu no passado, abandonou pessoas que precisavam dele, como a esposa, os empregados e outros.[5]

Sempre havia uma sombra de tristeza indefinida em seu olhar. Um toque profundo de melancolia no lindo azul de seus olhos.

O espírito Milla, sua ex-noiva, de onde estava, ligava-se a ele em nível de pensamento.

Thiago carregava grande dor por aquela fatalidade. Sentia-se culpado pelo que ocorreu. Essa culpa vinha pela influência dos pensamentos da ex-noiva. Ele guardava um segredo angustioso e nunca o dividiu com ninguém.

O espírito Inês aproximou-se e o envolveu como em um abraço pelas costas.

— Meu irmão querido... Ore. O hábito da oração situa nossa mente em vibrações saudáveis. Melhoramos em todos os sentidos.

Brício, por sua vez, deixou-se ver. Inês sorriu ao percebê-lo. Afastou-se do abraço ao irmão e o cumprimentou:

---

5. N.A.E. — As questões 851 e 852 de *O Livro dos Espíritos* esclarecem esse assunto.

Schellida Eliana Machado Coelho

— Olá, meu amigo — reconheceu seu nível espiritual pelo que via. — Que Jesus esteja em nossos corações — curvou levemente a cabeça num aceno elegante ao cumprimentar.

— Que assim seja, minha irmã.

— Assim é — sorriu generosa.

— Sou Brício, mentor de Bianca.

— Deve saber que sou Inês. Quando encarnada, fui irmã de Thiago, filha de Cora e residi nesta casa.

— Sim. Eu soube. Está aqui em visita, espero.

— Sim. Estou. Foi-me permitido excursionar pela crosta terrena e visitar meus parentes. A saudade é coisa que não conseguimos dissolver, principalmente de minha filhinha querida. Meus instrutores me permitiram permanecer, por alguns dias. Perdoe-me o envolvimento à Bianca. Ela é bem sensível à espiritualidade e achei por bem guiá-la para aquele cantinho — apontou e sorriu. — Lá estão os livros que me pertenceram e ajudaram muito a minha evolução.

— Foi muito bom. Bianca está mesmo precisando de instruções e informações a respeito de evolução espiritual. Todas as influências, voltadas para o seu crescimento, são bem-vindas.

Inês sorriu e contou:

— Quando encarnada tentei, inúmeras vezes, levar conhecimento espiritual ao meu irmão Thiago e à pobre Milla. Josué nunca me ouviu. Deve saber que eu tive dificuldades imensas com Josué e... — deteve as palavras. — Thiago, por outro lado, é uma criatura muito boa. Coração bondoso. Uma pessoa incrível. Tem seus desafios e rogo para que os supere em breve. Eu conversava muito com ele sobre a espiritualidade. Ele ficava atento, mas, quando se inclinava para conhecer melhor a doutrina que me ajudou e que acreditei que o ajudaria, Milla, sua noiva, caçoava e desviava sua atenção, aniquilando qualquer aprendizado. — Olhou para o irmão que nem imaginava o que acontecia na espiritualidade.

A vida está a sua espera

Brício e Inês podiam observar as energias e vibrações pesarosas que rodeavam o encarnado.

— Pobre Milla que não se socorre em busca de Deus e envolve meu irmão nesse manto tenebroso. Pobre Thiago que também sofre... Ele vai precisar se libertar dessa influência angustiante.

— Os semelhantes se atraem. Sabe disso. Milla foi suicida.

— Sim. Eu sei. Meu irmão ainda traz consigo resquícios do seu passado comprometedor nessa área. Será provado. Pobre Thiago... Por isso seria interessante que a doce Bianca aprendesse bem rápido sobre questões que irão ajudá-los.

— É verdade. Bianca, que serviu de grande instrumento para que Thiago cometesse suicídio no passado, deve servir, igualmente, de instrumento para que ele recupere o valor da vida. Nada é por acaso.

— Eu acho incrível as oportunidades que Deus nos oferece. Quando pensamos que fazemos o bem a alguém, é a nós que estamos beneficiando. Ao ajudar meu irmão, Bianca estará revertendo o deslize do passado. Passará por difícil convivência com Josué. Pobre Josué... Ele teve oportunidades, mas não aproveitou. Continua se desviando do que é bom, útil e saudável. Com a vida que teve, com as oportunidades que encontrou, Josué não vai poder reclamar quando tudo, nessa ou em outra vida, lhe for retirado.

— Ele ainda tem tempo de se elevar. Oremos e confiemos.

— Sim, meu amigo Brício. Tomara.

— Seu maior interesse por estar aqui é por sua filhinha, Gladys, não é, Inês?

Ela sorriu com generosidade. Emocionou-se e, tal qual estivesse encarnada, lágrimas se formaram como resultado do forte sentimento que experimentava.

— O coração de mãe é o único que possui sentimento forte e eterno. Nem a morte impede o amor e a separa dos filhos. Oro constantemente por ela. Fiz solicitações na colônia espiritual a qual pertenço para que pudesse acompanhá-la mais de perto. Thiago

265

tem feito o seu melhor, mas não tem... digamos tanto jeito assim com criança nessa idade — meneou a cabeça e sorriu. — Não, por enquanto. Embora esse meu irmão foi quem mais me ajudou com a Gladys. Ele cuidou de mim na gravidez e na dieta. Acompanhou o parto. Deu banho e mamadeiras para a Gladys... Minhas esperanças se renovaram com a chegada de Bianca. Apesar de não terem ligações passadas, elas vão se ajudar e se dar muito bem. Só temo por Josué... Rogo a Deus que o envolva.

Brício olhou-a com bondade.

Observaram novamente Thiago envolto em um manto denso. Mergulhado em uma quietude sem fim.

Seu mentor, que não quis se apresentar visível naquele momento, sempre o acompanhava com extremo carinho.

capítulo 15

Renovações

Bianca havia falado para Thiago que visitaria sua filha todas as manhãs, aproveitando o tempo em que Gladys estivesse no colégio. Também usaria esse tempo para resolver seus assuntos particulares.

Decidida, procurou no fórum um advogado gratuito para cuidar de seu divórcio. Ainda bem que guardou o endereço, dos pais dele, que encontrou dentro da Bíblia. O ex-marido foi morar lá.

Tudo seria bem fácil, uma vez que César não criaria empecilhos. Ele não via a hora de se ver livre daquele casamento e dos encargos com Lara.

~

Quando chegou à elegante residência, antes da hora do almoço, percebeu uma movimentação. Era o marceneiro e seus dois ajudantes que montavam a nova cama em seu quarto.

— Tia! Tia! Onde você foi? — perguntou a graciosa Gladys, correndo em sua direção e estendendo os bracinhos para que a pegasse no colo.

Séria, com olhos grandes, Bianca se surpreendeu. A menina deveria estar na escola.

— Chegou mais cedo, meu amor? — perguntou preocupada.

— Hoje teve reunião, tia. Ninguém foi na minha reunião. Então a tia do transporte escolar me trouxe mais cedo pra casa — explicou. Era muito esperta.

Bianca ficou preocupada. Não sabia de nenhuma reunião nem lembrava de ter sido avisada.

Com a garotinha no colo, entrou na casa.

Não pôde entrar em seu quarto. Cuidou de Gladys e de outras coisas. Somente no fim da tarde é que pôde ver o que foi feito.

Sorriu ao admirar o novo ambiente. Uma forte emoção a tomou inexplicavelmente e teve vontade de chorar.

"Obrigada, meu Deus..." — orou em pensamento. — "Obrigada. Estou tendo mais do que mereço. Vou fazer de tudo para corresponder ao que estou recebendo aqui. Sinto-me culpada por ter criticado tanto o doutor Thiago quando o conheci... Não entendia o jeito dele. A vida está me mostrando que não devemos julgar as pessoas. Assim como a Carmem. Onde ela estiver, abençoe-a, por favor. Foi a única que me ajudou quando eu não tinha ninguém. Abençoe eles dois, meu Deus. Obrigada por tudo."

Inconscientemente, Bianca sabia que a gratidão abre caminhos e facilita nossas vidas. Agradecer e abençoar é a melhor coisa que fazemos por nós.

Em seguida, Bianca se lembrou:

"Nem sei por onde andam minhas irmãs. Deveriam estar comigo ou tendo notícias, mas... Antes de ser despejada, ainda grávida da Lara, procurei a Lenita e ela pareceu que não me conhecia. Disse que

A vida está a sua espera

a casa em que morava era bem pequena e que não podia ajudar em nada. De fato não podia... Coitada. Mas não tem problema."

— Olha, tio! Olha! Olha! — soou a voz doce de Gladys, interrompendo seus pensamentos.

A garotinha segurava a mão de Thiago e o puxava para o quarto de Bianca.

Ele havia acabado de chegar. Nem tinha deixado uma bolsa e o jaleco que sempre carregava. A menina queria mostrar a novidade.

— Com licença — ele pediu educado. — Desculpe-me entrar assim... A porta está aberta e a Gladys...

— Sem problemas, doutor Thiago! — alegrou-se ao vê-lo. — O marceneiro acabou de sair daqui. Ficou maravilhoso!

— Acha que vai ajudá-la?

— Lógico!

— Eu também quero dormir aqui, tio!

— Você tem seu quarto, Gladys — disse secamente. Virou as costas e saiu.

Bianca o seguiu com o olhar. Não sabia dizer se era um homem orgulhoso, arrogante, tímido ou vazio de palavras para se expressar. Mas não importava. Ela era grata e saberia corresponder ao serviço em forma de retribuição.

Pegou na mãozinha de Gladys, que falava alguma coisa, e saiu do quarto, seguindo Thiago.

Ao vê-lo no escritório, deu suave batida à porta aberta e o viu encará-la.

— Com licença — pediu, séria e educada. Ele nada disse e Bianca perguntou: — Quando tem reunião no colégio da Gladys, quem vai?

— Ninguém.

— E como fica? — em tom suave quis saber, estranhando.

— Depois a escola me manda uma circular com informações do que foi dito na reunião. É assim que funciona, porque não tenho tempo.

269

— É, tio! Mas eu nunca faço tudo direito. — Thiago olhou para a pequena e ela continuou: — Teve festa e você não me vestiu como devia. Todo mundo foi de pijama outro dia e eu fui de uniforme. A pro — referiu-se à professora —, reclamou que você não assina a agenda e não vê os recados.

O tio respirou fundo, pareceu insatisfeito com o que ouvia.

— Posso começar a ver a agenda dela, dar um visto e ir às reuniões, se o senhor permitir.

— Como quiser — disse tão somente.

Bianca não falou nada e saiu do escritório. Decidiu que tomaria suas próprias decisões sem incomodá-lo. Afinal, estava sentindo liberdade para isso, pois ele nunca discutia qualquer assunto.

~

Em alguns dias, Lara recebeu alta e foi para o novo lar.

Era o momento de Bianca se adaptar totalmente à rotina. As cuidadoras da noite não viriam mais.

Ela não se incomodou. Não reclamava de levantar durante a noite, se fosse preciso. Dormia, naturalmente, um sono leve e tinha muita disposição. Porém, a gratidão era o seu maior combustível.

~

Os dias foram passando...

Era uma manhã de sábado e o dia estava bem quente. O sol se encobria entre nuvens quando Thiago passou com o carro na rua do quintal, quase ao lado da piscina, para chegar até a garagem. Percebeu uma movimentação e estranhou o barulho.

Havia trabalhado por mais de vinte e quatro horas. Estava cansado demais. Pensou não ter ouvido direito. Parou o automóvel. Desceu o vidro. Tirou os óculos de sol e viu sua sobrinha sentada

A vida está a sua espera

na borda da piscina gritando para Bianca e sua mãe que se achavam dentro da água.

Lentamente perguntou em voz alta:

— Mas o que é isso?... — Incrédulo com o que via, franziu a testa. Achou esquisito. Não sabia dizer se havia gostado. Seguiu em frente para estacionar o carro.

Inquieto, entrou. Mal deixou suas coisas no escritório e foi à direção do quintal.

No *hall* da porta da sala, antes de ir para o quintal onde ficava a piscina, encontrou Jordana que trazia um sorriso diferente no rosto quando o cumprimentou.

— O que é aquilo lá fora, Jordana?

A mulher arregalou os olhos e sorriu mais ainda, explicando:

— A dona Cora está adorando a água, doutor Thiago. O senhor tem de ver como ela começou a se movimentar e se mexer... Nós estamos alerta. Não se preocupe. O Clemente está de olho do lado de fora e a Eva também. A Bianca entrou com ela e a Gladys... Aaaaah! Como está adorando brincar com a avó.

Com olhar fuzilante, sério e austeridade no tom de voz forte, perguntou:

— De quem foi essa ideia?

— Da Bianca — murmurou ao fechar o sorriso.

Thiago respirou fundo. Passou por ela bem rápido, sem dizer mais nada.

Dirigiu-se até a piscina. Parou. Colocou as mãos na cintura e ficou olhando com a testa franzida.

Eva, cuidadora de sua mãe, estava embaixo de um guarda-sol. Lara em um carrinho ao lado. Clemente, nas proximidades, também sentado em uma cadeira, observou-o com grande expectativa. Enquanto Bianca, que não o viu ou não se importou com sua presença, puxava Cora sob uma placa de isopor. A senhora também usava um colete salva-vidas.

271

Gladys se divertia e brincava na água sem parar, dando gritinhos e se equilibrando de barriga em uma boia.

A atenção de todos voltou-se para Thiago. Sério, como sempre. Ninguém ousava imaginar o que pensava.

— Tio! Entra aqui, tio! Vem brincar com a gente! Tá muito gostoso! Vem!

Ele respirou fundo. Olhou firme para Bianca. Não disse nada. Virou as costas e entrou.

Bianca não sabia se achava engraçado ou se ficava preocupada.

— Pelo menos, não levamos bronca — disse. Balançou os ombros e continuou com o que fazia.

~

Após dar o almoço para Gladys e Lara, deixou a filha dormindo no quarto e Gladys, depois de escovar os dentes, assistindo a um filme infantil que adorava.

Saía da sala de televisão, passava em frente ao escritório, quando ouviu:

— Bianca! — era a voz firme e forte de Thiago.

Ela voltou. Entrou no escritório e parou frente a ele, perguntando:

— Sim. O senhor quer falar comigo?

— O que foi aquilo na piscina hoje? — estava com o semblante franzido, parecendo não ter gostado.

— A dona Cora precisa se movimentar mais. Não pode ficar com aquela limitada fisioterapia que faz, míseras três vezes por semana — foi tão direta quanto ele, mas sempre educada, com um toque de suave emoção na voz meiga. — Ela não sai daquele quarto. Não vai nem ao quintal! — enfatizou com jeitinho mimoso, quase piedoso, na voz. — Comecei a pedir para a Eva levá-la para dar uma volta de cadeira de rodas no quintal, para ela ver as plantas, o jardim... Tudo aqui é tão bonito, doutor Thiago. Precisa ser usado e aproveitado. Além do que, a casa é dela. Acredito que deva gostar de ver e admirar tudo o que tem. Aí reparei que a dona Cora ficava olhando para a piscina. Isso me fez pensar que ela queria entrar na água. Hoje estava muito quente. A água uma delícia! — expressou-se com um alegre toque de animação. — Junto com a Eva, preparamos a dona Cora. Fui até aquele *jet ski*, que está lá na garagem, encontrei o colete salva-vidas, a prancha e o macarrão que serve de boia. Colocamos o colete nela e adaptamos. Foi uma ótima terapia na piscina. E ela a-do-rou! — falou baixinho, sorrindo e empolgada. — Riu e se movimentou muito. O senhor precisava ver. Agora está relaxada e dormindo.

Tudo o que Bianca disse e a maneira como falou, impostando generosidade e graça na voz, desarmou Thiago para o que iria repreender. Então ele resumiu:

— É perigoso.

— Não. Não é. Tomamos todos os cuidados. Eu garanto. Ainda pedi para o senhor Clemente ficar de olho, caso precisássemos de alguma ajuda — seus olhos esverdeados brilharam. Em seu semblante, havia um misto de empolgação e medo de ser repreendida.

— Certo — suspirou fundo e envergou a boca para baixo.

— Vou tomar cuidado, doutor Thiago. Confie em mim.

Ela achou que não tivesse mais nada para falarem e foi saindo quando ouviu:

— Bianca... — dessa vez a voz estava menos enérgica. Ela se voltou, ficou esperando e Thiago perguntou: — Acredita que, se eu mandar um fisioterapeuta para exercícios na água, adiantaria?

— Ajudaria muito! — empolgou-se, mas de modo contido. — Seria ótimo. Agora no calor, os exercícios podem ser aqui na piscina mesmo. Mas, no inverno, se o senhor providenciar, podemos levá-la a uma clínica que tenha piscina apropriada para o caso dela.

— Eu tenho — murmurou e fugiu ao olhar.

— Como? — ela quis entender.

— Eu tenho uma clínica de fisioterapia. É acoplada à clínica de ortopedia — envergonhou-se sem demonstrar. Sabia o que faria bem a sua mãe.

— Então por que está perdendo tempo? — quando se deu conta, a enfermeira já havia falado.

Thiago, sério, parou seus olhos nela. Ficou estático. Seus olhos azuis invadiram a alma de Bianca que se sentiu gelar.

— Desculpe-me. Por favor. Eu não quis dizer isso. Não tenho que me... Não quis dar palpite. Por favor, desculpe-me.

Ele respirou fundo e disse:

— Vou falar com o fisioterapeuta. Ele entrará em contato com você.

— Que ótimo! Obrigada.

Ainda olhando para ela, Thiago ficou se perguntando, por que razão ela estava agradecendo se os benefícios seriam para Cora, mãe dele?

Mas Bianca não o deixou pensar muito e o fez refletir em outro assunto:

— Mais uma coisa... Na escola da Gladys, vão fazer uma comemoração do dia da Páscoa. Ela precisa de uma fantasia de coelhinha. Falei com a professora dela, semana passada, a respeito da Gladys participar de uma peça de teatro, lá na escola mesmo. Ela terá dez falas. Já estamos treinando. Está tão empolgada e...

— Eeee... O que tem isso? — interrompeu-a.

— Ah!... Preciso de dinheiro para a fantasia e para colaborar com a montagem da cena. Coisas que vão usar.

— Você foi à escola dela?!

— Fui — olhou-o de modo normal. Não entendia seu espanto. — Veio um bilhete na agenda e teve uma reunião para isso.

— De quanto precisa? — tornou ele.

— Vou ver o valor exato na agenda. Depois deixo aí marcado para o senhor fazer o cheque. A escola vai providenciar tudo.

A vida está a sua espera

Ela não perguntou se ele gostaria que a sobrinha participasse. Já estava resolvido que a menina iria participar. Thiago percebeu isso. Nunca teve, em sua casa, uma funcionária que fosse tão decidida. Aquilo era estranho. Incomum, no mínimo. Não saberia dizer se era bom.

— Certo. Tudo bem — ele concordou.

— Obrigada, doutor Thiago — virou-se e saiu andando diferente, com um leve saltitar alegre.

Ele reparou e ainda viu quando Bianca sorriu e esfregou as mãos rapidamente como se comemorasse alguma vitória.

Thiago olhou e riu sozinho. Achou engraçado. Algo raro de se ver. Seu rosto se iluminou por alguns segundos. Mas logo ficou sombreado novamente.

≈

Algum tempo depois...

Em uma madrugada, Bianca olhou Cora que dormia profundamente. Saindo do quarto da senhora, passou na suíte de Gladys. Cobriu a garotinha com uma colcha leve e afagou seus cabelos com bondade. Curvou-se e a beijou. Sorriu generosa ao tocá-la. Sentiu despertar em si grande carinho pela pequena. Apiedava-se da menina, tão nova, não ter ao lado sua mãe. Gostaria de suprir essa falta. Mas sabia que não passava de uma empregada que trabalhava ali.

Deixando o quarto de Gladys, foi para sua suíte e viu Lara dormindo tranquilamente.

Desde que foram para lá, sua filha não teve mais qualquer problema de saúde.

Apesar das limitações, era uma criança tranquila.

Bianca afagou a filha e a beijou com carinho. Ia se deitar quando sentiu sede.

Andando pelo corredor, na penumbra, passou em frente à porta do escritório, depois pela sala de televisão e ouviu:

— Não! Não!

Parou. Tinha certeza de que era a voz de Thiago. Mas estava baixa demais. Abafada de alguma forma.

Cuidadosa para não fazer barulho, entrou lentamente e o viu deitado no sofá.

Percebeu que franzia o semblante como se estivesse contrariado, murmurando alguma coisa.

Curiosa, aproximou-se para ouvir melhor, quando ele sobressaltou:

— Não! Não! Não! Cuidado!

— Doutor Thiago — chamou-o nesse instante. Curvando-se, tocou-o.

— Pare esse carro!!! — gritou e se virou rápido, sentando-se. Segurou forte em seu braço e a puxou. Parecia dormir.

Bianca se ajoelhou pelo puxão e pela dor.

— Meu braço! Meu braço!

— Pare esse carro! — gritou e acordou nesse momento.

Percebeu que estava agarrado ao antebraço de Bianca e que o empurrava.

Soltou-a. Assustado, ele se levantou. Deu alguns passos negligentes e respirou fundo. Esfregou o rosto e passou as mãos pelo cabelo. Olhou novamente e a notou sentada no chão, olhando-o como se estivesse vendo um fantasma.

Foi até ela e abaixou-se, pegou-a com delicadeza e a fez sentar no sofá.

— Você está bem? — quis saber, olhando-a sério.

— O que foi isso? — ela perguntou sussurrando.

— Eu a machuquei?

— Só fui acordá-lo, pois estava tendo um pesadelo.

A vida está a sua espera

Thiago sentou-se ao seu lado. Apoiou os cotovelos nos joelhos, esfregou o rosto com força e, novamente, passou as mãos pelos cabelos.

Curvado, olhou-a e disse:

— Desculpe-me. Não sabia que era você — falou em tom grave.

Percebeu que ela tremia, embora tentasse disfarçar.

Num gesto impensado, Thiago colocou a mão morna no rosto frio de Bianca. Em seguida, pousou a mão em seu ombro e pediu outra vez:

— Você me desculpa, por favor.

Bianca se pôs em pé, ainda assustada. Segurando o braço, disse:

— Está tudo bem.

Ele se levantou. Acendeu a luz principal que deixou o ambiente mais claro e falou:

— Deixe-me ver esse braço. — Ela estendeu-lhe a mão e ele pegou. Olhou e viu o quanto estava vermelho. — Deve ficar um hematoma — comentou ainda segurando seu braço e olhando-a nos olhos.

— Não tem problema. Entendo que foi sem querer. Foi só um susto. — Puxou a mão. — Acho que preciso de um copo de água. Com licença.

Thiago a acompanhou com o olhar, mas depois a seguiu.

Na cozinha, ele a viu bebendo água e perguntou:

— Está tão quente. Será que tem chá gelado na geladeira?

— Não está tão quente assim — ela sussurrou.

O rapaz olhou na geladeira e não encontrou o que queria.

— Eu faço para o senhor. Só um momento — decidiu indo pegar uma chaleira.

— Não, Bianca — falou baixinho, não gostaria de contrariá-la. — Não é bem isso que quero...

— Calma — sorriu. — Faço um chá bem forte, completo com água gelada e gelo. Simples assim.

— Será que fica bom? — interessou-se. Talvez estivesse com vergonha e remorso, por isso começava a interagir. Sentia-se culpado pelo que acabava de acontecer.

277

Schellida ✿ Eliana Machado Coelho

Enquanto a água fervia, Bianca comentou:

— A Gladys está tão animada com a festinha da Páscoa que vai ter na escola. Ela me disse que não é sempre que participa das apresentações, porque não recebe permissão a tempo.

Thiago respirou fundo e fez um gesto evasivo ao responder:

— Não consigo conciliar as atividades da Gladys com as minhas. Quando não estou de plantão ou não tenho cirurgia, estou cansado o suficiente para não conseguir fazer nada. Ontem mesmo, atendi a uma vítima de acidente de moto. O rapaz quebrou todo o rosto. Foram mais de oito horas de cirurgia para refazer sua face. Eu já estava com mais de doze horas de plantão e ia saindo quando o trouxeram... Precisei ficar lá e atendê-lo. Sempre aparece uma coisa atrás da outra... Quando chego a minha casa e ainda a vejo com tanta energia, não sei o que fazer. A Gladys me passa tanta informação e não consigo prestar atenção. Esqueço de olhar a agenda... Quando vejo, o evento já passou. É bem complicado — desabafou.

— Eu entendo o senhor. Só de tratá-la com atenção e carinho já é grande coisa. Sei o quanto a vida escolar é importante para a criança, por isso eu me empenhei para que ela fizesse essa peça. Vai ser na próxima sexta-feira. Ela vai ficar feliz se o senhor for.

— Se eu estiver em casa, você me lembra, por favor — olhou-a nos olhos e seu semblante estava mais suave.

Ela sorriu levemente e se levantou.

Sentado, Thiago colocou os cotovelos sobre a mesa. Entrelaçou as mãos pálidas e apoiou a cabeça nelas.

Ficou assim enquanto Bianca fazia o chá. Acrescentou água gelada, açúcar e gelo. Pegou dois copos, encheu-os e ofereceu um a ele quando o viu virar:

— Não fica tão ruim. Quer experimentar?

— Obrigado. Eu gosto muito de mate gelado. A Gilsa sempre deixa algum pronto, mas... — Tomou alguns goles e elogiou: — Muito bom! — sorriu e mostrou os dentes alvos que raramente se

A vida está a sua espera

viam. Reparou no jeito singelo e agradável de Bianca. Ela passava confiança. Era uma jovem mulher muito bonita, educada e sabia se colocar. Voluntariosa, o que ele admirava. Aos poucos oferecia mudanças significativas em sua vida e não lhe trazia problemas, conversinhas muito menos fofocas. Quando a viu tentando se retirar, falou: — Bianca, nós não combinamos seus dias de folga. Como ficou isso? O contador ligou para você? Falou alguma coisa?

— Não tenho como tirar folga, doutor Thiago. Não tenho para onde ir. Saí de casa e disse ao meu marido que não voltaria mais. Pedi o divórcio.

— E ele? — interessou-se.

— Acho que se sentiu aliviado. Nosso casamento já não existia há muito tempo. Não cheguei a ficar um ano e meio casada. Foi um erro. Meu casamento nunca existiu. Desculpe-me o desabafo. Foi só para explicar que não tenho pra onde ir nos dias de folga. Se precisar tirar um dia de folga, vou ter de ficar com a Lara rodando no *shopping* — riu lindamente. — Não será conveniente.

— Senta aí — indicou o lugar a sua frente. Em seguida, após vê-la se acomodar, perguntou: — Você não tem família? Pai? Irmãos?

— Meu pai abandonou nossa mãe. Não sabemos onde ele está nem se é vivo ainda. Minha mãe, como eu contei, já faleceu. Eu não tinha nem dois meses de casada, quando fui demitida do hospital e precisei cuidar dela. Nesse momento, descobri que estava grávida. Precisei ir, sozinha, morar com minha mãe. Meu marido ficou sozinho em casa. Tenho duas irmãs que, quando me viram em dificuldades, sendo despejada aos seis meses de gravidez, logo após a morte da nossa mãe, disseram que não poderiam me ajudar e também sumiram. Uma se mudou e não me deu o endereço. A única pessoa que tenho é minha filha. E a outra que estimo, mas se casou e vive nos Estados Unidos, é a Glória.

— Sei quem é — serviu-se de mais chá que havia na jarra sobre a mesa. — Ela se casou com o Mathias.

Schellida ▲ Eliana Machado Coelho

O espírito Amauri, mentor de Thiago, começou a envolvê-lo para que conversasse sobre si. Isso lhe faria bem.

Um momento, após bebericar o chá, o rapaz contou:

— Ter família grande não é sinal de companhia. Éramos três filhos, meus pais e minha sobrinha. Em pouco tempo, só restei eu e a Gladys. Minha mãe vive na cama e o Josué, meu irmão, nunca aparece.

— Vi um quarto lá perto de sua suíte. Tem coisas dele. Mas ele não mora aqui, né?

— Não sei dizer se ele mora aqui. Ele é aventureiro. Decide trabalhar em uma cidade, fica lá por meses... Depois volta. Trabalha em um hospital aqui, outro ali... Acredita que vai se dar bem em alguma coisa... Fica sem dinheiro, precisa limpar o nome protestado por dívidas... Nunca foi uma pessoa responsável e confiável. Tenho de ajudar, emprestar dinheiro...

— Sobra tudo para o senhor, né?

— Mais ou menos isso.

— É tão difícil se sentir sozinho em uma situação. Eu sei o que é isso.

— Sozinho... — murmurou rodeando o copo. — Essa é a palavra certa — invadiu seus olhos até a alma.

Naquele momento escutaram os gritos agudos de Gladys.

Ambos se levantaram, às pressas, e correram para o quarto da menina.

Passaram juntos pela porta. Bianca acendeu a luz e correu para a cama.

A pequena dava gritos agudos e não acordava do sonho ruim.

Thiago se sentou e a pegou no colo.

— Gladys! É só um sonho. Acorda — ele pediu.

A menina abriu os olhinhos, viu Bianca ao lado e estendeu-lhe os bracinhos gritando ao chorar:

— Mamãe!...

A vida está a sua espera

Bianca a tomou nos braços e a acolheu com carinho. Beijando-lhe a testa e abraçando-a junto ao peito.

— Está tudo bem... Está tudo bem, querida. É só um sonho.

— Mamãe... — agarrou em seu pescoço.

Thiago afagou as costas da sobrinha e reparou a ternura com que Bianca a consolava.

Após algum tempo, Gladys se acalmou. Bebeu a água que ele foi pegar e dormiu novamente nos braços de Bianca.

Cuidadosamente, foi colocada na cama.

— Agora ela deve dormir. Dificilmente acorda duas vezes dessa forma na mesma noite — ele comentou. — Desde que a Inês morreu, ela tem esses sonhos... Acorda gritando, chora. Tenho de ficar com ela no colo por um tempo, só então dorme.

Saíram do quarto e retornaram para a cozinha.

— O senhor também tem pesadelos assim, não é?

— Sonho, repetidas vezes, com o acidente que sofri, no qual minha... Minha noiva morreu. Acho que com a Gladys é a mesma coisa. Deve sonhar com o acidente em que a mãe morreu. Desde que você chegou aqui, ela não tinha sonhado dessa forma. — Olhou-a e mudou de assunto ao se levantar. — Precisamos que folgue. Mesmo estando aqui em casa, não deve cuidar de seu serviço. Não é certo. Tire um dia para cuidar de você... Sei lá. Se precisar de um advogado para cuidar de alguma situação, diga. — Quando ia saindo, agradeceu: — Obrigado pelo chá.

Pareceu ser o mesmo de antes. Sério, carregado de infinitas preocupações.

~

Na sexta-feira, Gladys estava ansiosa. Não parava de falar sobre a peça que iria fazer para a comemoração do dia da Páscoa.

— Você vai ficar lá na frente, não é, tia?

— Claro que vou. Não quero perder nada dessa apresentação. Deixe-me só acabar de arrumar a Lara. Tá bom?

— A Lara tá bonita! — disse pegando na mãozinha da menininha.

— Está mesmo. Ficou linda nessa roupinha e com esse lacinho na cabeça, não é?

— Ah-rã! Tá sim.

Bianca colocou Lara sobre sua cama enquanto arrumava o carrinho e a bolsa para as coisas que precisava levar da filha.

Estava preocupada. Havia combinado com Clemente que ele as levaria para a escola, mas o homem tinha saído para resolver questões da casa e não havia chegado.

— Deixe-me ver você! — pediu à Gladys. Olhou-a bem e foi até sua gaveta. Pegou um batom novo que acabou de comprar e disse: — Deixe-me passar um batom em você. — Em seguida, admirou: — Ficou mais linda do que já é! Sua mãe teria orgulho de você.

— E eu tenho... — disse Inês em lágrimas de emoção, beijando a filha.

— Preste atenção, Gladys — alertou Bianca, sem saber da presença de Inês —, nunca use batom ou qualquer maquiagem de suas colegas. Isso é uma coisa muito, muito pessoal.

— O que é pessoal?

— É uma coisa que é só sua. Ninguém pode usar. Se alguém usar você tem de lavar e, se não der para lavar, tem de jogar fora. O batom não pode lavar. Vai ter de jogar fora.

— Mas esse batom é seu, tia!

— Não é mais. Veja — mostrou o plástico da embalagem —, acabei de abrir e o estou dando para você. Uma colega minha usou uma base, que é um creme de rosto, que pertencia a outra moça. Ela teve um problema tão sério, mas tão sério que precisou ficar internada. A amiga estava imune a uma bactéria, que é um bichinho invisível, e

A vida está a sua espera

quando a outra usou a maquiagem, essa outra pegou essa bactéria e ficou muito, muito doente.

— E ficou doente, doente?

— Ficou.

— E esse batom agora é meu?

— Sim. Agora é seu.

— Eu quero uma bolsinha igual a sua pra pôr meu batom.

— Vamos providenciar isso depois, tá? Agora vamos lá para o jardim esperar o Clemente. Se ele não chegar, vamos chamar um táxi. — Colocou a filha no carrinho, alçou a bolsa no ombro e pegou a mão da menina, dizendo: — Venha, meu amor.

— Tia!

— Oi... — parou e olhou para a menina.

— Você está tão bonita, tia! — sorriu delicadamente.

— Obrigada, meu anjo — emocionou-se. Sorriu e a beijou com carinho, fazendo-lhe um afago. — Agora vamos! — tornou a pegar em sua mão.

— Obrigada, Bianca. Seja para ela o que eu não pude. Que Deus as abençoe... — disse Inês.

Brício sorriu.

Os desejos de bênçãos chegavam à Bianca e Gladys como uma energia revigorante de alegria e bom ânimo e ele pôde ver isso.

Sempre que agradecemos, essas energias se multiplicam para nós e para quem enviamos.

∼

Já, no jardim, Bianca estava inquieta.

Sabia que precisava chegar cedo para que Gladys se arrumasse e vestisse a fantasia que precisava.

Enquanto isso, sem ter a noção de tempo, a menina queria repassar o texto de suas falas:

Schellida ❧ Eliana Machado Coelho

— Quem é?

— É a sua alegria! — respondeu Bianca que já sabia tudo de cor.

— Quem é você, dona alegria? — tornou a garotinha.

— Eu sou a renovação.

— E o que é renovação?

— É poder fazer tudo melhor — tornou Bianca.

— Então você pode entrar.

Bianca torcia para que Thiago chegasse. Usaria a desculpa de não ter Clemente para persuadi-lo a ir assistir à peça da sobrinha.

Não deu outra.

O portão da garagem abriu e o carro dele apontou.

Ela não perdeu tempo e foi a sua direção empurrando o carrinho, segurando a sacola e puxando a mão de Gladys. Perto da janela do carro, falou de um jeito que pareceu implorar:

— Doutor Thiago, ainda bem que o senhor chegou!

— O que aconteceu? — abaixou o vidro do carro e surpreendeu-se com aquela aflição.

— É a festa da Páscoa e o dia da peça da Gladys. O Clemente não chegou e estamos atrasadas. Poderia nos levar, não é mesmo?

— Éééé!!! Pode! Pode! Pode! O tio vai na minha escola! — alegrou-se a menina.

Thiago desceu. Ajudou a colocar o carrinho no porta-malas do carro, enquanto Bianca, com a filha no colo, sentava-se no banco de trás com Gladys.

— A minha cadeirinha, tio!

— Ah, meu Deus! Onde está essa cadeirinha?! — Bianca se perguntou. — Acho que ficou no carro que está com o Clemente.

Ia descendo do veículo com Lara nos braços e ele falou:

— Fique aí. Eu pego. Tem outra lá na garagem — disse e correu para pegar o equipamento. Voltou. Instalou e acomodou a sobrinha. Logo se foram.

A vida está a sua espera

Gladys estava orgulhosa pela presença do tio e de Bianca. Desde a morte de sua mãe, não se lembrava de ninguém na sua escola nos dias de comemoração e festa.

Thiago e Bianca se sentaram bem na frente do palco e a menina não tirava os olhos deles que sorriam incentivando sua apresentação.

O rapaz observou a empolgação de Bianca que parecia se orgulhar de Gladys. Sorriu ao vê-la fazer gestos e dublagem de algumas falas. Parecia ser ela parente ou mãe de sua sobrinha.

Durante alguns momentos, ele pediu para pegar Lara no colo. Acreditou que os braços de Bianca estivessem cansados. Prevenida, ela jogou uma toalhinha no ombro dele para evitar que sua filha molhasse sua roupa. Nessa hora, aproveitou e tirou várias fotos com a máquina que tinha levado em sua bolsa.

Somente quando terminou, foi que ela se viu tão empolgada e constrangeu-se.

Enquanto aguardavam Gladys, Bianca intimidou-se, ficou sem jeito, mas precisou pedir:

— Doutor Thiago, desculpe-me, mas... Pode segurar a Lara para mim por mais um instante?

— Claro — respondeu e perguntou: — Aonde você vai?

— Preciso ir ao banheiro — falou sussurrando.

— Claro. Eu espero a Gladys e você aqui — concordou com a menininha no colo e a toalhinha jogada em seu ombro.

Quando retornou, Bianca encontrou a professora e a orientadora do colégio conversando com ele, que embalava, lentamente, Lara que estava com a cabecinha debruçada em seu ombro.

— Vai ser muito bom se a família participar mais das atividades escolares da Gladys. A dona Bianca está se envolvendo bem e é disso que precisamos.

— Eu tenho um horário um tanto complicado e...

— Sabemos disso, doutor Thiago — interrompeu-o. — Mesmo assim, é importante pensar no desenvolvimento da sua sobrinha —

dizia a pedagoga. Olhou para Lara, que era embalada de um lado para o outro, e considerou: — Agora compreendemos algumas coisas. A razão de se manterem afastados. Vendo a filhinha de vocês com necessidades especiais, podemos compreender que não sobra muito tempo.

Thiago ficou confuso. Arregalou os olhos e olhou para Bianca que ouvia a conversa.

A outra perguntou:

— Quantos meses ela tem?

— Oito meses — ele respondeu, sem ter certeza.

— A partir de um ano de idade, nós temos profissionais especializados para crianças como ela. Se quiser conhecer nosso trabalho de perto, estaremos à disposição. Dessa forma, vamos nos inteirar mais. Além disso, com as duas no mesmo colégio, ficará mais fácil para vocês.

— Tia! Tia! Você me viu?! — perguntou Gladys que chegou correndo vestida com a fantasia de coelhinha.

Bianca a pegou no colo e respondeu:

— Vi sim, meu amor! Você estava maravilhosa! Parabéns! Parabéns! — e a beijou.

— Você também me viu, tio?!

— Sim. Você estava ótima — ele sorriu e passou a mão em suas costas.

— Que linda! — observou a pedagoga. Voltando-se para ele, pediu: — Pense na nossa proposta. Já conhece o nosso trabalho com a educação da Gladys.

— Sim, senhora. Nós vamos pensar a respeito. Obrigado.

— Estaremos à disposição! — tornou a mulher que fez um afago em Gladys, beijou-lhe a mãozinha e se despediu: — Tenha um bom descanso.

Olharam-se por longos segundos e Gladys abraçou-se forte ao pescoço de Bianca e a beijou.

A vida está a sua espera

— Quer me dar a Lara? — perguntou. Acreditou que ele não estivesse tão à vontade com a menina no colo. Percebia-se que Lara tinha certo grau de deficiência.

— Não — falou de um jeito engraçado, dando-lhe o ombro em seguida. Beijou a cabecinha da menininha e ainda disse: — Pode deixar.

Animada, Gladys não parava de falar e também cantava, pela milionésima vez, a musiquinha da comemoração.

Já em casa, Bianca entrou com a filha no colo. Lara dormia. Era isso o que acontecia todas as vezes que andava de carro.

Gladys entrou pulando feito um coelho. Thiago, logo atrás, empurrava o carrinho e tinha a sacola de bebê no ombro. Trazia também sua maleta e o jaleco que estava jogado no ombro.

Bianca colocou Lara no sofá. Revirou a bolsa e chamou por Gladys para tirar mais fotos com a fantasia de coelhinha.

— Fique aqui! — tirou. — Agora faça as mãozinhas de coelho — tirou mais. Olhou para Thiago que a observava e não resistiu, perguntando: — Quer tirar uma foto com ela?

A princípio, ele ficou sem jeito e aceitou. Abaixou-se perto da garotinha, depois a pegou no colo. Recebeu beijos e sorriu. Tudo foi registrado.

— Espere um pouco — ele pediu. Foi até o escritório. Não demorou e voltou com um tripé que armou e colocou a máquina fotográfica. Depois disse: — Vamos tirar uma com todos nós. Pegue a Lara, ela acordou.

Bianca alargou um lindo sorriso. Segurou a filha e também Gladys no colo.

287

Achavam graça quando Thiago acionava o botão automático para tirar a foto e corria para junto delas. Ele também se divertiu. Principalmente, quando tropeçou e caiu e a máquina registrou isso também. Não se lembrava de ter rido tanto com a sobrinha. Aliás, com ninguém.

Em um momento, colocou o braço sobre o ombro de Bianca.

Ao achar que terminaram, Bianca falou baixinho:

— Eu não tenho nenhuma foto da Lara. Essas serão as primeiras.

— Então fique aqui com ela — pediu —, perto desse vaso. Sorria! — tirou várias fotos dela com a filha.

— Precisamos tirar algumas da Gladys com a avó — ela lembrou.

— É mesmo — ele concordou. — Vamos lá!

Todos foram para o quarto de Cora. Elevaram a cama da senhora para que a neta se acomodasse ao seu lado. Após algumas fotos, Bianca se lembrou de pedir a Thiago para ficar perto de sua mãe. A mulher sorria. Era capaz de entender e se alegrava com aquele momento.

A cuidadora ficou surpresa. Nunca tinha visto Thiago daquela forma: sorrindo e tão à vontade.

— Agora a Bianca vem junto de nós com a Lara e a Eva vai tirar a foto. Faz esse favor para nós, Eva?

— Claro — concordou num susto.

Páscoa, sinônimo de renovação, parecia mudar muita coisa naquela casa.

Thiago se deixava envolver pelas pequenas grandes alegrias.

Bianca sentia-se feliz ao realizar os desejos de Gladys que não poderia se sentir melhor e mais realizada.

Lara experimentava um acolhimento abençoado. Precisava sentir o que era amor.

capítulo 16

Dias de harmonia

Gladys estava exausta. Havia pulado, brincado e se emocionado como nunca.

Bianca já tinha dado banho e o jantar para as duas meninas. Primeiro, levou Lara para deitar e logo a viu dormir. Em seguida, acompanhou Gladys, que não parava de cantar, até sua suíte a viu pegar no sono assim que se deitou.

Quando entrou em seu quarto, assustou-se ao ver Thiago deitado em sua cama com a pequena Lara estendida sobre ele. A garotinha resmungava fraquinho.

O quarto achava-se na penumbra devido à luz fraca do abajur. Ela se aproximou e acercou-se dele para vê-lo melhor.

Ele dormia e tinha a mão sobre as costas de Lara, agora acordada, e deitada de bruços em seu peito.

Sorrateira, Bianca tirou a mão de Thiago, vagarosamente, e pegou a filha sem que ele sentisse.

Ficou sem saber o que fazer. Embalou a filha suavemente e saiu do quarto.

Pegou o carrinho grande, propício para a menininha deitar e foi para a sala de TV. A garotinha adormeceu no carrinho e ela no sofá.

Dormiu um sono pesado e revigorante.

Na manhã de sábado, Bianca se remexeu e abriu os olhos.

No primeiro instante não sabia onde estava até se lembrar do dia anterior.

Recordou-se, levemente, de ter tido o mesmo sonho que, há tempo, repetia-se. Nele, viu-se em região de neve. Mas, como sempre, ao chegar ao chalé e ver a porta se abrir, acordava. Desconhecia o que acontecia depois.

Sentou-se e se esqueceu rapidamente do sonho. Olhou o carrinho e se assustou quando não viu Lara.

Levantou-se e foi, às pressas, para o seu quarto, onde encontrou Lara dormindo profundamente em sua cama, junto com Thiago e Gladys.

Procurou um relógio e viu que eram 9h da manhã. Há muito tempo não sabia o que era dormir até àquela hora.

Deixou-os lá e foi para a cozinha preparar uma mamadeira para Lara.

Gilsa não trabalhava nos finais de semana, embora deixasse muita coisa pronta.

Na cozinha, encontrou a outra empregada.

— Bom dia, Jordana.

— Bom dia, Bianca! — falou animada.

— Perdi a hora. Ainda estou desnorteada.

— Que sono é esse que atacou todo o mundo? — sorriu. Sem esperar resposta, contou: — O doutor Thiago chegou aqui às 7h com a Lara no colo. Ainda bem que eu estava aqui.

— Às 7h?! — ficou admirada. — Nossa... Eu fui pôr a Gladys para dormir, ontem à noite. Quando cheguei ao meu quarto, o doutor

A vida está a sua espera

Thiago estava lá, deitado na minha cama, com a Lara deitada no peito dele. Eu não sabia o que fazer. Então peguei a Lara e fui para a sala de TV. Hoje cedo não a vi e encontrei os três lá no meu quarto.

— Ele contou que a Lara chorou enquanto você colocava a Gladys para dormir. Achou que a Gladys, que não parava de falar e cantar, não deixou você ouvir. Então foi lá e a pegou. Fez igual a quando fazia a sobrinha dormir, colocando-a sobre o peito. Só que foi ele quem adormeceu. Percebi que o doutor Thiago estava feliz quando contou isso — sorriu de um jeito agradável. — Falou que acordou às 7h e viu vocês duas na sala de televisão. A Lara estava acordada. Então a pegou, porque estava resmungando. Disse que deixou você lá e veio para cá. Eu fiz uma mamadeira e ele mesmo deu pra Lara.

— Ai, meu Deus!... — não gostou do que ouviu. Afinal, ela era a empregada.

— Ele trocou a Lara também. Fui pegar as roupas no quarto da Gladys, aí vi quando ele trocava sua filha, a porta do seu quarto estava aberta. Colocou na sua cama e deitou junto com ela. Então a Gladys foi dormir com eles. — Sorriu e contou: — Enquanto eu preparava a mamadeira, ele disse que adorou a apresentação da sobrinha. Até achei estranho. O doutor Thiago não é de conversar. Contou tudo o que aconteceu ontem. Que tiraram fotos...

— Ai, meu Deus — passou a mão pelos cabelos.

— Bianca, o que está acontecendo?

— Como assim?! — ficou preocupada ao encará-la.

— Nunca vi o doutor Thiago desse jeito. Ele brincou tanto com a Lara enquanto eu preparava a mamadeira. Ria! Foi na hora que a Gladys levantou e veio aqui. Ele deu café pra ela. Tomou o dele... Tudo com a Lara no colo. E ainda disse: "Vamos voltar pra dormir. Ainda é muito cedo".

— O que eu faço agora, Jordana? Acordo ele?

— Não! Deixa todo o mundo dormir.

— São 9h!

Schellida ❧ Eliana Machado Coelho

— Toma seu café e relaxa.

— A Eva está aí?

— Está. E já deu café para a dona Cora. Não se preocupe.

— Que bom.

Jordana sorriu satisfeita sem que a outra visse. Sentia que algo mudaria naquela casa e, certamente, foi Bianca que trouxe aquela renovação.

⁓

Bianca queria usar seu quarto. Estava de pijama e um robe leve. Gostaria de escovar os dentes e trocar de roupa, porém sentia-se constrangida para ir ao seu quarto.

Mesmo assim, arriscou:

Ao entrar, viu Gladys se remexer e sentar na cama.

— Tudo bem, querida? — sussurrou. Não desejava acordar Thiago.

— Tá... — resmungou com a voz de sono e esfregou os olhinhos.

Vendo-a se levantar, perguntou:

— Aonde você vai?

— Fazer xixi... — respondeu, andando lentamente e saindo do quarto.

Bianca olhou para Thiago que dormia um sono profundo. Deitado de lado, abraçava um travesseiro. Lara estava a sua frente.

Ela se ajoelhou na cama e pegou a filha, que também dormia. Era curioso, a filha não costumava dormir tanto pela manhã.

Cuidadosa, colocou Lara em sua cama, que era mais apropriada.

Na ponta dos pés, foi para o banheiro onde lavou o rosto, escovou os dentes e penteou os cabelos.

"Deveria ter pegado minha roupa. Preciso me trocar." — pensou.

O jeito foi voltar ao quarto.

A vida está a sua espera

Andava com cuidado para não acordar Thiago, mas, ao virar-se, viu-o seguindo-a com o olhar.

— Desculpe-me se o acordei — ela falou baixinho.

— E a Gladys?

— Foi para o quarto dela agorinha mesmo — parou. Ficou estática.

— Bom dia, Bianca — disse remexendo-se.

— Bom dia — respondeu, puxando o robe ao cruzá-lo na frente do corpo.

— E a Lara? — quis saber.

— Eu a coloquei ali, na caminha dela.

— Pensou que eu fosse rolar para cima dela, não é? — sorriu levemente ao perguntar.

— Não... — ela falava sempre sussurrando. — Tirei-a daí para deixá-lo mais confortável.

Ele se remexeu, ajeitou o travesseiro apoiando-o embaixo da axila, enquanto segurou a cabeça com a mesma mão. Parecia bem à vontade, relaxado. Usava um pijama de malha, curto, tipo *shorts* e camiseta.

— Não sei o que aconteceu. Não me lembro de ter dormido tanto e tão bem nos últimos... Sei lá... Dez anos? — Thiago confessou.

Bianca sorriu lindamente. Dobrou o joelho sobre a cama, sentou-se e puxou o robe.

— Ontem, por causa da apresentação da Gladys, acho que o senhor se distraiu e conseguiu relaxar. Ela adorou sua presença.

— Não sei lidar com isso, com esses eventos do colégio dela eu... Esqueço datas e compromissos com ela. Não é de propósito. Sinto-me culpado quando isso acontece, mas... — não completou.

— Acho que o senhor trabalha muito. Fica preocupado demais e tem muitas responsabilidades.

— Minha profissão exige muito. Lido com saúde e com vidas — respirou fundo e fitou-a por longo tempo.

Schellida ▲ Eliana Machado Coelho

— Desculpe-me por não ter dito, no colégio da Gladys, que eu era empregada e... Aliás, eu não disse quem era. Achei que seria melhor. Ela me chamava de tia e havia coleguinhas perto e não quis constrangê-la e...

— Tudo bem. Sem problemas — falou baixinho sem se importar e continuou olhando-a de um jeito atraente.

Bianca estava diferente. Ele não saberia dizer o que era. Mudou o cabelo e engordou um pouco. Estava mais bonita. Com aparência bem saudável.

Desde sua chegada àquela casa, muita coisa havia se modificado e isso o deixava menos sobrecarregado e não se sentia tão culpado.

Ela ficou constrangida com aquele olhar e tentou disfarçar sorrindo. Não o encarou até Thiago falar:

— Acho que você está sobrecarregada, não é? Tem de cuidar da minha mãe quando ela acorda à noite. Levanta cedo para arrumar a Gladys para ir à escola e ainda cuida de muitas coisas. Eu não tinha reparado tudo isso.

— Não. Não estou sobrecarregada. Eu dou conta — disse séria. Depois sorriu levemente. — A dona Cora, depois que começou a fazer fisioterapia mais intensa e apropriada lá na clínica, passou a dormir a noite inteira. Ela adora os passeios no *shopping* e...

— *Shopping*?! Você está levando minha mãe ao *shopping*?! — sorriu, imaginando o que mais ela teria feito sem que ele soubesse.

— É... Bem... Eu pedi ao Clemente que me ajudasse a colocá-la no carro para levá-la ao *shopping* para passear. Temos feito isso nos últimos dois meses e tenho levado a Gladys junto. Elas adoram! A dona Cora fica olhando as pessoas, as decorações... Adora ver as fontes e cascatas com água!... — sorriu e encolheu os ombros com jeitinho delicado.

— Você tem bastante iniciativa. É voluntariosa. Mas voltando ao assunto... acho que está sobrecarregada. Dorme pouco e estou

A vida está a sua espera

pensando em um jeito de melhorar sua situação. Às coisas estão bem difíceis para você.

— Doutor Thiago, eu não poderia estar melhor nesta casa. Sei o que é situação difícil. Sei muito bem o que é ter uma vida ruim — falou bem séria.

— Quer me contar? — Interessou-se. Invadiu sua alma com o olhar ao perguntar, franzindo a testa.

Bianca sentiu aquele olhar. Séria, desabafou:

— Situação difícil é se casar com alguém que não se empenha na união. É ter de levar sua mãe em transporte público, ao hospital público para fazer quimioterapia e saber que aquilo não vai adiantar. É ficar com ela, dia e noite, dando banho, trocando bolsas, limpando dreno e vê-la morrer... É ter de abandonar a própria casa... — seus olhos se encheram de lágrimas. Respirou fundo. — É estar aos seis meses de gestação e não querer chorar para não abalar o bebê que seu marido rejeitou por saber que era uma menina. É voltar para a casa de aluguel e ser despejada em um dia de chuva e ver suas coisas todas molhando. — Secou o rosto com as mãos. — É ser levada para um fim de mundo que nem sabe direito como chegar e sair de lá. Um lugar onde não tinha um banheiro para as necessidades básicas. Chovia tanto dentro quanto fora. O quintal era uma chácara imensa. Meu marido aceitou ficarmos ali para sermos caseiros... — Um soluço a interrompeu. — Eu, grávida e sozinha, pois ele sumia e ficava fora o dia inteiro. Quando não sumia por dias. Eu tinha medo. A casa era de madeira, infestada de baratas e ratos. Cozinhava a lenha, quando tinha o que cozinhar... Passei fome e frio e... O cômodo era úmido. O chão era de terra... Desejava sair dali, mas para onde eu iria? Não tive apoio nem das minhas irmãs, quando as procurei. — Um novo soluço a interrompeu. Thiago se remexeu e segurou sua mão que estava sobre a cama. Olhava-a nos olhos o tempo inteiro. — Eu não fiz o pré-natal. Não sabia que a Lara não estava na posição correta para nascer. Um dia, eu tentava arrumar alguma coisa e não vi uma

Schellida ❧ Eliana Machado Coelho

ninhada de ratos quando peguei um pano. Fui mordida. Fiquei apavorada, enojada... Chovia muito e, como sempre, o César não estava. Coloquei uma blusa na cabeça e fui me socorrer. Andei muito pela estrada e não passava uma viva alma para me ajudar. Comecei a sentir as contrações. Não esperava aquilo. Ainda faltavam quinze dias para a Lara nascer. As contrações foram aumentando de intensidade e diminuindo o tempo. Vi um bar, desses pequenos de madeira na beira da estrada. Entrei e pedi ajuda... — Lágrimas rolavam em seu rosto, e ela o olhava firme. — O dono do bar me levou para a casa dele e chamou sua mulher. Alguém saiu e foi buscar ajuda. Fiquei horas ali até uma viatura me socorrer e me levar para o hospital. A Lara não nascia. Eu sabia que tinha perdido muito sangue. Não acreditava no que estava acontecendo... Foram horas horríveis — chorou. — Que resultaram no estado permanente da minha filha...

— Calma... Eu não queria que ficasse assim.

— Desculpe-me... Mas foi o que aconteceu. Saí do hospital. O César conseguiu emprego em um bar. Mudamos, pois ele arrumou um cômodo com banheiro comunitário, para usarmos. Ainda era úmido e embolorado, embora o chão fosse cimentado. Não adiantava brigar com ele e fazê-lo procurar um emprego mais decente, afinal, ele tinha especialização. Brigávamos toda vez que ele estava em casa. Comecei a passar roupa e levava minha filha junto. Contei isso para o senhor. Às vezes, eu me sentia humilhada. Não imagina como é. Minha filha vivia em hospitais e eu junto... Um dia, doutor Thiago, encontrei a irmã de uma grande amiga e ela me disse: "ore!" Foi a única coisa que tinha me restado: orar — falou baixinho, mais recomposta. — Em uma das crises da Lara, com aquelas infecções oportunistas, encontrei o senhor, doutor Thiago — olhava-o de modo firme. — O senhor me ofereceu esta oportunidade e... Minha vida mudou completamente. Completamente... Não tenho mais medo de pôr os pés no chão e pisar um bicho. Não tenho mais problemas com umidade, bolor, fungos... Trabalho com dignidade. A vida, nesta casa,

A vida está a sua espera

é maravilhosa. Abençoada! E não tem um único dia em que eu não agradeça, pelo menos, três vezes, tudo o que tenho aqui. Desde que viemos para cá, a Lara só foi ao pediatra de rotina e com o luxo de ter um plano de saúde — riu e seus olhos marejaram. — Aliás, ela não tem oito meses como o senhor falou. Ela vai fazer um aninho — sorriu emocionada. — Então... Por favor, não acredite que estou sobrecarregada. Não me importo por dormir pouco ou ter de levantar de madrugada quando for preciso. Adoro trabalhar à noite. Aqui tenho uma vida digna e maravilhosa. Acredite. Não quero que mude nada. Só peço que me desculpe por tomar decisões sem avisá-lo, mas todas são com o desejo de que as coisas fiquem melhores do que já são.

Thiago fugiu ao seu olhar. Algo tocou seu coração.

— Você é guerreira, Bianca.

— Vou tomar isso como um elogio — forçou um sorriso no rosto que chorava. Puxou a mão que ele segurava e ajeitou os cabelos, torcendo-os e jogando para trás. — O que o senhor, sua mãe e a Gladys precisarem, contem comigo.

— E o seu marido, Bianca? Você o tem visto?

— Vi sim. Depois de tudo isso, uma única vez, quando assinamos o divórcio, há um mês. Não quero vê-lo mais. Eu o libertei de visitar a Lara — riu forçosamente. — Ele é covarde. Não vai nos procurar e isso, para mim, é um alívio. Por isso, doutor Thiago, não se preocupe comigo. Adoro essa casa que abençoo todos os dias.

— Você trouxe muita coisa boa para cá, Bianca. Tenho percebido uma melhora muito grande na minha mãe. Ela se expressa mais. Na Gladys também.

— A dona Cora gosta muito da sua presença. Poderia, além de ir vê-la, conversar um pouquinho mais com ela — falou com doçura e agradável sorriso. — Ontem, quando tiramos aquelas fotos, ela ficou radiante — sorriu lindamente.

— Eu vi — ele também sorriu. Prendeu-se em seu olhar e comentou: — A Gladys também está sendo outra criança. Os pesadelos

297

quase não acontecem mais. Está muito mais alegre e adora você. Já percebeu?

— Eu a adoro também. Nossa! Como me apeguei a ela — falou sorrindo.

Continuava deitado, apoiado nos travesseiros. Novamente, tocou a mão que ela apoiava na cama e agradeceu:

— Obrigado, por tudo o que tem feito por nós. Obrigado.

— Ora... O que é isso? — falou sem jeito.

Nesse instante, Eva, a cuidadora de Cora, foi entrar no quarto sem bater, pois viu a porta aberta. A mulher espiou-os e surpreendeu-se com Thiago estirado na cama de Bianca, vendo-a sentada na lateral. Escutou a conversa por algum tempo. Depois voltou para os aposentos de Cora.

— Gosto muito de tudo o que você faz e... Ainda penso em aliviar algumas coisas para você. Podemos pensar em um carro... Você dirige?

— Sim. Dirijo.

Thiago se sentou e se espreguiçou. Esfregou o rosto com as mãos, alinhando os cabelos lisos e escorridos que continuaram despenteados.

Respirou fundo e disse:

— Só gostaria de dormir assim mais vezes.

— Doutor Thiago...

— Me chama de Thiago — pediu, voltando-se sério para ela.

— É que... Bem... — Ficou sem jeito, mas falou: — Sabe o que eu acho?

— O quê?

— Andei lendo alguns livros que encontrei na sua biblioteca. Coloquei todos no lugar como me pediu e...

— Aqueles livros eram da minha irmã. A Inês era espírita.

— O senhor já os leu?

— Não — respondeu com simplicidade.

A vida está a sua espera

— Estou adorando o assunto e... Sabe... — constrangeu-se. — Parece que o senhor não dorme bem, né?

— Não. Não consigo dormir duas horas seguidas há muito tempo. Apesar disso, sinto falta do sono. Sinto-me irritado e...

— Eu percebi. Reparei que anda a noite inteira pela casa, dormindo na sala de televisão um pouco, outro no seu quarto e, às vezes, debruçado na mesa da cozinha. Isso não vai fazer bem para o senhor e...

— O que me sugere? — riu ao falar. — Depois dessa noite, já estou pensando em trocar de quarto com você. Dormi muito bem aqui! — disse brincando, coisa rara de fazer.

Ela sorriu de modo delicado e disse:

— Eu acho que está faltando um pouco de religiosidade nesta casa, na vida do senhor e da Gladys.

— Você está falando igual a minha irmã — olhou-a longamente.

— Isso vai fazer bem. Tenho certeza.

Levantou-se e perguntou:

— Acha que vou começar a dormir se passar a rezar?

— Quem sabe? — Vendo-o pensativo, comentou: — Estou lendo muito sobre a Doutrina Espírita e entendendo melhor muitas coisas. Mas só fazer isso em casa, não sei se é suficiente. Gostaria de procurar uma Casa Espírita que pudesse frequentar e fazer cursos. A minha amiga Glória falava muito disso e eu li nos livros.

— Tem o centro espírita que a minha irmã frequentava. Não lembro onde é, exatamente, mas posso descobrir. Se quiser ir, fique à vontade.

— Posso levar a Gladys comigo? — perguntou apreensiva.

Ele ficou pensativo por um momento. Deu a volta na cama e parou frente a ela.

— Pode. Vai dar conta disso também?

— Por que não? — Quando o viu saindo, ousou perguntar: — O senhor vai querer vir com a gente?

299

— Por que não? — olhou-a, sorriu e se virou. Saiu do quarto, deixando-a reflexiva.

Eva, pessoa que costumava ocupar-se muito com assuntos alheios, ouviu e foi, rapidamente, até a porta espiar no corredor e ter certeza de ver Thiago, de pijama, sair do quarto de Bianca e entrar no seu.

Um pouco mais tarde, ao dar almoço para as meninas, Bianca deixou Gladys assistindo a uma animação e, com Lara no colo, fazia sua refeição na copa.

À mesa, Eva também almoçava a sua frente. Jordana, que acabava de entrar, pediu ao vê-la:

— Deixe que eu a seguro. Assim você almoça sossegada.

— Obrigada, Jordana — disse entregando-lhe a filha.

— Vem com a tia, meu amor! — Jordana falou com voz mimosa.

— Hoje ela dormiu muito pela manhã e agora, depois do almoço, não quer saber de cama — disse Bianca.

Quando começou a almoçar, escutou seu nome ser gritado:

— Bianca?! Bianca!!! — era a voz forte de Thiago.

— É o doutor Thiago! Corre lá! — exclamou Eva.

Bianca se levantou num sobressalto, olhou para Jordana que embalava Lara e lhe falou:

— Vai lá! Ele está no escritório.

Às pressas, ela foi até aonde ele estava e, mais devagar, entrou no escritório.

Thiago, que tapava o bocal do telefone, disse:

— Tem uma pessoa querendo falar com você.

— Comigo? — perguntou desconfiada. Caminhou até ele e pegou o aparelho que oferecia. — Alô... — falou baixinho e temerosa.

— Quem fala? — indagou a pessoa do outro lado da linha.

A vida está a sua espera

— É a Bianca. Quem está falando? — ainda sem saber. Mantinha seu olhar preso ao rapaz.

— Bianca! — repetiu seu nome vagarosamente. — Não acredito! Aqui é a Glória — falou emocionada.

— Glória?! — exclamou baixinho sem acreditar. Lágrimas brotavam de seus olhos e seu belo rosto se franziu num choro. Emocionou-se e abaixou a cabeça.

Thiago sentiu uma alegria inexplicável com o que havia feito. Sorriu levemente, puxou a cadeira e segurou nos braços de Bianca, fazendo-a se sentar.

As amigas conversaram por algum tempo. Atualizaram-se um pouco sobre a vida de cada uma. Após desligar, ela colocou o telefone no lugar e secou o rosto com as mãos.

Thiago retornou ao escritório e trazia o semblante suave ao perguntar:

— E então?

— O senhor não sabe como me deixou feliz! Como foi bom ouvir a voz da minha amiga! Fazia tempo que eu não falava com uma pessoa que...

— Quê?...

— Que me quer bem — chorou. Mas se conteve logo.

— O Mathias me ligou. Quando terminamos, eu lembrei que vocês eram bem próximas e pedi para falar com a Glória. Mandei que esperasse e a chamei. — Thiago sentou-se a sua frente e disse: — Agora que o filho nasceu, eles vão retornar ao Brasil.

— Sim. Eles têm um menino. Chama-se Guilherme.

— Isso mesmo. O Mathias está muito feliz.

— Uma criança sempre traz alegria.

Ele abaixou a cabeça por um momento e contou:

— Lembro que os meus pais ficaram contrariados com a gravidez da Inês. Principalmente por ela não nos apresentar o pai da Gladys. Mas, depois que minha sobrinha nasceu, todos nós ficamos...

301

Schellida ❦ Eliana Machado Coelho

Abobados é a palavra certa — sorriu ao lembrar. — O Josué, como sempre, estava sumido por um tempo, mas eu não. Gostei de ajudar a Inês. Dei banho na Gladys e a trocava... Por isso sei trocar fraldas — olhou-a e riu. — Sou meio sem jeito, mas me viro bem.

— Eu percebi. Hoje trocou fralda até da Lara — riu.

— Não perdi o jeito. Se é uma coisa que gosto de fazer, é cuidar de gente, oferecer alívio. Cheguei a me sentir muito culpado quando você mostrou que minha mãe precisava de mais cuidados e atenção. Assim como a Gladys — falou sério e encarando-a.

— A Gladys vê no senhor a figura do pai. Sabe disso, né?

— Agora eu sei. Quando meu pai faleceu, eu fiquei desorientado. Todos nós ficamos. A Inês entrou em depressão por um tempo e, não sei entender, mas... Uma vez ela disse que nosso pai tinha morrido por culpa dela.

— Ele morreu em um acidente, não foi? — ela perguntou.

— Foi. Embora um acidente por excesso de velocidade. A Inês se culpou sem razão. Nós nos apegamos muito. Nessa época, minha mãe sofreu um derrame. O Josué desapareceu. Só restei eu, a Inês e a Gladys. Passou um tempo e uma ligação avisando que ela tinha sofrido um acidente, mudou minha vida para sempre. Acabou comigo. Quando fui vê-la, desejei que não sobrevivesse. — Seus olhos azuis ficaram nublados com lágrimas que brotavam. Perdeu o olhar em ponto algum do chão. — Alguns dias depois, ela faleceu. Nunca me senti tão só. Minha mãe teve outro derrame e... O resto você sabe.

— Foi quando conheci a dona Cora, internada no hospital.

— Isso mesmo — ele confirmou. — Foi um período bem difícil para todos nós. Eu não conseguia... Acho que ainda não consigo entender por que estava acontecendo tudo aquilo. — Breve pausa e contou: — O Josué nem foi ao enterro da nossa irmã. — Nova pausa. — Foi quando eu pensei em pegar aqueles livros — olhou para a estante — e começar a ler, mas... Não consegui. Será que existe uma explicação para eu perder, inesperadamente, pessoas que eu amava?

302

A vida está a sua espera

— Sim, meu irmão. É para que saiba que todos que estão a nossa volta têm seu valor, sua importância. Quando tirou sua própria vida, em encarnação passada, deixou lacuna, deixou ausência. Não amparou quem precisava. Agora está sentindo a mesma falta que deixou — Inês abraçou-o.

Thiago e Bianca não puderam ouvi-la e ele prosseguiu:

— Tive de cuidar da clínica e administrar tudo sozinho. Acabei me enterrando em serviço para fugir de tantas perguntas. Dinheiro nunca foi problema, mas a solução para pagar por bons tratamentos e bons empregados para cuidar de tudo para mim. Mas tem coisa que o dinheiro não compra — calou-se.

— Tem coisa que só o senhor deverá cuidar.

— É sim. — Breve pausa e contou: — Algumas vezes, cheguei a ficar uma semana inteira trabalhando. Eu adoro pronto-socorro, pronto-atendimento e não me negava aos plantões. Até que, um dia, desmaiei no hospital, no meio de um atendimento — forçou um sorriso. — Vi que precisava diminuir o ritmo, porém, não aguentava ficar em casa. Muita coisa para resolver... Pobre Gladys vivia chorando atrás de mim... Por um tempo tinha de dormir no quarto dela até que pegasse no sono. Quando não era eu, era ela que tinha sonhos ruins. Nunca recorri a remédios para dormir nem coisas do gênero. Jamais. Sei o efeito e as consequências dessas drogas. Não recomendo. Passei a relaxar e dormir um pouco mais na sala de televisão. — Um instante e revelou: — Quando eu vi você desesperada naquele hospital e... Depois você me contou, rapidamente, suas dificuldades eu pensei em juntar os problemas para encontrar soluções. Lembrei como você trabalhava bem no hospital, era dedicada... Acreditei que, por precisar muito, não iria me decepcionar. E não estava errado — sério, olhou-a por longo tempo.

Bianca fugiu ao seu olhar. Sentiu-se invadida.

Lentamente, pôs-se em pé, contornando a mesa que os separava.

Quando passou por ele, com a intenção de ir para a porta, disse:

Schellida ❦ Eliana Machado Coelho

— Ainda bem que está dando certo.

Thiago se levantou também e quase ficou a sua frente ao perguntar:

— Você acha que está faltando religiosidade nesta casa? Fiquei pensando muito no que me falou.

Bianca precisou erguer o olhar para encará-lo e respondeu:

— Religiosidade é algo sério e importante. Nada fanático ou ostensivo, que é tão ruim quanto a falta dela. Pelo que tenho lido, é importante estarmos bem com Deus e nos vigiarmos para nos afastarmos de más influências e maus espíritos.

— Acha que espíritos podem interferir em nossas vidas?

— Hoje eu acredito nisso. Mas assim como os maus espíritos podem interferir, os bons também. Depende de nós darmos atenção a um ou a outro. — Sorriu meigamente ao dizer com doçura: — Quando eu comecei a orar, estava desesperada e arrumei este emprego.

Thiago sorriu. Ficou parado a sua frente. Suas almas se tocaram com o olhar.

Bianca sentiu um medo inexplicável percorrer seu corpo. Desviou o seu olhar, dizendo tão somente:

— Com licença.

Thiago deu alguns passos para tentar detê-la, mas ela não viu e ele parou.

O espírito Amauri, mentor de Thiago, olhou para Brício e Inês e considerou:

— Agora estão se entendendo. Devemos deixá-los viver em busca de soluções.

— Vão deixar de ampará-los? De amparar esta casa?

— Deixar de ampará-los não é bem a palavra certa, cara Inês — disse Brício. — Devemos diminuir nossa interferência e deixá-los crescer, buscar soluções para os desafios, resolver juntos as dificuldades e os problemas que surgirão. Terão de lidar com verdades que vão aparecer.

A vida está a sua espera

— Saberão a verdade sobre mim? — Inês perguntou preocupada.

— Deixou uma carta, não foi? — tornou Amauri.

— Pensei em destruí-la, mas não deu tempo. Vivo aflita por isso. Não gostaria que minha filha descobrisse. Não vai ajudá-la em nada, eu creio. Existem verdades que não precisam ser ditas.

— Mas Thiago precisa saber. Ele é prudente. Sua mãe não terá condições de contar e... Isso é preciso para proteger Gladys — disse Amauri. — Então vamos diminuir as energias de proteção de todos para que se desenvolvam e cresçam como espíritos com suas próprias forças. Não tema, minha querida. Ficaremos alerta.

capítulo 17

Confissões de amor

Bianca ficou muito feliz por ter conversado com sua grande amiga por telefone. Sabendo que era uma ligação internacional, só comentou que trabalhava para Thiago e morava ali com sua filha. Prometeram se falar quando Glória retornasse ao Brasil.

Naquela noite, ela tinha olhado Cora que dormia profundamente. Conferiu a babá eletrônica ao lado da cama da senhora. Estava funcionando.

Passando no quarto de Gladys viu-a agitada. Foi cobri-la com o lençol e a garotinha acordou.

— Mamãe!...

— Calma, meu bem. Está tudo bem — e passou a mão em suas costinhas.

Não adiantou. A menina chorou e deu um grito agudo, muito alto, e ergueu os braços para ela.

Bianca a pegou no colo e a debruçou em seu ombro, embalando-a para que se sentisse acolhida.

A vida está a sua espera

Gladys agarrou em seu pescoço com força e chamava pela mãe.

Assonorentado, Thiago entrou no quarto, meio tonto e perguntou:

— O que foi?

— Um sonho ruim — respondeu ela, abraçada à garotinha. — Mas hoje não quer ficar na cama.

— Vamos tirá-la daqui. Geralmente isso funciona — lembrou.

Balançando levemente a menina que chorava, Bianca a levou para fora. Começou a cantar uma música bem calma. Andou pela sala de jantar, TV e passeou até o escritório com Gladys debruçada em seu ombro e agarrada ao seu pescoço.

A menininha foi se acalmando e aquietou-se.

Thiago a seguia.

Quando tentou entrar no quarto de Gladys, novamente, a garotinha esperneou e chorou.

Às 4h da madrugada, Bianca não teve dúvidas: entrou para o seu quarto e colocou Gladys em sua cama, acomodando-se ao seu lado, pois a menininha não a largava. Deitada de lado, passava a mão em seu bracinho.

Viu-a mais calma, porém chupava o dedinho de modo aflito.

Thiago sentou-se na cama e afagou a sobrinha nas costas. O sono foi vencendo e Gladys adormeceu.

— Era disso o que falava — ele comentou. — Mesmo acordada, ela vive um pesadelo. Acontecia com mais frequência. Desde que você chegou aqui, essa é a primeira vez que se agita tanto que não quer ficar no quarto.

Bianca nada disse. Deixou a menina agarrada a ela. Sem perceber, ela também adormeceu.

Thiago sentiu-se grato e se enterneceu. Sorriu. Gostou da cena que contemplou por muito tempo.

Sem pensar muito, deitou-se na cama deixando Gladys entre eles.

307

Amanheceu num ritmo lento.

Bianca abriu os olhos e viu Thiago na sua frente, deitado de lado para ela.

Um pouco abaixo e entre eles, Gladys ainda dormia.

Envolveu-se por um sentimento confuso. Olhou fixamente para ele. Por um momento, teve intenso desejo de afagar aquele rosto bonito. Lembrou-se de tudo o que ele havia lhe contado e teve pena. Deveria ser um homem solitário, triste e carente. Talvez, por isso, buscasse sua companhia como fazia nos últimos dias. Bem diferente de quando ela chegou ali.

A sombra do medo a envolveu quando pensou estar apaixonada por Thiago. Isso não poderia acontecer. Havia prometido a si mesma não ter mais ninguém em sua vida e apenas cuidar de Lara. Eram esses os seus planos, mas não os planos de Deus.

Levantou-se lentamente para não acordá-los.

~

Estava na cozinha preparando o café da manhã e a mamadeira de Lara, quando pensamentos confusos invadiram sua mente.

Talvez Thiago não fosse como ela pensava. Lembrou-se de César. Ela o via de um jeito e só descobriu quem ele era após se casarem.

Provavelmente Thiago gostasse de pagar por tudo o que tinha e a quisesse comprar também. Sabia que era uma mulher jovem e bonita. Ele solteiro e descomprometido, até onde ela sabia.

— Isso mesmo, minha filha — influenciava o espírito Marlene que a havia encontrado. — Homens não prestam. Veja o que você sofreu com aquele incompetente do César. Não imagina o que sua irmã Lenita está passando nas mãos do Roni. Ela não tem um bom emprego e ele não põe nada em casa. A Clara, pobre Clara, que tanto fez para se casar com o Olavo. Hoje, ela apanha do marido — chorou. — Ele a humilha de todas as formas. Sai com outras mulheres e ainda

A vida está a sua espera

conta pra ela com deboche e chacota. Cuidado, minha filha. Homem não presta. Esse seu patrão quer só abusar de você. Ele vai te usar.

Bianca ficou preocupada. Não conseguia ouvir sua mãe, porém era capaz de experimentar suas vibrações de forma angustiosa.

"O doutor Thiago pode querer me usar. Acha que sou boba, que não tenho ninguém. Não era para ele ter dormido na minha cama. Deve estar acostumado a fazer isso com as empregadas bonitinhas que passaram por aqui. Por isso a última enfermeira não deu certo." — pensava. — "Mas como me distanciar? A casa é dele."

Aquele tipo de pensamento a consumiu por toda a manhã.

Após dar almoço para as meninas, viu-as tranquilas. Lara quase dormia e Gladys brincava com algo de montar na frente da TV ligada. Verificou Cora, que descansava. Então foi almoçar. Não teria de se preocupar.

Sentada à mesa da cozinha, sentia-se angustiada.

Levantou. Deixou o prato na pia. Decidiu que lavaria depois.

Foi para a área externa da casa, perto da piscina.

Mesmo em estado deplorável, o espírito Marlene, acreditando que lhe faria bem com seus conselhos, influenciava-a:

— Não seja boba, Bianca, minha filha. Suas irmãs estão lá, sofrendo que só. Não deixa esse homem te usar.

Bianca abraçou os próprios braços e caminhou em volta da piscina.

Sem saber explicar, sentiu imensa vontade de chorar. Olhou a sua volta e, mais uma vez, reparou que tudo era muito bonito.

"Será que o doutor Thiago está tentando me usar?" — pensava, mas não tinha como saber.

Ela não tinha para onde ir. Aquele emprego e a filha eram as únicas coisas que lhe restaram. Se não fosse por ele, estaria na mesma vida miserável que conheceu e Lara também.

O que fazer?

309

Thiago se aproximou muito nos últimos tempos. Bem diferente do homem que conheceu.

E se ele tivesse, realmente, algum sentimento por ela? E se não? Como saber?

Foi tomada por uma crise de choro. Sentou-se em um banco no jardim e chorou um pouco.

Secou o rosto com as mãos. Sentia-se confusa.

Por que aquelas dúvidas? Por que aqueles sentimentos conflitantes?

Respirou um pouco, procurou se recompor e entrou.

Chegando ao seu quarto, surpreendeu-se ao encontrar Thiago lá.

Ficou contrariada ao encará-lo e se preparava para lhe dizer algo que demonstrasse sua insatisfação. Afinal, a casa era dele, mas aquele quarto ela usava. Deveria servir para a sua privacidade.

Quando ia perguntar o que fazia ali, ele virou-se. Com um termômetro na mão, falou:

— A Lara começou a chorar. Vim aqui ver e, assim que a toquei, achei-a muito quente. Medi a febre e não deu outra. Está muito alta: 38,5°.

— Meu Deus... — murmurou e correu para junto da filha, pegando-a. — Ela estava bem agorinha mesmo, quando a coloquei aqui.

— O melhor é levá-la ao hospital. Não sabemos a causa da febre. Precisamos de exames para descobrir a origem. Vou me trocar — ele disse.

— Desde que viemos para cá, a Lara não teve qualquer quadro infeccioso. — Olhou para ele e o chamou, antes que saísse do quarto: — Doutor Thiago? — Ao vê-lo olhar, lembrou: — Hoje é folga da Eva. A outra cuidadora faltou. Não temos com quem deixar a dona Cora. A Jordana e o Clemente não estão aí.

— Eu levo a Lara para o hospital e você fica aqui com elas — decidiu de imediato.

310

A vida está a sua espera

— Eu sou a mãe dela! — exclamou. Acreditou que deveria ser ela a levar a filha.

Ele voltou. Bem perto, falando de modo brando com sua voz forte, invadiu seus olhos e acariciou o bracinho de Lara ao dizer:

— Eu sei. Não estou tirando seus direitos. Como médico, chegando ao hospital, posso acionar meios e colegas que você, sozinha, não conseguiria. Estou pensando na saúde da Lara. Ao mesmo tempo, preciso que alguém fique aqui em casa com minha mãe. Se não fosse isso, pegaríamos a Gladys e iríamos todos.

Olhava para cima para encará-lo. Sentiu o coração apertado. Lágrimas aqueceram seus olhos quando murmurou:

— É verdade. Obrigada.

Thiago colocou a mão em seu rosto, por poucos segundos, enquanto assegurou:

— Bianca, vou saber lidar com essa situação. Fique tranquila. Confie em mim. Eu ligo e a mantenho informada.

— Obrigada.

Sem demora, levou a garotinha para o hospital e ela ficou em casa.

Bianca não sabia explicar por que tanta vontade de chorar.

O espírito Marlene achegava-se à filha. Lamentava suas dores e seu estado deplorável. Amaldiçoava a vida que teve e temia que as filhas sofressem como ela. Vivia grande estado de perturbação e vibrações negativas. Confundia os desejos e sentimentos de Bianca

— Pensando bem, minha filha, inverta a situação. Esta casa é grande. Poderia trazer suas irmãs para cá. Teriam uma vida boa. Você pode abrir um negócio com o dinheiro que ele te der. Pode fazer tanta coisa. E junto com as suas irmãs, tudo iria ficar bem.

Após algumas horas, Thiago telefonou:

— Bianca?

— Sou eu.

Schellida ❧ Eliana Machado Coelho

— É o Thiago. A Lara já foi atendida. Foram feitos exames. Há uma infecção urinária que precisa ser tratada. Estive conversando com o pediatra que a atendeu na emergência. Ele acha que, para o bem dela, deve ficar internada. Dessa forma, a medicação intravenosa é mais eficiente e menos agressiva. Ela vai ficar bem.

— Entendo.

— Daqui a pouco estarei em casa e nós conversamos.

— Certo. Obrigada, doutor Thiago.

— Por nada. Tchau.

— Tchau.

~

Bianca fazia tudo automaticamente.

Já era bem tarde quanto Thiago chegou e a procurou pela casa. Cora dormia e Bianca estava em seu quarto.

O rapaz bateu suavemente à porta entreaberta e ela pediu com voz suave:

— Entre — pediu e se levantou da cama.

— Oi... Tudo bem? — entrou espiando.

— Tudo. A Gladys não quis dormir no quarto dela, por isso a trouxe para cá. — Ele se aproximou, olhou a sobrinha em sono profundo e Bianca quis saber: — E a Lara?

— Vai ficar bem. Foi bem atendida. Ela tem baixa imunidade, você sabe. Criança que não corre, não brinca, fica muito tempo paradinha, não tem a mesma alimentação que as outras, é assim mesmo. É uma infecção oportunista. Ela vai ficar boa.

— Desde que mudamos para cá, ela não teve nada disso — abaixou o olhar. Estava sensível.

— Você está bem? — colocou a mão em seu ombro ao perguntar.

— Estou. Eu... — sua voz embargou e fugiu ao seu olhar.

312

A vida está a sua espera

Thiago deu um passo e a puxou para um abraço, recostando suavemente o rosto de Bianca em seu peito. Ela escondeu a face no abraço e ele a envolveu com carinho. Beijou-lhe a cabeça e fechou os olhos, percebendo-a chorar.

Não gostaria que sofresse. Desejava confortá-la.

Após algum tempo, ela se afastou, secando o rosto com as mãos e dizendo baixinho:

— Desculpe-me... Não sou disso e... — não o encarou.

Ele segurou seu queixo e ergueu-lhe o rosto. Com a mão, secou uma lágrima que corria e lhe fez um afago. Depois falou:

— Vai ficar tudo bem. Estamos juntos nessa. Não faltará nada para você nem para a Lara.

— Obrigada, doutor Thiago.

— Thiago. Pode me chamar de Thiago.

Olharam-se por longo tempo e sentiram seus corações dispararem.

Ela abaixou a cabeça e fugiu ao seu olhar. Não conseguia encará-lo.

Num impulso, Thiago a abraçou mais uma vez e Bianca correspondeu. Beijou-lhe a cabeça, novamente, e disse:

— Isso vai passar. — Sorriu e se afastou, dizendo: — Bem... Deixe-me procurar algo para comer. Nem almocei hoje. Acordei tarde, tomei café tarde e fiquei sem fome para almoçar.

— Vou arrumar sua janta.

Ele sentiu-se satisfeito com sua decisão. Sabia que não era obrigação dela, mas adorava sua companhia.

Sentou-se à mesa da cozinha enquanto Bianca ia arrumar o prato.

— Você já jantou? — quis saber.

— Não costumo jantar. É bem raro — sorriu. — Só quando tem pizza. Não resisto.

— Quer pedir uma pizza?! — animou-se e se levantou.

— Não, doutor Thiago. Imagine! Olha a hora.

313

— Thiago. Sem o doutor. Isso era mania do meu pai e... — Um instante e disse: — Mas não é nem meia-noite. Pare de arrumar o prato. Faz tempo que não como pizza. Você me faz companhia, claro.

— Sim. Faço — respondeu timidamente.

Thiago pegou o telefone e fez o pedido.

— Deve demorar um pouquinho. Sempre demora. Vou tomar um banho e já volto. Deixarei o cheque em cima da mesa lá na sala. Caso chegue antes, você pega.

— Certo. Tudo bem. Vou arrumar a mesa. O senhor quer que sirva aqui na copa ou...

— Você. Pode me chamar de você. E... vamos comer aqui na copa mesmo. Está ótimo.

Depois de algum tempo, retornou.

— Nada ainda? — perguntou ao chegar à copa.

— Não. Nada.

— Domingo à noite todo pedido demora demais. — Ele pegou uma garrafa de vinho, duas taças e a serviu com uma, perguntando: — Você toma vinho, não é?

— É... Tomo. Muito raramente. Eu aceito.

Ele lhe entregou a taça e fez um brinde sem palavras. Sentaram-se um frente ao outro e ficaram algum tempo em silêncio até ele dizer:

— Bianca, estou decidindo uma coisa. Vou contratar mais uma cuidadora para minha mãe. Estou achando muito puxado para você.

— Não. Já conversamos sobre isso.

— Mas essa conversa não me convenceu. Ontem e hoje eu vi como você fica sobrecarregada, correndo pra cá e pra lá. Só o fato de cuidar tão bem da Gladys é algo que... Não tem preço. Além do que, é você quem está à disposição das medicações da minha mãe e isso tem me aliviado muito. Aliás, vivo menos preocupado desde que chegou. A verdade é essa.

A vida está a sua espera

— Só tenho isso para fazer. Não lavo, passo ou cozinho. Isso sim tomaria muito mais tempo e preocupação. Pode deixar como está. Eu dou conta.

— Sim. Eu sei. Mas... Até quando?

— Como assim? — ela estranhou. Ficou preocupada.

— Até quando, Bianca, você vai dar conta? — Não houve resposta. — E se ficar doente? O que eu faço? E a Lara, a Gladys... E eu? — Um momento. Viu-a olhar fixamente para ele. — De verdade, eu não vou saber o que fazer. Ouvi sua história e sei que teve uma vida difícil. Tudo aqui em casa, para você, é o céu! — enfatizou. — Você toma conta de coisas que eu não sei e... Às vezes, nem sei o que está acontecendo. Isso me deixa tranquilo. Por isso... Acredito que vou precisar de você por muito tempo.

O vinho começou a fazer efeito e Bianca sentia-se tonta. Estava há muitas horas sem comer nada e não era acostumada a beber. Isso potencializou o efeito da bebida.

— Eu não sei o que dizer — respondeu simplesmente.

Thiago fez um ar de riso. Percebeu que ela piscava miúdo e ficava bem vermelha. Achou engraçado.

O interfone tocou e ele foi receber a encomenda.

Enquanto comiam, conversaram de outras coisas.

Percebeu que Bianca comia bem devagar. E não aceitou mais nada depois do primeiro pedaço de pizza, mas bebeu um pouco mais de vinho.

— Que bom que o vinho esquentou — riu graciosamente. — Eu estava com frio — ela falou.

— Eu também. Não quer mais um pedaço?

— Não. Muito obrigada.

— Tenho de levantar cedo amanhã. Vou para a clínica e... Preciso tentar dormir um pouco — ele comentou olhando-a.

— É verdade. Precisamos dormir — disse enquanto se levantava.

315

Bianca colocou as taças e os pratos na cuba da pia e ele guardou o que sobrou da pizza na geladeira.

Apagaram as luzes da cozinha e do resto da casa.

Quando estavam no corredor, frente ao quarto dela, Bianca agradeceu:

— Por tudo o que tem feito, obrigada, doutor Thiago.

— Thiago. Por favor — disse se aproximando, invadindo sua alma com o olhar.

— Thiago... — repetiu baixinho com voz doce e fixou-se nele.

Ele ficou bem perto e a olhou por longo tempo. Fez-lhe um carinho no rosto e, em seguida, na nuca.

Bianca fechou os olhos e apreciou aquele momento.

Thiago se curvou. Segurou-lhe a cabeça com a força de um carinho e beijou-lhe os lábios com a intensidade de seu desejo. Bianca correspondeu.

Ele puxou-a firme contra si e, beijando-a, foi conduzindo-a para o quarto dele e deitando-a em sua cama.

Acariciou-a com ternura e a beijou como sempre quis, roçando sua barba em seu rosto e pescoço.

Quando sentiu o peso dele sobre seu corpo, Bianca espalmou a mão em seu peito e perguntou num murmúrio:

— O que estamos fazendo?

— O que nossos corações pedem — respondeu ofegante, sussurrando em seu ouvido com a voz rouca. Calou-a em seguida com um beijo e a envolveu com todo o seu amor.

~

Bianca acordou e percebeu-se envolta somente em um lençol. Aquele não era o seu quarto.

Olhou para o lado e observou Thiago dormindo de bruços um sono pesado.

A vida está a sua espera

— Meu Deus... O que foi que eu fiz?! — perguntou murmurando.

Ele se remexeu e abriu os olhos. Sorriu para ela e disse:

— Bom dia, Bianca.

— Bom dia, nada — falou baixinho. Sentou-se enrolada no lençol.

— Meu Deus! O que fizemos?! — indagou no mesmo tom.

— Calma, Bianca. Calma — alcançou seu braço e a segurou. Ela não o encarava.

— Doutor Thiago, eu... — não sabia o que dizer.

— Thiago. Por favor.

— Não sei explicar o que houve e... E agora?

Ele foi para o seu lado e argumentou:

— Fizemos o que queríamos. Está feito. — Segurou seu rosto e a fez olhá-lo. — Minha única preocupação é por perder a hora. Mas não estou arrependido.

— Está falando por você — ficou brava. Mas falava de um jeito contido.

— Sério mesmo?! É isso o que sente?! — perguntou firme e sério.

— Não podia ter acontecido... — parecia aflita e fugia de seu olhar.

— Por quê? — indagou calmo e austero.

Ela o olhou diretamente nos olhos e respondeu:

— Porque sou somente uma empregada. Posso gostar muito de você, mas preciso desesperadamente desse emprego. Tenho uma filha e ela depende só e unicamente de mim.

— Acha que eu usei você? — indagou firme. Não houve resposta.

— Se acha que eu usei você, lamento. Não me conhece o suficiente para me julgar assim tão leviano. — Sentou-se ao seu lado e segurou seu rosto pálido. Fazendo-a olhar em seus olhos, revelou com um tom de voz mais suave: — Estou apaixonado por você, Bianca. Nunca senti isso por alguém. Eu te admiro e respeito. Não pense isso de mim. Posso julgá-la do mesmo jeito.

— Não! — reagiu. — Nunca! Nunca me aproveitaria de você que...

317

Num impulso, Thiago a puxou para si e a beijou, envolvendo-a com carinho e amor.

~

Ele tomava banho, preparando-se para ir trabalhar quando Bianca vestiu-se às pressas e correu para o seu quarto.

— Droga! — reclamou baixinho por não ver Gladys. Nem sabia que horas eram. Correu para o quarto da menina, onde encontrou Jordana.

— Bom dia, Bianca! — cumprimentou alegre.

— Bom dia, nada! — exclamou baixinho. — Cadê a Gladys? — perguntou desesperada.

— Já foi para a escola.

— Quem a arrumou? Você?

— Não. A Gilsa estranhou não vê-la para o café e veio aqui. Mas ela estava dormindo no seu quarto.

Bianca se sentou na cama da menina, suspirou fundo e reclamou baixinho:

— Droga!

— Bianca — vendo-a olhar com semblante franzido de preocupação, comentou: —, eu vi duas taças de vinho lá na pia para serem lavadas. Não tenho nada com isso, mas...

— Ai, Jordana! Que droga! Isso não poderia ter acontecido! — parecia implorar entendimento.

— Calma, filha — tornou Jordana.

— O doutor Thiago está acostumado a isso, não é? Envolver empregadas bonitinhas, oferecer vinho e levá-las para a cama?

— Se ele faz isso aí fora, eu não sei. Aqui, nunca vi isso. É a primeira vez. — Sentou-se ao lado dela e, com voz maternal, falou: — Acho que esse homem está gostando muito de você. Ele mudou muito desde que veio para cá. Depois de tantos anos, só o vi sorrindo

A vida está a sua espera

agora. Tudo aqui ficou mais leve, mais simples, mais fácil com a sua presença, com as suas ideias. Vejo o jeito como ele a olha, como fala com você...

— Eu não poderia ter dormido com ele... — sussurrou e chorou. — Eu estava sensível... Minha filha ficou internada e... Aquele vinho. Foi aquele vinho!

— Sei que você já sofreu muito na vida e ele também. Embora tudo seja possível, não creio que o doutor Thiago esteja brincando com você ou com seus sentimentos. Então... Seja sincera. — Encarou-a e perguntou bem direta: — Você gosta dele?

— Gosto... — murmurou com olhos e semblante de expressão preocupada. — Gosto muito dele. Tenho medo de me machucar. E ainda ficar sem o emprego. Não posso ficar sem esse emprego.

— Eu entendo. Não creio que ele vá te machucar. É um homem muito sincero. Sempre foi. Mas... Toma cuidado com o Josué. Ele gosta de aprontar para o irmão.

— Josué? Nem o conheço!

— Vai conhecer. Por isso te aviso: se o doutor Thiago está gostando de você, tome cuidado com o Josué. Nunca vi um irmão tão... Ele já aprontou poucas e boas nesta casa. Tomara que o doutor Thiago não descubra.

— O que aconteceu?

— Tome cuidado com ele. Não posso dizer mais nada a respeito disso — sorriu. Em seguida, aconselhou: — Converse com o doutor Thiago. Conte para ele o que sente, fale desse medo. Abra o seu coração. Por ele ser de poucas palavras, acho que precisam conversar bastante para que fique tranquila.

— Minha filha ficou internada ontem.

— Eu logo desconfiei. Quando a Gilsa me contou que não viu você nem a Lara lá. E... Parece que a Gilsa deu uma espiadinha no quarto do doutor Thiago e viu vocês dois. Ele sempre levanta cedo e nunca está lá, mas hoje estava. Ela queria saber de você e... Entende?

— Ai, meu Deus... Agora todo o mundo está sabendo — fechou os olhos ao lamentar e abaixou a cabeça que segurou com as mãos.

— Não se preocupe. Ela é de confiança. Só tome cuidado com a Eva — deu uma piscadinha. Levantou-se, pegou as roupas que deveriam ser lavadas e saiu do quarto, deixando-a só.

~

Bianca foi para o seu quarto e tomou um banho.

Foi até o quarto de Cora e pediu para Eva:

— Leve-a para passear. Dê uma volta no jardim. Não a deixe só deitada aqui neste quarto.

— Dá trabalho colocar ela na cadeira de rodas.

Indignada, Bianca respondeu enervada:

— Desculpe-me, Eva, mas você trabalha aqui para isso. Se não gosta ou não pode, tem de avisar e dar o lugar para outra pessoa que faça melhor. — Cora emitiu sons. Com olhos arregalados, apontou para Bianca, demonstrando que entendia e concordava com o que ela falava. — Vamos. Eu te ajudo.

Auxiliou a pôr a senhora na cadeira, depois saiu.

Nas suas costas, Eva resmungou:

— Só porque dormiu com o patrão, já se acha dona da casa.

Mas Bianca não ouviu. Aproveitou o período da manhã e foi para o hospital ver sua filha.

À tarde já estava em casa. Gladys falava muito, como sempre, mas isso não afugentava os pensamentos de Bianca para tudo o que tinha acontecido.

O dia foi longo. Thiago demorou a chegar.

Gladys já dormia quando o tio apareceu.

Após seguir a rotina de sempre, que era guardar a bolsa e o jaleco no escritório, foi à procura de Bianca.

A vida está a sua espera

Aproximou-se. Ela estava parada, estática a sua frente e muito apreensiva.

— Tudo bem? — perguntou com voz grave e bem sério.

— Não sei — respondeu trêmula, abraçando os próprios braços que esfregava suavemente em sinal de nervoso.

— Ainda está preocupada?

— Muito — sussurrou.

— Não tem mais ninguém em casa? — olhou para os lados.

— Não. A Gladys e a dona Cora já estão dormindo. É quase meia-noite.

— Venha. Vamos conversar no meu quarto.

— Melhor não — murmurou.

Ele voltou. Após alguns passos, envolveu-a em um abraço forte e entrelaçou a mão em seus cabelos. Apoiando em sua nuca com suavidade, beijou-lhe os lábios.

Fugindo do beijo, Bianca balbuciou:

— Não. Por favor, para...

Ele obedeceu. Mesmo assim, olhava-a com ternura e afagava seu rosto.

— Quer conversar? — tornou a perguntar.

— Quero. Estou aflita — expressou-se de modo singelo.

— Vem. Vamos conversar lá no meu quarto. A Jordana pode aparecer e... Vem — pediu gentilmente.

Ela o seguiu. Entrando no quarto, Thiago fechou a porta e apontou para sua cama, pedindo:

— Sente-se.

Temerosa, aceitou.

Ele tirou a blusa que usava, desabotoou os primeiros botões da camisa e tirou os sapatos. Foi até o banheiro, lavou as mãos e o rosto, voltando ao se secar com uma toalha que, depois, jogou sobre uma cadeira.

Schellida ❧ Eliana Machado Coelho

Acomodou-se ao seu lado com o joelho dobrado em cima da cama. Virando-se para ela, ficou aguardando.

— Estou aflita com o que aconteceu — falou baixinho, sentindo o coração bater forte.

— Aflita porque não toma contraceptivo e eu não usei preservativo? — pouco sério, perguntou de um modo que pareceu brincar.

— Ora! Por favor! Não me deixe mais angustiada ainda — falou, parecendo implorar. — Isso também não me sai da cabeça.

Thiago deu um sorriso largo, quase nunca visto. Contorceu a boca tentando parar. Mesmo não conseguindo, falou:

— Sabia que eu sempre quis ter filhos? — e a olhou nos olhos. Desconhecia trazer esse desejo de outra vida.

Bianca abaixou a cabeça e levou as mãos ao rosto.

Quando a viu chorar, comoveu-se. Fechou o sorriso e aproximou-se. Tocou seu rosto com suavidade e curvou-se para vê-la melhor, falando em tom carinhoso:

— Ei... O que foi?

— Não estou brincando.

— Nem eu, Bianca — falou sério. Um momento e perguntou: — O que você sente por mim?

— Eu?... Eu gosto muito de você — encarou-o. Seus lindos olhos esverdeados brilhavam. Seu rosto angelical e suave tinha um toque de preocupação com misto de medo.

Segurando seu rosto, olhando-a firme, admitiu:

— Eu também. Não brinco com os sentimentos dos outros porque não gosto que brinquem com os meus.

— A culpa foi daquele vinho.

— E hoje cedo? A culpa foi de quem? — Não houve respostas. Um instante e ele disse, no mesmo tom carinhoso: — Você está assim porque não confia mais nas pessoas. Desiludiu-se com o amor. Pensou que amava um homem respeitável, casou-se com ele e depois descobriu um mau caráter, irresponsável e vagabundo. Isso destruiu

A vida está a sua espera

você, mas... Nem todos os homens são assim. Eu não sou assim. — Breve pausa e continuou, olhando-a nos olhos: — Já tive uma noiva. Outras namoradas antes e depois desse noivado, mas não se encaixavam na minha vida. Com você foi diferente. Por isso, quero contratar pessoas para cuidar da minha mãe e, se você concordar, até da Gladys. Resumindo, Bianca, não quero você como empregada. Foi isso o que tentei te dizer todo o tempo. Quero você na minha vida, mas não como uma empregada. Gostaria que me quisesse em sua vida, mas não como patrão ou provedor. Por essa razão, pare de se preocupar. Não estou brincando. — Tirou-lhe uma mecha de cabelo de seu rosto e passou para trás da orelha, fazendo-lhe um carinho. Em seguida, sorriu e propôs: — Vamos ver se sobrou algum pedaço daquela pizza de ontem? Estou morrendo de fome.

Ela se pôs em pé, falando:

— É melhor que coma alguma coisa mais saudável. Tem sopa de legumes e está ótima. Com esse tempinho frio, cai muito bem.

— Está vendo? — sorriu e se levantou. — Você sabe cuidar de mim. Gosto disso e quero retribuir. — Aproximou-se, beijou levemente os lábios e afagou-a.

— Vamos lá, então? — ela pediu e ia saindo do quarto.

— Deixe-me tomar um banho. Já vou pra lá.

— Certo — sorriu.

Antes que saísse, ele a segurou pelo braço e perguntou:

— Você está bem?

— Agora estou mais calma — sorriu.

Ele a beijou novamente nos lábios, depois disse:

— Fica tranquila. Vai indo que já vou.

Não demorou e estavam na cozinha.

Bianca serviu-lhe uma sopa de legumes e sentou-se a sua frente. Ficou calada. Com olhar perdido.

Thiago respeitou o seu silêncio.

Terminou de comer. Levantou e colocou o prato na pia.

323

— Soube que foi visitar a Lara hoje — ele comentou.

— Sim. Fui.

— Eu também. Passei lá antes de vir para casa.

— Achei que ela estava tão abatida.

— É a medicação. — Parando atrás dela, massageou-lhe os ombros e convidou: — Vamos assistir a um pouco de televisão?

Ela se levantou e o seguiu.

Thiago ligou a TV e sentou-se no sofá, puxando-a para junto de si.

Bianca encolheu as pernas sobre o sofá e recostou-se em seu peito, então ele a abraçou. Mexia em seus cabelos, deslizando, lentamente, as mechas entre seus dedos.

— Amanhã vou dar um pulo lá, mais cedo, para falar com o pediatra. Hoje o dia foi muito corrido. Cheguei à clínica tão tarde. Tinha muitos pacientes me esperando. Detesto quando isso acontece.

— Estou preocupada com a Lara. Uma vez, quando ela ficou internada em um hospital público, um médico grosseiro me falou: "Vai se acostumando, mãe. A vida dela será sempre assim." — Um momento e comentou: — Foi horrível. Parece que ouço aquilo o tempo inteiro. Amo minha filha. Gostaria de vê-la correndo, falando, brincando... Por isso nunca me canso de ouvir e ver a Gladys fazer o que faz — sorriu. — Agora, lendo sobre Espiritismo naqueles livros da sua irmã, entendo e aceito melhor essas coisas.

— Está mesmo querendo ir ao centro espírita? — encarou-a, ao perguntar.

— Quero sim. Muito.

— Ainda não procurei o endereço de onde a Inês frequentava. — Ficaram em silêncio por algum tempo, até ele perguntar: — Bianca, você está divorciada mesmo?

— Sim! Lógico que estou! Quer ver a...

— Não. Acredito em você.

— Quer saber alguma coisa da minha vida? Sobre o meu casamento?

A vida está a sua espera

— Não. Só quero ser o único na sua vida.

Ela se afastou um pouco e o encarou, falando com jeitinho:

— Sempre fui honesta. Sempre serei. Enquanto estivermos juntos, eu quero ser a única na sua vida também.

Thiago a tomou nos braços, beijou-a e respondeu:

— Vai ser. Eu prometo.

Beijaram-se novamente.

capítulo 18

Marcas e recordações

O tempo foi passando.

Desafios apareciam. Thiago e Bianca os venciam.

A pequena Lara tinha momentos difíceis. Ficava internada por um tempo, depois voltava para casa.

Glória havia voltado para o Brasil e Bianca foi visitá-la.

Dona Cora obteve uma melhora surpreendente. Passava mais tempo na cadeira de rodas, a cuidadora e Bianca a levavam para todo o lado. Ela sempre desejava se expressar. Apontava e emitia sons mostrando o que queria.

Um dia, sem que ninguém visse, Thiago conversava com ela:

— Mãe, estou gostando muito da Bianca. — A mulher emitiu alguns sons tentando falar. Ele perguntou: — Quero ficar noivo e me casar com ela. A senhora aprova? — sorriu. Gostaria de vê-la participar de sua vida.

Com muito esforço, a senhora gesticulou e fez um sinal de positivo com o dedo polegar.

Ele, sentado ao lado de sua cadeira, apoiou a testa em seu braço e a mãe lhe fez um carinho. Ficou emocionado, mas não a deixou ver.

Inesperadamente, Jordana entrou na sala de televisão. Viu a cena e comoveu-se, mas precisou interromper:

— Com licença, doutor Thiago.

Ele ergueu a cabeça e olhou-a.

— O Clemente interfonou. Disse que o doutor Josué acabou de chegar.

O belo rosto de Thiago ganhou uma sombra que há semanas não se via.

— Onde ele está? — indagou como antes, usando o mesmo tom sério e grave na voz.

— Na garagem. Chegou cheio de malas.

Thiago respirou fundo. Levantou-se e percebeu que sua mãe ficou nervosa. Muito inquieta.

Ele nada disse e empurrou sua cadeira para que saíssem dali.

Indo para a outra sala, deparou-se com Josué entrando pela porta principal, arrastando as malas.

— Ora! Ora! Quem eu encontro em casa! O homem sério e trabalhador está de folga hoje!!! — exclamou parecendo bem alegre e largando suas coisas.

— E aí? Tudo bem? — Thiago perguntou sisudo.

— Estou indo! — respondeu sorrindo. Foi até Cora e perguntou: — E aí, mãe? Continua na mesma? — Um momento e reparou: — Ué! Parece que está melhor!

— Ela teve uma grande evolução nos últimos meses — respondeu o irmão sem expressão. Não se podia imaginar o que estava achando daquilo tudo. Viu um ar de insatisfação no rosto de Josué por ver sua mãe melhor. Mas não deu importância. Gostaria de saber

327

se o irmão ficaria ali por muito tempo, por isso perguntou: — E você? O que vai fazer de novo?

— Ainda não sei. Trabalhei por um ano em Vitória. No Espírito Santo. Senti falta daqui e voltei. Simples assim!

— Pretende ficar por quanto tempo? — quis saber Thiago.

— Por tempo indeterminado, meu irmão — gargalhou e foi à direção dos quartos.

~.

Longe dali, Glória e Bianca conversavam animadas, enquanto os filhos permaneciam deitados sobre a cama. Lara dormia e Guilherme estava quase nesse ponto.

— Nossa, Bianca! Que reviravolta sua vida deu!

— Nem me fala. Comi o pão que o diabo amassou. Agora estou bem. — Sorriu com jeitinho meigo ao lembrar: — Aaaaahhhh... Quando penso que eu tinha uma bronca do Thiago! — riu. — Aquele jeito sério e invocado dele me perturbava.

— Não imagino o doutor Thiago risonho — riu junto. — Contou para ele o que você achava?

— Contei. Demos boas risadas, claro. E chame-o de Thiago.

— Thiago rindo! Isso ainda quero ver.

— Ele é uma pessoa maravilhosa, Glória. Quero fazê-lo muito feliz. O homem mais realizado do mundo. Se depender de mim...

— Não fique só pensando em realizar o outro. Preocupe-se com suas realizações também.

— Eu sei. É que... O que ele fez por mim...

— Na verdade, amiga, ele só te deu oportunidade. Quem fez dar certo foi você.

— É... Pensando bem, é verdade.

— E suas irmãs?

A vida está a sua espera

— Nunca mais as vi. Estou pensando em procurá-las. Nos últimos tempos, essa ideia não sai da minha cabeça. Tenho saudade. Sinto falta delas. Gostaria de saber como estão.

— Eu entendo. Mas... Reflita um pouco. — Pensou e indagou: — Posso ser sincera?

— Fala, Glória.

— E se elas virem que você está bem e quiserem se aproveitar de sua nova vida e sua nova situação?

— Já pensei nisso. Por essa razão fico insegura.

— Egoísta! Nunca pensei que você fosse tão egoísta assim, Glória! — exclamava o espírito Marlene. — Minha Bianca precisa aproveitar a vida boa que tem para ajudar as irmãs. O que vai ser dela quando esse homem a deixar?

Elas não podiam ouvir. Glória sentiu um aperto no peito e perguntou:

— Está indo ao centro como me falou?

— Estamos sim. Começamos a fazer um curso de Espiritismo e, enquanto assistimos às aulas, a Gladys fica na evangelização infantil. Por incrível que pareça, eu levo a Lara e ela dorme o tempo inteirinho no carrinho. Não dá um pio!

— É o envolvimento, as energias...

— Glória — falou em tom abafado, olhou-a e completou: — Às vezes, fico insegura. Tenho medo porque eu e o Thiago nos envolvemos muito rápido.

— Vocês estão vivendo como marido e mulher? Dormem no mesmo quarto?

— Não... exatamente — titubeou.

— Como assim? — Glória sorriu. Não entendeu.

— Dentro de casa, somos mais discretos perto dos empregados. Apesar de que ele disse que não tem satisfações a dar. Mas eu acho chato. Falou, ainda, que não quer mais me ver de branco. Nada de uniforme. Isso já fez as outras empregadas nos olharem diferente.

329

Principalmente a cuidadora da dona Cora. Quando saímos, o que é raro, ele me abraça, beija, mesmo perto das meninas ou da mãe dele. Está providenciando minha demissão — sorriu de um modo desconcertante, sem uma opinião formada a respeito do assunto.

— Ele dorme no seu quarto? — foi direta.

— Na maioria das vezes. Só quando uma das meninas dá trabalho eu o mando dormir no quarto dele porque tenho de colocar uma delas, quando não as duas, para dormir comigo. E quando ele dorme lá, levanta cedo e ninguém o vê.

— Então vocês já estão vivendo como marido e mulher, amiga! Acorda! — riu.

— Não é bem assim... As coisas dele estão no quarto dele. Muitas vezes, ele fica por lá mesmo. Chega cansado, toma banho, cai na cama e dorme ali.

— Entendo.

— Não sei. Às vezes, acho que ele está me usando.

— Não creio, Bianca.

— Acho que começamos rápido demais. Nós nos envolvemos antes de um namoro. Não sei o que ele é para mim. Fico confusa. Quando estamos juntos eu me sinto segura. Mas depois... Ele é um homem maravilhoso. Carinhoso, generoso comigo. Quando estou com ele... O Thiago é paciente, entende? Nunca me realizei antes e com ele tudo é mágico! — sorriu.

— Entendo.

— Não sei se essa insegurança minha é um envolvimento espiritual. Afinal de contas... — deteve as palavras.

— Afinal de contas, o quê? — perguntou a amiga.

— Pensando friamente, devo lembrar que ele teve uma noiva que morreu. Não sabemos as condições dela.

— Isso é verdade — Glória considerou. — Seria bom vocês fazerem um tratamento de assistência espiritual.

— Você acha?

A vida está a sua espera

— Sempre é bom.

Nesse instante, Zuleica chegou com a filha Tainá.

Cumprimentaram-se. Ela ficou muito contente ao ver Bianca tão bem.

— Como você está linda! É muito bom te ver assim! — sorriu largamente.

— Você está ótima também, Zuleica. É bom te ver. — Conversaram um pouco e Bianca comentou: — Foi maravilhoso ter falado com você aquele dia. Nossa conversa, seus conselhos me ajudaram muito. Nem imagina.

— Conselhos? — sorriu.

— Para que eu orasse. Fizesse prece. Lembra?

— Isso era importante. Você estava muito carregada. A prece lava o coração e renova a alma.

— Desde então, não parei mais.

— E não pare mesmo. Tem um espírito muito próximo de você. Ele confunde demais seus pensamentos. Cuidado. Não dê brechas.

— Quem será? — Bianca perguntou, após trocar olhar com Glória.

— Não importa quem seja. Se você se elevar, vai sair da frequência, como aconteceu com os outros que te envolviam. Você, Bianca, tem um ótimo guia espiritual. Ele vai te ajudar, mas não pode dar bobeira ou vai botar sua vida a perder.

— Não! Deus me livre!

— Ah! Ia me esquecendo — tornou Zuleica. — A Clara, sua irmã, foi lá em casa te procurar.

— A Clara?! Como ela está?

— Deixou um endereço, caso eu a visse. Reclamou. Chorou muito. Não está vivendo bem com o marido. Não sabe o que fazer. Disse que queria notícias suas ou algum endereço. — Zuleica ofereceu uma pausa, depois opinou: — Não tenho nada com isso, mas... Fica esperta, Bianca. Quando mais precisou, suas irmãs viraram as costas.

Schellida ⚶ Eliana Machado Coelho

— Quando me lembro disso, acho que foi a melhor coisa que me aconteceu — disse Bianca.

— Exatamente! — ressaltou Glória. — Se suas irmãs tivessem te ajudado, teria se acomodado, não por mal, mas por forças das circunstâncias e não teria dado o rumo que deu a sua vida. Sabe, quando recebemos determinada ajuda, não desenvolvemos, em nós mesmos, a força interior de que precisamos.

— Concordo com você. Talvez, eu estivesse, até hoje, com o César, querendo que ele fosse o que jamais, nesta vida, vai conseguir ser.

— Por isso fica esperta — reforçou Zuleica. — Suas irmãs podem não pensar como você. Talvez queiram te usar e se aproveitarem da sua situação.

— E aí? Como fica a questão da caridade que aprendemos no Evangelho? — Bianca perguntou.

— Tem uma passagem no Evangelho que o Mestre Jesus elogia a atitude da viúva, ofertando um óbolo, uma doação. Devemos observar que a mulher ofereceu o dinheiro, a doação, mas ela não levou o mendigo para sua casa — lembrou Glória. — Não podemos criar dependentes. Não dê peixe, ensine seu irmão a pescar. Foi o que o Senhor Jesus nos ensinou. Não podemos criar dependentes, devemos libertar.

— Lembre-se disso quando encontrar com suas irmãs — tornou a outra. — Não estrague a paz que você conquistou.

O espírito Marlene se revoltava com as orientações oferecidas pelas amigas. Porém, suas vibrações não alcançavam as duas irmãs.

Assim que Bianca foi embora, a sós com Zuleica, Glória perguntou:

— O que você viu com a Bianca?

— A mãe dela. O espírito está enfurecido. Pobre coitada. Está muito confusa. Ainda quer controlar a vida das filhas. Fica influenciando a Bianca para dar golpe no noivo para ajudar as irmãs.

— Mas a Bianca não é noiva! — exclamou a outra.

A vida está a sua espera

— Mas vai ficar. Ele já comprou as alianças e tudo — Zuleica riu. — O rapaz gosta muito dela. Porém ela não acredita e isso é por causa da mãe.

— Ela gosta dele também.

— Sem dúvida. Entretanto, ele tem uma energia... Não sei bem. É uma coisa muito forte que precisa resolver de vidas passadas.

— O Thiago, quando o conheci, era muito depressivo. Ao contrário da Bianca, que é muito positiva. Ele teve uma noiva que morreu em um acidente de carro, estava junto e quase morreu também.

— O espírito dessa ex-noiva não está com ele, mas manda muitas vibrações pesadas. Ele precisa se elevar para se livrar disso. E te digo uma coisa: já tem gente se aproximando que vai querer atrapalhar a vida desses dois. E se ela trouxer a Clara para a vida dela... Estará perdida. A irmã vai unir forças com quem não presta e tentar acabar com a felicidade da Bianca.

— Tem como avisar a Bianca de uma forma mais... Firme?

— Não. Não diga mais nada além do que já dissemos, Glória. O mentor dela não quer. Eles precisam crescer e se entenderem. A Bianca passará por provas e o noivo também. Ela não pode ceder a tentações e ele precisa confiar nela. É coisa do passado. — Olhou para a irmã e lembrou: — Quando nós interferimos na vida de alguém, atrapalhamos em vez de ajudar. Quer um exemplo? Se você tivesse ajudado a Bianca quando queria, ela e o Thiago não teriam se acertado. Talvez, nem se encontrado quando precisavam. Ela já não fez grande coisa quando se casou com o César. Se ela não tivesse perdido tudo, não teria valorizado e se empenhado tanto no emprego. Seria daquelas pessoas que só reclamam e não fazem além de suas obrigações. As dificuldades e a necessidade fizeram com que Bianca agradecesse, todos os dias, o trabalho desafiador, os tratamentos para a filha deficiente. A gratidão é a melhor prece. Quando agradecemos o que temos, atraímos coisas melhores — falou Zuleica.

333

— Tomara que a Bianca não procure as irmãs. Você falou para a Clara onde ela morava?

— Eu não! Ela chegou a nossa casa e a atendi no portão. Senti tanta vibração ruim que nem a mandei entrar.

— Ela fez trabalhos espirituais para casar com o Olavo. Agora recebe o troco — contou Glória.

— Uniões assim não dão certo. Nunca. Há Leis que controlam a vida e elas são mais fortes. Quando o feitiço acaba e o sujeito percebe que está ao lado de quem nunca quis, a união vira um inferno. Brigas, insatisfações, traições, agressões de qualquer tipo. Quem aguenta isso?

— A Clara foi avisada disso. Eu falei com a Bianca a respeito e sei que ela conversou com a irmã.

— Quando a Bianca foi a nossa casa, eu senti espíritos bem inferiores junto dela. Hoje não os senti mais. Acho que ela havia se envolvido no mesmo que a irmã.

— Será? — Glória duvidou. — Ela está frequentando um centro espírita. Deve ter subido os padrões de energia e esse tipo de influência perde força.

— Deve ser isso.

— Mas me conta! — pediu Glória. — E o nosso irmão? Como está o Nélson?

— Está preso ainda. Ele jura que não foi ele, porém tudo aponta para o coitado.

— Acusado de assalto à mão armada! Meu Deus! Não posso acreditar — lamentou.

— Eu acredito nele. O Nélson não fez nada disso — tornou Zuleica confiante.

— Como você acha que isso vai se desfechar?

A irmã respirou fundo. Fechou os olhos por um instante, buscando paz e inspiração.

A vida está a sua espera

— O Nélson vai ter de passar por muita coisa. Coitado! Não sei a razão, mas isso é preciso.

— É débito de outra vida, não é?

— Sim. São vários débitos que ele tem. Talvez, tenha prendido pessoas ou até animais indevidamente, injustamente. Você sabe que animais são obras da Criação e, portanto filhos de Deus. Devemos amá-los e protegê-los como queremos ser protegidos.

— Exatamente — concordou a irmã.

— Coitado — tornou Zuleica. — Fui visitá-lo lá na cadeia. O Nélson está desesperado. Chora, implora para sair de lá. Sofre maus--tratos. Jura que não foi ele. Para deixá-lo confiante, eu disse que vão surgir provas de que não foi ele. Que meus guias me disseram que vão provar que não foi ele. Não gosto de contar o que os espíritos me falam.

— E ele?

— Me abraçou. Chorou muito. Está tão desesperado que me disse para pedir aos meus guias para apressar a saída dele de lá. Imagine a que ponto ele chegou? Um evangélico fervoroso pedindo isso para uma umbandista!

— Vou falar com o Mathias. Preciso ir visitá-lo.

— Melhor não, Glória. Espere um pouco mais. Vamos ver se tudo isso se resolve. É humilhante ter de fazer visitas na cadeia. Você não precisa passar por isso. Tem um filho pequeno, amamenta... O lugar é de uma energia muito ruim.

As irmãs conversaram um pouco mais para se inteirarem de tudo o que acontecia. Estavam mais unidas do que nunca.

~

Ao chegar a casa com a filha pequena nos braços, Bianca, sorridente, foi à procura de Thiago, que estava no escritório.

— Oi! Tudo bem? — cumprimentou-o ao entrar. Aproximou-se e deu-lhe um beijo rápido nos lábios.

— Tudo. E você?

— Ótima.

— E a Glória? Viu sua amiga? — perguntou para puxar assunto.

— Está ótima! O Guilherme está lindo! Tem de ver! — expressou-se com jeitinho mimoso. — Muito fofinho. A Glória quer que vamos jantar lá qualquer dia.

— Precisamos chamá-los para virem aqui também.

Thiago largou o que fazia, pegou Lara de seus braços, beijou-a e começou a brincar com a menina. Não se importava muito com que Bianca falava.

Quando ela ofereceu uma trégua, ele contou:

— Meu irmão está em casa.

— O Josué? — perguntou séria.

— Não tenho outro. Não que eu saiba.

Aquela frase pareceu grosseira, principalmente pelo jeito sério de Thiago falar, mas Bianca relevou. Sabia que ele não apreciava a presença do irmão em casa.

— Como devo me apresentar? — perguntou apreensiva.

— Não precisamos dar satisfações para ele — falou no mesmo tom.

— Precisamos sim. Sou enfermeira da mãe de vocês e cuido da Gladys. O que sou sua? — encarou-o decidida.

Parou de brincar com Lara. Olhou-a firme e indagou austero, quase sisudo:

— O que você acha que é minha?

— Agora estou em dúvida. — Foi até ele e pegou Lara de seus braços. Depois disse de uma forma branda e sentida: — Não mereço que fale assim comigo.

— Ei! Ei! Me desculpa! — correu e a segurou. Abraçou-a mesmo com a Lara entre eles. — Desculpa. Eu... — Olhou-a, fez-lhe um

A vida está a sua espera

carinho e falou de um jeito mais suave: — Sempre fico alterado com a presença dele. — Afagou seu rosto e, tirando uma mecha de cabelo da frente de seus olhos, disse com voz meiga: — Vou apresentá-la como minha mulher — beijou-lhe os lábios levemente.

— Não é certo, Thiago — titubeou ao falar com brandura.

— Por quê? — perguntou baixinho, em tom grave e generoso. — Por que não temos nada legalizado?

— Talvez isso — amedrontou-se sem saber por quê.

Thiago afagava seus cabelos e fazia os fios correrem entre seus dedos, enquanto a olhava com ternura. Depois disse:

— Podemos providenciar isso. O que acha?

— Eu... Não sei... — sorriu levemente e respondeu com voz trêmula.

— Acha que estou precipitando as coisas? — tornou ele em tom romântico.

— Sinceramente, não sei — ficou sem jeito.

— Então vou te apresentar como minha namorada ou... Minha noiva — sorriu.

— Sim... — sorriu meigamente e abaixou o olhar. — Pode ser. Mas...

— Mas?... — olhou-a com carinho e ternura, admirando-a.

— Desculpe, Thiago.

— O quê?

— A Lara está pesada demais e eu não aguento ficar tanto tempo com ela no colo.

— Oh... Dê-me aqui — pegou a menina de seus braços e a embalou.

— Dessa forma eu aceito.

Thiago se curvou e a beijou.

Foram juntos para o quarto de Bianca levar Lara.

～

337

Schellida ❦ Eliana Machado Coelho

Antes de sair para ir à clínica, naquela tarde, Thiago andou pela casa à procura do irmão. Josué não estava nem deu satisfações.

Ele ainda não tinha conhecido Bianca e o irmão achava melhor assim.

Thiago procurou Jordana e pediu:

— Eu preciso de um grande favor seu. Lógico que vamos acertar por esse serviço.

— Ora, doutor Thiago... Do que o senhor precisa?

— Você pode tomar conta da Lara e da Gladys essa noite para mim? Preciso sair com a Bianca e não podemos levar as meninas. A cuidadora vai ficar com minha mãe.

— Claro que posso. O senhor quer que eu as olhe aqui ou posso levá-las para minha casa?

— Como quiser. O que ficar melhor para você. Vamos demorar. Tudo bem para você?

— Sem problemas. Pode deixar — sorriu.

— Obrigado, Jordana — agradeceu. Estava sério como antes. — E... Não comenta nada com a Bianca. Pode ser?

— Lógico! — ela sorriu. Ficou desconfiada.

— Obrigado — agradeceu, mais uma vez, e se foi.

≈

Antes de retornar, naquela noite, Thiago telefonou para Bianca pedindo que se arrumasse, pois iriam sair.

Ela estranhou o convite e mais ainda quando falou com Jordana, que pareceu já esperar o pedido de olhar as meninas. A empregada ainda a incentivou que se arrumasse bem e ficasse muito bonita.

E foi o que Bianca fez. Colocou um vestido que ficou lindo em seu belo corpo. Nunca o havia usado. Maquiou-se, arrumou os cabelos, prendendo-os e deixando alguns fios, como cachos, soltos. Usou uma colônia que o namorado havia lhe dado. Estava linda!

338

A vida está a sua espera

Thiago a admirou e a elogiou quando a viu. Seus olhos brilharam. Ele a pegou e foram a um restaurante para jantar.

Era um ambiente muito fino. Havia reservado um lugar discreto e tranquilo em um canto aconchegante. O som do piano, tocado com maestria, deixava o clima bem romântico.

Bianca estranhou. Aquilo era diferente de todas as vezes que saíram. Normalmente, quem tomava a iniciativa de convidar para sair era ela.

Pediram o prato de entrada e Thiago pediu champanhe que o garçom lhes serviu.

— Ah, não — falou baixinho de forma graciosa. — Não vou entrar nessa de beber. Da última vez que fiz isso, acordei na sua cama.

Com semblante leve e suave sorriso, ele estendeu a mão sobre a mesa e procurou a dela.

O ambiente de iluminação fraca era encantador. Pequenas velas em forma de flores, com chamas cintilantes, flutuavam em recipiente com água sobre a mesa. Isso dava um toque muito romântico.

Com sua voz forte e marcante, Thiago perguntou:

— Não vai beber comigo para comemorar?

— Comemorar o quê? — ficou na expectativa.

Ele puxou a mão e buscou algo no bolso do blêizer. Apanhou uma caixinha e, colocando-a sobre a mesa, deslizou até ela.

Bianca sentiu seu coração bater forte ao imaginar o que era.

Pegou a caixinha e não abriu. Encontrou seus olhos e fixou-se neles.

Com semblante agradável e voz suave, Thiago pediu:

— Quer casar comigo?

Ela respirou fundo e abriu a caixinha que continha um par de alianças de ouro.

Levemente, abriu os olhos e a boca, respirando fundo novamente. Prendeu a respiração por alguns segundos, tamanha a surpresa.

Em seguida, respirou curtinho e mais depressa com uma das mãos no peito. Ficou olhando para as alianças.

— Se você pudesse me responder logo, eu ficaria muito grato, Bianca. Estou muito ansioso por causa da sua demora.

— Sim. Claro que aceito — alegrou-se.

Ambos sorriram com lágrimas nos olhos.

Thiago se levantou, foi até ela que se pôs em pé. Pegou a caixinha de sua mão. Apanhou uma das alianças e colocou em sua mão direita, beijando em seguida. Bianca fez o mesmo e beijou a aliança na mão dele.

O noivo lhe fez um carinho no rosto e beijou seus lábios. Depois voltaram a se sentar.

Ergueram as taças e fizeram um brinde.

~

Chegaram a casa com o dia claro.

— Você falou para a Jordana que chegaríamos de manhã, né?

— Falei. Do jeito que eu falei, ela entendeu. Hoje é sábado. Não se preocupe.

Antes de entrarem, ela parou a sua frente e disse:

— Obrigada. Adorei nossa noite — ficou na ponta dos pés e lhe deu um beijo.

Thiago a abraçou, puxando-a para junto de si. Sorriu e afirmou:

— Também adorei. Eu te amo, Bianca.

— Eu também te amo.

Beijaram-se com paixão. Em seguida, Thiago ergueu-a no alto e a rodopiou.

Bianca segurou em seus ombros e, dando um gritinho, riu.

Ele a colocou no chão e sorriu novamente de um jeito raro.

Beijou-a e entraram abraçados.

A vida está a sua espera

Jordana e Clemente espiavam pela janela e sorriram satisfeitos com a cena.

O casal se entreolhou e o marido lhe deu um beijo nos lábios. Depois brincou:

— É pra você não ficar com inveja.

— Safado! — exclamou e lhe deu um tapinha no ombro.

~

— Não vai ter nenhum plantão hoje? — perguntou Bianca.

— Não. Pretendo ficar em casa. Não agendei nada para hoje. Por quê? — ele quis saber.

— Por nada. Só curiosidade. Você não tem um horário certo. Nunca sei quando está em casa, por isso preciso perguntar.

— Bianca? — Ao vê-la olhar, comentou: — Podemos continuar como estamos, quero dizer, em quartos separados... Será prudente por causa da minha mãe e da Gladys. Tudo bem para você?

— Claro. Lógico que sim.

— É só por enquanto. — Puxando-a para que se sentasse em seu colo. Acariciou seu rosto e disse: — Quero marcar uma data para o nosso casamento. Você diz quando. — Vendo-a pensativa e insegura, propôs: — Em três meses? Está bem para você? Vai dar tempo de correr as proclamas, arranjar padrinhos e ver como fica a cerimônia.

— Não precisamos de nada luxuoso.

— Aaah... Precisa ser bonito. Eu quero. Já fui a casamentos em salões ou clubes em que havia cerimônia, juiz e tudo mais. Depois já começa a festa. Podemos ver algo assim. O que me diz?

— Se é o que quer. Podemos fazer, sim.

— Não pode ser o que eu quero — falava de um jeito romântico. — Deve ser o que nós dois queremos. Você quer?

— Quero. Quero sim — sorriu e o beijou rapidamente.

341

— Eu quero convidar alguns amigos.

— Eu só tenho a Glória como amiga e agora a Zuleica — riu.

— E as suas irmãs? — Thiago perguntou.

— Sim. Vou ver isso.

— Meus amigos também não são muitos.

— Vamos planejar. Fazer uma lista para não esquecer ninguém.

— Outra coisa que gostaria de falar com você. O que me diz de colocarmos a Lara em uma escolinha especializada? Ela terá contato com outras crianças e isso ajudará no seu desenvolvimento. Depois que começamos a ir ao centro espírita, comecei a refletir sobre uma coisa: uma pessoa, com necessidades especiais permanentes, deve fazer de tudo para o desenvolvimento desde já. Não importa se não vai adiantar muito. A recuperação de um espírito começa aqui, encarnado. Ele treina e se fortalece. Veja o que você fez com a minha mãe. Todos os tratamentos e terapias, se não servirem totalmente para os dias atuais, certamente, servirão para as próximas existências.

— Você falou uma coisa muito importante, Thiago.

— É verdade. Pense bem. Vejo lá na clínica de fisioterapia, pessoas que, provavelmente, não vão voltar ao normal, não aqui, nesta vida, mas elas estão trabalhando e recuperando o corpo espiritual. Minha mãe é uma delas. Quando as terapias eram só aqui em casa ela vivia limitada. Agora virou outra.

— A dona Cora está quase pronunciando algumas palavras. Você percebeu?

— Percebi — sorriu levemente. — Ela se expressa com tanta vontade que daqui a pouco vai falar. — Breve pausa e tornou a perguntar: — E o que me diz da Lara? Podemos ter também uma babá para ajudar você com as meninas para quando precisar sair.

— Quanto à escolinha para a Lara eu concordo. Quanto a uma babá... É melhor pensar. Não acha que já temos muitos empregados?

A vida está a sua espera

— É preciso. Você daria conta dessa casa inteira? — não houve resposta. — É a melhor forma de colaborar com a dignidade. O que um palestrante falou outro dia ficou martelando na minha cabeça. Ele disse, no meio da palestra, que táxi não era luxo. É uma forma de colaborar com o emprego justo e honesto de um pai de família. Quando pensamos em ser mais humildes e não pegamos um táxi, estamos deixando de fazer a melhor caridade, que é com quem trabalha honestamente. Colaborar com doações nos faróis ou para quem não trabalha é, muitas vezes, colaborar com o que não é bom. Aquela criança ali no farol está sofrendo exploração infantil.

— Eu me lembro dessa palestra. Até o achei bem corajoso por dizer aquilo.

— Não podemos ter medo de dizer a verdade. Vamos pensar bem. Podemos contratar alguém que a ajude com as meninas. Vai ser bem melhor, porque... — riu. — Vai que tenhamos mais um filho!

— Não conversamos sobre isso, Thiago.

— Porque eu sei o que eu quero — sorriu. — Não vai me dizer que está tomando contraceptivo?

— Sim. Comecei a tomar.

— Aaaaah... Não... — sorriu e recostou-se no seu peito, escondendo o rosto para dramatizar.

— É sério mesmo? Você quer um filho?

— Já estou com trinta e seis anos! Por que esperar mais?

Ela segurou seu rosto com carinho e propôs séria:

— Vamos nos casar primeiro.

— Não confia em mim, né? Ainda acha que vai viver situação semelhante à que já passou?

— Não sei se é isso... — gaguejou. Com jeito preocupante, falou timidamente: — Quando lembro como sofri no parto da Lara... Thiago... Você não imagina como foi.

— Vai ser diferente. Eu prometo. Confie em mim.

Com sua mão fina e delicada, Bianca afagou seu rosto com carinho e o beijou.

— Tia! Tia! Você chegou?! — gritou Gladys, correndo ao entrar no escritório.

— Sim! A tia chegou! — levantou-se e foi a sua direção.

Beijou e abraçou Bianca, depois lembrou:

— É hoje que vamos escolher o tema do meu aniversário, não é, tia? Você disse que ia me levar na loja.

— Não cumprimenta mais o tio? — Thiago perguntou, levantando-se e abraçando ambas, beijou a cabecinha da sobrinha.

— Oi, tio! — beijou seu rosto. Sem trégua, avisou: — A tia disse que ia me levar lá na loja para escolher o tema da minha festa.

— Que festa? — fingiu que não sabia.

— Minha festa de aniversário, tio! Esqueceu?! Vou fazer cinco anos!

— Nossa! Você está muito velha!

— Não estou. A tia Bianca disse que eu sou uma mocinha. Até me deu outro batom novo!

Ele sorriu e se curvou esfregando o rosto na barriga da garotinha, fazendo-lhe cócegas.

Imediatamente se ergueu e segurou a cabeça com uma das mãos, franzindo o rosto.

— O que foi? — perguntou Bianca que o observou.

— Nossa... — sussurrou. — Minha cabeça latejou forte.

— Posso te dizer uma coisa, Thiago? — Quando ele olhou, falou: — Você precisa diminuir seu ritmo. Nunca tem um horário certo. Não dorme direito. Levanta cedo. Não sai para passear se eu não o obrigo.

— É, tio. Você só sai com a gente quando a tia obriga — intrometeu-se Gladys.

Bianca ergueu as sobrancelhas de um jeito engraçado e sorriu.

Ele pegou seu queixo e justificou:

— Aprendi assim. Estou tentando mudar. Tenham paciência.

— Agora à tarde vamos lá né, tio?

A vida está a sua espera

— Eu marquei uma visita em um bufê, recomendado pela mãe de uma amiguinha da Gladys. Vamos ver o que eles têm para oferecer. Você vai junto, né?

— Vou.

— Eba! — alegrou-se a garotinha.

No domingo cedo, Bianca estava no jardim com Cora e Lara, quando Josué se aproximou.

Era um homem alto, igual ao irmão. Cabelos escuros e olhos claros. Muito parecido com Thiago. Não teria como negar serem irmãos.

A senhora o viu de longe e começou a resmungar.

— O que foi, dona Cora? O sol está quente? — perguntou Bianca.

— Só está nas pernas — falou e encostou as costas da mão nas pernas da mulher para sentir a temperatura.

Josué as viu e se aproximou.

Diferente do irmão, ele sempre ria e se expressava falando alto, com exclamações irônicas ou expressões sarcásticas. Não respeitava as pessoas. Era um espírito pobre, irresponsável e inconsequente. Bem leviano.

Chegou sorridente e exclamando:

— Ora! Ora! O que temos aqui?! — olhou para Bianca de cima a baixo e admirou sua beleza. Mas não foi só. Demorou-se naquele olhar vulgar ao percorrer seu corpo.

Bianca não esperava. Ficou sem jeito nesse instante e sem saber o que fazer.

— Eu sou o Josué. Filho da dona Cora. E você?...

— Bianca — respondeu baixinho.

— Olá, Bianca. Você é cuidadora da minha mãe?

— Não. Embora a ajude. Eu sou noiva do seu irmão. E essa é minha filha Lara, apontou para o carrinho.

345

Schellida • Eliana Machado Coelho

— Nossa filha! — corrigiu Thiago com voz forte ao se aproximar.

— Olha... Que lindinha — disse Josué, curvando-se e mexendo no pezinho de Lara. Ergueu-se, olhou para o irmão e comentou: — Não sabia que tinha uma filha.

— É. Tenho. Uma filha e uma noiva. E vamos nos casar em três meses.

Os olhinhos de Cora correram de um lado para outro nas órbitas. Gostaria de entender melhor aquela situação. Lembrou quando Bianca chegou ali com a menina pequena. Não pensava que fosse sua neta, filha de Thiago. Sabia que ele gostava dela e iria ficar noivo. Nas vezes que saíram, viu-o abraçando-a e beijando, mas desconhecia que já estavam de aliança e casamento marcado.

— Escolheu bem, irmãozinho. Parabéns aos noivos — disse com ar de deboche e foi para a garagem. Pegou seu carro e saiu.

Thiago respirou fundo e colocou a mão no ombro de Bianca.

— Você contou para sua mãe que ficamos noivos? — ela perguntou.

— Não. Avisei que iria fazer, mas... — desfez o semblante sério e olhou com generosidade para a senhora. Abaixou-se perto de Cora, mostrou a aliança em sua mão e contou: — Olha, mãe. Ficamos noivos.

A senhora se esforçou para se expressar e eles ficaram atentos para entendê-la. Até que:

— De... us... Aben... çoe... Meus... fi... lhos...

— Ela falou!!! — exclamou Bianca muito feliz. — Dona Cora, a senhora falou! — segurou seu rosto e a beijou demoradamente.

Thiago ajoelhou-se junto a sua mãe e teve um arroubo de choro. Escondeu o rosto em seus joelhos.

Bianca também se emocionou e nada disse. Só observou os dois em pranto. Embora estranhasse a forma como o noivo reagiu. Nunca o viu tão sentimental.

346

A vida está a sua espera

Mais recomposto, Thiago se levantou, secou o rosto, afagou a face de sua mãe e não disse nada. Procurou disfarçar.

Bem mais tarde, a sós com o noivo, ela comentou:

— Nunca te vi tão emocionado como hoje.

Thiago estava deitado na cama de Bianca, olhando-a em pé, fazendo Lara dormir.

Virou-se. Deitou-se de costas e entrelaçou as mãos atrás da cabeça. Ficou olhando para o teto.

Após a filha dormir, ela se sentou na cama ao seu lado. Fez-lhe um carinho no braço com as costas da mão. Ele sorriu e se encolheu bem rápido.

— Ah... Você tem cócegas? — achou graça.

— Morro de cócegas! — riu e a puxou para que se deitasse ao seu lado. Vendo-a abraçá-lo pela cintura e recostar a cabeça em seu peito, colocou o braço sob seu corpo e a envolveu. Depois pediu: — Só não faça mais cócegas, porque eu não gosto. Fico apavorado e posso machucá-la. E... não quero machucá-la nem por brincadeira.

— Pode deixar. Não faço mais. — Um momento e perguntou: — Você está bem?

— Estou. Eu estava melhor dias atrás. A presença do Josué me incomoda. Sempre me incomodou.

— Posso te fazer uma pergunta?

— Todas — olhou-a sério.

— Por que não vende esta casa? Dê a parte dele, coloque a parte da Gladys em uma poupança e... Compre uma casa e leve sua mãe com você. Não vai precisar receber seu irmão. Ele é grandinho. Tem profissão e pode se virar sozinho.

— Já pensei em fazer isso, mas vivo adiando nem sei por quê.

— Vocês dois nunca se deram bem, não é?

347

Schellida ❧ Eliana Machado Coelho

Thiago tomou fôlego e desabafou em tom calmo e solene:

— Meu pai era um homem muito severo e autoritário. Assim que se casou, tirou minha mãe do emprego. Com três filhos e uma casa enorme para cuidar ela... Ela foi deixando as coisas acontecerem. Ele era um médico bem conceituado. Ótimo profissional. Tratava muito bem as outras pessoas e seus pacientes. Uma vez, comentei que um colega iria parar a faculdade por crise financeira e ele pagou seis meses do curso. Gabava-se por isso. Ótimo com os outros, mas... — Parou por um instante. Depois, completou: — Mas sempre era exigente demais com os filhos. Batia muito em nós três.

— Batia?! — indagou sussurrando e incrédula.

— Sim. Batia muito em nós. Queria que estudássemos dia e noite para passarmos na melhor universidade do país. Quando eu ia defender minha irmã, pois não achava justo o que ele fazia com ela, que era mais frágil, eu apanhava em dobro. Se reparar nas minhas costas, encontrará cicatrizes das fiveladas que eu levei. O Josué também apanhava, mas era bem menos. Quando entramos na universidade, as agressões físicas acabaram. As verbais não. Também não fazia sentido continuar nos batendo. Eu e meu irmão ficamos maiores do que ele. Mesmo assim, nosso pai continuou muito hostil com a Inês. Ela era bem frágil. Estatura baixa, miúda... Apesar do que vivia, ela nunca perdeu a doçura. Exigente, o senhor Domênico não a deixava arrumar namorado. Sempre implicava. Eu desejava sair de casa, fazia planos, mas ficava preocupado com ela e com minha mãe e...

— Ele agredia sua mãe também?

— Não na nossa frente. Mas eu percebia alguma coisa. Uma vez, conversando com minha mãe, coloquei a mão nas costas dela e ela se encolheu. Exigi que levantasse a blusa e... Quando vi suas costas... — Seus olhos marejaram. Depois prosseguiu, falando devagar e no mesmo tom: — Eu estava fazendo residência nessa época. Fiquei contrariado. Meu pai chegou e brigamos

A vida está a sua espera

muito. Ele me socou. Fiquei uma semana sem aparecer em casa. Médico residente não ganha nada bem. Se depender do salário da residência, o médico morre de fome, literalmente. Eu precisava do apoio e da ajuda do meu pai. Precisava morar nesta casa e esse foi o outro motivo que não me deixou sair daqui. Por isso deixei passar muita coisa. Não conversava nem olhava para ele. Com o tempo, as coisas ficaram mais mansas. Terminei a residência em ortopedia e comecei a trabalhar. Surgiu a ideia de abrir a clínica e começamos a nos falar novamente. Afinal, como profissional, ele era ótimo. O Josué não quis participar. Ainda bem. Ele só quis saber de clínica médica. Aprendi muito de medicina ortopédica com meu pai. Não posso negar. Era ótimo cirurgião. Conheci a Milla, minha ex-noiva, no hospital. Ela era médica também. Começamos a namorar. Ficamos noivos. Foi então que meu pai pensou em vender esta casa e eu a comprei. Fizemos tudo certinho. Ele deu a parte dos meus irmãos e abateu a minha na venda. E continuamos a morar aqui da mesma forma. Nada foi alterado. Eu pensava em casar e continuar morando aqui, pois a Milla se dava muito bem com minha família. — Breve pausa. Depois continuou: — Nessa época, o Josué já tinha a habilidade de sumir e voltar. Sempre irresponsável e inconsequente. Foi, então, que vi algumas coisas estranhas e desconfiei dos dois. A Milla adorava as brincadeiras sem graça do meu irmão e reclamava por eu não ser igual. Por não gostar dela tanto assim e porque aquelas atitudes com meu irmão não me agradavam, eu ia terminar com ela. Mas nessa época, a Inês apareceu grávida. Isso tomou minha atenção. Você nem queira saber como o meu pai reagiu. Minha irmã não aceitou fazer o aborto que ele queria. Essa casa virou um inferno. Ela já tinha um pouco de noção de Espiritismo. Ele bateu nela. Entrei no meio. Agredi meu pai para separá-lo da Inês ou ele acabaria matando minha irmã ou fazendo com que perdesse a criança. Era o que ele queria. Eu não desejava isso. Deixei de falar com ele novamente. Pensei em sair da casa. Propus a Inês para irmos embora, mas ela estava apavorada, estranha, aterrorizada. Minha irmã chorava dia e noite. Deixou de trabalhar e ficou em casa durante toda a gravidez. Eu não teria como cuidar dela. Mesmo se saíssemos daqui, tinha minha mãe. Ela não iria conosco. Nessa época, minha mãe começou a beber muito. Bebia escondido.

— Sua mãe? — quis ter certeza do que ouviu.

— Sim. Eu percebia. Falei com ela, mas não adiantou.

— E o pai da Gladys?

— A Inês nunca falou quem é. Eu lembro que a via conversando muito com um colega nosso. Um médico que trabalhava conosco nos plantões. Desconfio que seja ele. O cara é casado. Acho que por isso ela não quis revelar nada. Se for ele, talvez nem saiba. Eu não quis me envolver. Tentei falar com ela, mas não adiantou. De repente não era nada disso. Não podemos julgar.

— E o seu irmão?

— O Josué sumiu. Foi o período que passou mais tempo fora de casa, eu acho. A Inês, em depressão, só se recuperou seis meses após o nascimento da Gladys. Magra. Não comia. Nem leite teve. Eu ajudava no que podia. Cuidei dela e da minha sobrinha. A Milla também ajudava. Demos a maior força para a Inês que, aos poucos, voltou a trabalhar. O tempo passou. O Josué voltou. Foi quando percebi, novamente, olhares, conversas, risos com a Milla e não gostava. Um dia, fomos convidados para irmos a um sítio de um amigo. Lá a Milla bebeu, ficou com gracinhas com o meu irmão. Sumiram por um tempo e isso me deixou muito mal. Não sou de brigar e falar. Tomo decisões. No dia seguinte, eu estava engasgado. Antes de virmos para São Paulo, discutimos porque ela queria saber a razão de eu estar diferente. Terminei tudo. Tirei a aliança e joguei fora. Tínhamos ido para lá com o carro dela. Eu não queria que os outros soubessem o que estava acontecendo, por isso viemos embora juntos. Na volta, a Milla dirigia. Não trocamos uma única palavra. Na serra, percebi que ela estava correndo muito. Pedi que diminuísse a velocidade. Parasse

A vida está a sua espera

o carro. Ela acelerou ainda mais. Acordei quatro dias depois em um hospital e soube que a Milla havia morrido. Eu me sinto culpado por sua morte. Eu... — respirou fundo. — Eu deveria ter esperado chegarmos aqui para terminar com ela. Ninguém soube que... que terminei com ela e por isso... — revelava, pela primeira vez, algo muito doloroso para ele.

Mesmo com o tempo essa dor, esse sentimento de culpa nunca passou. Sinto-me culpado. Ninguém jamais soube disso. Todos acreditam que foi um acidente comum. Mas não. Foi suicídio e tentativa de homicídio. — Continuou no mesmo tom solene: — Segui levando minha vida. Um dia, cheguei aqui em casa e encontrei uma briga entre o Josué, minha irmã e meu pai. Era tanto falatório que não entendi o que estava acontecendo. Nunca vi meu pai tão furioso. Ele tinha dado um soco na mesa de madeira lá da sala de jantar e a mesa quebrou. Nem é mais a mesma. Ele socou o Josué e na vez da minha irmã eu entrei no meio. O Josué correu e saiu. Meu pai pegou o carro e foi atrás dele. Meu pai sofreu um acidente e morreu. — Fez breve pausa e continuou: — A Inês ficou desesperada e se culpando. Minha mãe passou mal e teve o primeiro A.V.E. Eu fiquei sem saber o que aconteceu. Dias e noites no hospital, até que voltou para casa muito sequelada. A Inês deprimida e... Pouco depois, menos de um ano, minha irmã sofreu um acidente de carro. A Gladys estava junto. Minha mãe, quando soube, teve o segundo A.V.E. Dessa vez muito mais comprometedor. — Olhou para Bianca e disse: — Foi quando a conheceu no hospital.

— Eu lembro.

— Quando os outros veem um médico ou um profissional da área de saúde julgam que eles têm uma vida tranquila, estão ali no hospital somente para servi-los. Nunca imaginam que podem ter uma vida mais complexa e difícil do que podem supor. Não sabem a dor, o medo, a contrariedade ou a frustração que, muitas vezes, carregam. Essa é minha vida ou parte dela e a história desta casa.

Schellida • Eliana Machado Coelho

— Venda esta casa, Thiago. Ela traz marcas e recordações que não são boas para você.

— Vou pensar mais seriamente nisso — beijou-lhe a cabeça.

Na espiritualidade, Inês estava emocionada.

— Perdoe-me, Thiago... Perdoe-me, por eu não ter contado. — Voltou-se para Brício e Amauri. — Quero ir embora daqui para a colônia. Não vou suportar ver meu irmão sofrer. Ele foi o único que me ajudou... O único... Não vou suportar a verdade vir à tona nem ver as vilezas e a leviandade do Josué. Rogo para que a Bianca não ceda às tentações...

— É só mais uma prova para a Bianca. Sabemos disso — disse Brício.

— De certo, sim. Mas o Josué pode ser perigoso. Como ela vai se defender? Como pode se livrar de situações duvidosas que o Josué pode provocar? — tornou ela.

— Esse é o risco que precisamos correr — considerou Brício.

— Mas e o Thiago? Não basta o sofrimento físico que terá de enfrentar?

— O Thiago atraiu experiências que poderia evitar. Se tivesse vendido essa casa quando o inspirei, é certo que não teria mais desgosto com Josué, a não ser a descoberta inevitável, pois encontrará a carta que você deixou — comentou Amauri.

— Assim como Bianca está se atraindo para dificuldades não analisando friamente a desnecessária aproximação de suas irmãs — disse Brício. — Com isso, cara Inês, observamos que sofremos por tudo o que atraímos para as nossas vidas.

— Sei. Sou capaz de entender. Eu só não quero estar aqui para ver tudo isso.

— Tem esse direito. Assim que seus instrutores retornarem, pode seguir com eles.

— Obrigada por me entender. Saindo daqui, vou visitar aquele que foi o meu pai. O senhor Domênico se encontra ainda se revirando

A vida está a sua espera

em agitado estado de perturbação. Foi recolhido. Mas seu gênio agressivo e controlador é o grande culpado por seu abalo e frustrações. Talvez minha presença, desta vez, possa ajudá-lo.

— Não crie expectativas — alertou Amauri. — Ore.

capítulo 19

Visita às irmãs

A presença de Josué sempre era desagradável a todos. Nem mesmo os empregados gostavam dele. Não havia dúvida sobre seu mau caráter.

Algumas vezes, procurava Bianca para conversar. Por educação ela não o repelia, porém não trocava mais do que poucas palavras.

Isso provocava grande descontentamento em Thiago, que nada dizia. Ele se fechava e se corroía por dentro.

No aniversário de Gladys, Josué marcou presença. Brincando e se destacando com a sobrinha. Até parecia que era ele quem tinha preparado tudo aquilo.

Aquele comportamento irritava Thiago nitidamente.

— Tudo bem com você? — quis saber Bianca, acercando-se dele.

— Tudo — respondeu secamente.

— Não parece. Aliás, nem parece que está na festa que você preparou, não é?

A vida está a sua espera

O noivo não respondeu. Calou-se num silêncio amargo e introspectivo.

~

Estavam todos exaustos naquela noite.

Gladys foi a primeira a dormir.

Bianca procurou por Thiago que, com Lara no carrinho, estava no quarto de Cora.

A senhora parecia bem feliz. Adorou estar no aniversário da neta. Nunca tinha comemorado o aniversário da garotinha.

— É... su... a fiii... lha? — perguntou Cora com dificuldade.

— A senhora quer saber se a Lara é minha filha? — ele sorriu e apontou para a menina.

— Éééé...

Thiago olhou para a menininha que sorria no carrinho e respondeu:

— Não. Não sou pai biológico dela. Mas ela é minha filha do coração. Aliás, ela e a Gladys são minhas filhas do coração. Aquele dia, eu disse isso para o Josué para... Sei lá. Achei que ele não merecia detalhes da nossa vida. Mas a senhora precisa saber, né?

— Éééé...

— A Bianca já foi casada. Seu casamento não deu certo e piorou após o nascimento da Lara. Eu a conheci no hospital, quando a senhora ficou internada. — A mulher pendeu com a cabeça positivamente. Lembrava-se do que ele falava. — Depois de algum tempo ela perdeu o emprego. Aí eu a encontrei socorrendo a Lara em um hospital. Conversamos e propus que viesse trabalhar aqui. Depois de um tempo, nós nos apaixonamos — contou e sorriu.

— Éééé... Vai ca... sá...

— Sim, mãe. Nós vamos nos casar. Ainda vou lhe dar outros netos — sorriu.

355

Schellida ⚜ Eliana Machado Coelho

A senhora se esforçou para levantar a mão e lhe fazer um afago. Thiago aproximou o rosto e fechou os olhos.

— Meu fi...lho...

— Estou aqui, mãe — falou emocionado.

— Bom. Vo... cê ééé... bom. Pre... ci... sa... saber.

— O que, mãe?

— A Bí... bli... a

— Conhecer a Bíblia. Sim, eu estou procurando ser mais religioso. Eu e a Bianca estamos indo ao centro que a Inês frequentava. Estamos gostando muito. Aprendendo demais.

— Naaa... o. A Bí... bli... a

— Quer que eu leia a Bíblia?

— Éééé...

— Outra hora eu pego e leio, mãe. Agora é tarde. Precisamos descansar. Hoje a senhora está sem cuidadora e a Bianca está cansada. Amanhã eu leio para a senhora.

Bianca estava na porta parada assistindo à cena e sorriu.

Deu alguns passos e entrou.

— Nada disso. Se ela quer que leia a Bíblia para ela agora, vamos ler. Só vai demorar cinco minutos. — Ela foi até um móvel onde havia uma Bíblia aberta. Pegou-a, sentou-se na cama ao lado de Cora e leu. Ao final, perguntou: — Está bom, dona Cora?

— Tá... Mas a o... tra.

— A outra? — não entendeu.

— Quer que ela leia de novo, mãe?

— Naaaa... o. Pe... ga a o... tra.

— Mãe, está muito tarde. A outra Bíblia é igualzinha a essa. Amanhã a gente lê a outra.

— Tem outra Bíblia nesta casa? — Bianca quis saber.

— Acho que deve ter outra lá no escritório.

— Éééé... — Cora se animou querendo se expressar.

— Ela quer a outra — tornou Bianca.

356

A vida está a sua espera

— Vamos deixar para amanhã, mãe.

A senhora fechou os olhos e os espremeu, franzindo o rosto.

— O que significa isso agora? — perguntou o filho.

— Ela faz isso quando está contrariada e quer que nós a deixemos ou quando não quer comer. Resumindo, é um sinal de protesto — explicou Bianca de um jeito simples, achando graça.

— Tá ficando espertinha, né, dona Cora? — Thiago brincou e sorriu.

~

Bem depois, Bianca colocava Lara em sua cama apropriada e Thiago, deitado, observava.

— A Gladys está realizada — ela disse.

— Nunca a vi pular tanto. Deve estar acabada — ele considerou.

— E você? — olhou-o ao perguntar.

— O que tenho eu?

— Estava tão quieto — falou com ternura. Sentou-se ao seu lado e afagou seu rosto pálido.

— Eu estava com dor de cabeça. Tomei um remédio, mas não passou. Acho que estou com labirintite. Ando tendo tontura. Um negócio chato. Nunca soube o que era isso. Vou procurar um colega neurologista.

— Procure, sim. Não deixe que isso se agrave — curvou-se e o beijou. Depois disse: — Vou procurar minhas irmãs. Estou com vontade de fazer isso. O casamento se aproxima.

— Vá sim. Se isso a faz sentir-se bem. Vá. — Vendo-a quieta, puxou-a para um beijo e abraço.

— Não... A Lara...

— Você está muito exigente. Quando não é a Lara, é a Gladys, é minha mãe, são as empregadas... — beijou seu braço.

— Não me sinto à vontade. Você sabe.

357

Schellida ◦ Eliana Machado Coelho

Como nunca tinha feito, Thiago a arremedou, imitando uma voz engraçada:

— Não me sinto à vontade. Você sabe — riu e se jogou para trás.

— Para! Seu bobo! — deu-lhe um tapa leve, como repreensão.

Thiago levantou-se depressa, olhou para Lara que já estava dormindo.

Puxou Bianca para que levantasse. Pegou-a nos braços e a viu espernear, brincando ao dizer:

— Não! — sussurrou, exclamando. — O que está fazendo?

— Estou te raptando — beijou-a, calando seu grito.

Levou para seu quarto.

Josué tramava nas sombras. Acompanhava todos os movimentos da casa à espreita. Atento para saber como provocar ou incomodar o irmão.

Ele viu quando, bem cedo, Bianca saiu do quarto de Thiago e foi para a cozinha.

Lá, ela preparava a mamadeira da filha quando ele apareceu.

— Bom dia, Bianca.

— Bom dia.

— A festa da Gladys estava ótima. Foi você quem planejou?

— Ela escolheu o tema.

Bianca estava de costas para ele. Frente à pia onde esfriava a mamadeira.

Josué se aproximou sem que percebesse.

Repentinamente, ele apoiou ambas as mãos na pia prendendo Bianca a sua frente.

Ela se assustou e quase gritou:

— Pare com isso! O que você está fazendo?! — virando-se, empurrou-o e deixou a mamadeira cair.

A vida está a sua espera

Josué a agarrou e lhe deu um beijo no rosto.

— Pare! — pediu aflita.

Jordana surgiu e ficou parada à porta.

Josué começou a rir. Levantou as mãos para o ar e comentou sarcástico:

— Só estou brincando, cunhadinha! Só estou brincando! — saiu da cozinha.

Bianca tremia. Passou as mãos pelos cabelos e correu para os braços de Jordana que a envolveu.

Após um tempo e, vendo-a mais recomposta, a empregada a fez se sentar.

— Jordana... Você viu?

— Vi sim. Assisti a tudo.

— Meu Deus... O que eu faço?

— Sabe qual é o certo, mas também sabe que, se contar para o doutor Thiago, vai acontecer outra desgraça nesta casa. Pense bem. Vocês estão pra casar. Vão se ver livre desse traste. Procure ficar longe dele. Aguenta um pouco.

Jordana fez um chá para Bianca e preparou outra mamadeira para Lara.

— Procura ficar calma. Se precisar de mim... Conte comigo.

— Obrigada.

Amedrontada, Bianca não contou ao noivo. Ficou com medo que Thiago fizesse algo contra o irmão.

~

Contrataram uma babá para ajudar Bianca nos cuidados com as meninas. Isso a deixou com tempo mais livre para outras coisas.

O casal já havia agendado a data do casamento e cuidava dos preparativos.

359

O espírito Marlene intensificava as influências para que Bianca procurasse as irmãs. Queria que ela dividisse com as outras o conforto que tinha.

Um dia, Bianca parou o carro em frente à casa onde Lenita havia morado. Desceu e procurou pela irmã. Foi informada de que tinha se mudado para ali perto. Pegou o endereço e foi até lá.

— Bianca! — admirou-se a irmã que correu ao seu encontro. Após longo abraço, Lenita se afastou, mediu-a de cima a baixo e ressaltou espantada: — Nossa! Como você está bonita! Está tão bem! — Olhou o veículo, cujas chaves ainda estavam nas mãos de Bianca e perguntou: — De quem é esse carro?!

— É... Meu — respondeu constrangida. Não foi para isso que tinha ido até ali, procurá-la.

— O que aconteceu, minha irmã? Ganhou na loteria?

— Vim saber como você está. Senti saudade.

— Vem! Entra! — convidou.

Bianca ficou surpresa ao ver o lugar onde sua irmã morava. Era uma casa bem pequena. Feia e suja o suficiente para Lenita ter vergonha.

A irmã tirou algumas roupas de cima do sofá, sujo e rasgado, e bateu um pano, tentando tirar a poeira, para a outra se sentar.

Aquele cômodo era sala e cozinha. Tudo amontoado, desorganizado e cheirando mal.

Até Lenita não cheirava bem. Parecia estar dias sem banho. Seus cabelos estavam sebosos, totalmente despenteados. Havia tingido de ruivo, mas achavam-se muito desbotados e com a raiz crescida mais de dez centímetros. Muito maltratada, Lenita havia até perdido alguns dentes da frente. Por isso, sempre colocava a mão na frente da boca para falar ou rir.

— Conta! O que te aconteceu?! — quis saber o quanto antes. — De quem é esse carro? Você está bonita! Fina! Perfumada!

A vida está a sua espera

Naquele momento, Bianca se arrependeu de ter ido até ali. Sentiu Lenita distante. Não a conhecia mais nem a sentia como parente.

— Eu vivi uma vida difícil com o César. Depois nasceu a Lara. Não sei se você sabe. Tenho uma filha com paralisia cerebral. O César não queria nada com nada. Arrumei um emprego e levei minha filha. Divorciei-me dele. Conheci um homem que me apoiou e... Vivo com ele. Vamos nos casar.

— Sortuda!!! — gritou ao espalmar as mãos no ar. — Que sortuda! Não me diga que veio aqui trazer o convite?

— Não. Ainda não. Vim saber como você está.

— Nesta miséria. O Roni não quer saber de nada com nada. Eu tenho que dar duro. Não vendo mais bijuterias. Montei uma barraquinha na feira e vendo mandioca. Dá pra tirar um dinheirinho. Se eu deixar pelo Roni!... Vamos morrer de fome. Eu sempre...

Lenita só reclamou. Esperava que a irmã se comovesse e a ajudasse financeiramente.

Bianca começou a ficar inquieta e desesperada para ir embora.

Um pouco mais tarde, conseguiu se desvencilhar dos queixumes de Lenita. Levantou-se. Despediu-se e saiu. Mas teve de deixar algum dinheiro que a irmã pediu, dizendo que seria emprestado.

Entrou no carro e se foi.

Precisava de um tempo. Deu uma volta no bairro e parou frente à casa de sua tia Sueli. Não sentia mais nenhuma mágoa pela venda da casa de seu avô que a tia não dividiu com elas. Aliás, não sentia nada.

Respirou fundo e decidiu terminar o que havia se prometido fazer.

De posse do endereço de Clara, que havia se mudado para as redondezas, dirigiu-se até lá.

Recebida com o mesmo espanto, a irmã exigiu que entrasse.

Sua casa era bem simples, porém melhor do que a de Lenita.

Era arrumada e limpa.

361

Clara serviu-lhe um café. Enquanto tomavam, Bianca contou-lhe exatamente o mesmo que havia dito para a outra irmã.

— Já não tive a mesma sorte que você. O Olavo está enfeitiçado. Chega cheirando a álcool e perfume barato. Me maltrata... — chorou.

— E você vai continuar nessa vida?

— E o que eu posso fazer, Bianca? A vida não me sorriu como fez para você!

— Não foi bem sorte o que eu tive, Clara. Lutei muito! Aceitei trabalho duro. Quase não dormia para cuidar de uma senhora, de uma garotinha e da minha filha. Eu orava, e ainda oro, todos os dias agradecendo a Deus por não dormir mais em um lugar úmido e com ratos. Aí sim, a gratidão abriu meus caminhos. Mas precisei me esforçar. Você pode fazer o mesmo.

— Não sei não. Tenho uma missão ao lado do Olavo.

— A missão que temos na vida, é sermos melhores do que já somos sem prejudicarmos ninguém.

— Você não sabe o que vivo.

— Clara, você vai ter que me desculpar, mas preciso falar. Você tem vivido o que procurou e escolheu. Quando nossa mãe alertava sobre os nossos namorados, não demos ouvido. Você se empanou com a tia Sueli e foi fazer aqueles trabalhos espirituais para um homem que havia demonstrado, de todas as formas, que não queria ficar com você como a mãe disse. Deixe de ser tola! Ele ainda não quer ficar com você. Ainda bem que não tem filhos. Melhore-se! Cuide-se! Arrume um bom emprego e viva melhor. O que te faz ficar com ele? — A irmã não respondeu. — Nem você sabe. Acho que é costume. — Em seguida, perguntou: — Onde você está trabalhando?

— Não estou trabalhando no hospital. Tive problemas... — não quis contar no que se envolveu. Fofocas, brigas e confusões resultaram em demissão por justa causa. — Sou diarista agora.

— Volte a trabalhar no hospital. Você é enfermeira. Tem uma profissão digna, útil e honesta. Valorize-se!

A vida está a sua espera

— Não sei não... Será que consigo voltar?

— Lógico que consegue. Melhore a sua aparência. Providencie um currículo. Vou falar com o Thiago para ele ver se precisa de alguém em algum hospital que ele conhece.

— Thiago? O que ele faz?

— Ele é médico.

— Nossa! Você não me disse que seu marido estava tão bem de vida!

— Não é meu marido ainda.

— Entendi, mas... Está bem, não é?

Conversaram mais um pouco. Bianca deixou o número de telefone de onde morava e se foi.

Seu coração apertava. Não havia gostado daquelas visitas. Nem pareciam mais suas irmãs.

Antes de voltar para casa, passou na casa de Glória.

— Entra, Bianca! Vem cá! O Guilherme está me deixando doida. Só quer colo.

Foram para o quarto.

— Deixe-me lavar as mãos primeiro, para depois ir vê-lo — entrou no banheiro da suíte, lavou as mãos e o rosto. Em seguida, foi para junto da amiga. — O que ele tem?

— Já olhei tudo. Está ótimo. Sequinho, alimentado, limpinho, cheiroso e manhoso. É só colocar no berço e ele chora.

— Ele não é manhoso. Ele é esperto — disse e pegou o garotinho no colo. O menino riu e brincou. Ficaram conversando e Bianca o embalou até Guilherme dormir.

— Coloque-o no berço bem devagarzinho. Vamos tomar um café.

Saíram da suíte e Bianca aconselhou:

— Agradeça por ele ser assim. Eu adoraria que minha filha reagisse, resmungasse, exigisse...

— Ela é bem quietinha, não é?

Schellida ▲ Eliana Machado Coelho

— Demais. Só chora quando tem fome ou alguma infecção... A maior parte do tempo, a Lara é bem quietinha. — Suspirou fundo e sorriu. — Mas ela reconhece a mim, o Thiago, inclusive nossa voz. Fica procurando... Dá uns pulinhos sentada, sabe?

— Sei.

— O Thiago fica maravilhado quando ela apresenta algum progresso.

— O Thiago é um bom homem — Glória sorriu ao falar generosa.

— É sim. Hoje eu sei.

— Mas, menina! Me mostra essa aliança! Não nos falamos desde que a colocou! — Glória pegou em sua mão direita e ficou olhando.

— Prepare-se para ser madrinha!

— Com todo o prazer! Ai! Que gostoso! — abraçou-a com carinho. — Conta como foi!

— Foi uma surpresa. Ele me levou para jantar... — contou.

— O Thiago está todo feliz. Ele contou para o Mathias. Disse que quer vender a casa também.

— É verdade. Será melhor. O Josué vai dar sossego.

— O Mathias nem quer papo com o Josué. Dizem que ele é terrível.

— Ai, Glória... Estou com o coração apertado.

— O que foi? — perguntou a amiga, fechando o sorriso.

— Aconteceu o seguinte: eu estava preparando a mamadeira da Lara. Era bem cedo. Estava ainda de camisola e um robe. Aí... — contou tudo. — A Jordana me falou para fazer isso. O que você acha?

— Difícil decidir, né, amiga? — fez um semblante preocupado. — Se você conta, pode acontecer algo bem desagradável como ela falou. Os dois irmãos não se entendem faz tempo. Se não conta, isso pode se virar contra você.

— O que você faria? — Bianca perguntou apreensiva.

364

— Você deve conhecer o gênio e o temperamento do Thiago melhor do que eu. Ele é bem quieto, mas não quer dizer que não seja impulsivo e de tomar atitudes drásticas. Eu acho que não contaria.

— Sim. Ele é de tomar atitudes. Acho que não vou contar. Mas vou ficar esperta.

— Isso mesmo.

— Como se não bastasse, hoje fui ver minhas irmãs.

— E aí?

— Ai, Glória!... Me arrependi.

— Por quê?!

A amiga contou tudo. Depois de ouvir, Glória opinou:

— Sabe o que é? Quando os outros nos veem bem, bonitas e arrumadas, não imaginam que temos problemas e que sofremos. Você não pode ceder e ajudá-las. Lembra o que comentamos.

— Lembro. E vi hoje. A Lenita me pediu dinheiro.

— Cuidado para elas não interferirem na sua vida.

— Claro. Não vou deixar. — Um momento e perguntou: — Como vão as coisas?

— Nem te conto. Sabe meu irmão? — Falou sobre o irmão estar preso. — Agora apareceram as imagens de uma câmera de segurança que mostra que as roupas do assaltante não batem com as que meu irmão usava naquele dia.

— Meu Deus... Coitado, Glória.

— Pra você ver. E pra esquentar mais a nossa cabeça, quer dizer, esquentar a minha... A Isabel, filha mais velha do Mathias, está grávida.

— Grávida?! — Bianca se surpreendeu.

— Sim, menina. Ela me contou hoje cedo. Veio aqui desesperada, chorando. Está com medo de contar para o pai.

— Daí sobrou para você contar?

Schellida ❧ Eliana Machado Coelho

— Mais ou menos. Não assumo problemas de ninguém. Você me conhece. Falei para ela vir aqui, hoje à noite. Vamos jantar e depois ela conta para o Mathias.

— E o pai do bebê?

— Sumiu. Ela não consegue entrar em contato com ele desde que falou que estava grávida. — Um momento e considerou. — Na minha opinião, ela não deveria procurá-lo pra forçar um casamento ou algo assim. Uniões forçadas nunca dão certo. Mas deve exigir pensão e responsabilidades com o filho. Ah! Isso sim!

— Concordo.

— A Isabel não se valoriza. Se entrega para qualquer um. Eu orientei tanto!... Dei uma de mãe. Mas não teve jeito. Agora, com um filho, deverá assumir mais responsabilidades. Vai ter de cuidar dele.

— Não é fácil cuidar de um filho sozinha.

— Apesar de que, ela não vai ficar sozinha como você. Duvido que os pais se neguem a dar apoio. Nem eu vou negar. Adoro essa menina. Mesmo assim, é difícil. Mas... Me conta! Como estão os preparativos para o casamento?

Bianca sorriu com doçura. Seus olhos brilharam ao comentar:

— Estamos contratando um bufê. Será em um salão, como eu falei. O juiz de paz realizará o casamento e depois teremos uma festinha. Algo em torno de cinquenta a setenta convidados. A Gladys vai ser a daminha de honra, é claro!

— Mas é claro!

— E você será minha madrinha!

— Com muita honra!

Conversaram animadamente até Bianca ir embora.

≈

Bianca já se encontrava em casa. As empregadas já tinham ido embora e ela cuidava de algumas coisas.

A vida está a sua espera

Thiago não havia chegado. Ligou para casa e deixou recado com Jordana, dizendo que iria demorar, devido a uma emergência que precisava atender. Realizaria uma cirurgia delicada.

Gladys já estava dormindo. Contou estorinhas para ela e Lara. Isso as deixava calmas. Colocou Lara para dormir e foi ver Cora.

— Novamente a cuidadora da noite não veio, né, dona Cora? Essas mulheres não são de nada.

— Ééé...

— Quer que eu ligue a televisão?

— Naaaa... o.

— Certo. Quer que eu cubra a senhora? — A mulher sorriu. Aquilo significava sim.

Quando foi cobri-la, a mulher levantou a perna trêmula e a abaixou.

— Nossa! Olha só! Daqui a pouco a senhora vai sair correndo desta cama, hein! — falou alegre e sorrindo pelo progresso que apresentava. — Sabe que eu estava pensando? Vou falar com um fonoaudiólogo. Acho que, com exercícios, a senhora pode melhorar muito sua fala.

— Éééé...

— É mesmo.

De repente, a mulher gritou guaguejando:

— Naaa... o! Naaa... o!

— O que foi, dona Cora? — perguntou baixinho, observando-a sem entender.

Bianca estava arrumando a cama da mulher e de costas para a porta. Parou o que fazia e ficou olhando-a. Josué entrou e a agarrou pelas costas.

— Não!!! Me larga!... — gritou ela.

Ele a dominou e a jogou sobre um sofá que havia no quarto.

Lutaram e foram para o chão.

Bianca gritou e a mulher também, a seu modo.

367

Acordada e atraída pelos gritos, Gladys apareceu e chorou ao ver a cena. Começou a gritar também:

— Não!!! Para!!! Para, tio!!! Para!!!

Josué largou Bianca e a empurrou.

Passou por Gladys e lhe deu um forte tapa na cabeça.

Bianca estava apavorada. Confusa. Gladys correu até ela e se abraçaram, sentadas no chão.

Levantou-se e acalmou a menina. Foi até Cora e a abraçou forte, ainda chorando mais um pouco.

— Dona Cora... O que eu faço? — perguntou em tom lamentoso enquanto Gladys se agarrava a ela.

— A Bí... blia. A Bí... blia!

— Sim. Eu vou orar. O Thiago não pode saber disso. Pelo amor de Deus... Ele não pode... Ele mata o irmão.

Lágrimas escorreram dos olhos da mulher acamada que levantou a mão e a acariciou.

Pouco depois, levou Gladys para o quarto. Lá, pediu para a garotinha:

— Gladys, meu bem, não conta para o tio Thiago o que aconteceu — falou com jeitinho.

— Por que não, tia?

— Porque o tio Thiago pode brigar com o tio Josué.

— É bom, porque aí o tio Josué vai embora. Eu não gosto dele.

— Mas o tio Thiago pode brigar feio com ele e, se machucar o tio Josué, o tio Thiago pode ir preso. Você sabia?

— Não. Mas a polícia só prende gente ruim.

— Se o tio Thiago bater no irmão, ele será considerado uma pessoa ruim. Não fala nada, meu bem. Nós temos planos de mudar daqui e, quando isso acontecer, nunca mais vamos ver o tio Josué dentro da nova casa.

— Se eu não contar, isso vai ser logo?

— Vai. Vai sim.

A vida está a sua espera

— Então eu não conto, tia.

— Está bem — sorriu com vontade de chorar. — Eu te amo, viu?

— Eu também te amo, tia.

Abraçou-a e a beijou com carinho.

~

Thiago chegou bem tarde. Seguindo seu costume, entrou no escritório, deixou sua bolsa e o jaleco. Surpreendeu-se ao encontrar Josué lá.

— Boa noite, irmão! Quer dizer... Bom dia, né?! Já passa da meia-noite.

— Oi — respondeu secamente sem olhá-lo.

— Teve cirurgia importante hoje? Li o bilhete que a Jordana deixou para a Bianca. — Não houve resposta. — É!... Eu deveria ter feito cirurgia ortopédica igual a você e ao pai. — Total silêncio. O irmão não respondia. — Pelo visto você está indo em frente com o casamento, não é mesmo?

— Sim. Vou me casar. E a propósito, vou colocar esta casa à venda.

— Como assim?! — surpreendeu-se Josué.

— Venderei esta casa. Ela é minha. O pai já deu sua parte e a da Inês, que ficou para a Gladys como herança em uma aplicação bancária. Você não tem nada a receber.

Josué foi para junto da mesa, onde o outro estava, acercou-se dele e perguntou, parecendo preocupado:

— Você está falando sério?! Vai se desfazer desta casa? E a mãe?

— Vou me desfazer da casa sim e levar a mãe comigo. — Virando-se, saiu do escritório sem dizer mais nada.

— Ei! Espere aí! — Ao ver o irmão parar e se virar, Josué perguntou: — E a clínica? Vai vender a clínica também?

— Não.

Schellida • Eliana Machado Coelho

— Tenho direito a parte da clínica!

— Não. Não tem. Tudo naquela clínica está no meu nome junto com outros dois sócios. O pai não era sócio de lá, embora tenha trabalhado desde o princípio ali e recebeu por isso. Ele não investiu nada na clínica, além de opiniões. Se quiser, peça para o seu advogado ir falar com o meu. — Virou-se e se foi.

Josué estava inconformado e ruminando sua raiva. Se o irmão fizesse aquilo, ele não teria onde ficar. Aquela casa era seu porto seguro. Thiago, por mais que não gostasse dele, sempre o socorria com dinheiro para pagar suas dívidas. Morando em outro lugar, o irmão não permitiria sua presença. Teria de se virar. Na opinião de Josué, aquela casa não poderia ser vendida.

Thiago não viu Bianca. Olhou Gladys e sua mãe que dormiam e imaginou que a noiva fazia o mesmo. Em seu quarto, tomou um banho demorado e depois foi para a suíte de Bianca. Aproximou-se de Lara e beijou-a.

Viu Bianca deitada e encolhida. Pensou que estivesse dormindo. Beijou seu rosto.

— Oi... — ela sussurrou.

— Oi. Você está bem? — quis saber. Ela nunca se deitou antes de ele chegar. Achou estranho vê-la ali.

— Estou bem. Estava tão cansada que decidi deitar um pouquinho. Não sabia a que horas iria chegar. Você já jantou?

— Não. Mas não quero. Estou sem fome e também cansado — sentou-se ao seu lado e foi se ajeitando para deitar.

— Thiago, você vai dormir aqui?

— Posso? — estranhou a pergunta. — Estou tão cansado. Só quero dormir.

Ela não respondeu. Ele se deitou e a puxou para que se recostasse em seu peito. Passando o braço sob ela, envolveu-a e ficou afagando-lhe as costas.

A vida está a sua espera

Notou-a tensa. Muito diferente. Bianca não o acariciou nem conversou. Estranhou isso. Não disseram nada. Demorou a conciliar o sono e a percebeu acordada. Algo incomum.

A claridade da manhã ainda não havia chegado e Thiago acordou.

Olhou para Bianca que dormia um sono profundo.

Permaneceu imóvel. Foi quando percebeu alguém mexendo na maçaneta da porta, abrindo-a bem devagar.

Ele espremeu os olhos, fingindo dormir. Pensou que fosse Gladys. A sobrinha sempre fazia aquilo, porém se ele estivesse dormindo, ela iria embora.

Mas sua surpresa foi imensa ao ver, através da visão espremida, o vulto de um homem: seu irmão.

Thiago ficou do mesmo jeito e a porta se fechou após o outro espiar.

O que Josué poderia querer ali?

Não contou nada para Bianca nem para ninguém.

Iria esperar.

371

capítulo 20

A carta

As atitudes de Josué não caíram na insignificância.

Bianca não esquecia e procurou não ficar sozinha com ele.

Estranhamente, certa manhã, Clemente a avisou sobre uma visita.

— Minha irmã?! — surpreendeu-se muito. Havia deixado o número do telefone, não o endereço.

Foi receber Clara que ficou maravilhada com o esplendor da residência.

— Mas quem deu a você o endereço daqui? — perguntou em tom insatisfeito.

— Seu cunhado, o Josué. Muito educado e simpático. Eu telefonei duas vezes e você não estava. Ele atendeu. Disse que estava cuidando dos preparativos do casamento e não parava em casa. Aliás falta pouco, hein! — sorriu. — Ele deu o endereço e falou que eu seria bem-vinda.

A vida está a sua espera

— Estou surpresa. O Josué não me deu nenhum recado.

— Eu precisava vir, Bianca — disse implorando, quase chorou.

— O que aconteceu?

— Tive uma briga feia com o Olavo. Ele me agrediu. Não tenho onde ficar.

Aquela frase apunhalou o coração de Bianca. Lembrou-se do tempo em que mais precisou de ajuda e as irmãs sumiram. Clara nem lhe deu o endereço de onde morava. Disse que não tinha condições de ajudá-la. Estava contrariada agora. Não era questão de vingança. Era só lembrança.

Brício se aproximou de sua pupila e a inspirou fortemente:

— Diga não.

Bianca sentiu aquilo tão forte que falou:

— Não posso ajudá-la em nada, Clara. Esta casa não é minha. Já vivo aqui de favor com minha filha.

— Mas é tão grande! Olha esta sala! Pelo amor de Deus, Bianca! Se não puder me ajudar, me amparar, me dar um abrigo tendo esta casa... Quem poderá fazer isso por mim? Vou morar na rua! — chorou.

— Clara, você é sozinha. Precisa arrumar um emprego como eu fiz.

— Você falou com o seu noivo sobre me arrumar algo em algum hospital? Fiquei esperando!

— Ficou esperando eu te arrumar algo? Ora, Clara! Por favor! Falei com o Thiago, mas ele está sobrecarregado. Trabalha muito. Não teve tempo para isso.

— Não tenho para onde ir... Não vai me deixar na rua...

— Bom dia! Bom dia! — soou forte a voz de Josué que tinha ouvido, parcialmente, a conversa. — Quem é essa, Bianca? — perguntou por não ter sido apresentado.

— É minha irmã, Clara.

— Bom dia — Clara o cumprimentou sorrindo.

373

Schellida ⚭ Eliana Machado Coelho

— Prazer, Clara. Sou o Josué, irmão do Thiago. Veio fazer uma visita para sua irmã?

— É... Vim — falou tímida. — Linda a casa de vocês.

— Concordo. Foi do meu avô. Depois do meu pai. Hoje é grande. Dá muito trabalho. Nem sei como a Bianca administra tudo aqui, principalmente agora, tão atarefada com as coisas do casamento. A propósito, você veio ajudá-la com esses preparativos, não é?

— Não exatamente. Mas... Se eu puder... — olhou para a irmã.

Bianca arregalou os olhos. Antes que pensasse em dizer algo, Josué tomou a frente:

— Então seja muito bem-vinda! A casa é sua! Se fizer companhia para Bianca e ajudá-la, deixará todos nós felizes e satisfeitos. Os preparativos para esse casamento estão deixando minha pobre cunhada sobrecarregada.

— Não sei se entendi, Josué. A Clara não pode ficar aqui — Bianca falou firme.

— Por que não? — sorriu. Foi até Clara, pegou sua mão, beijou-a e disse: — É minha convidada para ficar o tempo que quiser. Não ligue para sua irmã. É nervosismo de noiva.

Clara sentiu-se satisfeita. Correu o olhar por todo o ambiente e sorriu antes de encarar a irmã.

～

Quando Thiago chegou, Bianca estava contrariada. Trancou-se em seu quarto com o noivo e reclamou como nunca ele tinha visto.

— O Josué fez isso? — perguntou, por não saber o que dizer.

— Fez! Pior que fez! Agora a Clara está aqui! Ele a colocou lá no quarto de hóspedes. O que eu faço, Thiago?! — perguntou muito nervosa.

— Também não sei. A irmã é sua — falou com simplicidade. Vendo-a muito irritada, levantou-se, ficou a sua frente e massageou-lhe

374

A vida está a sua espera

os ombros, pedindo: — Calma. Já coloquei a casa à venda. Vamos rezar para que logo apareça alguém interessado. O casamento está perto. Em breve, nos livraremos desses dois.

Sentada na cama a sua frente, a noiva ergueu os olhos e ficou pensativa. Não havia solução. Não tinha coragem de expulsar a irmã dali à força, pois seria essa a única forma de Clara ir embora.

Com os dias, Clara ficava cada vez mais admirada com a casa e o conforto que havia ali. Ela começou a conversar muito com Josué. Passava horas na piscina. Brincava e se divertia com o irmão de Thiago. Até que ele lamentou:

— É uma pena que esta casa esteja à venda.

— À venda? Por quê?

— Por causa da sua irmã. Ela fez a cabeça do Thiago para vender isto aqui. Eu até gostaria de comprar, mas meu irmão não quer esperar.

— Como assim? — ela se interessou.

— Tenho todo o meu dinheiro aplicado a prazo fixo. Se eu tirar antes do tempo, perderei todo o juro. Não será vantajoso. Se eu conseguir fazer o Thiago e a Bianca mudarem de ideia ou... Se eles adiassem esse casamento, eu compraria esta casa e todos nós continuaríamos morando aqui. Inclusive você, que trouxe tanta alegria para este lugar.

— Ora... O que é isso? — fez-se de tímida.

— É verdade, Clara. Você trouxe luz para esta casa. Minha mãe entrevada, a Bianca sempre correndo atrás das empregadas para cuidar das coisas, o Thiago daquele jeito sério e sisudo que você viu...

— Ele é sério, não é?

375

Schellida • Eliana Machado Coelho

— Muito! Eu gosto é de vida! Casa e comida boa! Viagens! Ah!... Como gosto de viagens! Festa e alegria! — Olhou-a nos olhos e revelou em tom romântico: — Alegria, encontrei em você.

— Ora...

— Verdade. Você trouxe luz a esta casa. Pena que ficaremos sem ela.

— Será que não tem jeito de conversar com a minha irmã?

— Não sei. Mas... Se eles adiassem mais um pouco o casamento...

— A data está muito próxima. Não sei se vão fazer isso.

— A não ser que terminem.

— Terminem?! — Pensou um pouco e respondeu: — Não sei se isso é justo com eles. Minha irmã é...

Josué se aproximou, afagou seu rosto e beijou seus lábios, depois disse baixinho:

— É a sua felicidade ou a dela, bobinha. Ela nem te queria aqui nesta casa. Lembra? — Viu-a pensativa e ainda disse: — Viveremos tão bem, só nós dois.

Naquela noite, Josué levou Clara para o seu quarto. Fez-lhe todas as juras de amor.

~

Clara, sob as orientações de Josué, ficava mais próxima à irmã. Thiago começou a pensar que estavam se dando bem, uma vez que Bianca não reclamava mais. Mas não era isso. A noiva não queria lhe levar problemas.

Corria boato, entre os empregados, sobre o envolvimento de Clara e Josué, porém Bianca não sabia. Achava-se atarefada demais com o casamento.

A vida está a sua espera

Conhecendo bem os costumes do irmão, Josué armou para que Clara simulasse uma conversa ao telefone para que Thiago escutasse. Sabia que, naquele dia, ele chegaria bem tarde.

Como sempre, Thiago entrou e foi direto para o escritório, entretanto, antes de entrar, viu a luz acesa. Deteve-se perto da porta entreaberta e ouviu a voz de Clara ao telefone:

— Eu já disse para ela, mas a Bianca não me ouve. Não é certo o que ela está fazendo com o Thiago. Ele é um homem muito bom pra ela, mas... — pequena pausa. — Sim. Claro. Ela disse que ele é muito sério. Fechado. Que quer um homem mais divertido igual ao irmão dele. Estou horrorizada com o comportamento dela. Dorme com o irmão dele e o pobre nem desconfia. Coitado do Thiago.

Ao ouvir aquilo, Thiago ficou desconfiado. Confuso e em dúvida. Não acreditou, no primeiro momento, no entanto as palavras de Clara ficaram ecoando na sua cabeça.

Foi para a sala de TV onde deixou suas coisas.

Lembrou-se de que Bianca estava muito estranha nos últimos dias, até o rejeitava. Pensou que fosse devido ao nervosismo com os preparativos do casamento. Talvez não.

Esfregou o rosto com as mãos. Ficou nervoso.

Recordou-se de quando viu seu irmão abrir a porta do quarto de Bianca bem cedo c, ao vê lo lá, recuou.

Um desespero silencioso o dominou. Como se não bastasse uma grande preocupação consigo mesmo. Tinha sido um dia de trabalho muito estressante. Teve inúmeros problemas e assistiu à morte de um paciente durante uma cirurgia. O homem, envolvido em grave acidente de motocicleta, tinha poucas chances. Ele já tinha visto isso antes, muitas vezes, porém essa situação, de ter um paciente morto, sempre o abalava. Não conseguia pensar. Tudo isso mexia com seus sentimentos. Experimentou um mal-estar muito grande. Relembrou a cena do irmão entrando no quarto e sentiu a adrenalina correr por

Schellida ❧ Eliana Machado Coelho

todo o seu corpo quando se lembrou de que, naquela noite, Bianca perguntou, estranhamente, se ele dormiria ali.

Começou a transpirar. Respirou fundo.

O que estaria acontecendo?

Por que sua noiva agia tão estranho?

Que liberdade era aquela de Josué entrar em seu quarto? Sabia que ele era folgado, mas acreditou que não chegaria a tanto.

— Não... A Bianca não — murmurou. — Meu irmão não vale nada, mas ela... Não.

A casa encontrava-se na penumbra. Passou pelo escritório onde a luz continuava acesa e foi direto para o quarto de Bianca.

Ao pegar na maçaneta e abrir a porta, deparou-se com Josué, fazendo o mesmo e saindo do quarto.

Thiago ficou em choque. Estático. Uma tontura o dominou, enquanto Josué riu e passou por ele dizendo:

— Escolha melhor, meu amigo. Essa aí também... — foi para o seu quarto.

Thiago ficou paralisado por um instante. No momento seguinte, entrou abruptamente, falando alto e em tom grave:

— O que está acontecendo aqui, Bianca?!!!

Ela se sentou atordoada. Estava dormindo. O quarto na penumbra. Somente o facho de luz fraca que vinha do corredor iluminou um pouquinho a suíte.

— Aconteceu, onde? — perguntou confusa e assustada.

Ele virou as costas e foi para sua suíte.

Sem entender o que acontecia, correu atrás do noivo.

— Ei! Thiago! O que foi?! Por que disse aquilo? — perguntou dentro do quarto, fechando a porta, pensando em não acordar os demais.

Thiago puxou a camisa para que abrisse, arrancando todos os botões. Demonstrava-se furioso.

Ainda atordoada, ela se aproximou e pediu bem calma:

378

A vida está a sua espera

— Não faça isso. O que você tem?

— O que eu tenho?!!! Você pergunta o que eu tenho?!!!

— Calma, Thiago... Não estou entendendo — disse assustada. Nunca o tinha visto daquele jeito. Sentiu medo.

— Bianca, eu quero que pegue suas coisas e vá embora desta casa! — falou firme, olhando-a nos olhos.

— Eu quero saber por quê? Tenho esse direito — perguntou com lágrimas nos olhos.

— Porque você está diferente nos últimos tempos. Me rejeita. Não quer que eu durma no seu quarto. Vi meu irmão tentando entrar lá uma manhã dessas e voltou porque me viu. Hoje cheguei e encontrei sua irmã conversando com alguém ao telefone e dizendo que você dormiu com o Josué!

— Não! Isso é mentira!

— Cale a boca! — exigiu com raiva. — Como se não bastasse, encontrei o Josué saindo do seu quarto, agora, quando cheguei!

— Não! Não é verdade!... — implorou, chorando.

— Eu vi, Bianca!!! Ninguém me contou!!! Eu vi!!! Não me venha dizer que estava dormindo e que tudo isso foi um plano dos nossos irmãos! Para... Para que mesmo? Para que eles fariam isso?!! — perguntou falando mais baixo, porém traduzindo uma indignação imensa.

— Para que eu não sei!!! — gritou também. — Não faço a menor ideia! Eu não suporto o seu irmão! Não aguento as investidas dele, se você quer saber! Nunca te contei para evitar uma desgraça aqui dentro desta casa! Estamos para mudar e era isso o que importava e...

— Ah!!! Quer dizer que ele já investiu em você?! — falava andando de um lado para outro.

— Já! Já sim!

— E nunca me falou nada?! Não falou por quê?! — indagava colérico, com certo grau de ironia.

— Para que vocês não brigassem, Thiago! — falou chorando.

379

Schellida ✒ Eliana Machado Coelho

— Cale a boca, Bianca!!! — andava feito um animal enjaulado.
— Não temos o que conversar! Pode ir embora daqui!

Ela se aproximou dele, parou a sua frente como se o enfrentasse
e, tremendo, disse em tom firme quase gritando:

— Eu vou! Vou sim! Não posso continuar com alguém que não
acredita nem confia em mim. Mas, antes, vai lá. Antes de eu me arrumar, vai lá e olha no meu quarto e veja, agora, quem é que estava
dormindo comigo!!! — Ele a encarou de frente. Ficou parado, olhando-
-a firme. Bianca ainda disse: — Tem alguém dormindo comigo sim.
É a Lara e a Gladys! Pode ir lá agora! A Lara ficou inquieta! Teve
um pouquinho de febre e a coloquei na minha cama. A Gladys teve
um sonho ruim e eu a levei para lá também. Eu estava morrendo
de dor de cabeça. Não posso tomar remédio... Vai lá para você ver!
Se quiser, pode acordar sua sobrinha e perguntar para ela se isso é
verdade ou não! Criança não mente! Não ela! — Mais branda, falou
baixo: — Pode deixar. Vou embora sim. E vai ser agora. Se prefere
acreditar nas tramoias e nas sujeiras do seu irmão, fique com ele.
E de quebra, aceite a Clara junto.

Virou-se e saiu do quarto.

Thiago ficou confuso. Impregnado de energias pesarosas,
sentiu-se atordoado. Sua cabeça doía muito. Apoiou uma mão na
parede e outra na testa. Estava tonto. Pensou que fosse cair.

Respirou fundo por algum tempo e decidiu ir atrás de Bianca.

Entrou no quarto da noiva abruptamente e viu, aos pés da cama,
uma mala onde ela jogava as roupas, enquanto chorava.

Olhou para a cama e, de fato, Gladys e Lara dormiam ali.

Tentando ser prudente, ainda enervado, pediu calmo ao se
acercar dela:

— Bianca... Por favor...

Ela não lhe deu atenção. Secava o rosto com as mãos e continuava pegando suas coisas.

380

A vida está a sua espera

— Bianca... Para, por favor — pedia gentil. — Perdoe-me. Eu errei. Por favor...

Ela fechou o zíper da mala e não lhe deu atenção.

Cuidadosa, colocou um joelho na cama para pegar a filha, quando a segurou para impedir, fazendo-a virar para ele.

Bianca não o encarou. Estava magoada e muito ferida.

— Me solta, Thiago — disse firme, em tom baixo.

— Não...

— Você está me machucando. Me solta.

Ele a puxou para si e a abraçou à força, mas a noiva não correspondeu. Ficou estática. Envolvendo-a, pediu generoso:

— Bianca... Me perdoa. Preciso que me perdoe. Estou preocupado. Nervoso com muita coisa e... Tudo isso me abalou. Não consegui pensar direito e... Eu não poderia duvidar de você. Eu errei. Me perdoa... — Afastou-a de si e segurou em seus ombros. Tentou erguer seu rosto fino para que o olhasse e falou: — Eu te amo.

— Você nunca deveria duvidar de mim. Eu te respeito, além de te amar.

Jogou os ombros saindo de seu acerco e voltou para o que fazia.

— Você disse que a Lara teve febre. Não pode sair assim com ela. Para onde vão? Pelo amor de Deus, Bianca! — foi mais firme, porém generoso.

— Vou levá-la ao hospital. Conheço essa rotina muito bem. Procurar um hotel e pensar na minha vida. Não tenho medo de trabalho — disse, olhando em seus olhos.

— Você não vai, Bianca — falou sério, colocando-se a sua frente.

— Quem vai me impedir? — perguntou firme.

Thiago saiu do quarto. Desorientado e enfurecido. Procurou por Josué e Clara, mas não os encontrou. Ficou com raiva de si mesmo por ter caído em uma trama tão infantil.

Voltou até o quarto e viu Bianca com a filha jogada no ombro e a mala de rodinhas pronta para sair.

381

Schellida • Eliana Machado Coelho

— Você não vai — dizia inconformado. — Não posso deixar você ir!

— Me solta, Thiago! — exigiu.

— Não, Bianca! Fica! Para onde você vai?

— Saia da minha frente!

Com grande travo de amargura, ele deu um passo para o lado e ela passou.

Ele ainda pensou que ela pegaria o carro que tinha lhe dado como presente de noivado. Mas não. Bianca chamou um táxi e se foi.

∾

Na manhã seguinte, Glória recebeu e acolheu a amiga que lhe contou tudo.

— Onde está a Lara?! — quis saber preocupada.

— Internada... — chorou. — Está com pneumonia.

— Meu Deus... Você não deveria ter saído de casa.

— Agora também acho que não deveria... — murmurou chorosa, entregando-se ao abraço da outra. — Eu amo o Thiago... Deveria ter entendido... Ele me pediu perdão... Insistiu tanto para eu não ir... Não sei o que me deu, Glória — chorou mais ainda.

— Calma... — pediu, abraçando-a com carinho. — Tudo é recente. Vocês estavam de cabeça quente.

— Como ele pôde pensar isso de mim?!... — chorava.

— Sabe, amiga, às vezes, estamos desatentos, preocupados com tanta coisa que não nos damos conta que somos enganados, caímos em tramoias...

O telefone da casa tocou, mas Glória não se preocupou em atender. Continuou conversando com a amiga até Mathias chamar:

— Glória? Dá pra você vir aqui um minutinho, por favor?

382

A vida está a sua espera

— Estou indo! — Virando-se para a outra, disse: — Já venho, já, Bianca. Deite-se um pouquinho e descanse. Não deve ter dormido nada essa noite. — A amiga nada disse e a deixou só.

Chegando à sala, onde Mathias embalava o filho no colo, sorriu e perguntou brincando, referindo-se ao garotinho:

— Nosso rei ordena a presença de seus súditos?

— Não. Até agora está quietinho. É que... — sussurrou. — O Thiago me ligou.

— E aí? — perguntou curiosa e na expectativa, sussurrando também.

— Ele me contou que brigaram, mas não disse detalhes. Perguntou se ela estava aqui ou se sabíamos de alguma coisa.

— E você?

— Não pude mentir. Ele estava desesperado. Nunca o vi assim. Ele disse que não podia deixar a Gladys e a Cora sozinhas para ir atrás dela de madrugada. Esperou os empregados chegarem e foi até o hospital onde a Lara sempre fica. Viu que a menina estava internada, mas não encontrou a Bianca. O Thiago contou que pediu perdão, mas ela estava irredutível. Então contei que a Bianca chegou aqui bem cedo. Chorando muito. Ele vem pra cá.

— Ótimo! — Glória sorriu.

— O que está acontecendo? — interessou-se.

— Briguinha feia de casal. Vão conversar com cabeça mais fria. Ele vai pedir perdão. Ela vai perdoar. Vão se beijar. Vão embora... Ah!... Como a vida é linda e o amor maravilhoso! — riu baixinho para não acordar o filho. — Vamos fazer um café para esses dois. Enquanto isso eu te conto. Traga o nosso rei! — brincou.

O marido sorriu e a seguiu para a cozinha.

Algum tempo depois, Thiago chegou.

Glória o beijou e abraçou. Percebeu seu jeito tenso e angustiado. Sem demora, indicou:

383

Schellida ❧ Eliana Machado Coelho

— Ela está lá no quarto que é das meninas. O primeiro à direita — apontou para o corredor.

O rapaz olhou para a amiga, acenou positivamente a cabeça e não disse nada. Foi para o quarto.

Entrou e viu quando Bianca se surpreendeu. Não sabia que ele viria. Glória não havia contado.

Estava deitada e encolhida. Remexeu-se e se sentou.

Thiago se acomodou ao seu lado. Não tirava os olhos da noiva que permanecia de cabeça baixa.

— Oi... — ele murmurou. Não houve resposta. Perguntou, embora soubesse: — E a Lara?

— Ficou internada. Está com pneumonia.

Ele fez um carinho em seu rosto e colocou a mecha de cabelo para trás da orelha. Depois disse de um jeito generoso e bem baixinho:

— Precisamos conversar melhor. Eu estava... Eu estou muito nervoso com algumas coisas que estão acontecendo comigo, no trabalho e... Ontem não pensei direito. Fiquei enlouquecido com a possibilidade de perder você para outra pessoa. De você não gostar mais de mim. — Ela o encarou nesse momento e ficou olhando-o. Thiago passou as costas da mão em seu rosto e confessou: — Eu gostaria de me sentir amado, sabe? Às vezes, vejo você se preocupando com as meninas, com minha mãe e... Eu sinto ciúme. É infantilidade, mas é a verdade.

— Eu amo você — sussurrou.

— Então volta pra mim. Volta pra casa.

Com olhos em lágrimas, envolveu-o forte, escondendo o rosto em seu peito.

O noivo beijou-lhe a cabeça e murmurou:

— Quero você comigo. Na minha vida. É o momento em que mais preciso de você comigo, Bianca. Não me vejo sem você.

Ela nada disse. Só o abraçou. Depois aceitou seus beijos e sorriu sem jeito, com lágrimas correndo pela face.

A vida está a sua espera

A sós com o amigo, Thiago comentou:

— Sei das minhas chances, Laércio.

— Não é assim, Thiago! Calma! — pediu eloquente. — Você está sendo muito precipitado.

— Esses são os laudos? — perguntou estendendo a mão para pegar os envelopes.

— Sim. Estão aqui — deu ao amigo.

— Eu não queria que contasse tudo isso perto dela — comentou.

— Desculpe-me. Você não falou nada. Porém, meu amigo, acho melhor ela saber e acompanhar tudo.

Conversaram um pouco mais. Laércio tomou o café, depois se foi.

Quando tentou falar daquilo com o marido, ele pediu:

— Bianca, por favor, não quero conversar a respeito disso.

Ela respeitou sua vontade e não disse mais nada.

≈

Bianca socorreu-se em Glória para desabafar e lamentar o ocorrido.

A amiga soube entender e a acolheu com carinho, deixando que falasse.

— Segunda-feira ele vai fazer a cirurgia.

— O Mathias me contou.

— Vão fazer de tudo para remover todo o tumor. Será algo muito delicado. Depois avaliar para saber qual o tratamento mais indicado como rádio e químio.

— O Thiago é forte, Bianca. Ele vai superar tudo isso.

— Nunca o vi tão desanimado, Glória. Fica a maior parte do tempo quieto, calado, olhando para o nada.

— Você não acha que é uma reação normal, dentro do estado em que se encontra?

— Seria bom se ele fosse mais positivo.

— Respeite os sentimentos dele, no momento. Talvez, depois da cirurgia, isso passe. — Um momento e perguntou: — Você foi ao médico para saber se está grávida?

— Não. Com tudo isso acontecendo... Não imagina como estou.

— Desceu normal?

— Não. Bem pouquinho. Não acho que seja gravidez. Deve ser nervoso.

— Conversou com o Thiago?

— Também não, Glória — abaixou o olhar.

— Está com medo do quê?

— Na verdade estou com medo de tudo — olhou-a bem séria. — Medo de estar grávida e não poder contar com alguém ao meu lado como já aconteceu. Medo do parto. Medo pelo estado do Thiago... Não estou dormindo e... Tudo isso está me afetando muito. Tem dia que acho que não vou suportar. Chego a perguntar: por que isso está acontecendo comigo? O que será que fiz para merecer?

— O importante é saber o que deve fazer, amiga. Em qualquer situação difícil, faça do medo o seu aliado. Não deixe que o medo abata você. Faça com que ele deixe você mais forte.

— Não é fácil... — falava com a voz fraca, sem ânimo.

— Bianca, tudo o que tiver medo deve ser feito primeiro. Vá ao médico. Peça um exame ou até compre um teste de farmácia. Mas tire logo essa dúvida. Já pensou que esse resultado pode dar muita força para o Thiago enfrentar essa batalha?

Os olhos de Bianca brilharam e respondeu:

— É mesmo. Não tinha pensado nisso.

Nesse instante, nasceu em seu coração uma ponta de esperança.

∼

Mais animada, Bianca retornou para casa.

A vida está a sua espera

Deixou o carro ao ar livre, no corredor que seguia para a garagem coberta.

Encontrou Gladys brincando com um quebra-cabeças no chão do quarto da avó que assistia atentamente à neta fazer e falar o que estava montando.

A babá tomava conta dela e de Lara. Olhou pela casa e não encontrou Thiago.

Foi até a cozinha e indagou:

— Jordana, onde está o Thiago? Ele te disse alguma coisa?

— Não. Ele não me disse nada. Só vi que pegou algumas coisas e saiu.

— Como saiu?! — ficou preocupada. Não esperou por uma resposta. Foi até a garagem, a parte que ficava fechada e viu o carro do marido. Deveria ter saído de táxi, então.

— Onde o Thiago foi? — perguntou para ninguém, falando alto.

Entrou. Pegou o telefone e ligou para Glória, querendo saber se Mathias tinha alguma informação. Nada. Nenhuma notícia.

Foi até o quarto e procurou por algum recado. Nenhum.

Abriu o armário onde ficavam as roupas de Thiago e viu que faltava muita coisa, inclusive uma caixa em que havia medicações fortes, pois, como médico, ele tinha alguns remédios em casa e os mantinha bem guardados para que ninguém os pegasse. Somente ela sabia o lugar em que estavam. Faltava também uma mala.

— Como assim?! — falou sozinha.

Um medo percorreu sua alma.

Foi até o escritório para ver se os documentos do marido se encontravam lá como de costume. Nada encontrou. Parte do dinheiro, que havia no cofre, também sumiu.

Olhando sobre a mesa, encontrou um envelope escrito:

Para Bianca

Sentiu-se gelar.

419

Sentou-se na cadeira frente à mesa, experimentava um torpor e um mal-estar imenso.

Abriu-o. Era a letra de Thiago. Leu:

Querida Bianca,

Quero que saiba que meu amor por você é imenso. Encontrei em ti a única pessoa que me completou nesta vida. Meu porto seguro...

Sei que sou igualmente correspondido. Nunca recebi tanto afeto e atenção. Nunca vi pessoa tão abnegada quanto você.

A essa altura dos acontecimentos, já deve entender o que aconteceu ou ao menos desconfia.

Pela primeira vez, em minha vida, não consigo ser coerente.

Minha cabeça está tão confusa que não posso garantir o meu equilíbrio, muito menos a sua proteção. É o início do meu fim.

Não sei bem por onde começar. Posso parecer frio, mas devemos admitir que, no meu estado, nosso casamento foi prudente.

Eu a conheço tão bem que não tenho medo de pedir isso, embora eu saiba que será mais uma sobrecarga para você.

Sobre esta mesa, encontrará um envelope grande. Nele existe uma procuração total de mim para você. Sabe muito bem o que isso quer dizer. Minha doença e meu abatimento não me permitirão tomar qualquer medida ou decisão prudente e segura. Já sinto dificuldade de organizar ideias até para escrever esta carta. Por isso, você pode assumir a administração da clínica, desde já, por meio da procuração. Também deverá controlar as finanças, contas correntes e aplicações. Tenho seguro de vida que será muito útil e necessário. Meu advogado, quero dizer,

A vida está a sua espera

nosso advogado, terá condições de orientá-la muito bem no que for preciso. Acredito que o lucro com a clínica, cuja parte da minha sociedade é de 40%, vai lhe render muito bem. O restante é dividido entre o Mathias e o Roberto, salvo as despesas. Além disso, terá as aplicações. É inteligente e esperta. Saberá equilibrar tudo isso.

Perdoe-me por deixá-la com esses encargos pesando em seus ombros, o que nunca esteve em meus planos.

Agora, nesse primeiro momento, tudo parece muito sombrio. O tempo há de aliviar sua dor e seu sofrimento. Sofrimento que não quero intensificar com minha presença ao seu lado. E é por isso que estou partindo.

Conheço, perfeitamente, o que experimento. Não me interessa viver dias aflitivos com cirurgias atormentadas e longos tratamentos que não vão resultar no que desejamos.

Quero poupá-la e me poupar de tantos castigos, para arquivar, nos registros de nossa memória, os maravilhosos momentos que passamos juntos. Poucos, mas intensos.

Esses sim, por toda a eternidade, hei de me lembrar e revivê--los com amor.

É por isso que estou partindo.

A dor dessa separação, porém, não pode ser aliviada, embora eu acredite ser menor do que o sofrimento de estar ao seu lado partindo aos poucos.

Não preciso recomendar que cuide bem das meninas e de minha mãe. Já as beijei antes de sair, mesmo assim, beije-as novamente por mim.

421

Com você, deixo meu coração e meu amor para que tenha sempre o carinho de nossas boas recordações.

Adeus.

Eu te amo muito.

Sempre seu,

Thiago.

Nessa altura, o rosto de Bianca se banhava em lágrimas.

Bem se via que o marido não estava em seu juízo perfeito.

Pelo que entendia daquele tipo de doença, sabia que, entre os sintomas gerais, havia alteração da personalidade e mudança de comportamento.

Thiago era prudente e lógico. De certo se encontrava perturbado o suficiente para tamanho desequilíbrio em desaparecer.

Apoiou os cotovelos na mesa, cobriu o rosto com as mãos e chorou muito. Seus soluços, ouvidos por Jordana, chamaram a atenção da empregada que entrou no escritório a fim de saber o que acontecia.

Contou-lhe tudo e mostrou a carta.

A mulher ficou tão surpresa e desesperada quanto ela.

Também chorou, só que de modo mais contido e se lembrou:

— Eu o vi fazendo ligações.

— Para quem?! O que disse?! — Bianca perguntou implorando.

— Não sei... Não me lembro do nome que ouvi. Só sei que ele dizia algo sobre... Me empresta.

— Me empresta? Emprestar o quê? — tornou Bianca, tentando adivinhar.

— Talvez uma casa, um lugar... Ele não pode ir muito longe, eu acho. Talvez quisesse um lugar para passar alguns dias. Talvez... — Jordana também queria desvendar.

A vida está a sua espera

— Uma casa. Emprestar uma casa — Bianca repetia. Seu mentor a envolvia. Passava-lhe ideias e pensamentos para ajudá-la. — Se fosse alugar ou pagar um hotel eu descobriria. Poderia rastrear cheques ou cartões. Por isso deve ser algo emprestado. Uma casa de praia ou um sítio — murmurava rápido, tentando decifrar. — O Thiago tem muitos amigos... Quem poderia emprestar algo para ele? Ele levou dinheiro, roupas... — Virando-se para a mulher, pediu parecendo implorar: — Jordana, por favor, cuide das meninas e de tudo para mim. Posso demorar.

— Aonde você vai?

— Vou procurar o Mathias. É o amigo mais próximo. Se ele não souber de algo, deve conhecer alguém que possa ter ajudado o Thiago nessa empreitada.

Pegou as chaves do carro e saiu.

~

Junto do amigo, ficou apreensiva enquanto ele lia a carta.

Glória, ao lado, embalava o filho e aguardava aflita.

— Ele levou alguma coisa? Roupas? Malas? — perguntou Mathias.

— Sim levou. Senti falta de uma mala e uma bolsa grande. Algumas roupas sumiram do armário. Pegou documentos, passaporte, considerável quantia em dinheiro que havia no cofre, dólares inclusive. Não deve usar cartão ou cheque. Se fizer, isso sabe que pode ser encontrado. Notei também que sumiu uma caixa repleta de medicamentos muito fortes. Coisas que vocês, médicos, acabam ganhando dos representantes de indústrias farmacêuticas.

— Certamente ele teve ajuda. Alguém para emprestar um lugar... No momento, não imagino quem possa ser, mas penso que não será difícil descobrir. — Levantando-se, avisou: — Vou fazer algumas ligações. — Foi para o escritório.

423

As amigas ficaram na sala conversando.

Apesar de não chorar mais, Bianca tinha os pensamentos tumultuados pelo desespero.

Longos minutos e Mathias retornou, falando ligeiro:

— Bianca, vem comigo!

— Soube de alguma coisa? — Glória indagou.

— Acho que sei quem pode ter cedido uma casa para o Thiago — beijou a esposa e saiu.

$\sim$

Foram para o consultório de outro colega médico.

Mathias pediu para falar com o amigo. No intervalo entre uma consulta e outra, ele e Bianca entraram na sala onde Fabrício atendia.

Foram recebidos com alegria pelo colega que há tempos não via.

— A que devo a honra dessa visita tão inesperada?

— Esta é a Bianca, esposa do Thiago — apresentou Mathias após cumprimentá-lo. Aguardou os cumprimentos e perguntou: — Fabrício, você tem conversado com o Thiago?

O outro ficou desconfiado e respondeu:

— Fazia tempo que não nos falávamos, mas... Sim. Ele me ligou nos últimos dois dias e hoje cedo. Lembrou-se de que eu, certa vez, disse que meu pai herdou do meu avô, uma casa, mais apropriadamente, um chalé. Rimos, pois eu disse que era um presente de grego, porque esse chalé fica na Argentina, na Patagônia. Apesar de muito bonito, o lugar é quase hostil e cheio de neve. Eu fui lá, faz muito tempo. Ninguém o usa.

— E o que ele queria saber sobre esse chalé? — perguntou Bianca, tentando parecer calma.

Cauteloso, o outro respondeu:

— Bem... Queria emprestado. Disse que precisava tirar umas férias. — Olhando-a firme, confessou: — Desculpe-me Bianca...

A vida está a sua espera

Eu nem sabia que o Thiago havia se casado. Fazia tempos, que não nos falávamos.

— Ele veio aqui? Pegou as chaves do chalé com você? — quis saber Mathias.

— Não. Ele disse que precisava do chalé e falei que estava à disposição. Ninguém nunca vai lá. Eu telefonei para o pessoal que toma conta da propriedade. É um sítio vizinho, embora não seja tão próximo, é o mais perto. O casal que faz a limpeza e cuida de tudo tem cópia das chaves. Liguei e avisei que um amigo passaria uma temporada lá. Eles disseram, inclusive, que se esse amigo quisesse, iriam ceder um cachorro — riu — para fazer companhia. O chalé é bem isolado e um animal dá aviso antes de qualquer um se aproximar. Lá não tem telefone. É longe de tudo. Depois falei o endereço para o Thiago. Foi tudo por telefone. Não o vi. — Um breve momento, olhou para Bianca e lamentou: — Desculpe-me. Não sabia que tinham brigado.

— Não brigamos. O Thiago está fugindo porque está muito doente e... — chorou.

Mathias a fez se sentar e contou tudo o que estava acontecendo, desfechando: — O Thiago está confuso, transtornado psicologicamente. Isso pode ser resultado meramente emocional, por causa do choque ou alterações de personalidade e comportamento por desestruturar, devido à compressão da área afetada.

— A essa altura, ele está dentro de um avião — acreditou Fabrício. — Desculpem-me. Só falei com ele por telefone. Se o tivesse visto, teria percebido sem cabelo, a cirurgia e desconfiado de alguma coisa. Sinto muito.

— Eu preciso saber onde fica, precisamente, esse chalé — Bianca disse, parecendo implorar.

— Sim. Claro — prontificou-se o amigo. — Daqui, exatamente, não sei como te ensinar a chegar lá. Você deve ir, primeiro, à casa dessas pessoas que tomam conta da propriedade. Até aí eu te ensino

425

Schellida ❧ Eliana Machado Coelho

e dou o endereço. Então, lá, eles vão te indicar como chegar ao chalé. Mas vou avisando, conforme falei para o Thiago, nessa época do ano, está nevando muito na região. Pode ter dificuldades.

Decidida, olhando-o, pediu impondo toda a sua força de vontade na voz firme:

— Me ensina a chegar lá.

capítulo 23

No silêncio de uma prece

As horas foram eternas até o pouso do avião no aeroporto da região.

O táxi deixou Bianca onde precisava. Um destino bem longe da cidade.

Do sítio indicado, ela seguiu a pé até o chalé da família de Fabrício.

Realmente o tempo não estava bom.

Nuvens fofas e escurecidas, vento frio e cortante, desanimava qualquer um a sair de casa.

Percorreu grande distância por uma estrada ladeada de neve. Era de terra e se encontrava enlameada em muitos pontos.

Bem além, via florestas extensas com árvores congeladas e encobertas de neve.

Sentia uma densa tristeza rasgando o seu coração. Algo difícil de explicar.

Temia pelo marido.

Schellida ⚘ Eliana Machado Coelho

A ideia de que Thiago pudesse tentar contra a própria vida, naquele lugar isolado, solitário e sombrio, aterrorizava seus pensamentos.

Por ser médico, tinha posse de muitas medicações fortes que havia levado consigo.

Algumas vezes, ela assoprou as mãos finas e frias que ficaram violáceas pelo cortante e constante frio.

Daquele ponto da estrada, conforme lhe indicaram, poderia cortar caminho através de uma trilha que passava por dentro da floresta. Embora coberta de neve e oferecendo dificuldades por causa de alguns aclives e declives, seria mais rápido para encurtar o trajeto.

Pegou o atalho.

Não demorou e, a certa distância, conseguiu ver o chalé.

Forçou-se a andar mais rápido, porém era muito difícil. As botas, que usava até os joelhos, afundavam até a metade em alguns pontos.

O chalé parecia nunca chegar. Sentiu-se exausta.

O frio aumentava à medida que o vento soprava mais forte. Era a sensação térmica.

Olhou para o horizonte, uma parte bem pequena, apenas o que sua visão poderia alcançar entre altas montanhas rochosas e a paisagem, e percebeu que o tempo fechava ainda mais.

Não conseguia ser ágil, por mais que se forçasse.

O som de um gavião, tinindo ao longe, ousava quebrar o silêncio vez e outra, amedrontando-a sem saber por que.

Assoprou as mãos mais uma vez. Só então se lembrou que havia esquecido as luvas sobre o banco do táxi quando foi pagar o motorista.

Puxou o gorro escuro para encobrir melhor as orelhas e ainda sobrepôs nele o capuz do casaco grosso que usava, deixando seus cabelos longos escaparem pelas laterais. Alguns flocos de neve os deixavam esbranquiçados.

Enrolou as mãos nas pontas do cachecol.

Só então a cena lhe pareceu familiar.

A vida está a sua espera

"O sonho!" — lembrou. — "Meu Deus" Eu já vi tudo isso no sonho!"

— Só nunca vi o final desse sonho! — falou, mas ninguém ouviu.

Chegou perto da porteira e se esgueirou por ela. Se não estivesse aberta, seria difícil passar por ali uma vez que se achava atolada na neve.

Viu quando os pingentes de gelo, dependurados na cerca de arame, caíram.

Olhou o chalé mais uma vez e notou a fumaça espiralar por uma das chaminés.

Thiago se encontrava lá. Sentiu seu coração mais leve.

Andou por uma trilha mais firme que a levaria até a casa.

A noite caía tão rápido que se assustava cada vez mais.

Pôde ver, através da janela embaçada, o bruxulear da luz baça que alguém acabava de acender.

Sua aproximação fez com que um cão latisse forte. Pelo visto, era um animal de grande porte.

Atravessou o outro portão.

Conseguiu observar melhor o chalé de estilo rústico.

Algumas paredes eram de pedras grandes e arredondadas, de onde as chaminés exuberantes, cresciam bem além do telhado. Outras de toras grossas e escurecidas com rejuntes brancos, davam um toque de especial beleza.

O ar lhe faltava aos pulmões. Estava muito cansada.

Olhou a pilha de lenha, ao lado dos degraus, antes de chegar à varanda e apoiou-se nela.

Escutou cada passo seu ecoar na escada e no chão de madeira.

Exatamente como no sonho.

Na varanda, outro amontoado de lenha picada, a cadeira de balanço e o banco comprido vitrificado pelo gelo.

Olhou para a porta que, como previa, rangeu e viu o facho de luz que saiu do vão.

429

— Bianca?! — perguntou a voz forte de Thiago. Ele jamais imaginaria vê-la ali.

Emocionada, foi a sua direção e se entregou aos seus braços.

Thiago a envolveu e a puxou para dentro do chalé, fechando a porta.

Ficaram abraçados por longo tempo, até que ela se afastou lentamente.

Trazia a face gelada e lavada pelas lágrimas.

Carinhosamente, ele passou a mão por seu belo rosto que, agora, exibia fragilidade na expressão. Secou-lhe as lágrimas.

Com suavidade, beijou-lhe levemente os lábios e encostou seu rosto ao dela.

Por alguns segundos, ouviu sua respiração suave. Olhou-a novamente. Gostaria que fosse ela a quebrar o silêncio. Mas não.

— O que você está fazendo aqui?

— Eu vim te buscar — respondeu em tom suave, olhando-o de forma generosa.

Durante a viagem, havia planejado falar muita coisa e a maneira de fazê-lo. Porém naquele momento, foi o que conseguiu dizer.

Passou a mão fria pelo rosto alvo do marido e ele a beijou. Pegou-a e colocou entre as suas.

— Como chegou até aqui? — perguntou e a conduziu para o centro da sala cuja lareira acesa aquecia um pouco mais.

Thiago a fez sentar. Acomodou-se ao seu lado, segurando sua mão.

— Cheguei até aqui por causa do meu amor. Não vou te deixar. Se tivermos de nos separar, Deus é quem vai providenciar isso.

— Bianca... — murmurou emocionado.

— Você não vai fugir de mim, Thiago. Não agora — falou em tom suave, com voz meiga.

— Não quero que sofra e...

A vida está a sua espera

— Pare com isso, por favor. Não me deixe mais aflita. Quando eu estava vindo para cá, meus pensamentos eram meus piores inimigos. Reparei que, junto com suas roupas, sumiu aquela caixa de medicação que ficava trancada na parte de cima do armário. Tive tanto medo...

— Pensou que eu fosse me matar? — perguntou, com leve sorriso no rosto pálido.

— Pensei. Pensei sim — falava sussurrando.

— Não... — também sussurrou. — Não. Quando eu trouxe, pensei em usá-los para o caso de dores fortes e...

Pegando em suas mãos, Bianca olhou em seus olhos, invadindo sua alma e pediu, murmurando de um jeito em que parecia implorar:

— Vamos voltar. Vamos enfrentar isso juntos. Precisa de mim e eu de você.

— Não resta muita coisa a fazer.

— Resta. Resta sim. Vamos lutar, tratar, procurar ajuda... Vamos orar — falava de modo comovedor. Vendo-o fugir ao seu olhar, perguntou: — Você se recorda de quando me falou sobre a importância de tratamentos para a recuperação e a interação de pessoas que muitos julgam sem chances de recuperação? — Thiago meneou a cabeça positivamente e Bianca prosseguiu: — Você me disse que entendia a razão disso. Elas precisavam se recuperar desde já. Não deveriam esperar para chegar à espiritualidade para tentarem se libertar de seus problemas. Elas deveriam se esforçar, ao máximo, para desenvolverem algum progresso, desenvolverem grande força como espírito. Por isso, precisamos defender e apoiar muito a inclusão social. Garantir e respeitar as vagas para pessoas com necessidades especiais. Elas necessitam, desde já, mostrar força e agilidade, prestar serviços e desenvolver-se dentro de suas limitações. — Ofereceu breve pausa para que o marido pensasse, depois continuou: — O mesmo se aplica a você e a todas as pessoas com dificuldades semelhantes a sua. Por isso, você precisa se empenhar para receber o

Schellida ▪ Eliana Machado Coelho

melhor tratamento possível, mostrando que não vai desistir de si mesmo. Tenha disposição para tudo que puder fazer de melhor para sua saúde física, mental e espiritual. Lute por você mesmo! — enfatizou, falando baixinho. — Cirurgias, químios, rádios... Assistências espirituais, passes, florais, cromoterapia, acupuntura... Oração, meditação, reflexão, relaxamento, leituras saudáveis, músicas boas... Sei lá, Thiago!... Faça qualquer coisa que lhe agrade, que harmonize sua mente e seu corpo para que viva melhor. Se não se recuperar, aqui neste plano, com toda a certeza chegará bem disposto e muito mais recomposto no plano espiritual! — ressaltou quase sussurrando. Falava sempre baixinho e com ternura mista a ânimo. Breve instante para que refletisse e completou com brandura: — Às vezes, perguntamos qual é nossa tarefa na vida. Queremos fazer coisas grandiosas, mas não ficamos atentos de que, a primeira e a principal tarefa na vida, é cuidar bem de nós mesmos em todos os sentidos. Fazer o que está fazendo, entregar-se à fatalidade não exibe sua força interior. Isso não vai te ajudar. Isso é, também, suicídio.

O silêncio reinou por longo tempo, até que ele disse:

— Não sei muito bem o que te dizer... Estou um pouco atordoado. Talvez seja pelo choque dessa notícia ou... A manifestação da própria doença — encarou-a com profunda tristeza e olhos brilhantes onde se podia ver o reflexo das chamas da lareira que os reluzia ainda mais.

Bianca respirou fundo. Ergueu um pouco o tronco. Passou a vista pelo ambiente e só então percebeu um cachorro silencioso deitado no centro da sala.

Encarando o marido, agora mais firme, ela falou:

— Thiago, eu vim aqui decidida a levá-lo de volta para São Paulo. Nem que para isso eu tenha de... Sei lá... Interditá-lo por incapacidade de decisão e opinião, por causa da doença. Não vou deixá-lo aqui — foi categórica. — Não posso censurá-lo por essa atitude tão... tão fraca.

A vida está a sua espera

Só acredito que não esteja em condições de escolher. — Um instante e pediu mais branda: — Aceita voltar comigo, não é?

Ele sorriu levemente, disfarçou o olhar e perguntou:

— Como me achou?

Ela contou.

— Onde estão suas coisas? Suponho que tenha trazido uma mala.

— Eu trouxe. Porém seria muito difícil andar até aqui com elas. Foi o que os caseiros me disseram. Por isso, deixei-as lá com eles e vim a pé. Não tinha como trazê-las.

— Deu toda a volta na montanha ou pegou atalho?

— Peguei o atalho — contava sempre generosa e com suave sorriso. — Mas o que isso importa, Thiago? Eu te fiz uma pergunta.

— Qual foi mesmo? — sorriu brincando.

— Aceita voltar comigo, não é? — Vendo-o pensativo, apelou: — Sua mãe espera por você. O que vou dizer a ela? Que o filho fugiu? — Não esperou por resposta. — As meninas esperam por você. O que vão pensar daquele que representa o pai delas? Que você não teve coragem para enfrentar as diversidades da vida? — Bem ponderada, ainda indagou: — O que vou dizer para o seu filho quando crescer? Que o pai dele não quis lutar? Nem sequer tentou conhecê-lo?

Thiago ergueu a cabeça e a encarou. Seus olhos se tocaram. Ele viu as lágrimas rolarem no rosto da esposa.

Novamente, ela perguntou baixinho:

— O que eu digo para o seu filho, Thiago?

Num impulso forte, abraçou-a com carinho, desejando guardá-la em seu peito.

Choraram juntos.

Beijou-a várias vezes. Estava tomado de forte emoção. Possuía um coração carinhoso, cheio de sonhos, desejos bons e impulsos dignos.

Os débitos do passado, a criação rigorosa e austera de um pai inquisidor, contribuiu muito para que não soubesse expor seus sentimentos e manifestar o seu desejo.

Somente ao lado de Bianca começou a despertar emoções importantes para a existência.

Thiago precisava se trabalhar no amor, no autoamor, no perdão, no empenho para consigo mesmo.

Com as mãos fortes, repletas de ternura, segurou firme o rosto delicado de Bianca, invadiu sua alma com o olhar e respondeu:

— Volto. Volto sim. Vamos enfrentar tudo isso juntos. Perdoe-me por tamanha fraqueza.

— Não tenho pelo que te perdoar. Vamos enfrentar isso sim. A vida está a sua espera. Ela é eterna. — Breve pausa e afirmou: — Eu te amo, Thiago.

— Eu também te amo.

Dois dias depois estavam de volta ao Brasil.

No quarto, instantes antes de ser levado para o centro cirúrgico, o casal estava introspectivo.

Abraçavam-se em total silêncio.

Ele escondia o rosto em seu ombro e ela fazia o mesmo.

Permaneciam em prece profunda.

Amigos espirituais dispensavam-lhes bênçãos seguidamente.

As orações e a fé atraíam e auxiliavam esse envolvimento.

Bianca, no passado, foi instrumento que o desequilibrou, agora, era sua base, seu alicerce para o ânimo de viver.

Um enfermeiro, com postura tranquila, interrompeu aquele momento ao entrar com uma maca para levá-lo ao centro cirúrgico.

Thiago se acomodou nela. Ao ver levantar as grades laterais, ofereceu um último olhar para Bianca que, ao seu lado, apertava-lhe a mão fria.

A vida está a sua espera

— Eu amo você. Deus vai cuidar de tudo — ela disse com voz entrecortada pela emoção e olhar brilhante em lágrimas.

— Eu amo você também. Deus vai cuidar de nós.

O enfermeiro sentiu-se tocado e se emocionou sem se deixar perceber.

Havia muita energia de amor no ambiente.

O rapaz empurrou a maca lentamente e viu as mãos do casal se escorregarem até as pontas dos dedos perderem contato.

Thiago foi levado.

Só então Bianca se permitiu cair em choro compulsivo, sem que ele visse.

~

No centro cirúrgico, pouco antes, os médicos e toda a equipe, enfermeiros e instrumentistas, reuniram-se em prece. Aquilo era comum entre eles antes de uma cirurgia.

Na espiritualidade, seus mentores e amigos espirituais estavam juntos e lhes derramavam energias em forma de luzes que os ligavam num só pensamento, para fazerem o melhor.

Equipe espiritual também se preparava para tratar do corpo espiritual, o perispírito, que ainda trazia marcas da atitude contra a própria vida.

Laércio e outros dois colegas cumprimentaram o amigo Thiago que estava emocionado quando os viu.

Brincaram para fazê-lo relaxar.

Quando o médico anestesista começou a aplicar a anestesia, Thiago reclamou:

— Ai... Está queimando. Queimando muito.

— Calma... É assim mesmo, meu amigo. Já vai passar. É rapidinho...

Foram as últimas palavras que ouviu.

Tanto Laércio como os outros presentes eram prudentes durante a cirurgia, garantindo comportamento e palavreado salutar que colaboravam com o que a espiritualidade proporcionava.

Sérios e sensatos, os médicos ficavam atentos a cada detalhe, a cada procedimento.

Mentores de todos estavam bem próximos de seus pupilos, orientando-os.

Outros espíritos também chamados para participarem, guiavam, colaborando com o que podiam.

Em estado de desdobramento, Thiago também passava por uma espécie de cirurgia espiritual.

— O que acha? — perguntou Laércio ao amigo. — Podemos invadir mais?

— Sim. Continue.

O mentor de Laércio, como que tomando sua mão, guiou-o para que fizesse o que era de mais certo.

— O limite não está claro. Os tecidos do tumor e do cérebro estão bem juntos — comentou Laércio empunhando o bisturi.

— Vamos, meu filho — disse seu mentor. — Estamos juntos. Vamos conseguir. — Não foi ouvido, mas conseguiu captar a inspiração.

— Cuidado, Laércio — alertou o outro.

— Eu sei... Eu sei... Vamos lá... Deus está nos ajudando... Nos guiando... — murmurava de modo quase inaudível ao fazer o que precisava. — "Pai guie minhas mãos. Ajude-me, Senhor..." — orou em pensamento enquanto atuava.

O equilíbrio e pensamentos elevados facilitavam todo o procedimento.

Plano material e espiritual vibravam em uma só sintonia.

Profissionais da área da saúde não imaginam como são assistidos quando se dedicam ao próximo para pequenas ou grandes atuações. Prudência, bondade, cuidado, atenção, carinho, empenho e todos os esforços são atitudes louváveis que atraem os melhores

A vida está a sua espera

mentores espirituais da área em que exercem atividade. Sejam médicos, enfermeiros, instrumentistas, farmacêuticos, técnicos, atendentes e tantos outros auxiliares e colaboradores na área médica. Eles são envolvidos, guiados, abençoados e amados por essas entidades que se valem de seus princípios morais e éticos para atuarem no plano físico. Pensamentos, comportamentos, atitudes e palavreados salutares são o que os ligam à espiritualidade superior. Porém, o contrário também acontece. Profissionais da mesma ordem que não são sérios, que são sádicos, imprudentes, desprezam, seja quem for, por meio de pensamentos, palavras e ações, também são envolvidos, só que por espíritos bem inferiores. Esses os arrastam a imprudências e futuras dificuldades, se não nesta encarnação, certamente no plano espiritual. Todos serão cobrados pela própria consciência. Ainda terão de responder na próxima vida terrena, experimentando e harmonizando o que desarmonizaram e o que fizeram sofrer. Sempre recebemos de volta o que oferecemos. A área da saúde é onde atuam aqueles que devem dedicar amor, compreensão e prudência. São os profissionais que mais recebem energias e atenção de planos superiores. Se estão atuando nessa área é por serem capazes de oferecer o que os outros necessitam receber: cuidado, conforto e amor.

～

O tempo pareceu eterno para Bianca, que aguardou por mais de oito horas por uma notícia.

Mathias decidiu que não assistiria à cirurgia de seu melhor amigo. Temia ficar inquieto e, de alguma forma, incomodar os colegas.

Ele e Glória chegaram bem depois para fazerem companhia para Bianca.

Schellida • Eliana Machado Coelho

Estavam em silêncio quando Laércio, ainda com roupa do centro cirúrgico, entrou na sala de espera.

Todos ficaram atentos, olhando-o com grande expectativa.

— Doutor Laércio... — murmurou Bianca, indo a sua direção.

— Bianca... Correu tudo muito bem. O tumor, embora disforme, foi todo removido. Por isso tanta demora. Foi uma cirurgia bem difícil, não podemos negar. Thiago suportou muito bem e isso nos ajudou imensamente. Devemos agradecer a Deus e aguardar por sua recuperação. Entrar, o quanto antes, com terapias apropriadas de químio e rádio. — Sorriu. Percebia-se nele um cansaço e um misto de satisfação. Em seguida, disse: — O Thiago ainda está inconsciente no centro de recuperação pós-anestésico. No momento em que acordar, será levado para o C.T.I. onde deve permanecer sob observação por, pelo menos, 24h. Todos os pacientes que se submetem a cirurgia neurológica seguem essa rotina. Quando estiver estável, ele irá para o quarto. Só então deve vê-lo. Eu sugiro que você vá para casa e descanse. Ele será muito bem cuidado. Foi um dia bastante exaustivo para todos nós.

≈

Thiago experimentou muitas dores após a anestesia ter passado.

Fechava os olhos e procurava, no silêncio de uma prece, buscar alívio para o que sentia, com resignação.

Bianca ficou o tempo todo ao seu lado. Não obedeceu às recomendações.

≈

Após receber alta do hospital, já em casa, ainda estava sensível. Dores e incômodos não davam sossego.

A vida está a sua espera

Nos primeiros dias, passou a maior parte do tempo no quarto e em silêncio.

Assim que pôde, quis ir ao centro espírita.

Buscou assistência espiritual entre amigos que já conhecia e que tinham contribuído imensamente com vibrações no período de sua cirurgia.

— O que está fazendo? — perguntou Bianca ao vê-lo interessado em um livro no escritório.

— Encontrei esse livro sobre meditação. Era da Inês. Eu lembro que, uma vez, ela me disse que a meditação, semelhante à prece profunda, verdadeiramente sentida, leva você a um estado muito agradável. Ela chegou a falar que era algo muito bom. Que havia se beneficiado imensamente com isso, que curou sua alma. Pensando em tudo pelo que ela passou, agora estou interessado. Além disso, fiquei sabendo de uma clínica de tratamentos alternativos, quero fazer também. Não adianta cuidar do corpo de carne, devemos cuidar do espírito junto. Esse tratamento, acredito, ajuda-nos nisso. Eu me sinto tão bem com os passes que recebo lá no centro.

Bianca o envolveu pelas costas em um abraço terno e murmurou:

— É tão gratificante ver você se empenhar por sua recuperação.

Sentado frente à mesa, ele se virou para o lado e a puxou para que ficasse a sua frente. Segurou suas mãos e levou à boca, beijando-as. Olhou-a nos olhos e falou baixinho, com voz grave:

— Faço isso por você e nossos filhos — puxou-a para que o beijasse. Passou a mão em seu ventre e disse: — Quero todos os minutos que puder ao lado de vocês.

Thiago buscou tudo o que fosse possível para se ajudar.

Nos momentos de prece, entregava-se a longos períodos de conversa com Deus. Algo brando, suave e tranquilo que apaziguava o seu coração.

Com a meditação, aprendeu a refletir e entender as etapas da vida. Mas o principal, aprendeu a perdoar e agradecer.

Schellida ◆ Eliana Machado Coelho

À medida que perdoava ao pai que foi tão severo, ao irmão tão imprudente, à ex-noiva que também o magoou, perdoou a si mesmo pelos pequenos ou grandes erros que acreditava ter cometido. Dissolvia sentimentos pesarosos e, consequentemente, energias pesadas que tanto o prejudicavam. Conforme inspirações recebidas de seu mentor, valorizava a vida, tudo e todos a sua volta.

Nos dias em que se entregava aos tratamentos de quimioterapias ou radioterapias, encarava-os sorrindo e brincando, o que aliviava o momento.

Não pensava no tratamento como algo que invadia o seu corpo e o fazia passar mal. Pensava, a todo momento, que era o remédio que o deixaria são e saudável.

— Thiago... — chamou Bianca, lamentando seu estado, ao vê-lo passar mal após um dos tratamentos.

Havia vomitado no chão da sala. Não teve tempo de correr.

Pálido, enfraquecido, ainda a tocou e sorriu, brincando:

— Não me coloque de castigo por isso. Eu vou limpar.

— Ora! Por favor!... — ficou zangada, mas riu em seguida.

Passou a selecionar o que comia e bebia, optando sempre pelo mais natural e saudável.

Emagreceu muito, perdeu todos os pelos do corpo.

Gladys lhe fazia companhia a maior parte do tempo.

Riam muito dos desenhos que fazia em que ele sempre era o careca das pinturas.

Tiraram muitas fotos com caretas ou se divertindo.

Somente após alguns tratamentos mais intensos, recolhia-se pela fraqueza física, enjoos fortes, que culminavam em vômitos.

Fora isso, buscava e até se forçava a ter muito bom ânimo.

Acompanhava a esposa a todas as consultas de pré-natal e, com alegria, juntos, souberam tratar-se de um menino que ele escolheu o nome de Allan.

A vida está a sua espera

— Gostei. Adorei o nome — concordou Bianca. — Mas pode me explicar por que esse nome?

— É uma homenagem a Allan Kardec. Tenho encontrado muito conforto na doutrina codificada por esse homem. Já leu sobre *Causas originárias das Aflições* em *O Evangelho Segundo o Espiritismo*? — Ela acenou com a cabeça positivamente. — Li, reli, estudei. Juntei o que refleti ao que me falou naquele dia, lá no chalé, sobre eu me tratar aqui, neste plano terreno. Isso tudo me deu forças. Sabe... Eu me senti fortalecido. Não vejo e não ouço nada da espiritualidade, mas posso te garantir, Bianca, todo o tempo, principalmente quando me dedico a mim, nas preces, meditações e outros momentos, quando estou nos tratamentos alternativos, quieto, em silêncio, eu sinto os espíritos amigos cuidando de mim.

— Eu acredito. Também sinto. E também tenho a agradecer muito a esse codificador da Doutrina Espírita por tudo o que nos legou. Agradeço a todos que, de alguma forma, contribuem para o nosso entendimento dessas obras. Adorei o nome que você escolheu para o nosso filho.

— Tem dias que são bem difíceis. Não vou negar. Mas eu agradeço, mesmo assim. Pela oportunidade de vida. Por todos que estão ao meu lado. Pelas condições que temos, os amigos que nos ajudam... Agradeço sempre. Não sei o que fiz no passado para ter essa experiência. Mas quando penso que a vida é eterna e que tudo isso é algo bem pequeno diante da eternidade, eu rogo: Deus, abrande o meu coração para que eu não seja egoísta e queira me prender só aqui, nestes momentos terrenos. Então eu entendo que a vida vai além. Nosso medo da morte é só o medo do desconhecido. Porém esse desconhecido pode ser melhor e mais agradável do que aqui, se nos prepararmos para ele com amor, cuidando de nós como deve ser: corpo, mente e espírito, valorizando a vida e vivendo-a, sobretudo, com responsabilidade para consigo e para com os outros. Todos. Até nossos irmãos, os animais.

Bianca sorriu e lembrou:

— Uma vez eu vi você dizendo para a Gladys não brincar com a tartaruga da Jordana porque era insalubre e... — riu. — Ainda bem que ela não sabia o que era insalubre. Você falava como se ela fosse uma pessoa adulta.

— Eu estava errado e não sabia disso. Não sabia lidar com ela nem com várias situações — sorriu. — Além disso, era só ensiná-la a lavar bem as mãos.

— Eu sei — sorriu.

— Estou falando isso para você porque pedi uma coisa para o Fabrício, o que me emprestou o chalé — sorriu de um jeito maroto.

— Sei... — falou com semblante engraçado.

— E eu gostaria que você aceitasse — disse manhoso, esfregando o rosto em seu pescoço.

— O que é? — ficou desconfiada.

— Quando eu fui para a Patagônia, estava péssimo e... cheguei lá à casa dos caseiros e eles me recomendaram levar o cachorro comigo, para minha segurança e fazer companhia. O casal de senhores insistiu tanto que aceitei. Era um cão pastor alemão. Perguntei quantos anos ele tinha e me disseram que eram dois. Olhei para o cachorro e ele para mim — sorriu. — Não sei se você viu, mas o casal deve ter mais de dez cães, só ali. Todos bem tratados e daquele tipo grande. O homem, falando aquele espanhol castiço que quase não entendi nada, disse ao cachorro: toma conta dele. Qualquer coisa você vem me avisar. Achei graça. Fui embora com o cachorro. Ele sabia o caminho melhor do que eu. Quando chegamos ao chalé, coloquei as coisas no chão e sentei naquele sofá. O cheiro de bolor estava muito forte e decidi acender a lareira para ver se melhorava. Voltei a sentar no sofá e... Eu estava péssimo. Aquele cachorro, depois de um bom tempo, chegou perto de mim, na minha frente, ergueu a pata e tirou minha mão do rosto e latiu forte. Até me assustei. Comecei a conversar com ele... Desabafei com

A vida está a sua espera

o cara — riu alto. — A que ponto cheguei! Pensei. Percebi que o cachorro fazia umas expressões engraçadas, virava a cabeça, falava com os olhos... Ele me compreendia. No dia em que você chegou, eu também estava muito mal. Então fiz uma prece e pedi a Deus que me desse um sinal pra saber o que fazer e... o cachorro latiu. Pedi para que ficasse quieto e ele começou a soltar ganidos, chorinhos e corria para a porta abanando o rabo. Abri para que saísse. Pensei que quisesse fazer suas necessidades, mas ele não foi. Fechei a porta porque estava frio. Ele voltou a fazer grunhidos. Só faltava falar. Ficava todo feliz. Daí escutei sons de passos na varanda. Era você.

— Por isso ficou com tanto dó de devolvê-lo?

— É... Foi. Mas eu pedi para o Fabrício pedir aos donos que me vendessem o cachorro. Eu o quero. Você aceita?

— Por que não? Fui criada com gatos, cachorros, galinhas... — riu. — Tivemos até um papagaio que foi dos meus avós. Morreu logo depois deles. E estou aqui. Isso garantiu eu ter uma imunidade incrível! Reparou que nunca fico doente? — sorriu com jeitinho. — Estou aqui sã e salva. Adoraria ver nossos filhos convivendo com animais. Vamos fazer uma adoção responsável. Desde que se adota um bichinho, deve-se lembrar de que é para toda a vida dele. Animal não é lixo para se jogar fora. Ele tem sentimentos, dor, frio, fome. É um ser dependente dos humanos que o adotam.

— Eu sei. Adotar um bicho exige responsabilidade. Não é jogar no quintal. — Logo considerou: — Vai ser mais um trabalho. Tem de vacinar, vermifugar, dar banho, alimentação equilibrada...

— Eu sei, Thiago. Já estou convencida. Mande trazer o cachorro. Temos quintal e espaço para isso.

O marido a abraçou com carinho.

Ficaram ansiosos com a espera do cachorro que pagaram bem caro para ser trazido de avião.

Bianca tinha seus medos e ansiedades. Não queria incomodar tanto Thiago, só dividia algumas coisas com ele, mas sem muita intensidade.

— Não quer mesmo que seja parto normal?

— Não, Thiago. Por favor, não insista nisso. Estou com muito medo — disse bem séria.

— Tudo bem. Tudo bem. Vamos falar com o seu médico. Você tem esse direito — concordou de uma forma melhor do que ela imaginava.

～

Em um dos dias em que Thiago se recuperava de uma difícil sessão de quimioterapia, Bianca recebeu uma ligação.

Era de um hospital. Um médico, amigo de seu marido, que sabia que ele passava por aquela situação delicada, decidiu procurar por ela e solicitar sua presença no hospital sem que ele soubesse.

— Olá, Bianca! Tudo bem? — Ao vê-la grávida, pediu: — Desculpe-me. Não sabia que estava grávida, porém, preciso lhe dar uma notícia. Consegui o telefone de vocês por intermédio de um amigo em comum. Eu trabalho nesse hospital. Precisei atender uma emergência de tentativa de homicídio com arma de fogo. Um marido traído atirou no amante de sua esposa várias vezes. Um dos projéteis da arma ficou alojado na coluna cervical da vítima, que ficou tetraplégica, e corre sério risco de morte. — Olhou-a nos olhos e revelou: — Eu conheço essa vítima. Ele foi meu colega de turma da faculdade. Nós nos formamos dois anos antes do Thiago. É o Josué.

— Meu Deus! — falou baixinho. — Onde ele está?

— Está aqui no C.T.I. Desculpe-me lhe dar essa notícia desse jeito. Porém não tinha como ser diferente. Estou falando com você porque não sei se é o momento de dizer isso ao Thiago.

— Acho que não — acreditou. Depois, pensou um pouco e argumentou: — O Thiago está se fazendo de forte. Fico admirada por

A vida está a sua espera

vê-lo empenhado, mas não acredito que esteja tão bem para saber sobre isso.

— Eu entendo e concordo. Mas... E se o Josué não resistir aos ferimentos?

— Aí contamos. Se ele souber agora ficará mais angustiado ainda. Se o pior acontecer, o Thiago vai sofrer, mas não vamos poder fazer mais nada.

~

Um mês após esse episódio, chegou a notícia de que Josué não resistiu aos ferimentos e faleceu.

Ele tanto agrediu física e psicologicamente as pessoas que acabou a se confinar, no plano físico e espiritual, à inércia e a padecimentos terríveis, até sua consciência acreditar e socorrer-se, verdadeiramente, em um Pai bom e justo, dispondo-se a resgatar o que desarmonizou.

Ao saber da morte do irmão, Thiago sentiu-se triste. Mas seu conhecimento o fez entender a situação. Sabia que a vida não terminava ali.

~

O tempo foi passando...

No nascimento do filho Allan, Thiago estava presente e ao lado de Bianca.

Cortou o cordão umbilical e nada o deixou mais satisfeito na vida do que aquele acontecimento.

Ficava sempre com o filho, mimando o quanto podia. Nem por isso, esqueceu-se de Lara e Gladys.

Havia dias em que a cama do casal ficava pequena. Não tinha espaço para Bianca.

Thiago, Allan, Lara, Gladys e o cachorro, que deram o nome de Bart, ocupavam todo o espaço.

— Eu e a senhora estamos sem lugar nesta casa, dona Cora. Agora são só eles. Nem se lembram de nós! — dizia Bianca, fingindo reclamar.

— Éééé... — respondia a mulher, exibindo um sorriso. Sabia que a nora estava brincando. — Ninguém liga... pra nós. Va... mos larga to... do mundo aí. Vamos passear no *Shoppin*.

— Isso mesmo, dona Cora. Já que não ligam para nós duas, vamos sair e passear no *Shoppin*. Tomar um sorvete, fazer compras... — sorriu alegre.

— Éééé... Vamos!

Cora teve uma recuperação considerável. Interagia e participava de tudo. Ela e Bianca se davam muito bem. Tinha a nora como a uma filha.

Decidiram poupá-la sobre a morte de Josué. Ela estava acostumada às longas ausências do filho. Não precisava sofrer.

Os exames realizados mostraram que o tumor havia sumido, desaparecido totalmente. O câncer também. Não houve sequelas com metástases.

Thiago ainda passou por outra cirurgia para que colocassem uma placa metálica, uma calota, na parte do crânio que havia sido tirada para a cirurgia de remoção do tumor.

Todos estavam muito felizes. Mas haveriam de esperar cinco anos, após a doença ter desaparecido, para ser diagnosticado totalmente curado.

O quanto antes ele voltou ao trabalho, porém não como antes. Era um novo homem. Brincava, ria e se divertia, respeitosamente, com as pessoas.

A vida está a sua espera

Em casa, amava os filhos, a esposa e se orgulhava disso. Não tinha vergonha de expressar seus sentimentos em qualquer lugar. Ficava feliz ao sair e apresentar sua família. Não se envergonhava de ter a mãe em uma cadeira de rodas nem de Lara, que admitia como filha, aparentando a paralisia que possuía. Gladys também era tratada como filha, somando alegria junto de todos.

Encontrava tempo também para ajudar as pessoas como podia. Principalmente, crianças que passavam por experiências com doenças semelhantes a sua.

Agradecia a oportunidade de uma nova vida.

— Como o Thiago mudou! É um novo homem — disse Inês, ao observá-lo.

— É verdade. Cada um tem suas razões para experimentar algo semelhante ao que ele passou. O Thiago precisava, além de reparar o suicídio, dissolver o ódio, a mágoa, a raiva que sentiu de Bianca e Josué no passado. De seu pai e outros, no presente. Aprendeu a perdoar e a se perdoar pela falta de perdão para com os outros — Amauri dizia.

— Quando dissolvemos as mágoas e os medos, todos os sentimentos negativos desaparecem. Não queremos controlar mais nada e aceitamos a vida. Aceitamos Deus e tudo o que está a nossa volta. Com isso, dissolvemos as doenças. Se não no plano físico, no espiritual com certeza.

— Eu só vivi melhor depois de tudo que sofri com meu irmão, após entender isso e lhe perdoar. Passei a olhar para a minha filha e admirá-la. Amá-la. Tudo ficou diferente. Eu agradeci por tê-la e não me via sem ela até...

— Aprendeu rápido, cara Inês.

— Só tenho uma ponta de lamento por não ter ficado junto dela mais tempo — emocionou-se. — A saudade faz parte do amor verdadeiro.

Um instrutor espiritual presente e assistindo à conversa, perguntou:

— Inês, não acha que está na hora de voltar?

Schellida • Eliana Machado Coelho

— Voltar?!

— Sim. É a oportunidade de seguir, aprender e evoluir junto com Gladys. Seriam primas. Além do que, é a chance de reencontrar com Guilherme.

— Está falando de reencarne?

~

Cinco anos após tudo o que enfrentou, Thiago se via frente ao amigo Laércio e dizia:

— Estou aliviado. Nada. Nenhuma sequela — sorriu largamente. — Graças a Deus!

— Graças a Deus mesmo! — disse Laércio. — Eu sempre estive confiante, meu amigo. No dia da sua cirurgia... Nossa!... Só de lembrar, eu fico arrepiado. Experimentei um envolvimento tão grande! Alguém guiava a minha mão. Tive medo até de você ter sido lesado de alguma forma e acordar com sequelas. Enquanto não acordou, falou, enxergou, ouviu e se mexeu, não fiquei sossegado. Depois disso, mais do que antes, nunca deixei de ter um momento de prece antes de qualquer procedimento que eu vá fazer. Mesmo que mínimo.

— Também fiquei com medo. Não queria ser mais um peso para a Bianca. Já bastava o que ela tinha... Minha mãe, a Lara... — Olhou o amigo nos olhos e sorriu largamente: — Obrigado por tudo, Laércio. Tenho certeza de que, se não fosse você, tudo seria diferente.

Nem por isso Thiago deixava de orar, meditar, agradecer e viver intensamente e com alegria cada momento de sua vida.

O filho pequeno era um garoto esperto. Corria pela casa, falava e se expressava muito bem, tal qual a prima Gladys quando tinha sua idade.

Havia herdado os lindos olhos azuis do pai. Era, incrivelmente, parecido com ele.

A vida está a sua espera

Gladys, agora era uma garota com onze anos. Continuava espontânea, alegre e muito positiva. Muito amorosa e gentil.

Afeiçoou-se à Bianca. Estavam sempre juntas e ajudava, espontaneamente, a cuidar de Lara que também crescia, era capaz de sentir e se expressar muitas vezes, embora limitada pela paralisia.

Bianca, com sua personalidade mansa e prudente, buscava calma para resolver os desafios diários. Sempre sensata para opinar, não era impulsiva.

A vida tinha sido dura para ela, mas aprendeu o que precisava. Agora tudo estava diferente. Valorizava demais o que recebia em troca do que oferecia.

≈

Thiago havia colocado Allan para dormir naquela noite. Contou-lhe história, beijou-o e fechou a porta do quarto.

— Ufa! — disse e sorriu ao ver Bianca. — Hoje não foi fácil.

— É. Ele está danadinho. Tem uma energia!...

O marido acercou-se dela, agasalhou-a num abraço, embalando-a de um lado para outro. Com o rosto no seu pescoço, respirou fundo e disse:

— Está tão cheirosa...

Ela fez um gesto mimoso e o beijou.

Afastou-se um pouco e comentou:

— Precisamos conversar.

— Nossa! Que tom solene — riu. Não a levou a sério.

— Vou ser bem direta, Thiago — falou bem séria.

— O que foi? — indagou. Agora em tom preocupado.

— Depois de tantas químios e rádios que você fez, acreditamos que estava estéril. Não evitamos filhos por cinco anos e...

— O que você quer dizer com isso? — ficou atento, pareceu não entender.

— Que depois de três testes de farmácia terem dado positivos, hoje fui ao médico e fiz esta ultrassonografia — tentou parecer austera, mas começou a sorrir.

Ele começou a rir e seu rosto se iluminou. Pegou o envelope de suas mãos e já adivinhava o resultado pela expressão da esposa.

Começaram a chorar. Beijou-a com amor e a abraçou, dizendo baixinho:

— Obrigado, Senhor por confiar em mim e me dar mais essa chance. — Olhando-a nos olhos, falou: — É uma bênção saber que podemos ir além e que a vida está a nossa espera...

Fim.

SCHELLIDA.

Leia os romances de Schellida
Psicografia de Eliana Machado Coelho

  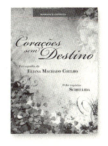 

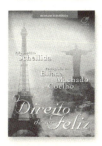  

PELO ESPÍRITO JOÃO PEDRO

Romances do espírito Alexandre Villas
Psicografia de Fátima Arnolde

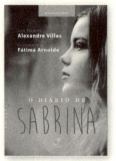

O diário de Sabrina

Leandro e Sabrina se amam desde a época da escola, mas enfrentam uma série de dificuldades para viver esse amor, incluindo a mãe possessiva do rapaz e a irmã invejosa da moça. Uma história emocionante, repleta de desencontros e reencontros e que mostra a verdadeira força do amor.

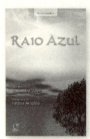

Raio Azul

O renomado pintor Raul nasceu no Brasil mas foi ainda pequeno para a Espanha. Ao se tornar adulto, algo inexplicável o impulsiona a voltar à sua terra natal. Aqui chegando, reconhece em um quadro uma mulher misteriosa que o persegue em suas inspirações. Uma história arrebatadora!

Quando setembro chegar

Silvana sai da Bahia rumo a São Paulo para crescer na vida. Ela e Sidney se tornam grandes amigos e fazem um pacto por toda a eternidade. Um belo romance, que nos ensina que somos os roteiristas da nossa própria história e evolução.

Por toda a minha vida

A família D'Moselisée é respeitada pela sociedade francesa por seus famosos vinhos. Contudo, não podem desfrutar desse conforto porque o pai acha desperdício receber amigos. Este romance nos traz uma linda história de reencontros de almas afins em constante busca de aprendizado.

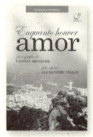

Enquanto houver amor

O médico Santiago e Melânia formam um casal feliz de classe média alta. Mas Melânia desencarna em um acidente, e a família começa a viver momentos tormentosos. Um romance que nos ensina que o verdadeiro amor supera todas as dificuldades.

Uma longa espera

Laura, moça humilde, envolve-se com um rapaz de classe alta. Como sabia que os pais dele jamais aceitariam, ao engravidar, decide terminar o romance. Devido a complicações durante a gestação, ela desencarna assim que os gêmeos nascem. Antes de partir, ela pede que sua grande amiga Isabel cuide das crianças. Assim começam suas aflições.

Memórias de uma paixão

Mariana é uma jovem de 18 anos que cursa Publicidade. Por intermédio da amiga Júlia, conhece Gustavo, e nasce uma intensa paixão. Até Gustavo ser apresentado para Maria Alice, mãe de Mariana, mulher sedutora, fútil e egoísta. Inicia-se uma estranha competição: mãe e filha apaixonadas pelo mesmo homem.

Livros de Elisa Masselli

É preciso algo mais

A violência se faz presente no mundo todo e, geralmente, está relacionada às drogas. Mas, se tudo está sempre certo e a Lei é justa, por que as drogas existem? Por que Deus permite isso? Por que um jovem, vindo de uma boa família com condições financeiras, usa drogas?
A história de Arthur, um adolescente inexperiente, mostra o que pode acontecer a quem se deixar levar pelas drogas: um longo caminho de dor e sofrimento para chegar à regeneração. Este livro pretende consolar todos que, direta ou indiretamente, estejam envolvidos com drogas.

Deus estava com ele

Walther é um jovem que mora no exterior, tem uma boa profissão e uma vida tranquila. Após a morte de sua mãe, descobre segredos que o fazem tomar uma atitude que muda completamente sua vida, levando-o a repensar conceitos, preconceitos e a conhecer a espiritualidade. Uma história emocionante e repleta de ensinamentos.

As chances que a vida dá

Selma leva uma vida tranquila em uma pequena cidade do interior. O reencontro inesperado com uma amiga de infância traz à tona todo o peso de um passado que ela não queria recordar, e toda a segurança de seu mundo começar a ruir de um dia para o outro. Que terrível segredo Selma carrega em seu coração? Neste livro, vamos descobrir que o caminho da redenção depende apenas de nós mesmos e que sempre é tempo de recomeçar uma nova jornada.

Apenas começando

Ao passarmos por momentos difíceis, sentimos que tudo terminou e que não há mais esperança nem um caminho para seguir. Quantas vezes sentimos que precisamos fazer uma escolha; porém, sem sabermos qual seria a melhor opção? Júlia, após manter um relacionamento com um homem comprometido, sentiu que tudo havia terminado e teve de fazer uma escolha, contando, para isso, com o carinho de amigos espirituais.

Não olhe para trás

Olavo é um empresário de sucesso e respeitado por seus funcionários. Entretanto, ninguém pode imaginar que em casa ele espanca sua mulher, Helena, e a mantém afastada do convívio social. O que motiva esse comportamento? A resposta para tal questão surge quando os personagens descobrem que erros do passado não podem ser repetidos, mas devem servir como reflexão para a construção de um futuro melhor.

Obras da médium Maria Nazareth Dória

FRUTOS DO UMBRAL
(espírito Helena)
Nenhum ser que passa pelo Umbral pode esquecê-lo. No coração de todos que deixam essa região sombria, ao sair, o desejo é um só: voltar e fazer alguma coisa para ajudar os que lá ficaram. Esse foi o caso de Rosa.

AMAS
– as mães negras e os filhos brancos
(espírito Luís Fernando – Pai Miguel de Angola)
Livro emocionante que nos permite acompanhar de perto o sofrimento das mulheres negras e brancas que, muitas vezes, viviam dramas semelhantes e se uniam fraternalmente.

LIÇÕES DA SENZALA
(espírito Luís Fernando – Pai Miguel de Angola)
O negro Miguel viveu a dura experiência do trabalho escravo. O sangue derramado em terras brasileiras virou luz.

AMOR E AMBIÇÃO
(espírito Helena)
Loretta era uma jovem da corte de um grande reino europeu entre os séculos XVII e XVIII. Determinada e romântica, desde a adolescência guardava uma paixão por seu primo Raul.

SOB O OLHAR DE DEUS
(espírito Helena)
Gilberto é um maestro de renome internacional. Casado com Maria Luiza, é pai de Angélica e Hortência. Contudo, um segredo vem modificar a vida de todos.

UM NOVO DESPERTAR
(espírito Helena)
Simone é uma moça simples de uma pequena cidade. Lutadora incansável, ela trabalha em uma casa de família para sustentar a mãe e os irmãos, e sempre manteve acesa a esperança de conseguir um futuro melhor.

JÓIA RARA
(espírito Helena)
Leitura edificante, uma página por dia. Um roteiro diário para nossas reflexões e para a conquista de um padrão vibratório elevado, com bom ânimo e vontade de progredir.

CONFISSÕES DE UM SUICIDA
(espírito Helena)
José Carlos pôs fim à própria vida. Ele vai viver, então, um longo período de sofrimento até alcançar os méritos para ser recolhido em uma colônia espiritual.

A SAGA DE UMA SINHÁ
(espírito Luís Fernando – Pai Miguel de Angola)
Sinhá Margareth tem um filho proibido com o negro Antônio. A criança escapa da morte ao nascer. Começa a saga de uma mãe em busca de seu menino.

MINHA VIDA EM TUAS MÃOS
(espírito Luiz Fernando – Pai Miguel de Angola)
O negro velho Tibúrcio guardou um segredo por toda a vida. Agora, antes de sua morte, tudo seria esclarecido, para a comoção geral de uma família inteira.

A ESPIRITUALIDADE E OS BEBÊS
(espírito Irmã Maria)
Livro que acaricia o coração de todos os bebês, papais e mamães, sejam eles de primeira viagem ou não.

HERDEIRO DO CÁLICE SAGRADO
(espírito Helena)
Carlos seguiu a vida religiosa e guardou consigo a força espiritual do Cálice Sagrado. Quem seria o herdeiro daquela peça especial?

VOZES DO CATIVEIRO
(espírito Luís Fernando – Pai Miguel de Angola)
O período da escravidão no Brasil marcou nossa História com sangue, mas também com humildade e religiosidade.

VIDAS ROUBADAS
(espírito Irmã Maria)
Maria do Socorro, jovem do interior, é levada ao Rio de Janeiro pela tia, Teodora, para trabalhar. O que ela não sabe é qual tipo de ofício terá de exercer!

Envolventes romances do espírito Margarida da Cunha com psicografia de Sulamita Santos

Pronto para recomeçar

João Pedro é um menino calado e estudioso e que sonha ter uma banda de rock. Vivendo em um lar sem harmonia com a mãe carinhosa e o pai violento, ao entrar na adolescência, começa a se envolver com drogas. Uma história com ensinamentos valiosos sobre a vida após a morte e sobre nossas batalhas cotidianas.

Um milagre chamado perdão

Ambientado na época do coronelismo, este romance convida-nos a uma reflexão profunda acerca do valor do perdão por intermédio de uma emocionante narrativa, na qual o destino de pessoas muito diferentes em uma sociedade preconceituosa revela a necessidade dos reencontros reencarnatórios como sagradas oportunidades de harmonização entre espíritos em processo infinito de evolução.

O passado me condena

Osmar Dias, viúvo, é um rico empresário que tem dois filhos – João Vitor e Lucas. Por uma fatalidade, Osmar sofre um AVC e João Vitor tenta abreviar a vida dele. Contudo, se dá conta de que não há dinheiro que possa desculpar uma consciência ferida.

Os caminhos de uma mulher

Lucinda, uma moça simples, conhece Alberto, jovem rico e solteiro. Eles se apaixonam, mas, para serem felizes, terão de enfrentar Jacira, a mãe do rapaz. Um romance envolvente e cheio de emoções.

Doce entardecer

Paulo e Renato eram como irmãos. Amigos sinceros e verdadeiros. O primeiro, pobre e o segundo, filho do coronel Donato. Graças a Paulo, Renato conhece Elvira, dando início a um romance quase impossível.

À procura de um culpado

Uma mansão, uma festa à beira da piscina, e, de madrugada, um tiro. O empresário João Albuquerque de Lima estava morto. Quem o teria matado? Os espíritos vão ajudar a desvendar o mistério.

Desejo de vingança

O jovem Manoel apaixona-se por Isabel. Depois de insistir, casam-se mesmo ela não o amando. Mas Isabel era ardilosa e orgulhosa. Mais tarde, envolve-se em um caso de traição conjugal com desdobramentos inimagináveis para Manoel e os dois filhos.

Laços que não se rompem

Margarida, filha de fazendeiro, conhece Rosalina, filha de escravos, e ambas passam a nutrir grande amizade. Um dia, a moça se apaixona por um escravo. E aí começam suas maiores aflições.

Av. Porto Ferreira, 1031 - Parque Iracema
CEP 15809-020 - Catanduva-SP
17 3531.4444

www.lumeneditorial.com.br | atendimento@lumeneditorial.com.br
www.boanova.net | boanova@boanova.net